東洋文庫 885

漢京識略

近世末ソウルの街案内

柳本芸 著
吉田光男 訳註

平凡社

装幀　原　弘

まえがき

吉田光男

本書『漢京識略《かんきようしきりやく》』は、十八世紀末から十九世紀初頭にかけてソウルに居住していた柳本芸《りゆうほんげい》という一官僚知識人が、一八三〇年に完成させたソウルの街案内である。本書は、一文字のハングルのほかは、すべて当時の朝鮮知識人の共通文字言語である漢字漢文で記されている。したがって、街案内とは言え、想定される読者は庶民一般ではなく、あくまでも知識人階層に属する人々である。

本書は、活字や木版などで印刷刊行された形跡がない。また現在まで、著者自身の手になる原本は発見されておらず、知られているものはすべて、いずれかの人によって手写されてきたものである。本訳註では、それらのすべて、すなわち、(一) ソウル大学奎章閣《けいしようかく》韓国学学術研究院奎章閣、(二) 成均館大学中央図書館、(三) 韓国電力電気博物館、(四) ソウル市立歴史博物館、がそれぞれ所有する四種の写本を対校して本文の確定を行い、訳註の原本とした。

いずれの写本も、それぞれ相互に独立した多くの誤りがあり、いずれか一つを底本とすることは適当ではないと判断したからである。本訳註は、四種の写本のすべてを比較対照して誤写・脱落・衍入などを修正し、可能な限り柳本芸の原本を復元した。したがって本訳註の本文部分は、『漢京識略』の定本と位置づけられるものである。なお、このほか（五）高麗大学中央図書館にももう一種の写本があるが、これは一九三七年以降にソウル大学奎章閣所蔵本をそのまま書写したものであり、独自の価値をもっていないので定本作成にあたっては使用しなかった。

本書の書名にある「漢京」とは、建設当時の正式名称を漢城と言った、朝鮮王朝（一三九二―一八九七年）の都の別名であり、現在の韓国の首都ソウルを指している。漢城には、この漢京のほか、漢陽、長安、京城などの別称があり、また一九〇七年に大韓帝国と国号が変わってからは、皇帝の居所という意味で皇城などとも呼ばれたが、朝鮮の固有語ではソウル（みやこ）と呼ばれてきた。大韓民国の首都となっている現在に至るまで、朝鮮半島における政治・経済の中心である。

漢城は、本書完成のころ、王朝政府が行った調査によれば人口は二十万を超え、朝鮮半島では群を抜いた大都市であった。首都としての歴史は、一三九五年に、朝鮮王朝の創始者李成桂《りせいけい》が高麗の都開京《かいきょう》（現開城）から遷都したことに始まり、現在に至るまで六百年以上の長さを誇っている。

その重要性にもかかわらず、十九世紀初頭に至るまで、漢城に関してまとまった記録・記述がなかった。類似の性格をもつ書物としては『東国輿地備攷』があるが、その完成は本書の三十年以上後のことであり、本書完成時点における漢城案内は本書のみであった。このような状態を慨嘆したのが著者柳本芸である。彼は、若き日に漢城地誌の作成を志し、資料の調査を開始した。文献資料の収集のほか、古老への聞き取りなどを行い、官庁勤務による長い空白期間を経て、ようやく五十四歳の時に本書を完成させた。書名は、宋の呉長元《ごちょうげん》が唐の都長安を描いた『宸垣識略《しんえんしきりゃく》』にならったものであるが、彼が直接のモデルとしたのは、一四八一年に王命によって作成され、一五三〇年に増補された全国地誌『東国輿地勝覧』である。本書序文において、将来いつの日にか再び『東国輿地勝覧』が編纂される際には、本書がその基礎となることを望んでいる。著者の本書に対する自負と意気込みがよく現れている。

二十世紀になると、ソウルは大きく変貌し、現在、市域は本書完成時に比べると数倍に拡大し、総人口は一千万人を数える世界的な大都市となった。本書が記述する「漢京」は、そのソウルのうち、漢江の北側にあって一般に江北と呼ばれる旧市街地である。この地域は、都市としての発展過程で、大規模な改造が進み、現在では、王宮や幾つかの歴史遺跡を除けば、街そのものに近世の面影を見つけ出すのは難しい。しかし、本書と古地図を合わせ見る時、高層ビルの下に埋もれてしまった近世の町並みや人々の生活、そして歴史の残り香をそこかしこに探し当てることができるであろう。

凡例

一、本書は、①ソウル大学奎章閣韓国学学術研究院カラム文庫所蔵本（ソ大本）、②成均館大学中央図書館所蔵本（成大本）、③韓国電力電気博物館所蔵本（韓電本）、④ソウル市立歴史博物館所蔵本（ソ歴本）の四本を対校し、いまだ原本が発見されていない『漢京識略』の原文を復元し、定本テキストとしたものである。さらに⑤高麗大学中央図書館所蔵本（高大本）があるが、これはソ大本を再書写したものであり、しかも多くの誤りがあるため、定本テキスト作成にあたっては使用しなかった。

一、本書は漢文で書かれており、できるだけ平易な現代日本語に翻訳をしたが、近世朝鮮独特の用字用語表現を伝えるため、必要に応じて漢文の原語を使用し、それに日本語訳または註を付した。また、漢詩や掲額の文も原文のままとし、後ろの（　）内に日本語訳を付した。

一、原文の明らかな誤りには「ママ」とルビを付け、その後ろの（　）内に正しい文字を入れた。

一、漢字表記は常用漢字で統一し、常用漢字がないものについては原文通りとした。ただし、特定のものについては以下のようにした。

（1）書名にある「略」は、原文では異体字である「畧」を用いている。

（2）「藝」の常用漢字「芸」とは別字である旧字体字の「芸」は、「うん」とルビを付けて区別した。

（3）国王を指称する「上」は、慣用的な読みである「しょう」とルビを付けた。

一、人名の読みは朝鮮総督府中枢院編『朝鮮人名辞書』（一九三七年）に従った。

一、朝鮮国王名は、太祖・太宗など、死没後に与えられた廟号で表記したが、後世に追贈された場合は、現在用いられている追贈号を用い、魯山君は端宗、宣宗は宣祖、英宗は英祖、正宗は正祖、純宗は純祖とした。

一、原本は二十項目に分けられているが、項目ごとにかなりの長短差があるので、内容に応じて適宜、区分を行い、項目前に数字を付けた。また、原本の大見出しには漢数字を、小見出しには算用数字で番号を付した。また原本には見出しがない場合も、内容が多岐にわたる場合は見出しを付け、〈〉内に算用数字の番号を付した。

一、原本の割註（双行註）は〈〉で囲んで示した。

一、原本は、項目ごとに改行したり、冒頭に○を付したりしているが、写本ごとに大きな違いがあって統一されていない。本書では、内容に従って改行し、○は付さなかった。

一、原本に引用されている書籍・史料については、可能なものはすべて原典の確認を行い、原本にはない引用部分の巻号数などを示した。また、引用の誤りや書き替えについては修正を行い、註でその旨を説明した。

一、註では以下の史料を使用した。

（1）韓国の国宝指定書については、『朝鮮王朝実録』は学習院大学東洋文化研究所の影印本（太白山史庫本）、『承政院日記』と『備辺司謄録』は韓国国史編纂委員会作成の楷書本の影印本をそれぞれ使用した。

（2）野史に属するものは、『大東野乗《だいとうやじょう》』（朝鮮古書刊行会「朝鮮群書体系」所収の活字本）、『稗林』（国会図書館所蔵本の影印本）、『寒皐観外史《かんこうかんがいし》』（韓国精神文化研究院作成の影印本）を使用して引用部分の確認を行った。

（3）その他の引用書の使用原本については必要に応じて註記したが、一般に流布しているものの所蔵所や版などについては省略した。

目次

漢京識略巻の二

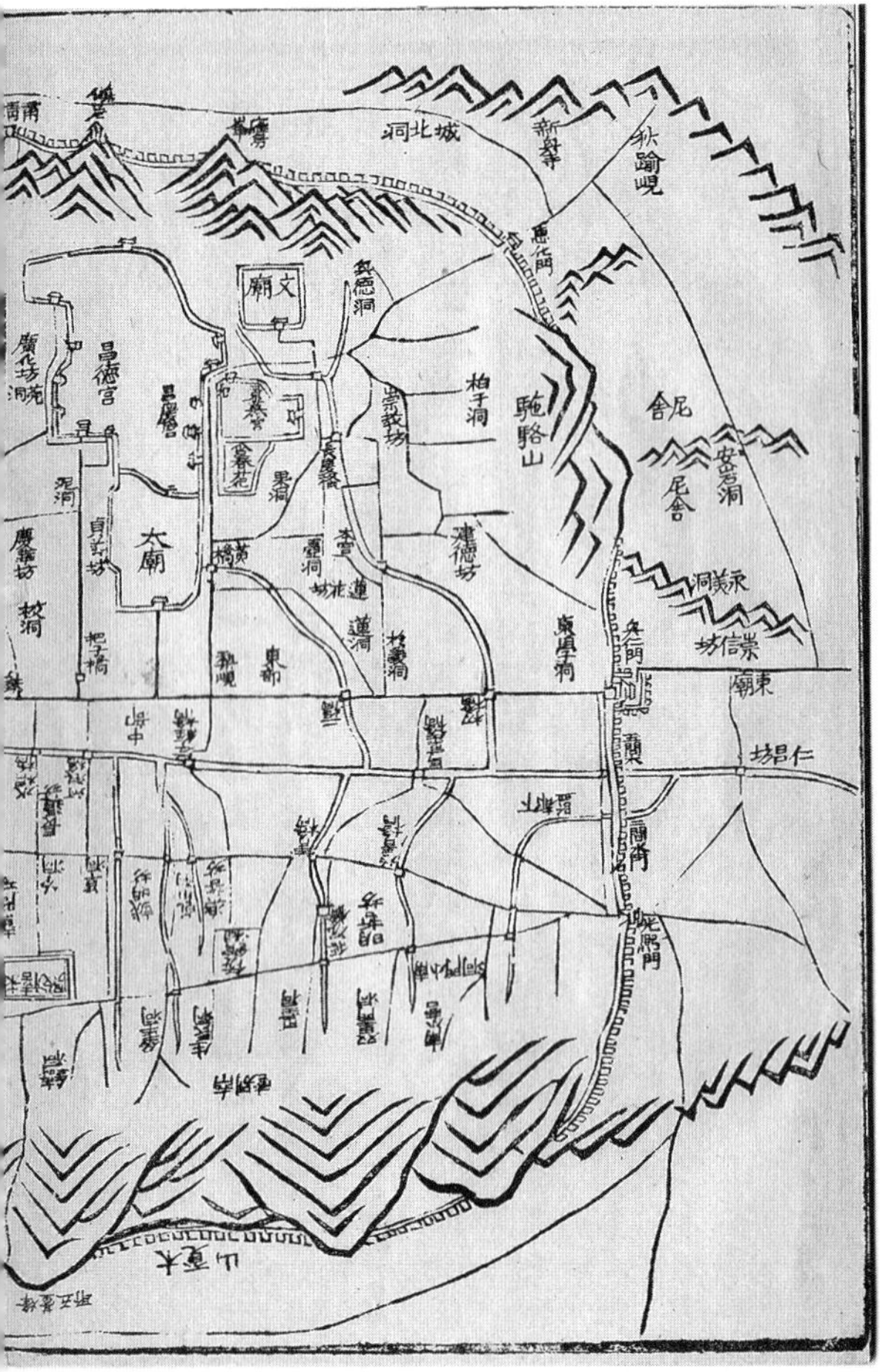
文廟
昌德宮
太廟
城北洞
秋踰峴
惠化門
栢子洞
駝駱山
尼舍
安岩洞
永美洞
崇信坊
東廟
仁昌坊
建德坊
蓮洞
東部
興仁門
光熙門
木覓山

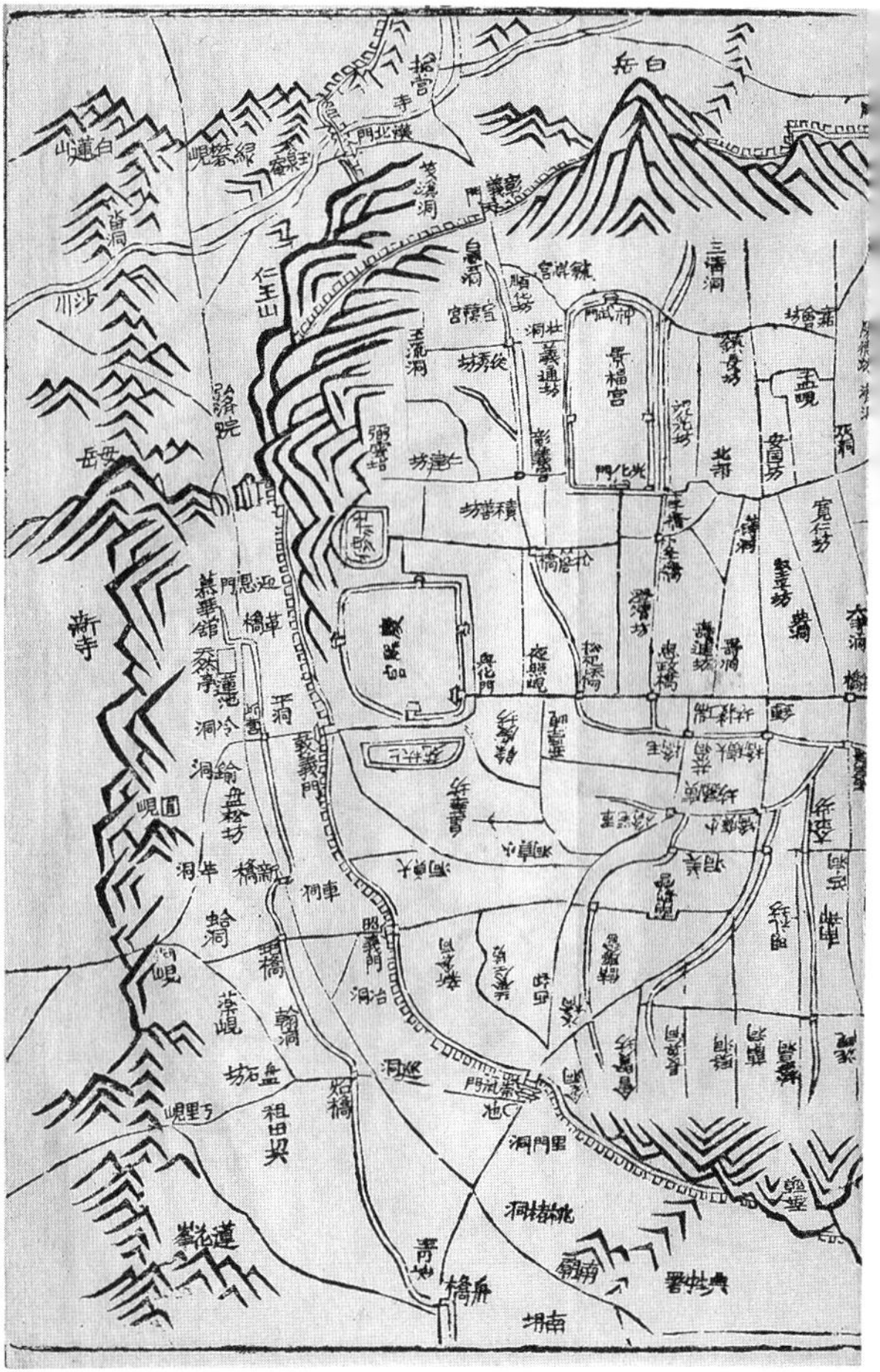

漢城城内（金正浩『大東輿地図』、1861年）

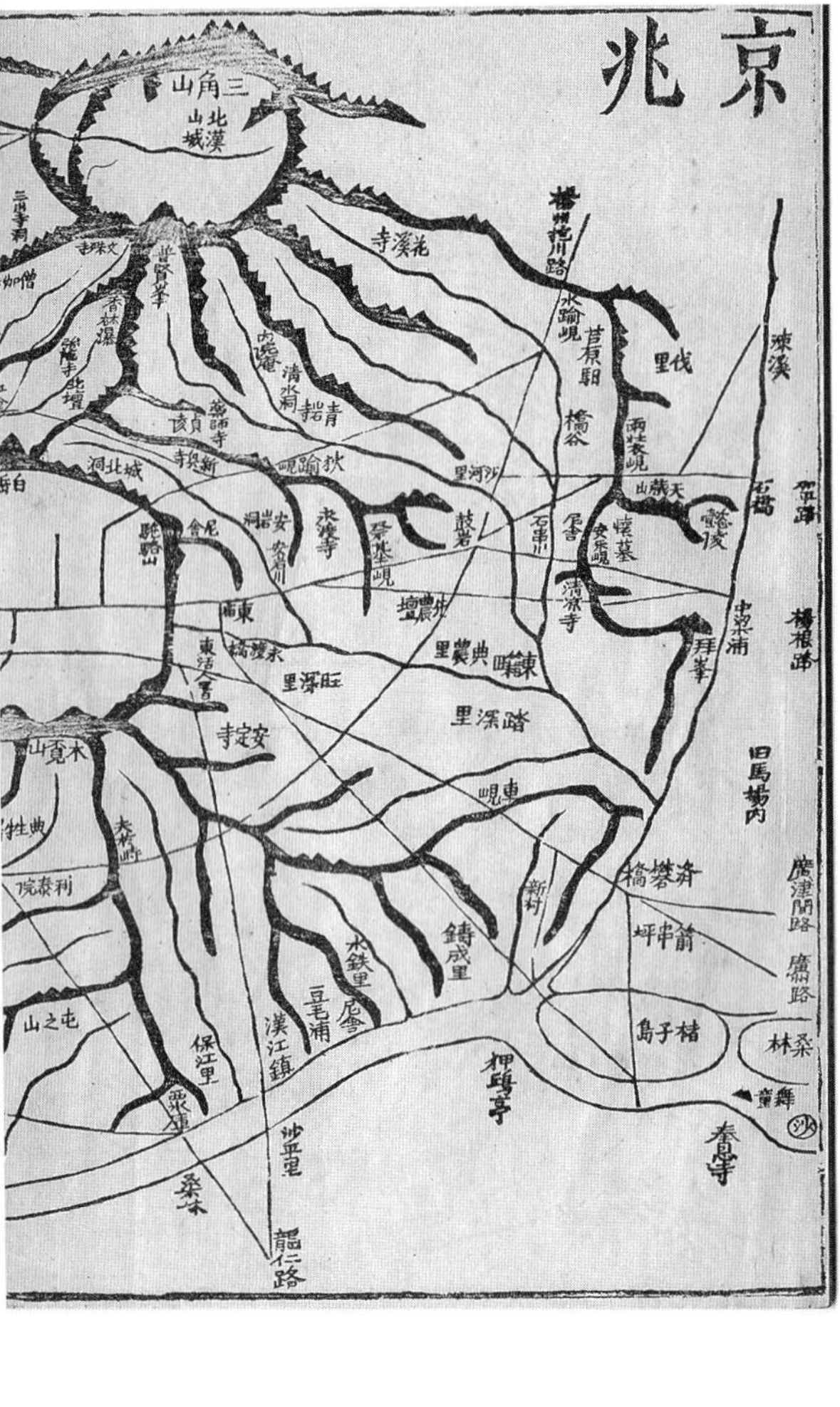

京兆
三角山
北漢山城
文殊寺
花溪寺
普賢峯
水踰峴
伐里
橋谷
清涼洞
藥師寺
新興寺
城北洞
沙河里
天藏山
駝駱山
安巖洞
安巖川
鼓岩
石串川
清涼寺
先農壇
永渡橋
典農里
旺深里
踏深里
安定寺
木覓山
東峴
拜峯
中梁浦
舊馬場內
濟磐橋
廣津關路
廣州路
楊根路
箭串坪
新村
鑄成里
水鐵里
豆毛浦
漢江鎮
保江里
楮子島
桑林
舞童
押鷗亭
奉恩寺
沙平里
龍仁路
利泰院
屯之山

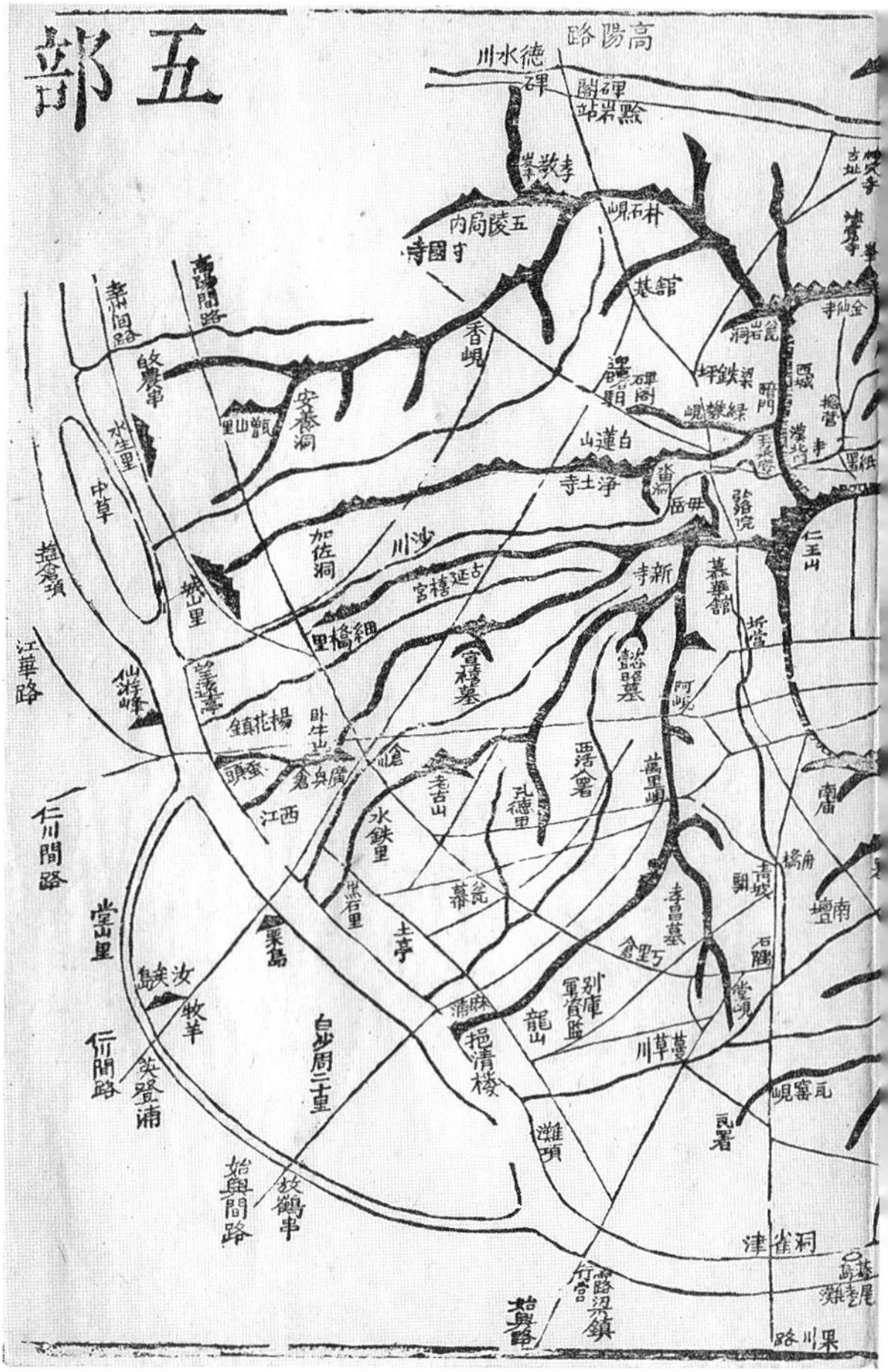

漢城府管轄区域（金正浩『大東輿地図』、1861年）

本書の出版にあたっては、韓国文学翻訳院の助成を受けた。

漢《かん》京《きょう》識《しき》略《りゃく》

近世末ソウルの街案内

柳《りゅう》本《ほん》芸《げい》 著

吉《よし》田《だ》光《みつ》男《お》 訳註

一　漢京識略序

京都《みやこ》に関する記録は、そもそも漢の『三輔《さんぽ》黄図《こうず》』(1)、『両京賦』(2)に始まる。宋に宋敏求《そうびんきゅう》(3)の『長安志』(4)と孟元老《もうげんろう》(5)の『東京夢華録』(6)があり、明に孫承沢《そんしょうたく》(7)の『春明夢余録』(8)と朱竹垞《しゅちくだ》（朱彝《しゅい》尊《そん》）(9)の『日下旧聞』(10)がある。近代になると呉長元《ごちょうげん》(11)の『宸垣識略《しんえんしきりゃく》』(12)があり、中国の帝京の事蹟についてはあまねく記録が備わっている。我東《がとう》(13)に至ると、新羅(14)・高麗(15)以下の各王朝とも、すべて京都の記録を欠いている。高麗の宮城の制度については、かろうじて徐競《じょきょう》(16)の『高麗図経』(17)で調べることができるだけで、我朝《がちょう》（朝鮮）の宮城の制度はただ董越《とうえつ》(18)の『朝鮮賦』(19)によって概略を見ることができるにすぎない。しかしながら、これらは他国の使節による短期間の見聞にすぎず、土着し、古くから住んでいる者の著作に勝ることがあろうか。現今では小さな県邑《けんゆう》(20)でも必ず邑誌(21)をもっている。ましてや堂々たる王京にいつまでも記録がなくてよいものであろうか。その原因を考えてみると、書物にしてあるのとないのとの違いだけである。それ以外に理由があろうか。

私は輦轂《れんこく》(22)の下に成長し、若いころから京城《けいじょう》(23)の故事を調べようと志を立てていた。およそ書籍の中で京城の故事に属するものはこれをいちいち書き留めておいたが、いまだ書物とするまでに至っていなかった。また二十年の間、秘籍の校勘の仕事に奔走(24)しており、以前学んだことは荒れ果てて久しい。最近、急に思い立って布箱の中を見てみると、昔の原稿が若竹の束のように群れ集まっている。気持ちが奮いたち、初志がいまだに実現しないのを口惜しく思った。そこでこれを懸命に写し取り、『輿地勝覧《よちしようらん》』[25]を手本として、京城五部[26]の境界の中を限りとし、他の書物を博捜しつつ、自分で見聞したところの他、故老や博学の諸君子に聞き取りなどを行い、ついに数巻[27]を作り上げ、これを名付けて『漢京識略《かんきようしきりやく》』とした。王宮内の建物については外部の人間が詳しく知り難いので、ひとえに『輿地勝覧』や『宸垣識略』の例に従って、ただ「某閣は某殿の東西にある」とのみ示した。たとえて言えば、星座図が「紫微《しび》[28]の星座の中で、某星は某宿[29]の南北にある」として、地上にいる者もまた仰ぎ見て、たがいに入り組み無数に並んでいる星の宿りの名称を弁別できるようにしたのと同じである。

ああ、我が朝が鼎を定めてから数百年[30]が過ぎ、堅固な金湯[31]の故事と素晴らしい制度はすべてを記すことができない。文献がいまだ備わっていないことを残念に思うのみである。『輿地勝覧』は冒頭に『董賦《とうふ》』（『朝鮮賦』）を載せ[32]、また多く東人《とうじん》（朝鮮人）の題詠を載せている。しかし、事実はいまだすべてが詳らかになってはいない。いわんやこの書は中宗《ちゆうそう》[33]の時（中宗二十五年、一五三〇）に完成した[34]ものであり、現在に至るまで続編が作成されていないのはまことに大きな欠陥である。もし後世、『輿地勝覧』の続編を作成しようとする者が出たら、私の『識略』（『漢京識略』）によって補充されることこそ、私が願いとするところである。

時は庚寅《こういん》（純祖三十年、一八三〇）仲春[35]の下澣《かかん》[36]。樹軒居士[37]題す。

漢京識略巻の一　目録

漢京識略巻の一

二　天文

北斗七星の第六を開陽[1]と言い、燕《えん》[2]を掌《つかさど》る。また箕《き》[3]と尾《び》[4]は燕の分野である。すなわち我が国と燕とは分野を同じくする。『文献備考』[5]（巻二・象緯考二・北極高度）は、「漢陽《かんよう》[6]は北極の高さ三十七度三十九分十五秒[7]である。」、「粛宗《しゆくそう》[8]癸巳《きし》（粛宗三十七年、一七一三）、清人の穆克登《こくぼくと》[9]が五官の司暦を率いてやって来て、実測したものである。『元史』[10]授時暦[11]は「高麗の極高[12]を三十八度四分度之一[13]」と定めた。この一度を西洋式の一周三百六十度に換算すると[14]三十七度四十一分余り[15]となり、新たに測量したものとあまり差がない。」と述べている。

斎召南《さいしようなん》[16]の『水道提綱』[17]は、「王京漢陽《かんよう》。東は襄陽《じようよう》[18]に至る。東十二度六分、極三十七度五分。西は江華《こうか》島《とう》[19]に至る。東九度、極三十七度四分。」と述べている。考えるに、斎召南は清人であり、彼が著した『水道提綱』は、天下の水脈を総合的に論じたものである。磻渓《ばんけい》[20]柳馨遠《りゆうけいえん》[21]はかつて我が国の分野を論じて、「漢水《かんすい》（漢江）以北は燕京《えんきよう》（北京）と同じく箕と尾であり、以南は箕と斗《と》である。[22]」と述べたことがある。識者はこれを独特の見解であるとしている。

三　沿革

王都は古朝鮮[1]の領域である。百済[2]時代に北漢城《ほくかんじょう》となった。近肖古《きんしょうこ》王[3]が南漢から都を徙《うつ》してより百五年[4]、蓋鹵《がいろ》王[5]の時に至り、高句麗[6]の長寿王[7]がこれを攻め取って北漢山郡を置き、後に南平壌《なんへいじょう》と改名した。新羅の真興王[8]の時、北漢山州にもどり、景徳王[9]の時に漢陽郡と改めた。高麗の初めに楊州《ようしゅう》と改め、成宗《せいそう》[10]が楊州左神策軍《さしんさくぐん》を置き、海州《かいしゅう》[11]とともに左右両側の補佐とした。顕宗《けんそう》[12]の時に知楊州事に降格[13]し、文宗《ぶんそう》[14]の時に昇格して南京《なんきょう》[15]となった。粛宗《しゅくそう》[16]の時に、金謂磾《きんいてい》[17]が『道詵秘記《どうせんひき》[18]』に拠《よ》って南京に遷都することを願い出た。そこで宮城を造営し、時に王が巡行した。忠烈《ちゅうれつ》王[19]が漢陽府と改めた。我が太祖[20]三年（一三九四）に京都《みやこ》と定めた。東は楊州牧[21]との境界まで十里[22]、南は果川《かせん》[23]県との境界まで十里、西は高陽《こうよう》[24]郡との境界まで十里、北は楊州牧との境界まで十里である。

『高麗史[25]』を調べてみると、「恭愍《きょうびん》王[26]五年（一三五六）、僧普虚《ふきょ》[27]が籤説《せんせつ》[28]によって、「王が漢陽を首都とすれば三十六国が朝貢にやってくるであろう。」と説いた。王はその説に惑い、大々的に漢陽の宮城を建設した[29]。」ところ、「人心は動揺し、荷物を背負って南下する者が市場に行く人のように多く、法司も禁ずることができなかった。」[30]とある。九年（一三五九）に「南京に遷都しようとして太廟[31]で占ったところ、不吉と出て遷都することができなかった。」ので、「王は行幸して白岳山[32]で土地鑑定を行い、南に宮城を造営して、「これを新京と称し」、「十一月、ここに居を移した。」[33]とある。

また『朝野会通』[34]（巻一）は、「高麗の粛宗が遷都した時、尹瓘《いんかん》[35]らを派遣して詳しく視察し報告させたところ、「三角山《さんかくさん》[36]の白岳の南は山の形と水の流れが吉方に合致します。主幹大脈《しゅかんだいみゃく》[37]に壬《じん》坐《ざ》[38]して都を建設し、南京とされたい。李《すもも》の樹を植え、李姓の者を選んで尹《いん》[39]（長官）とし、毎年一回ずつ巡狩《じゅんしゅ》を行い、竜鳳帳[40]を埋めて圧《お》さえとしていただきたい。」と要請した。我が太祖が初め鶏竜《けいりゅう》[41]に行幸すると、参判《さんぱん》[42]の柳観《りゅうかん》[43]は定都論を上奏し、もし鶏竜に都を定めれば民はみなこれを憂い、今漢陽に遷都すれば民はみな喜ぶとして、「漢陽は地勢、土地、道路、水路がすべて松都《しょうと》[44]と似ております。民の心をもって考えてみると、漢陽はまことに天が都にしろと命じるところであります。」と述べた。上《しょう》[45]はこの意見に従い、鄭道伝《ていどうでん》[46]、南誾《なんぎん》[47]、李稷《りしょく》[48]らに土地を鑑定させた。前朝[49]が営んだ宮城の址地は狭いので、さらにその南の亥山（白岳山）を主山[50]と定めて座《ざ》壬向丙《じんこうへい》[51]し、青城伯[52]の沈徳符《しんとくふ》[53]に命じて造営事業を監督させた。翌年（太祖四年、一三九五）九月、太廟《たいびょう》（宗廟《そうびょう》）と宮殿（景福宮）が完成し、同月、王は新宮に移居した。」と述べている。

また韓久庵《かんきゅうあん》（韓百謙《かんひゃくけん》[54]）の『東国地理誌』[55]に、「南京は現在の京都である。高麗の粛宗の時、金謂磾が『道詵秘記《どうせんひき》』により、「楊州に木覓壌《もくべきじょう》[56]がある。都城を建設すべきである。」として遷都を要請したところ、日者《にっしゃ》(57)の文衆《ぶんしゅう》(58)がこれに賛同した。王は自らその地の鑑定を行い、平章事《へいしょうじ》(59)の崔思諏《さいししゅ》(60)と知《ち》奏事《そうじ》(61)の尹瓘に建設事業の監督をさせ、そこを南京とした。」〈引用ここまで(62)〉とある。現今の人々が京師（漢城《かんじょう》）を徐苑《じょえん》(63)と言っているのは古号である。新羅が徐耶伐《じょやばつ》(64)と言ったのを、後人が踏襲して京都を徐伐と言ったのが、後に転じて徐苑となったのである。

四　形勝

『高麗史』（巻七一・志二五・楽二・楊州）は、「北は華山（北漢山）に拠り、南は漢水に臨む。土地は平坦で開けており、人口が多くて繁栄している。」と述べている。

『輿地勝覧』（巻一・京都上・序文）に、「北は華山がおさえとなり、竜盤虎《りゅうばんこ》踞《きょ》の勢がある。南は漢江[1]が襟帯となり、左（東）に関嶺[2]を控え、右（西）は渤海が取りまいている。その地の利に恵まれていることは東方の最たるものであり、まことに山河百二の地[3]である。」と述べている。

明の董越《とうえつ》の『朝鮮賦』は、「臨津《りんしん》[4]を渡れば坡州《はしゅう》[5]である。ここに至ってはるか漢城を望み見れば、佳気が高く上がっている。ついで碧蹄[6]を経て弘済[7]を登れば、これが王京であり、東奥に屹立している。三角山のとがった峰の下に位置を定めた〈三角山はすなわち王京の鎮山[8]であり、山の勢いは最高である。王京はその麓にある。山頂は周囲を睥睨し、眺めてみると、高く巨大な歯のように聳えている。〉。無数の松の緑が陰をつくり、北は千仞の谷に連なっている。その勢いは千人の軍勢を喰い止めることができようか。西には一筋の狭い道[9]が見える。一騎を通すほど（の幅）しかない〈弘済院から東に半里も行かないうちに天然の関門がある。北は三角山に接し、南は南山に接している。一騎を通すほど（の幅）しかなく、険しいことこの上ない。〉。山は城郭の外を囲み、その力強いことは鳳凰が空を飛翔する輝しさを眺めるようである〈東の山々を眺めると、その形勢はみな周囲を取り巻く姿をしている。〉。砂が松の根に積もり、白いことは雪が積もって晴れ上がった時のようである〈三角山から南山に至るまで、山の色はすべて白く微《かす》かに赭みを帯びている。これを眺めると雪のようである。〉。」と述べている。

明の倪謙《げいけん》(10)の『登楼賦』は、「北岳（白岳山）は高く聳え、宮殿は輝きを増す。南峰の前峙《ぜんじ》（南山、木覓山）から、城郭の四方を取り囲む険しい城壁が延々と西に走り、連峰は東に走っている。開川《かいせん》（清渓川《せいけいせん》）(11)は（宮殿）を取り巻いて銀虹のように流れ下り、漢江は湧き出て渤海に帰って行く。」とある。

『五山説林』(12)は、「太祖は即位の後、八道(13)の方伯(14)に命令を下して人物を探させ、無学(15)を見つけ出した(16)。王は師の礼をもって対し、都と定める地を問うたところ、無学は漢陽を鑑定して、「仁王山(17)を鎮（鎮山）とし、白岳と南山を左右の竜虎とせよ。」と述べた。鄭道伝が、「昔から帝王はみな南面して治めるものであり、いまだ東面するのを聞いたことがない。」とこれを非難すると、無学は「私の言葉に従わなければ、二百年後にこの言葉を思い知るであろう。」と言った。」と述べている。

考えるに、無学の言った二百年後とはすなわち壬辰《じんしん》(18)のことである。倭(19)が侵寇してきた時、都城はことごとく破壊されてしまった。彼の言は果たしてここで証明されてしまったのである。

五　城郭

都城は周囲が九千九百七十五歩で、(1)高さは四十尺(2)である。これを里に換算すると四十里(3)になる〈また一万四千五百七十五歩とも言う。(4)〉。太祖朝の五年（一三九六）、民丁(5)二十万人(6)を徴発し、領三司事(7)の沈徳符に監督させて石積みを行った。世宗《せそう》(8)四年（一四二二）、全国の民丁三十万人を徴発して改修し、八門(9)を立てさせた。東を興仁〈扁額には興仁之門(10)とある。〉、南を崇礼と言う〈『秋江冷話』(11)は、「門額(12)は太宗《たいそう》(13)の世子《せいし》(14)　譲寧大君《じょうねいたいくん》(15)の書である。調べてみると、壬辰の乱で紛失したが、光海《こうかい》（光海君《こうかいくん》）(16)の時に、青坡《せいは》(17)の丹橋の溝の中に、夜、瑞光があるので掘ってみたところ、この扁額が出てきた。」と述べている。〉。西を敦義、北を粛清(18)、東北を恵化〈初名は弘化と言ったが、成宗《せいそう》(19)　癸卯《きぼう》（成宗十四年、一四八三）、昌慶宮(20)の東門を弘化と命名したので、中宗辛未《しんび》（中宗六年、一五一一）に、門の名が混乱するとして恵化に改めた。俗に東小門と言う。〉。西北を彰義(21)、東南を光熙(22)、西南を昭義〈俗に西小門と言う。また東南にもと昭徳門があったが、今は廃されている。俗に南小門と言った。〉と言う。城堞《じょうちょう》(23)があり、各営(24)が分担している。この制度は英宗《えいそう》(25)の時に始まり、敦義門から彰義門までは訓練都監《ママ》(26)（訓錬都監《くんれんとかん》）が、崇礼門から南小洞(27)の標石までは禁衛営(28)が、南小洞の標石から興仁

南大門（2003年、焼失前）

門までと鷹峰[29]の粛清門までとは御営庁《ぎょえいちょう》[30]がそれぞれ管轄しており、『守城節目《しゅじょうせつもく》』[31]という冊子がある。東西の両小門は、もとは望楼がなかったが、英宗二十年（一七四四）、禁衛営に命じて西小門楼を建てさせた。その扁額に「昭義」とある。また御営庁に東小門楼を建てさせた。その扁額に「恵化」とある〈趙明履《ちょうめいり》[32]の書いた額である。〉。

謹んで考えるに、我が国は山が多くて野が少ないので平地の城がない。都城といえども、すべて山に沿って築いている。皇明（明）の使臣董越の『朝鮮賦』は、「およそ城郭はすべて高山の上に築かれ、岡の麓に所々、城堞が聳えている。」と述べており、また「弘済院から東に半里も行かないうちに天然の関門がある。北は三角山に接し、南は南山に接している。一騎を通すほど

（の幅）しかなく、険しいことこの上ない。」と述べている。これが沙峴《さけん》であり、西路から京城に入るのど口をなしている。関門は狭く、まことに天然の要害である。都城の東は水の流出口で、やや低くなっている。そこで（高さを補うため）仮山(33)を補築して柳を多く植え、これを植木所と称している。春になると風景が素晴らしく、都人の遊覧するところとなっている。城東地区には武人が多く住んでいる。都城の周囲はおおむね四十里になる。春夏には都人が連れ立ち、城壁に沿って歩いて城内外の景色を楽しむ。一日がかりでようやく一周することができる。これを「巡城の遊」と言っている。『京都雑志《きょうとざっし》』(34)（巻一・風俗・遊賞）は、「都城を一日で回るには、城内外の花や樹木の鑑賞が最もよろしい。凌晨《りょうしん》（明け方）に登り始め、昏鍾《こんしょう》（日暮れの鐘）でようやく終わる。山路はきわめて険しく、疲労困憊して引き返す者もいる。」〈引用ここまで〉と述べている。

城門の内側に月刀(35)が挿してあるが、これは英宗の時に霊城君《れいじょうくん》(36)朴文秀《ぼくぶんしゅう》(37)が始めたものである。護軍部将庁が城門内にあり、守門将(38)が勤務して取締りを行っており、晨《しん》（夜明け）と昏《こん》（日暮れ）に開閉する。

また『高麗史』（巻一一・粛宗七年〔一一〇二〕三月己卯《きぼう》）を調べてみると、「南平壌(39)は、北は面岳（白岳山）に、南は沙里(40)に、東は大峰(41)に、西は岐峰(42)に至る。」とある。京城はまさにこの遺址を基礎にして周囲に城壁を巡らしたものである。

景福宮城(43)は京城の中にあり、周囲が一千八百十三歩（約三・四キロ）、高さが（営造尺で）二十一尺（約六・二五メートル）である。四門があり、東を建春、南を光化〈旧名は正門〉、西を延秋、北を神武と言う。

考えるに、壬辰の兵火（壬辰倭乱）の後も宮城はなお残っていたが、光化門は廃墟となってしまった。それゆえ現在、新門を建てて扁額を「旧光化門」としているのである〈曺允亮《ママ》（曺允《そういん》亭《きょう》）(44)の書(45)〉。『菊堂俳語』(46)は、「万暦辛卯《しんぼう》(47)（万暦十九年、宣祖二十四年、一五九一）の冬、柳西厓《りゅうせいがい》(48)（柳《りゅう》成竜《せいりゅう》）が夢を見た。景福宮の延秋門が灰燼に帰してしまったので、公がその下を徘徊していると、傍らに人がおり、「この宮城を鑑定したところ、土地が低すぎた。もし改築するなら、やや高く山に近いところにすべきである。」と言う。公は驚いて目が覚めたが、この夢を人に語ろうとしなかった。翌年、倭寇(49)がやってきて宮城は灰燼に帰してしまった。人々は皆、回復の望みがないものと思い込んでいたところ、公ははじめて親しい知人にその夢のことを語り、「夢の中ですでに改築について話をしたのは、それこそ回復の兆しである。」と言った。癸巳《きし》（宣祖二十六年、一五九三）に賊兵は果たして退散し、国王の車駕は都に還ってきた。」と述べている。

六　宮闕(1)

1　景福宮

景福宮。北部観光坊、白岳の南にある。太祖三年（一三九四）、宮城を建てて四門を置いた。東を建春、南を光化、西を延秋、北を神武と言う。

勤政殿《きんせいでん》。国王が臣下から朝賀を受ける正殿である〈『朝鮮賦(1)』は、「宮室の制度もまた華（中国）と同じである。すべて丹を塗り(2)、屋根はすべて丸瓦で葺いてある。門は三段構えになっており、杯螺《はいら》(4)の輝きを押さえている《前門(5)を光化、二門を弘礼、三門を勤政と言い、金釘と環を用いて閉じている。》。宮殿の中は琉璃(6)の青色を帯びている《ただ勤政と称する正殿だけが緑の琉璃を用い、その他はすべて琉璃を用いていない。》。正殿の石段は厳かな七段になっており《階段はすべて鹿磨石である。石畳は大変に勢いがあり、上は敷物で覆われている。》、綾模様を刻み込んだ八窓の素晴らしさを見せているが、《宮殿の東西の壁はすべて腰格子を設けてあり、王に拝謁する時はこれをすべて釣り上げる。》。」と言っている。この賦を参考にすると、勤政殿のもとの様子をおよそ知ることができる。〉。南を勤政門、またその南を弘礼門、東を日華門、西を月華門と言う。弘礼門内に御溝《ぎょこう》があり、錦川と名付け

景福宮の勤政殿（2010年）　右後ろの山は白岳山

ている。東西に水閣がある。

思政殿。勤政殿の北にある。

康寧殿《こうねいでん》。思政殿の北にある。

延生殿、慶成殿、交泰殿。ならびに康寧殿の西北にある。

丕顕閣《ひけんかく》。思政殿の東にある。

麟趾堂《りんしどう》、紫微堂、清讌楼《せいえんろう》。ならびに交泰殿の東にある。

隆文楼、隆武楼。勤政殿の東西の楼閣である。印刷した我が国の書物はすべて両楼に別置して保管している。

慶会楼(7)。思政殿の西にある。楼のまわりは池となっており、芙蕖《ふきょ》が植えられ、中に二島がある。

欽敬閣(8)。康寧殿の西にある。世宗甲寅《こういん》（世宗十六年、一四三四）に天文儀器(9)を創置した。

報漏閣《ほうろうかく》(10)。慶会楼の南にある。世宗甲寅（世宗十六年、一四三四）にもとの漏（水時計）が不正確だったので、改造して簡儀台(11)を設置した。慶会楼の南にあり、世宗壬子《じんし》（世宗十四年、一四三二）に観天儀器を設置した〈欽敬閣、報漏閣、簡儀台にはならびに金墩《きんとん》(12)の記がある。〉。

東宮。日華門内にある。

文昭殿。景福宮の東の建春門内にある。世宗の時に初めて後寝《ごしん》(13)五間《かん》(14)を建てた。前殿が三間で、正面に三か所の階段がある。『輿地勝覧』（巻一・京都上・壇廟・文昭殿）は、「神座《しんざ》（位牌設置場所）の前殿である。太祖（の位牌）が中央にあって南を向いており、昭二位(15)は東にあって西に向かい、穆二位(16)は西にあって東に向かう。後寝はともに北にあって南に向かう。朔望祭(17)は後寝で行い、四時《しじ》の大饗(18)には、主《しゅ》（神主《しんしゅ》、位牌）を出して前殿でまとめて祭祀を執り行う。」と述べている。

延恩殿《えんおんでん》。景福宮城内の西北隅にある。成宗が明の皇帝に要請し、徳宗《とくそう》(19)を追尊して懐簡王(20)としたが、すでに宗廟《そうびょう》(21)に合祀(22)してあったので、この宮殿を建てて神御《しんぎょ》（王の位牌）を奉安している。その享祀については文昭殿の条を見よ。

謹んで『国朝宝鑑』(23)（巻一・太祖朝）を調べてみると、「太祖四年（一三九五）、鄭道伝に命じて新宮殿を命名させ、あわせてその意味するところを記して提出させた。新宮殿を景福宮、寝殿を康寧殿、東小寝を延生殿、西小寝を慶成殿、燕寝の南殿を思政殿、南正殿を勤政殿、門を勤政門と言う。東西の二楼を隆文と隆武と言い、午門（南門、光化門）を正門と言う。」〈引用ここまで〉と述べている。宣祖《せんそ》[24]二十五年（一五九二）、兵火に焼かれて、今はただ宮城の址や勤政殿の月台、慶会楼の石柱が残っているだけである。現在、宮城の正門址に新門を建て、扁額に「旧光化門」とある。『朝野紀聞《ママ》』[25]（『朝野記聞』巻二）に「世宗八年（一四二六）、勤政殿を改修した。参賛[26]の許稠《きょちゅう》[27]が「創建した時、宮殿はすべて朱色の土で塗装しましたが、太祖は倹約に努められました。殿下[28]も華美になさらないことをお願いしたい。上に好き者がいれば、下には必ずや極端な者が出ます。」と申し上げると、世宗は「朱色に金を用いるのは、余もまた贅沢すぎると思う。」と言い、董役官（工事監督官）に対してただちに（金を）用いないよう命令した。」と述べている。

世宗二年（一四二〇）、初めて集賢殿[29]を設置し、文学の士[30]十人を選抜してその任にあてた。建物の有無は今のところ不明である。

また調べてみると、慶会楼について、徐四佳《じょしか》（徐居正《じょきょせい》[31]）の『筆苑雑記』[32]（巻下）は、「琉球国の使者[33]が人に語って言うには、「我々が朝鮮に来たところ、三つの壮観があった。慶会楼の石柱は竜紋が絡み付いており、独特で珍しい。これがその一である。押班宰相[34]は髯が長くて色白であり、風貌が重厚で老成の徳がある。これがその二である。」。これは領相《りょうしょう》[35]の鄭昌孫《ていしょうそん》[36]を指している。「深い杯で大いに酌みかわし、応酬は数えることができない。これがその三である。」。これは司成[37]の李淑文《りしゅくぶん》[38]を指している。」と述べている。

また『五山説林』は、「丘従直《きゅうじゅうちょく》[39]は草野の人[40]である。文科[41]に合格[42]して分校書館《ぶんこうしょかん》（校書館分館）

に配属された。慶会楼の景観がはなはだ素晴らしいことを聞き、当直の夜、平服のまま、幾つかの門を通って楼の下に着いた。池を眺めながら散歩していると、突然、成宗《ママ》(43)（世宗）が便輿(44)に乗って後苑から入ってきた。従直はあわてふためき、上《しょう》（世宗）の輦（輿）が通る路に土下座した。上が驚いて「誰であるか。」と問うと、彼は、「校書館《こうしょかん》(45)の正字《せいじ》丘従直であります。」と答えた。また上が「どうしてここに入ってきたのか。」と問うと、彼は、「臣はかつて慶会楼の玉柱と瑶池が天上の仙界であると聞き及びました。このたび幸いに芸館《うんかん》（校書館）に豹直(46)をすることになり、楼からさして遠くありませんので、草野の臣が敢えてぬすみ見をいたしました。」と答えた。」〈引用ここまで〉と述べている。（壬辰倭乱で）楼は焼失しても石柱群は今なお林立しており、もとの建物の壮麗さを知ることができる。

宮城内の松林には白鷺が多く棲んでおり、遠くから眺めると雪のようである。しかしながら今はただ衛将(47)の直廬(48)があるだけである。先君(49)（柳得恭《りゅうとくきょう》）の詠んだ「景福故宮」の詩（『冷斎集』巻六・古今体詩）は、「毎過此宮嘆、曽未滅倭奴、螭(50)柱森猶在、獅欄剥欲無、衛兵眠落絮、騒客坐春蕪、緬想古賢輔、端門珮玉趨」（景福宮を過ぎるたびにいまだ日本の奴らを滅ぼしていないことを嘆く。慶会楼の林立する螭《ち》(51)を彫り込んだ石柱はまだ残っているが、欄干の獅子（の彫像）は剥がれ落ちようとしている。衛兵は居眠りして柳の綿毛が飛び、騒々しい遊客たちは春草の上に座っている。昔日の立派な高官のことを想い、景福宮の門に珮玉《はいぎょく》(52)を着けて行く。）と述べている。

また、「春城遊記」（『冷斎集』巻一五・雑著）に、「庚寅《こういん》（英祖四十六年、一七七〇）三月三日、朴

燕岩《ママ》（朴燕巌朴趾源《ぼくしげん》）[53]や李青荘《りせいそう》（李徳懋《りとくぼう》）[54]とともに三清洞[55]に入り、蔵門石橋を渡って三清殿の古址を訪ねた。荒れ果てた畑の跡地に雑草の生い茂ったところがあり、並んで座る。緑汁が衣を染める。青荘は植物の名をよく識っているので、私が草を摘んでは問うたところ、答えないものはなく、数えてみると数十種になっていた。これこそ青荘の博識なところである。日が暮れるまで酒を沽みかわした。翌日、南山に登った。長興坊を通って会賢坊に入った。山の近くには往時の宰相の住居が多い。荒れ果てた垣根の内に松と檜の老木が物寂しく残っている。試みに高みに上って白岳を望むと、丸みを帯びながら鋭く、帽子をかぶったようである。道峰山[56]が延々と連なって囲んでおり、壺中の矢、筒中の筆のようである。仁王（仁王山）は人が（挨拶で）重ねた手を解いても肩が翼のようになっている姿に見える。三角（三角山）は、群衆が見物をしている後ろから長身の人が俯《うつむ》いて見降ろすと、人々の笠が額のところに当たっている形に見える。城中の家々は青黎《ママ》（葱《ねぎ》）畑を新しく耕したようである。車馬の行き交う大道は、長川が野を切裂いて幾つかの屈曲を見せているようである。人と馬とはその川の中の魚や鰕《えび》である。都の戸《こ》数《すう》は八万と号している[57]。その中で、この時、人々が歌い、泣き、飲み食いし、勝負を争い、人を褒め、人を誹《そし》り、事をなし、事を謀っている。高所から人に眺めさせれば、笑い出してしまうだろう。また翌日、太常寺（奉常寺）の東台に登る。六曹の楼閣[58]、御河《ぎょが》[59]の楊柳、慶幸坊の白塔[60]、東門（東大門）の外は靄《もや》ってほの暗くしっとりとしている。最も目につくのは駱山《らくさん》（駱駝山）一帯の砂の白と松の青であり、その鮮やかなことは絵のようである。また小山が一つある。形は鴉《からす》の頭のようで、淡墨色をして駱山の東に突き出している。はじめは雲間に楊州の山が見えたかと疑った。この日の夕、余ははなはだ酔いしれて徐如五《じょじょご》(61)の家の杏花の下に眠った。

また翌日、景福宮の南門（光化門）の中に入ると橋（永済橋）がある。橋の東に石の天禄(62)が二体あり、橋の西に一体がある。鱗と鬣《たてがみ》が竜のような見事な彫りである。南別宮(63)の後庭に背中を彫り込んだ天禄があり、これとよく似ている。必ずや橋の西にあった一体をここに移したに違いないものと思うが、詳しい話が伝わっておらず、証明することができない。橋を渡って北に行くと勤政殿の古址である。階段は三か所ある。階段の東西の角に雌雄の石犬があり、雌は一匹の子犬を抱えている。神僧無学が、南からの侵攻に向かって吠え、老犬が子供にこれを継がせるゆえんだと言ったと伝えられる。しかしながら、壬辰の兵火（宣祖二十五年、一五九二）を免れなかったのは石犬の罪であろうか。このような怪説はおよそ信ずることができない。左右の螭《みっち》のかたちをした石の上に小さな窪みがある。近ごろ『宋史』(64)を読んで、それが左右の史硯池《しけんち》(65)であることを知った。勤政殿から北に転ずると日影台(66)がある。また日影台から西に転ずると慶会楼の址である。池の中にあり、崩れた橋があって通ることができるので恐る恐る渡ったが、思わず知らず冷や汗が出た。楼の石柱は高さ三丈（約三メートル）ばかりで合わせて四十八本（八本六列）あり、そのうち折れたものが八本ある。外側の柱は方形で、内側の柱は円形である。雲竜の姿を彫り込んであり、琉球の使臣が言うところの三壮観の一である。池の水は緑で澄んでおり、微風がさざ波を立てている。蓮《はす》(67)の房や芡《けん》(68)の根は、あるいは浮きあるいは沈み、あるい

慶会楼（2012年）

は散りあるいは集まる。小鮒は浅瀬に集まり、波を飲んでは喜ぶ。人の足音を聞くと水に入り、また出てくる。池に二つの島があり、疎《まば》らに植えられた松が茂っており、その影が波を截《き》っている。池の東に釣人がおり、池の西では宮殿を守る宦官とその客人が弓を射っている。東北角の橋から池を渡る。草はすべて黄精《おうせい》(69)であり、石はすべて古い礎石である。礎石に窪みがある。石柱を受けたものであろう。雨水がその中に盈《み》ちており、時として涸れることがある。北墻《しょう》の中に簡儀台がある。台の上に方玉が一つあり、台の西には、長さが五、六尺ばかり、幅が三尺の黒い石が六つあって、中に穴を穿って水路を連結している。台の下の石はあるいは硯のようであり、あるいは帽子のようであり、また欠けた櫃のようでもある。何ゆえそのようになっているのかわからない。台はとりわけ高く開けており、北里《ほくり》（景福宮後苑）の花樹を眺望することができる。東墻に沿って行くと三清（三清洞）の石壁が延々と連なっている。墻内の松は高さがすべて十尋《ひろ》で、鶴、雀、鷺、鵜がその上に巣を構えて棲んでいる。純白のもの、淡黒のもの、ほのかな紅色のもの、頭に綬《ひも》を垂れたもの、嘴《くちばし》が匙《さじ》のようになっているもの、尾が綿のようなもの、卵を抱いて伏せているもの、枝を咥《くわ》えて入ってくるものなどがいる。互いに闘いあるいは睦み合い、群声が響き渡る。松葉はことごとく枯れ、松の下に多くの脱けた羽と卵の殻が落ちている。遊客をまねて石弓を打ったところ、一羽の純白なものの尾にあたった。群れが驚いて一斉に飛び立つさまは雪のようである。西南に行くと採桑台の碑がある。丁亥《ていがい》（英祖四十三年、一七六七）に王が親しく蚕を飼育した所(70)である。その北に池の址がある。内農圃(71)が稲を植える処である。衛将所（衛将の勤務所）に入り、冷泉を汲んで飲む。庭には垂楊（しだれ柳）が多い。落ちた（楊の）綿毛は掃除すべきである。先生案(72)を借覧すると、鄭湖陰士竜《ていこいんしりゅう》（鄭士竜《ていしりゅう》）(73)が最初に書いてある。扁額の上に題詩が掲げてある。また宮城図を取り出して調べてみると、慶会楼の広さは三十五間《かん》(74)であり、宮城の南門を光化、北門を神武、西を延秋、東を延春と言う。」と述べている。

また、調べてみると、文昭殿は『柳西厓集《りゅうせいがいしゅう》』(75)（巻一五・雑著・記仁廟祔文昭殿事）が、「国家が宗廟の外、景福宮の延春門内に別に文昭殿を建てて寝殿とし、太祖と四親《ししん》（父母と祖父母）の神《しん》主《しゅ》（位牌）を奉じ、生きているがごとく事《つか》える礼とした。世宗の定めたところである。後に成宗が徳宗と睿宗《えいそう》(76)を追崇(77)した。兄弟(78)は文昭殿に一緒に入ることができないので、神武門内に別に延恩殿を建て、文昭殿の礼をもって祀った。」と述べている。

また『朝野紀聞』(『朝野記聞』巻一)は、「太祖が宮城内の地を占って啓聖殿を建て、先王(李《り》子春《ししゅん》(79))を祭った。太祖が昇遐(80)すると、殿号を仁昭とし、太宗原廟(81)の号を広孝殿とした。それぞれ世宗の時に始められた。文昭殿は漢の原廟の儀にならって両時の上食(朝食と夕食)と一時(昼食時)の茶礼(82)に素物(83)を提供する。各陵と文廟(84)には朔望祭がある。これまた瀆《とく》(85)とほぼ同じである。これを批判する者が多いが、いまだにあえて改めていない。壬辰(壬辰倭乱)の後から、宗廟の外の各陵殿が行う大祭は、朔望に香を焚くのみとなっている。」と述べている。英宗壬辰(英祖四十八年、一七七二)、文昭殿址に碑を立て、閣を建てた。

また考えるに、欽敬閣は世宗戊午《ぼご》(世宗二十年、一四三八)に建てられ〈金墩が記を書いた〉、後に火災(86)にあって明宗甲寅(87)(明宗九年、一五五四)になって再建された。『芝峰類説』(88)(巻一九・宮室部・宮殿)は、「欽敬閣は康寧殿の側にある。諸種の器具ははなはだ巧く作られている。王(世宗)のお考えから出たものであり、農耕養蚕の辛苦のさまを寓し、反省するためである。中でも天体観測や時間計測を行うための機器類の制作は最も奇なるものである。」と述べている。

また考えるに、景福宮内の各省は、西に承政院《しょうせいいん》(89)〈趙瑞康《ちょうずいこう》(90)と柳義孫《りゅうぎそん》(91)が記を書いた。〉があり、弘《こう》文館《ぶんかん》(92)が承政院の西、尚瑞院(93)が報漏閣の南、春秋館(94)が尚瑞院の西、芸文館《げいぶんかん》(95)が承政院の西、承文院(96)〈李淑瑊《りしゅくかん》(97)が記を書いた。〉と校書館〈李永紹《ママ》(李承召《りしょうしょう》(98))が記を書いた。〉がともに司饔院(99)の南、内医院(100)

が観象監《かんしょうかん》(101)の南、尚衣院(102)が観象監の北、内司僕寺(103)〈李淑瑊が記を書いた。〉と観象監が尚瑞院の南、典設司(104)、典涓司《てんけんし》(105)、都摠府《とそうふ》(106)〈徐居正が記を書いた。〉がともに光化門の内、内班院(107)〈金宗直《きんそうちょく》(108)が記を書いた(109)。〉が慶会南門の西にあった。以上は壬辰倭乱ですべて焼失(110)してしまった。

2　昌徳宮

昌徳宮(1)。北部広化坊の鷹峰の下にある。建国の初めに創建され、宣祖二十五年（一五九二）に兵火で焼失したが、光海君己酉《きゆう》（光海君元年、一六〇九）に再建された。七つの門がある。南を敦化門と言い、門楼は上下二層構造で、上層に太鼓が置いてあり、毎日午正（正午）と人定鍾《じんていしょう》(2)と罷漏《ひろう》(3)の時に打ち鳴らす。『列朝通記』《ママ》(4)（『列朝通紀』巻六）は、「昌徳宮の門にはまだ扁額がなかったので、成宗の時に徐居正に命名させて掲げた。」と述べている。またその南の右を丹鳳と言う。東を建陽と言い、この門から東が昌慶宮である。西を金虎門と言い、扁額は成任《せいにん》(5)の書である。朝臣の多くはこの門を通って出入りしているが、台官（司憲府と司諫院の官員）は必ず敦化正門を通って出入りしている。金虎門を施錠した後、当直の注書（承政院正七品官）は必ず出かけて状況を確認する。また西を景秋と言う。この門は、軍に命令が下されて出動する時にはじめて開かれる。したがって、ふだんは閉ざされている。また西を曜金と言う。成宗の時に、判決事(6)の慎自健《しんじけん》(7)に命じて門額を書かせた。西北を拱北《こうほく》と言う。大報壇(8)がこの門内にある〈申利《しんり》川博《せんはく》(9)の家の址である。〉。

仁政殿。正面五間、側面四間で、二層構造をしている。宮殿の前に三段の階段があり、東西の前庭に文武班(10)の品石が列立している。(11)王が朝会(12)の儀式を受ける正殿である。今上朝《きんじょう》(13)の癸亥《きがい》（純祖三年、一八〇三）に火災にあい、甲子《こうし》（純祖四年、一八〇四）の冬に再建された。徐竹石栄《じょちくせきえい》輔《ほ》（徐栄輔《じょえいほ》）(14)の書額が掲げられている。この宮殿の南門を仁政門と言い、李海竜《りかいりゅう》(15)の揮毫した額が掲げられている。西南を粛章門と進善門と言う。両門の額は鄭蘭宗《ていらんそう》(16)の書である。申聞鼓(17)が進善門内にある。『国朝宝鑑』（巻三・太宗朝一）は、「太宗二年（一四〇二）、申聞鼓を設置した。」と述べている。宮殿の庭の東の偏門（脇門）を光範と言い、承政院と通じている。西の偏門を崇範門と言い、薬院（内医院）と通じている。

宣政殿。仁政殿の東、延英門内にある。小制(18)の便殿(19)である。緑の琉璃瓦で葺いている。

宝慶堂。仁政殿の西にある。

誠正閣《せんせいかく》。重熙堂の右にある。正宗《せいそう》(20)辛丑《しんちゅう》（正祖五年、一七八一）、粛廟（粛宗）御製(21)の「誠正閣儆戒十箴《けいかいじっしん》」を曺允亨に命じて浄書させ、正宗に献じさせた。正宗御筆《ぎょひつ》(22)の誠正閣の扁額は同じく閣内に掲げられている。

熙政堂《きせいどう》。協陽門内にある。およそ経筵《けいえん》(23)、召対(24)、引見(25)の時は、王は常に誠正（閣）と重熙（堂）の両所にお出ましになる。

大造殿。協陽門内にある。坤殿《こんでん》（王妃）の時御所《じぎょしょ》（居所）である。棟瓦の背は平らである。

澄光楼《ちょうこうろう》。大造殿の傍らにある。

景福殿。仁政殿の西、泰秋門内にある。もと王大妃殿(26)の時御所であった。

東宮。建陽門の外、旧求賢殿広延亭の址地にあり、前に蓮池がある。成宗十七年（一四八六）に改築し、春宮と称する。弐極門の中に重華門があり、重華門の中に重煕堂がある。春邸（王世子）の書筵《しょえん》(27)と臣下の接見はすべてこの堂に座して行う。傍らに楼があり、名を小宙合楼と言う。先朝（正祖）の時に、八分《はちぶん》（隷書）で「庭衢八荒、胡越一家」（世界全体が違いを超えてみな一つになる。）の八字を書き、楣《ひさし》に掲げた。

寿康斎《じゅこうさい》。重煕堂の東にある。

璿源殿《せんげんでん》。仁政殿の西にある。東門を万寧と言い、粛宗、英宗、正宗の御容(28)を奉安している。朔望(29)には上《しょう》（純祖）が自ら赴き、香を焚いて参拝し、誕生日には茶礼を行う。これは明国の奉先殿の礼と同じである。太廟は王室の公的な祭祀を執り行い、奉先殿は王室の私的な祭祀を執り行う。

万寿殿。もと欽敬閣の跡地にあったが、孝宗《こうそう》(30)六年（一六五五）、大妃(31)の別殿をここに建て、宮殿の名を万寿、堂の名を春暉《しゅんき》とした。粛宗《しゅくそう》十三年丁卯《ていぼう》（一六八七）、万寿殿は火災にあった。

敬奉閣。もと銅竜門内にあった。英宗庚寅（英祖四十六年、一七七〇）に建てられ、英宗の御書（御筆）を扁額として掲げていた。建国以来の詔勅を保管していたが、正宗己未《きび》（正祖二〇三年、一七九九）、皇壇（大報壇）の西の壝《い》(32)の外の階段の傍らに移築した。

斎政閣。煕政堂の南にある。粛宗丁卯（粛宗十三年、一六八七）に建てられた。

奎章閣《けいしようかく》(33)　昌徳宮の禁苑の北にある。二階が楼、一階が軒(34)になっており、正面が六間(35)である。扁額に「奎章閣」とあるのは粛宗の御真（御容）と御製、御筆、宝冊(36)、印章を奉安している。扁額に「奎章閣」とあるのは粛宗の御筆である。

書香閣《しよこうかく》。宙合楼の西にある。正面六間で、左右に房《ぼう》(37)があり、御真、御製、御筆を奉安し、移安して曝曬《ばくさい》(38)する所なので、一名を移安閣とも言う。現在、当宁《とうちよ》(39)の御真を奉安しており、四孟(40)の一日と十五日には奎章閣の閣臣(41)が王に奏上して拝礼して曝曬を行った後、奉謨堂《ほうもどう》及び皆有窩《かいゆうか》の書籍と奎章閣内の各建物を調査する。書香閣の扁額は曺允亨の書である。その南の建物に扁額があり、「嚮明楼《きようめいろう》」とある。姜豹菴世晃《きようひようあんせいこう》（姜世晃《きようせいこう》）(42)の筆である。

奉謨堂《ほうもどう》。宙合楼の西南にあり、広さ一間で、傍らに夾室《きようしつ》（脇部屋）がある。もとの閲武亭である。旧制を改めず、歴代国王の御製、御筆、御画(43)、顧命(44)、遺誥《いこう》(45)、密教(46)、および璿譜《せんぷ》(47)、世譜(48)、宝鑑(49)、状誌(50)、印宝(51)を奉安している。門の扁額に「雲漢門」とある。

閲古閣《えつこかく》。宙合楼の南にある。二層構造で上下あわせて広さ二間である。

また北に折れると皆有窩となる。広さ三間で、華本図籍(52)を保管しているので皆有窩と呼ばれる。

また西北に建物があり、名を西庫と言う。広さ三間で、我が国の書籍を保管している所である。

喜雨亭《きうてい》。宙合楼の西北にある。粛宗十六年（一六九〇）に大旱魃があり、大臣を派遣して雨乞いの祈禱を行ったところ、その日のうちに雨が降り出した。上《しょう》は非常に喜び、ついに禁苑の酔香亭の名を改めて喜雨とし、自ら亭銘を作って識《しるし》とした。

また千石亭はその東にある小楼で、扁額に「霽月光風《さいげつこうふう》」(53)（雨上がりのさわやかで清らかな光景）とある。

また芙蓉亭が宙合楼の南池の縁にある。池には彩丹錦帆《さいたんきんはん》(54)がある。正宗の時に、花を鑑賞し、魚を釣った所である。この時、諸臣は池の縁に並んで座り、詩を応酬して（王に）進献した。

謹んで考えるに、景福宮は白岳の下にあり、昌徳宮は鷹峰の下にある。まさに『朝鮮賦』が「あるいは高山に間をさえぎられているので、別に離宮を構える。みな平坦で広い土地を選ばずに敷地としている。ただその地勢だけを見て優れているとしているからである。」と述べているところである。

『列朝通記《ママ》』（『列朝通紀』巻三）は、「世宗八年（一四二六）、王は衍禧宮《えんききゅう》(55)に移り、翌年二月、再び昌徳宮に戻ってきた。宣廟三十九年（宣祖三十九年、一六〇六）、景福宮を修理しようとしたところ、前県令(56)の李国弼《りこくひつ》(57)が上疏し、「景福宮は不吉であります。よろしくまず昌徳宮を建てられよ。」と強く言上《ごんじょう》したので、その意見に従い、八道の農地から一結《けつ》(58)ごとに木綿半疋を出させたと言う。昌徳宮の再建は宣祖の時に始まり、完成を告げたのはようやく光海の時（光海君《こうかいくん》三年、一六一一）のことである。欽敬閣はもと景福宮の康寧殿の傍らにあったが、光海甲寅（光海君六年、一六一四）に昌徳宮の瑞麟門〈現在の宣仁門〉内に移った。昌徳宮を建築する際に中国の匠人施文用が行ったと言われている。」と述べている。

『奎章閣志《けいしょうかくし》』(59)（巻一・建置一）は、「国朝（朝鮮王朝）の官僚制度は、ことごとく宋の制度にならっている。弘文館は集賢院に、芸文館は学士院に、春秋館は国史院にそれぞれならっているが、竜図天章(60)の制度のように御製を奉安する所だけはまだ存在していなかった。世祖《せいそ》(61)の時（世祖八年、一四六二）に、知中枢府事(62)の梁誠之《りょうせいし》(63)が王に上奏して「君上《くんじょう》（国王）の御製は雲漢（天の川）と同じく徳が昭《あきら》かで、万世に遍《あまね》くものであります。臣が担当している尊閣にこれを収蔵し、官員を置いて管理させるべきであります。臣どもに命じて、御製の詩文を獜《ママ》址閣（麟址閣）の東別室に奉安し、これを奎章閣と命名し、また内閣（奎章閣）が所蔵する書籍については、秘書閣と命名して官吏を配置し、出納を担当させることをお願いするものであります。」と述べたところ、世祖はこれを褒め、速やかに実行すべきだとしたが、結局、実施されるには至らなかった。粛宗の時に、歴代の国王の御製、御筆を奉安するために、宗正寺《そうせいじ》(64)〈現在の宗簿寺《そうぼじ》〉に別に小閣を建て、御筆の「奎章閣」の三字の題額を掲げた〈この題額は、今は宙合楼に移して掲げている。〉。しかしながら規則は不備のままであった。正宗朝丙申《へいしん》（正祖即位年、一七七六）になって、初めて英宗大王の御製を梓の木に彫り、また御墨(65)を石に刻み、大臣を召して「我が先大王（英祖）の雲章(66)と宝墨(67)は、すべて予に小子《しょうし》(68)の篇を教えるものである。尊びあがめて謹むゆえんであり、尋常一般のものの比ではない。よろしく閣を建て、以て宋朝の虔《つつし》んで奉安する制度にならうべきである。」と命じた。列聖（歴代国王）の御製、御筆は王ごとに閣を別にしているが、これを同じ一つの閣とするのは実に費用節約の道である。有司（責任者）にはかり、昌徳宮の北苑に赴いて計画を立てよ。」と命令した。塗装には派手な色彩を用いず、また塗飾（壁紙）には模様入りの紙を用いずに、倹約につとめさせた。丙申（正祖即位年、一七七六）の三月から七月までかかって工事は完成を告げた。」と述べている。

　皆有窩を「奎章閣蔵華本書之屋」（奎章閣が所蔵する中国書籍を保管する建物）と命名したのは正宗である。ここには珍奇な書籍が充溢しているが、そのうち『図書集成(69)』五千巻(70)は最も大部のもので、正宗丁酉《ていゆう》（正祖元年、一七七七）に燕（北京）から購入してきた(71)ものであり、我が国にはただこの一揃いしかない。この書は、康熙年間（一六六二―一七二二年）に武英殿(72)の銅活字で印刷されたもので、合計一万巻で、合わせて三十二典に分かれている。乾象典、歳功典、歴法典、庶徴典、坤輿典、職方典、山川典、辺裔典、皇極典、宮闈《きゅうい》典、官常典、家範典、交誼典、氏族典、人事典、閨媛《けいえん》典、芸術典、神異典、禽虫典、草木典、経籍典、学行典、文学典、字学典、選挙典、銓衡典、食貨典、礼儀典、楽律典、戎政《じゅうせい》典、祥刑典、考工典である。各典は門類に区分されている。合計で六千百九部、本編が五百二十《ママ》函（五百二函(73)）で、他に目録が二函になる。

　奎章閣に八景がある。「奉謨雲漢、書香荷月、奎章試士、払雲観徳、皆有梅雪、美薫楓菊、喜雨韶光、観豊秋事」（奉謨堂の雲漢門、書香閣の蓮と月、奎章閣の科挙試験、払雲亭前の燕射儀、皆有窩の梅と雪、美薫閣の紅葉と菊、喜雨亭の清らかな光景、観豊閣前の稲刈り）である。

また考えるに、永粛門はすなわち春塘台《しゅんとうだい》の後苑の門である。内閣から宙合楼の皆有窩に赴くには、必ずこの門を通って行く。『文献備考』（巻三八・輿地考二六・附歴朝営繕）は、「中宗二十三年（一五二八）、承政院が王に「昌慶宮の後苑に淡烟門《たんえんもん》がありますが、宮中の門の名にふさわしくありません。永粛門と改めることを命じていただきたい。」と上奏した。成宗六年（一四七五）、昌徳宮の門にいまだ扁額がなく、出入りする者が戸惑ってしまうので、芸文館大提学(74)の徐居正に命名させてこれを掲げた。(75)」と述べている。また徐四佳（徐居正）の『筆苑雑記』（下）は、「本朝が開国して以来、五更三点の罷漏には宮城と都城の門をすべて開けていたが、睿宗の時（睿宗即位年、一四六八）から、夜が明けて始めて宮城の門を開けることとした。」と述べている。

3　昌慶宮

昌慶宮。昌徳宮の東、寿康宮(1)の跡地にある。成化癸卯《きぼう》（成宗十四年、一四八三）、世祖妃の坡《は》平尹氏《へいいんし》(2)、徳宗妃《とくそうひ》韓氏《かんし》(3)すなわち西原府院君《せいげんふいんくん》(4)韓確《かんかく》(5)の娘、睿宗継妃の清州韓氏《せいしゅうかんし》(6)すなわち清川府院《せいせんふいん》君《くん》(7)伯倫《はくりん》（韓伯倫《かんはくりん》(8)）の娘の三人、つまり貞熹《ていき》王后《おうごう》、仁粋王大妃、安順王后の三宮のために成宗が建てたものである。壬辰（一五九二）に兵火で焼失し、光海丙辰《へいしん》（光海君八年、一六一六）に再建した。東門を弘化と言い、正門としている〈門楼は二層になっており、門額は成任の書である。〉。東の右を宣仁と言う〈朝臣もまたこの門から出入りしている。『文献備考』(9)は、「この門は旧名瑞獜《ママ》門（瑞麟門）で、後に宣仁と改称した。」と述べている。〉。東の左側を通化と言い、またそのさらに左側を月覲《げっきん》と言う(10)〈正宗の時に新築した。王は景慕宮に参拝する時は必ずこの門を通るので、「日月覲」と扁額を掲げてある。〉。東北を集春と言う〈この門は成均館に通ずる門である。〉。西は昌徳宮の建陽門である。北の偏門を青陽と言い、春塘台がこの門内にある。春塘台の後苑の西門を永粛と言う〈昌徳宮の曜金門と通じている。〉。

明政殿。正面五間、側面四間で、東に向いている。王が臣下の朝賀を受ける正殿であるが、控えて仁政殿より小さくしてある。成宗の時は、常に元日には群臣を率いて三宮に寿《ことほ》いだ後、この宮殿に移って臣下の朝賀を受けた。東門を明政門と言う。またその東にあるものを弘化門と言う。門内に御溝の橋があり、玉川橋《ぎょくせんきょう》と言う。宮殿の庭の南偏門を光範と言う。明政殿は、もと高麗朝の行宮《あんぐう》だと伝えられているが、真偽は定かでない。

文政殿。明政殿の南、崇化門内にある。

仁陽殿。明政殿の西にある。

景春殿。寿寧殿の北にある。

慈慶殿。明政殿の北にある。正宗の時には恵慶宮がこの宮殿に置かれていた。

通明殿。景春殿の北にあった。緑瓦で葺いていたが、正宗の時（正祖二十九年、一七九〇）に火災で焼失し、今は存在しない。この宮殿は高麗時代に建てたものだと言われている。

歓慶殿。景春殿の東にある。

養和堂。歓慶殿の北にある。

麗暉堂《れいきどう》。通明殿の西にある。

寿寧殿。仁陽殿の北にある。

涵仁亭《かんじんてい》。明政殿の北、賓陽門内にある。

恭黙閣、迎春軒、崇文堂、通和殿。いずれも明政殿の北にある。

環翠亭。通明殿の北にある〈文政殿以下の宮殿の建物はすべて便殿である。命名は必ずや大提学の徐四佳が行ったに違いない。〉。

春塘台。青陽門内にある。すなわち昌慶宮の後苑で、試士(11)の閲武(12)を行う所である。暎花堂《えいかどう》と称する堂があり、前に大きな蓮池がある。堂の後にも蓮池があるが、これは宙合楼の前池（芙蓉池）である。試験実施の際、多くの受験者たちが弓の試験に臨み、武術を披露する段になると、王が暎花堂にお出ましになる。傍らに観豊閣があり、前に水田がある。毎年、農事を行い、秋になると稲を刈り取って近臣に分かち与え、これを春塘稲と呼んでいる。春堂台《ママ》（春塘台）は土地がすこぶる高く開けている。向かい側の丘を状元峰(13)と言う。科挙の時、人々が聚《あつ》まってここに座るのでこの名がある。また台の傍らに楓《かえで》の樹が多く種えられており、秋になると鮮やかな紅に染まるので、これを丹楓亭と言っている。考えるに、漢代には宮殿の階段の下に楓の樹を多く植えて「楓宸楓陛《ふうしんふうへい》」（楓の宮殿、楓の階段）と称した。春塘台の丹楓亭もまたこの故事にならったのである。王がこの堂にお出ましになる時は、排設房(14)が大きな布幕〈俗に遮日（日除け）と言う。〉を堂の軒の前に設ける。大きな竹竿を束ねて十六本の柱を立てて支えとする。台の傍らに十尋の高樹があり、みなその下に入る。また堂の階段に朱板軒〈歩板と言う。〉を設営し、竜鬚《りゅうしゅ》(15)で編んだ座（むしろ）で覆う。その上には三百人余り座ることができる。板の底は高く、人が歩いて通れるほどである。九段の木の階段を設けて昇降する。

魚水堂。春塘台の不老門内にある。この門は一枚の石から削り出して作ってあり、題額が篆刻してある。孝宗の時に創建し、宋尤菴《そうゆうあん》（宋時烈《そうじれつ》）(16)の引見を常にこの堂で行った。魚と水をもって、君臣が気心を通じあうと言う意味を寓したのである。

演慶堂。魚水堂の西北にある。当宁朝の二十七年丁亥《ていがい》（純祖《じゅんそ》二十七年、一八二七）に、小朝(17)が珍蔵閣の跡地に創建した。時あたかも大朝(18)に尊号(19)を奉った祝賀をここで行ったので演慶と命名したのである。

謹んで考えるに、昌慶宮と昌徳宮をそれぞれ別の宮としているが、宮城としてみると同じ一つの城である。両宮の中間に建陽門があり、互いに通じている。春塘台はもと瑞葱台《ずいそうだい》と称した。『国朝人物考』(20)（巻三〇・文官）の『車軾《しゃしょく》(21)墓碣銘』〈柳夢寅《りゅうむいん》(22)の文〉に「車原頫《しゃげんふ》(23)は高麗の末に諫議(24)であった。平山《へいざん》(25)の水雲洞に隠遁していた時、遼を攻撃するという議論(26)が起こった。我が康献大王(27)はこれを憂えて、恭靖大王(28)とともに平服で原頫を訪問し、その顛末を語った。原頫が筋道を立てて実行すべきでないことを述べたところ、康献大王はこれを理に適っているとし、承諾して去った。（朝鮮が）開国するに及び、彼の功績を顕賞しようとしたところ、「我が家は代々、麗朝《らいちょう》（高麗）に仕えてすでに五百年になる。ましてやかの左協(29)の金鱗《きんりん》(30)がまだ生きているのにどうして二心を抱くことができようか。我が祖先の比類なき忠誠を辱めるのか。[31]」として固辞した。康献大王は漢陽を都に定めると、古い知己として彼を召し出し、到着すると宮中に入れた。雨が降り出すと、上《しょう》は彼の手を取り、歩いて東苑に出た。袖に触れて葱の種が草の間に散ると、「むかし予が貴方を西村《せいそん》[32]に訪ねた時、日が暮れて飢えが甚だしく、葱を食べた。いま自分でこれを植えているのは、我が思いを残し、人々に食べさせて昔のことを想い起こさせようとするためである。」と言った。今の瑞葱台がその地である。」。『謏聞瑣録《ゆぶんさろく》』[33]は、「成宗の時、後苑に葱が生じた。一本の幹に九本の枝があるのでこれを瑞葱と称し、石で囲んで栽培した。燕山（燕山《えんざん》君《くん》）[34]はこれに因んで台を築き、瑞葱台と命名した。[35]」〈引用ここまで〉と述べている。今では、毎年王が王陵に行った後、随行した軍人の弓の試射と表彰は必ず春塘台で行っているので、ここを瑞葱台と言うのである。

　また考えるに、春塘の水田はすなわち漢朝美田の制[36]である。弄田《ろうでん》[37]は未央宮[38]の中にあり、天子が宴を行い遊んだ田である。ああ、我が国の歴代の王は農業を重んじて本となし、毎年初めに全国に『勧農綸音《かんのうりんおん》』[39]を頒布する。またこの田を宮中に置き、よく農業の艱難を知る。いたずらに宴遊戯弄の具としているのではない。先朝の時は、常に内閣の官員たちに春塘稲を頒け与えたので、先君（柳得恭）にかつて「秋来粒粒春塘稲、不羨長安衆富児」[40]（秋が来て春塘の稲に米が実った。この米さえあれば漢城に金持ちが多くても羨むことはない。）という詩がある。まことに稲を下賜された光栄に感じ入ったのである。

4　慶熙宮

慶熙宮(1)。西部余慶坊にあり、初め慶徳宮と称していた。光海丙辰《へいしん》（光海君八年、一六一六）に創建したが、英宗庚辰《こうしん》（英祖三十六年、一七六〇）に章陵(2)の諡号と同音(3)なので慶熙と改めた。五門を立て、東を興化〈これを正門とする。李紳《りしん》(4)の書である。〉と興元、南を開陽、北を武徳、西を崇義と言う。

崇政殿。正面五間、側面四間で、南を向いている。王が臣下の朝賀を受ける正殿である。

興政堂。広達門内にあり、臣下を謁見する時、王は常にここに入る。

会祥殿。興政堂の東にある。

集慶堂。興政堂の西にある。

隆福殿。興政堂の北にあり、徳遊堂がその西にある。

集祥殿。顯宗《けんそう》八年（一六六七）、慈懿(5)仁宣大妃(6)が居住する万寿殿の東に創置し、集祥と命名し、孝養の誠を表した。漢の長楽長信の制度(7)と同じである。

為善堂。寧善門内にある。

景賢堂。景賢門内にある。

竜飛楼と鳳翔閣。後苑の東北にあり、十二別堂がその西にある。

揆政堂。興政門の東にある。英宗壬子《じんし》（英祖八年、一七三二）に創建した。渾天儀(8)〈御製記(9)がある。〉を置いてある。

敬奉閣。英宗庚寅（英祖四十六年、一七七〇）に創建した。（英宗）御筆の扁額があり、建国以来の詔勅を保管している。

謹んで考えるに、慶熙宮の規模は昌徳宮よりやや小さいが、土地は高く明るく開けており、地勢はむしろ優れていると言われる。英宗大王は即位した後、常にこの宮にいらっしゃった。いま興政堂の東に棗《なつめ》の老木があり、繋馬棗《けいばそう》と呼ばれている。この地はもと元宗《げんそう》[10]の私邸であり、かつて馬を繋いだ棗の樹だからである。正宗朝の壬寅《じんいん》（正祖六年、一七八二）、この棗が忽然として実をつけるや、世人はこれを吉祥の兆《きざ》しだと言った。また『文献備考』（巻三八・輿地考二六・本朝宮室）は、「仁慶宮。西部の仁王山の下にあり、もと元宗の私邸である。光海君丙辰（光海君八年、一六一六）、術者[11]が「塞門洞[12]に王気がある。」と言ったので、この宮殿を創建してその圧《おさ》えとした。仁祖《じんそ》[13]反正《はんせい》[14]元年（仁祖元年、一六二三）にただちに撤廃した。」と述べている。当宁二十九年己丑《きちゆう》（純祖二十九年、一八二九）、興政堂が火災で焼失した。辛卯（純祖三十一年、一八三一）春の再建の時、会祥殿の題額は金楓皐院閣《きんふうこういんかく》（金祖淳《きんそじゅん》[15]）の書であり、隆福殿の題額は趙《ちょう》判書万永《はんしょまんえい》（趙万永《ちょうまんえい》[16]）の書である。

七　壇壝

社稷壇《しやしよくだん》(1)。京城内の西部仁達坊にある。社(2)が東、稷(3)が西にあり、両壇はそれぞれ二丈五尺四方で、高さが三尺、四方に三段の陛《きざはし》が出ている。壇飾は方位の色に従い(4)、上は黄土で覆われている(5)。社に長さ二尺五寸で一尺四方の石柱がある。上部を（丸く）削り、下半分は壇の南に埋まっている。四門はすべて同じ形である。壝《い》は二十五歩四方で、周囲を取り囲んでいる。国社と国稷の神座はともに南北にあり、后土神《こうどしん》(6)を国社に配享し、后稷神《こうしよくしん》(7)を国稷に配享している。おのおの正位(8)の左にあり、北に近く東に向いている。春秋の仲月《ちゆうげつ》(9)の上戊(10)と臘日(11)に祀りを行う。また孟春の上辛日(12)に祈穀大祭(13)を行う〈祀典(14)は大祀を載《まつ》る。〉。

風雲・雷雨・山川・城隍壇《じようこうだん》(15)。南郊(16)にあり、二丈三尺四方で、高さ二尺七寸、四方に陛を出している。両壝は二十五歩である。風雲・雷雨の神座が中に、山川が左に、城隍《じようこう》が右にあり、すべて南にあって北を向いている。春秋の仲月の上旬に祀りを行う。

岳・海・瀆壇。南郊にある。一壝無壇で、三間の廟がある。岳は、南が智異山(17)〈南原《なんげん》(18)にある。〉、中が三角山〈京城の北にある。〉、西が松岳(19)〈開城《かいじよう》(20)にある。〉、北が鼻白山(21)〈定平《ていへい》(22)にある。〉である。〈海は、〉東海〈襄陽《じようよう》(23)にある。〉、南海〈羅州《らしゆう》(24)にある。〉、西海〈豊川《ほうせん》(25)にある。〉である。瀆は、南が熊《ゆう》津《しん》[26]〈公州《こうしゅう》[27]にある。〉、伽倻津《かやしん》[28]〈梁山《りょうさん》[29]にある。〉、中が漢江[30]〈京城の南にある。〉、西が徳津《とくしん》[31]〈長湍《ちょうたん》[32]にある。〉、平壌江[33]〈平壌[34]にある。〉、鴨緑江[35]〈義州《ぎしゅう》[36]にある。〉、北が豆満江《とうまんこう》[37]〈慶源《けいげん》[38]にある。〉である。春秋の仲月の上旬に祀《まつ》りを行う。

先農壇[39]。東郊[40]にある。成宗七年（一四七六）、壇の南十歩のところに親耕台を築いた。正月に王が親しく先農を祀り、耕籍田[41]の礼を行う。毎年驚蟄《けいちつ》[42]後の亥の日に祀りを行う。

先蚕壇[43]。東郊[44]にある。季春[45]の巳《み》の日に祀りを行い、西陵氏[46]を祀る。

考えるに、蚕壇が景福宮の中にある。英宗丁亥（英祖四十三年、一七六七）に壇を設け、王が親しく養蚕を行った。碑を立て「丁亥親蚕、庚寅建閣」（丁亥年に王自ら養蚕を行い、庚寅年〔英祖四十六年、一七七〇〕に閣を建てた。）と御書した。

雩《う》祀《し》[47]壇。南郊[48]にあり、四丈四方である。句芒《こうぼう》[49]、祝融《しゅくゆう》[50]、后土、蓐収《じょくしゅう》[51]、玄冥《げんめい》[52]、后稷の神座はともに北にあり南に向いている。孟夏《もうか》〈上旬〉の日に祀りを行う〈以上は中祀を載る。〉。

霊星[53]〈蒼竜星[54]の左の角が天田星[55]である。〉壇。南郊にあり、二丈一尺四方で、高さ二尺五寸であり、四方に陛を出している。一壝二十五歩で、神座は北にあり南を向いている。立秋後の辰の日に祀りを行う。

老人星[56]壇。南郊にある。秋分の日に祀りを行う。

馬祖[57]・先牧[58]・馬社[59]・馬歩《ばほ》[60]壇。ともに東郊[61]にある。馬祖は仲春、先牧は仲夏、馬社は仲秋、馬歩は仲冬のそれぞれの中気（月の中日）後の剛日（奇数日）に祀りを行う。

禡《ば》祭《さい》壇(62)。東北郊にある。講武(63)の前日に祀りを行う。

司寒壇(64)。南郊(65)にある。玄冥氏を祀り、春分と季冬（十二月）に祀りを行う。

名山大川壇《めいさんたいせん》。（一字欠）(66)にある。壇は無く、三間の廟がある。名山は、東が雉岳山(67)〈原州《げんしゅう》(68)にある。〉、南が鶏竜山(69)〈公州にある。〉、竹嶺山(70)〈丹陽《たんよう》(71)にある。〉、万仏山(72)〈蔚山《うっさん》(73)にある。〉、主屹山《しゅきつさん》(74)〈聞慶《ぶんけい》(75)にある。〉、錦城山(76)〈羅州にある。〉、中が木覓山《もくべき》〈京城にある。〉、西が五冠山(77)〈長湍にある。〉、牛耳山(78)〈海州にある。〉、北が紺岳山(79)〈積城《せきじょう》(80)にある。〉、義館山(81)〈淮陽《わいよう》(82)にある。〉である。大川は、南が陽津溟所《ようしんめいしょ》(83)〈忠州《ちゅうしゅう》(84)にある。〉、中が楊津《ようしん》(85)〈楊州にある。〉、西が長山串《ちょうざんかん》(86)〈長淵《ちょうえん》(87)にある。〉、阿斯津松串《あししんしょうかん》(88)〈長連《ちょうれん》(89)にある。〉、清川江(90)〈安州《あんしゅう》(91)にある。〉、九津溺水《きゅうしんできすい》(92)〈平壌にある。〉、北が徳津溟所《とくしんめいしょ》(93)〈淮陽にある。〉、沸流水《ふつりゅうすい》(94)〈永興《えいこう》(95)にある。〉である。

もし旱魃ならば雨乞いを行う。北郊に岳・海・瀆および諸山川の神位を設け、それぞれその方角に置いて内側を向けている。

漢江壇。漢江の北(96)にあり、春秋の仲月に祀りを行う。

厲《れい》壇(97)。北郊(98)にある。神座と城隍は壇上にあり、北と南を向いている。鬼神の祭祀は行わない。壇の下の左右に鬼神があり、向かいあっている。清明日(99)、七月十五日(100)、十月一日(101)に祭祀を行う〈以上は小祀を載る。〉。

『芝峰類説』（巻一九・宮室部・祠廟）を調べてみると、「愍忠壇《びんちゅうだん》(102)は弘済院の南にあり、天朝（明）が戦没した東征(103)将士の祭りを賜うところである。」と述べている。

八　廟殿宮

宗廟。京城内の東部蓮花坊にある。太皇（朝鮮太祖李成桂）が中央にあって南を向いている。正面七間(1)で、前に三か所の階段がある。東西にそれぞれ夾室《きょうしつ》二間があり、夾室の南にはおのおの廊庭がある。東西に廟三間があり、西（七祀堂）には七祀(2)の神主を収蔵し、東（功臣堂）には配享功臣(3)の神主を収蔵している(4)。七祀の神座は廟庭の東にあり西を向いている。

永寧殿(5)。宗廟の西にある。太室（正殿）は北に座して南に向いている。正面四間で、前に三か所の階段があり、遷主(6)を奉安する。宗廟は四孟朔の上旬と臘日に祀りを行う。永寧殿は春秋孟月の上旬に祀りを行う〈以上は大祀を載る。〉。

謹んで『朝野紀聞』（巻一）を調べてみると、「世宗三年辛丑《しんちゅう》（一四二一）、礼曹が「宗廟の西に別廟を建てて永寧殿と名付け、穆祖《ぼくそ》（李《り》安社《あんしゃ》）(7)を奉安し、宋朝が世代を明確にした詔のようにされたい(8)。」と上奏し、王命を奉じて実行した(9)。」と述べている。

永禧殿。南部薫陶坊にある。もと世祖の懿淑《いしゆく》公主(10)の第《だい》（邸宅）であり、中宗丙寅《へいいん》（中宗元年、一五〇六）に端敬王后(11)〈中宗王后慎氏〉が（王后の位を）譲った時の宮殿である。光海庚戌《こうじゅつ》（光海

宗廟正殿（2010年）

君二年、一六二〇）に恭嬪《きょうひん》[12]廟《びょう》となった。またの名を南別殿あるいは奉慈殿と言う。己未《きび》（光海君十一年、一六一九）に太祖と世祖の御容を南別殿に奉安した。仁祖丁丑《ていちゅう》（仁祖十五年、一六三七）に改築し、世祖と元宗の影幀《えいてい》[13]を奉安した。粛宗丁巳《ていし》（粛宗三年、一六七七）に本殿を増築した。戊辰《ぼしん》（粛宗十四年、一六八八）に粛宗の御容も併せて奉安した。正宗の時に英宗の御容も奉安した。寒食[14]、端午、冬至、臘日に祀りを行う。

　璿源殿《せんげんでん》。昌徳宮内、仁政殿の西にある。東門を万寧と言い、内閣に通じている。粛宗、英宗、正宗の肖像を奉安している。朔望に上《しょう》が親しく香を焚いて参拝し、誕生日に茶礼を行うことは、皇朝の奉先殿の礼と同じである。太廟では王室の公的な祭祀を執り行い、奉先殿では王室の私的な祭祀を執り行う。

儲慶宮《ちょけいきゅう》。南部会賢坊の松峴《しょうけん》(15)にある。もと仁祖の潜邸(16)である。旧名を松峴宮と言い、英宗三十二年（一七五六）に現在の名称に改めた。敬恵裕徳(17)仁嬪金氏(18)〈元宗を生んだ。〉を享《まつ》っている。

毓祥宮《いくしょうきゅう》(19)。北部順化坊にある。英宗乙亥《いつがい》（英祖三十一年、一七五五）に廟を建てた。和敬徽徳安純綏(20)福淑嬪崔氏(21)〈英宗を生んだ。〉を享っている。

景慕宮。東部崇教坊にある。正宗丙申（正祖即位年、一七七六）に廟を建てた。御筆の扁額があり、荘献世子《しょうけんせいし》(22)〈英宗の世子〉を享っている。四仲朔(23)に祀を行う。宮内に望廟楼があり、正宗の御真を奉安する。

永慶殿。もと彰義門の南にあった。宣祖辛丑《しんちゅう》（宣祖三十四年、一六〇一）に廟を建てた。順懐《じゅんかい》世子《せいし》(24)〈明宗の世子〉を享っていたが、仁祖丁亥《ていがい》（仁祖二十五年、一六四七）に昭顕世子《しょうけんせいし》(25)〈仁祖の世子〉も併せて享ることになった。両世子が祧主《ちょうしゅ》(26)した後はただ空屋があるだけである。

懿昭廟《いしょうびょう》。順化坊にある。英宗の旧邸である。甲戌《こうじゅつ》（英祖三十年、一七五四）に建てられ、懿昭世孫《せいそん》(27)〈荘献世子の子〉を享っている。

蔵譜閣。彰義宮の中にある。『英廟宝鑑《えいびょうほうかん》』(28)（『国朝宝鑑』巻六〇・英祖朝四）は、「かつて肖像の模写を命じ、潜邸である彰義宮の蔵譜閣に奉安した。」と述べている。

文禧廟。北部安国坊にある。正宗戊申《ぼしん》（正祖十二年、一七八八）に廟を建て、文孝世子《ぶんこうせいし》(29)〈正宗の世子〉を享っている。

延祐宮。北部順化坊にある。正宗戊戌《ぼじゅつ》（正祖二年、一七七八）に廟を建て、温禧《ママ》（温僖《おんき》[30]）靖嬪李氏[31]〈真宗《しんそう》[32]を生んだ。〉を享っている。宮内に冷泉亭があり、英宗の御真を奉安している。

大嬪宮。中部慶幸坊にある。景宗壬寅《じんいん》（景宗二年、一七二二）に建てられ、玉山《ぎょくさん》[33]大嬪張氏《だいひんちょうし》[34]〈景宗[35]を生んだ。〉を享っている。

宣禧宮。北部順化坊にある。（四字欠）に建てられた[36]。暎嬪李氏《えいひんりし》[37]〈荘献世子を生んだ。〉を享っている。

景祐宮。北部陽徳坊にある。今上甲申《きんじょうこうしん》（純祖二十四年、一八二四）に建てられ、綏嬪朴氏《すいひんぼくし》[38]〈純祖[39]を生んだ。〉を享っている。

儲慶宮以下の諸宮殿はすべて、春分、夏至、秋分、冬至に祀りを行う。

謹んで考えるに、於義宮は中部慶幸坊にある〈俗に上於義宮と称する。〉。仁祖の潜邸であり、潜竜池という池がある。

竜興宮。東部崇教坊にある〈俗に下於義宮と称する。〉。すなわち朝陽楼であり、孝宗大王の潜邸である。嘉礼[40]を於義宮で行うことは仁祖妃の荘烈王后《しょうれつおうごう》[41]の時に始まる。

寿進宮。中部寿進坊にある。もと斉安大君《さいあんたいくん》[42]〈睿宗の子〉の宮殿であると伝わっている。現在は、未封爵[43]、未出閣《みしゅつこう》[44]の大君[45]、王子[46]、公《こう》・翁主《おうしゅ》[47]をこの宮殿に祀っている。

明礼宮。西部皇華坊にあり、慶運宮と称する。月山大君《がっさんたいくん》[48][49]の第である。癸巳《きし》（宣祖二十六年、一五九三）に回鑾《かいらん》[50]した後、宣祖大王は長くこの宮殿にいらっしゃった。光海（光海君）の時に、仁穆大妃[51]はここに退いていた。また西宮とも称する。仁祖が癸《き》亥《がい》（仁祖元年、一六二三）にこの宮殿で即位したので、堂の扁額に「即祚《そくそ》堂《どう》」とある。（欠字）宗[52]の御筆で、「三朝《さんちょう》皆御《かいぎょ》」（宣祖・光海君・仁祖の三代がここにいらっしゃった。）の四字がある。[53]

彰義宮。北部順化坊にある。もと英宗大王の潜邸である。

竜洞宮。西部皇華坊にある。順懐世子の旧宮であると伝わるが詳細は不明である。

梨《り》峴宮《けんきゅう》。東部蓮花坊にあり、もと光海（光海君）の宮殿である。正宗の時、この地に壮勇営を設置した。また『輿地勝覧』（巻一・京都上・壇廟・孝思廟）を調べてみると、「孝思廟は北部鎮長坊にある。」とあるが、後に廃止された。[54]おそらくこれは衍文であろう。[55]奉常寺となっている。

慶寿宮。東部蓮花坊にある。

九　祠廟

〈1〉神祀

白岳神祠《はくがくしんし》。白岳山頂にあり、毎年、春と秋に醮祭《しょうさい》(1)を行う。中岳は三角山であり、祭りはここで執り行う。三角（山）の神位がここにあり、南を向いている。白岳の神位は東にあって西を向いている。

謹んで香室(2)の祭祀儀礼を調べてみると、白岳山はすなわち北漢山の普賢峰《ふげんほう》(3)の下麓であり、都城の主脉《しゅみゃく》(4)である。補土の時、告由祭《こくゆさい》(5)の祝文《しゅくぶん》（祭文）には「三角之神」と書く。

木覓神祠。木覓山頂にあり、毎年、春と秋に醮祭を行う〈南山の頂上に国祝堂がある。すなわち木覓神祠である。中に画像があり、俗に神僧無学の像と言われている。毎年、春と秋の木覓神祠の祭りの時には、祠の中の画像を池閣に移すと云われる。〉。

〈2〉文廟

文廟(1)。東部崇教坊にある。扁額「大成殿」〈韓濩《かんかく》(2)の書〉は南を向いている。正面五間で、前に二か所の階段があり、前庭の東西両側に廡《ぶ》（廊屋）がある。太祖戊寅《ぼいん》（太祖七年、一三九八）に建てられた。定宗《ていそう》[3] 庚辰《こうしん》（定宗二年、一四〇〇）に火災で焼失し、太宗丁亥（太宗七年、一四〇七）に再建された〈卞季良《べんきりょう》[4]が文を作成した碑がある。〉。宣祖壬辰（宣祖二十五年、一五九二）に倭乱で焼失し、壬寅（宣祖三十五年、一六〇二）に再建された〈李廷亀《りていき》[5]が選文をした碑がある。〉。釈奠《せきてん》祭《さい》[6]は、毎年、春秋仲月の上丁日[7]に朔望祭を行っていたが、壬辰の乱の後に廃止し、ただ焚香を行うだけである。

神座は大成至聖文宣王（孔子）が中央にあって南に向いている〈成宗十五年（一四八四）にはじめて位版（位牌）に櫝櫃《とくき》[8]を設けた。〉。配享する充国復聖公顔子《がんし》と沂国《きこく》述聖公子思《しし》は正位[9]の東と南にあって西を向いており、郕国《せいこく》宗聖公曽子《そうし》と鄒国《すうこく》亜聖公孟子《もうし》は正位の西と南にあって東を向いている。ともに北を上位とする。

殿内に従享する費公閔損《びんそん》、薛公冉雍《せっこうぜんよう》、黎公端木《たんぼく》、賜衛公仲由《ちゅうゆ》、魏公卜商《ぼくしょう》は東壁にあり、西を向いている。鄆公《うんこう》再《ママ》耕（冉耕《ぜんこう》）、斉公宰予《さいよ》、徐公冉求、呉公言偃《げんえん》、潁川侯顓孫師《えいせんこうせんそんし》は西壁にあって東を向いている。ともに北を上位としている。

東廡《とうぶ》に従享する金郷侯澹台滅明《たんだいめつめい》、任城侯原憲《げんけん》、汝陽侯南宮适《なんぐうかつ》、菜蕪侯曽点《そうてん》、須昌侯商瞿《かいしょうこうしょうく》、平輿侯漆雕開《しっちょうかい》、睢陽侯司《すいようこうし》馬《ば》耕《こう》、平陰侯有若《ゆうじゃく》、東阿侯巫馬施《ふばし》、陽穀侯顔辛《がんしん》、上蔡侯曹邮《ママ》（曹卹《そうじゅつ》）、枝江侯公孫竜《こうそんりゅう》、馮 翊侯《ひょうよくこう》泰商《ママ》（泰商《たいしょう》）、雷沢侯顔高《がんこう》、上邽侯壌駟赤《じょうけいこうじょうしせき》、成紀侯石作蜀《せきさくしょく》、鉅平侯公夏首《きょへいこうこうかしゅ》、膠東侯后処《こうとうこうこうしょ》、済陽侯奚容箴《ママ》（奚容箴《けいようてん》）、富平侯顔祖《がんそ》、塗陽侯句井疆《こうせいきょう》、甄城侯秦祖《しんじょうこうしんそ》、即墨侯公祖句《こうそこう》茲《じ》、武城侯県城《ママ》（県成《けんせい》）、汧源侯燕伋《けいげんこうえんきゅう》、宛向侯顔之僕《がんしぼく》、達城侯楽欬《がくかい》、堂邑侯顔何、林慮侯狄墨《てきぼく》、鄆城侯孔忠、徐城侯公西箴《こうせいしん》、臨濮侯施《し》之掌《ししょう》、華停侯秦川《しんせん》、文登侯申棖《しんとう》、済陰侯顔噲《がんかい》、泗水侯孔《しすいこうこう》鯉《り》、蘭陵伯荀況《じゅんきょう》、睢陽伯穀梁赤、莱蕪伯高堂生、薬寿伯毛萇《もうちょう》、彭城伯劉向《りゅうきょう》、中牟伯鄭衆、緱《こう》氏《し》伯《はく》杜子春、良郷侯盧植、栄陽伯服虔《ふくけん》、司空王粛、司徒社預《ママ》（杜預《どよ》）、昌黎侯韓愈、予国公程顥《ていこう》、新安伯邵雍《しょうよう》、温国公司馬光、華陽伯張栻《ちょうしょく》は、東にあって西を向いている。

西廡に従享する単父侯宓不《ふくふ》斉《せい》、高密侯公冶長《こうやちょう》、北海侯公晳哀《こうせきあい》、曲阜侯顔無《がんぶ》繇《ゆう》、共城侯高柴《こうさい》、寿長侯公伯寮《こうはくりょう》、益都侯樊須《はんしゅ》、鉅野《きょや》侯公《こう》西赤、千乗侯梁鱣《りょうてん》、臨沂侯冉孺《ぜんじゅ》、沐陽侯伯虔、諸城侯冉季、濮陽侯漆雕哆《しっちょうしゃ》、高苑侯漆雕徒父《しっちょうとほ》、鄒平侯商沢《ママ》（商沢《しょうたく》）、当陽侯任不《じんふ》斉《せい》、牟平侯公良孺《こうりょうじゅ》、新息侯秦冉《しんぜん》、梁汶侯公肩定、聊城侯鄡単《きょうぜん》、祈郷侯罕文黒《ママ》（罕父黒《かんぼこく》）、瀏川侯申党、厭次侯栄旂《えいき》、南華侯左人郢《さじんえい》、朐山侯鄭国《くざんこうていこく》、楽平侯原元《げんげん》、昨城侯廉潔《れんけつ》、博平侯叔中会、高堂侯邽巽《けいそん》、臨胊侯公西輿《こうさいよ》如《じょ》、内黄侯蘧伯玉《きょはくぎょく》、長山侯林放、南中侯陳元《ちんげん》、陽平侯琴張、博昌侯歩叔乗、中都伯左邱明《さきゅうめい》、臨《りん》淄《し》伯公《はくく》羊高《ようこう》、乗氏伯伏勝《ふくしょう》、考城伯載聖、江都伯董仲舒《とうちゅうじょ》、曲阜伯孔安国、岐陽伯賈逵《かき》、扶風伯馬融、高密伯鄭康成、任城伯何休、偃師伯王弼、新野伯范寧《はんねい》、道国公周敦頤《しゅうとんい》、洛国公程頤《ていい》、郿《び》伯《はく》張載、徽国公朱熹《しゅき》、開封伯呂祖《りよそ》謙《けん》、魏国公許衡は、西にあって東を向いている。ともに北を上位とする。

本国は、弘儒侯[10]薛聡《せっそう》[11]、文昌公崔致遠《さいちえん》[12]、文成公安裕《あんゆう》[13]、文忠公鄭夢周《ていむしゅう》[14]、文敬公金宏弼《きんこうひつ》[15]、文献公鄭汝《ていじょ》昌《しょう》[16]、文正公趙光祖《ちょうこうそ》[17]、文元公李彦迪《りげんてき》[18]、文純公李滉《りこう》[19]、文成公李珥《りじ》[20]、文簡公成渾《せいこん》[21]、文元公金長生《きんちょうせい》[22]、

文正公宋時烈、文正公宋浚吉《そうしゅんきつ》[23]、文純公朴世采《ぼくせいさい》[24]、文正公金麟厚《きんりんこう》[25]である[26]。

啓聖祠。文廟の西北にあり、扁額は英廟（英祖）の御筆である。粛宗辛巳《しんし》（粛宗二十七年、一七〇一）、皇明の旧制に従って啓聖廟を建てた。斉国公叔梁紇《しゅくりょうこつ》が中央にあり、顔無繇、曽点、孔鯉、孟孫氏を左右に配享する。上丁（日）には太牢[27]で先師孔子を祭る。この日の子の刻（午前零時）に先ず、小牢[28]を用いて啓聖祠を祭る。享官は『図書編』[29]の記載に従い、国子三品官[30]を派遣して位版を送り、斉国公孔氏、曲阜侯顔氏、菜蕪侯曽氏、泗水侯孔氏、鄒国公孟氏と書く。

崇節祠〈または四賢祠と称する。〉。文廟の東にある。英宗元年乙巳《いつし》（英祖元年、一七二五）に建てられた。晋の太学生董養、唐の太学生何番、宋の太学生陳東と欧陽澈《おうようてつ》を享る。英廟御筆の賜額があり、また御書の「流芳我東」（誉れが朝鮮に伝わる。）の四字を祠に掲げている。

典祀庁。文廟の傍らにある。成宗三年（一四七二）、大司成の李《り》克基《こくき》[31]の要請によって建てられ、享祀燔炮《きょうしはんぽう》[32]を行う所とした。

謹んで考えるに、建国の初めに廟学[33]を建て、太宗の時に、郕（子思）と沂（曽子）の二公を配位に、また子張（顓孫師[34]）を十哲[35]に陞《のぼ》らせた。詞臣[36]卞季良に命じて文を作り、碑を立てさせた。成宗五年（一四七四）に泮宮《はんきゅう》[37]を再建し、周囲に築石をめぐらせた。また六年（成宗六年、一四七五）には泮水《はんすい》[38]を掘って古制を復活した。これは太学生の権自《ごんじ》厚《こう》の要請によるものである。中宗元年（一五〇六）に瑞葱台を撤去して泮宮を修理した。宣祖壬辰（宣祖二十五年、一五九二）の兵火の時には、廟は典祀庁に仮安置し、還都した後、まず再建の論議を行った。大成殿が辛丑

（宣祖三十四年、一六〇一）に建てられ、明倫堂が丙午《へいご》（宣祖三十九年、一六〇六）に完成した。もと石碑があったが兵火で焼失した。仁祖丙寅（仁祖四年、一六二六）に工人を集め、記載内容を整理し、李弘冑《りこうちゅう》(39)に命じて卞季良の碑文を石に書き改めさせ、金仙源尚容《きんせんげんしょうよう》（金尚容《きんしょうよう》）(40)にその額を篆書し、李月沙《げっさ》(41)廷亀（李廷亀《りていき》）に経緯を記して碑石の裏に建てさせた。また宣廟三十五年（宣祖三十五年、一六〇二）に北京に行った使臣(42)が中朝国子監の『太学志《たいがくし》』(43)を購入してきた。従祀の制度について非常に詳しく記述していると言う。

〈3〉関王廟

南関王廟（南廟）。崇礼門の外にある(1)。宣祖戊戌（宣祖三十一年、一五九八）に天将（明武将）の陳寅《ママ》（陳璘《ちんりん》）(2)が祠を建てた。

東関王廟（東廟）。興仁門の外にある(3)。中朝が撫臣(4)の万世徳(5)に命じて廟を建てさせたものである。

謹んで考えるに、壬辰年（宣祖二十五年、一五九二）に倭を討った時、漢寿亭侯（関羽）(6)がしばしば霊となって顕れ、神兵を率いて戦闘を助けた。天朝の軍人たちは資金を出して崇礼門外の山麓に廟を創建し、屋根は緑の琉璃瓦で葺いた。

『柳西厓集』（巻一六・雑著・記関王廟）は、「天将の遊撃陳寅《ママ》（陳璘）は砲弾に当たり、漢都（漢城）に帰還して療養し、寓所である崇礼門外に一廟を創建した。堂の中に神像を置いて関王を奉安した。楊経理（楊鎬）以下の将軍たちはそれぞれ銀を出しあって費用の補助とし、我が国もまた資金を出して援助を行った。廟が完成すると、上（宣祖）は親しく廟の庭にお出ましになり、再拝を行った。塑像の顔面は赤くて棗《なつめ》のようであり、鳳の目をして髯は腹の下まで垂れている。左右の塑像二人は大釼《おおけん》を持って侍立している。これを関平[7]と周倉[8]と言う〈余は香室で文献を見ることができた。それによると、東関王廟と南関王廟の内部には、東に王甫[9]と趙累[10]、西に平信候周倉と関平の位牌を配置しており、二月の関廟祭享の時にあわせて祭りを行う。〉。これ以来、将軍たちが出入して参拝するたびに、「東国（朝鮮）のために神助を求め、賊を却けた。」と祝言《しゅくげん》（祝辞）を捧げた。五月十三日に廟中で大祭を行ったが、この日は関公（関羽）の誕生日であり、もし雷風の異変があれば神が来たのだと言われる。この日は天気晴朗であったが、午後に黒雲が四方から湧き起こり、大風が西北から吹き出した。雷と雨がともに始まり、しばらくして止んだ。人々はみな喜び、「王神が降臨した」と言った。」とある。

また『申象村集《しんしょうそんしゅう》』[11]を調べてみると、「南関王廟に客を送って感《ママ》あり」の詩の序に「戊戌（宣祖三十一年、一五九八）の春、南関王廟が完成した。天朝の将官劉寅が監督し、宣祖大王の親臨を強く要求した。宣祖は儒臣に命じて、関王の祀りがもともと祀典（国家祭祀）であるかどうかを調べさせた。当時、余は応教[12]として玉堂（弘文館）に勤務していたので、『大明会典』[13]を調べてみたところ、「関廟は山川各神の列にあり、春と秋に降香[14]を焚く。」とあった。これを具申したところ、翌日、宣祖の駕は廟に行って祭りを行った。奠[15]が終わると明の将官はみな祠《ほこら》の下に集まり、雑戯（演芸）を催した。都人は飲食しながらこれを見物した。」と述べている。

また謹んで考えるに、宣祖三十五年（一六〇二）に東廟が完成した。先に皇朝（明）は四千金（四千両）を撫臣の万世徳に渡し、「関公の霊はもとより中国で著名であり、倭を平定する戦役でもまた目覚ましい功績があった。本国はその位牌を祀る。」と詔を下した。上は有司に命じてまた興仁門の外に（廟を）建てさせた。二年後の春に工事が終了した。その塑像と図絵の様相や、殿宇、門、廡、鍾、鼓などの諸々は、すべて中朝の制度通りである。中朝に額の下賜を要請し、聖旨[16]を奉じて、「勅建顕霊昭徳王関公之廟」と名付けた。英宗二十二年（英祖二十二年、一七四六）、上みずから「顕霊昭徳王廟」の六字を書いて東廟と南廟に額を掲げた。南廟の塑座の前に小型の鋳像一座を奉安しているが、これはもと中国からもたらされたものである。東廟のものは鍍金《ときん》（メッキ）の鋳像である。

『列朝通紀』（巻二）に「東廟の像を鋳造した時、万世徳と将軍たちが集まって祈禱を行った。十個の炉で精錬した銅三千八百斤をすべて用いたが、像を鋳造できなかったので、中朝の監官（監督官）の韓斌《かんひん》[17]は、我が国の銅匠とともに止めどもなく号泣したが、屑銅三百余斤を入手し、これを溶かして半分まで流し込まないうちに完成した。」とある。平頂[18]である。南廟の塑像の顔色は棗のようで、俗に生像と言われており、東廟のものは鍍金の像なのでこれを死像と言っている。そもそも鋳像は鍍金しやすいので施しているのであり、塑像に生死の別のあるわけがあろうか。俗人の荒唐無稽の説は信ずるに足りない。両廟の門外にまた赤兎馬《せきとば》[19]の塑像を立て、八十斤の青竜刀[20]を架けてある。我が国の制度では、毎年、春の驚蟄《けいちつ》の日と秋の霜降《そうこう》[21]の日に祀りを執り行い、祭官には必ず将臣[22]を任命する。歴代の国王は甲冑を着用して臨席し、再拝の礼を行った。また都人の士女が祈禱して霊を降ろすので、香火の供えは四六時中絶えることがない。廟の庭には御製の碑と皇明の陶良性[23]の碑が並び立っている。そもそも中国では各所に神を安置して香火を供えているが、我東では、京都の両廟の外に、明将の陳璘が康津《こうしん》[24]の古今島[25]に廟を建てて誕報廟と名付け、薛虎臣《せつこしん》[26]が安東府《あんとうふ》[27]に、茅国哭[28]が星州牧《せいしゅうぼく》[29]に、劉提督（劉綎）が南原府[30]の城外にそれぞれ廟を建てた。

『柳西厓集』（巻一六・雑著・記関王廟）は、「安東では石を削って像としており、霊異があらたかである。」と述べている。宗廟、社稷、文廟および各祠廟にはすべて守僕[31]がおり、黒い頭巾をかぶって紅い直領衣《ちょくりょうい》[32]を着け、祭享の時には笏記《こつき》[33]を読む。その中でも、南廟の守僕が好い職位だと言われている。

〈4〉宣武祠

宣武祠。都城南門（南大門）内、太平館の西にある。[1] 宣廟の戊戌（宣祖三十一年、一五九八）、倭を倒した功績により、祠を建てて明の兵部尚書[2]の邢玠《けいかい》[3]を祀った。（宣祖）御書の「再造藩邦《さいぞうはんぽう》」（中国の諸侯としての朝鮮を再建した）の四字の掲板を祠堂に掲げている。また、甲辰《こうしん》（宣祖三十七年、一六〇四）に中国に行った使節[4]が楊鎬[5]の画像を購入してきたので、あわせ祀ってある。宣武祠は一般に生祠堂と呼ばれている。英宗三十六年（英祖三十六年、一七六〇）に王が命じて宣武祠の庭の東に一間の建物を建てさせ、大明征東戦亡将官[6]の纛《とく》[7]を享《まつ》り、別に纛神[8]を行った。廟はもと都城内の西北にあったが、後に都城内の礼曹の傍らに移った。四纛があり、毎年、驚蟄と霜降の日に祭りを行う。

〈5〉大君祀

徳興大院君《とくこうたいいんくん》[1]〈中宗大王の第（一字欠）[2]子。宣祖の生父〉祠。社稷洞[3]にある。嫡長孫[4]を世襲の封君[5]とし、奉祀[6]している。祠堂の前に凌霄花《りようしようか》[7]がある。

譲寧大君《じようねいたいくん》〈太宗大王の長子〉祠。崇礼門の外、南関廟と相望の地にある。むかし、嗣孫[8]の李趾《りし》光《こう》[9]は貧しくて身寄りがなかった。ある観相者が「貴方の家廟の前にある檜の老木を切り倒せば、遠からず出世するでしょう。」と述べたが、後にその言葉のようになった。英宗が南廟に行幸したさい、遥かに人家の中に聳え立つ祠があるのを目にして下問し、初めて譲寧祠であることを知った。ただちに嗣孫を召し出して再び初仕職[10]に取り立てたうえで、祠の建物の修繕を命じた。その祠の建物が老檜に遮られることがなかったので、王の目にとまったからである。今に至っても、人々はそのことを褒め讃えている。[11] 李趾光は後に守令となり、善政をもって名を上げ、先朝の時に忠州牧使[12]にまで昇進した。

一〇　苑囿《えんゆう》(1)

景福宮の後苑。『輿地勝覧』（巻一・京都上・苑園・景福宮後苑）は、「後苑に序賢亭、翠露亭、関雎殿《かんしょでん》、忠順堂がある。」と述べている。

昌徳宮の後苑。昌慶宮の後苑と通じており、閲武亭がある。その傍らに井戸が四つあり、それぞれ摩尼、玻瓈《はり》、琉璃、玉井《ぎょくせい》と呼ばれている。世祖の時に掘られたものである。

調べてみると、崔恒《さいこう》(2)の序（『新増東国輿地勝覧』巻一・京都上・苑園・景福宮後苑）は、「我が殿下（世祖）は、即位六年（世祖五年、一四五九）冬十一月に昌徳宮に居を移された。上《しょう》は泉水をいたく愛されていた。ある日、永順君溥《えいじゅんくんふ》（李溥《りふ》(3)）に井戸掘りに適したところを調べさせ、広延亭の南を見つけ出した。ここを掘ったところ、冽《きよ》らかで飲むことができた。上は閲武亭にお出ましになり、その傍らを見て、美泉が出てくると考えた。溥と烏山君澍《うさんくんじゅ》（李澍《りじゅ》(4)）などを召し出して調べさせたところ、果たして二か所を見つけ出した。両所とも石の中から湧き出し、味ははなはだよろしい。上は溥らに命じてただちに穴を掘らせ、瓦で井戸枠を作り、人が立ったまま俯いて汲み上げることができるようにした。工事が終わると、上は最上の井戸を摩尼、次を玻瓈、次を琉璃、次を玉井とし、それぞれ井戸の縁に石を立てて名称を書かせた。上は「摩尼井歌」一篇を作って臣下たちに示し、これに唱和して歌を作らせた。」〈引用ここまで〉と述べている。

謹んで考えるに、閲武亭は現在、奉謨堂となっている。奉謨堂の北、宙合楼の前池の畔に現在、石の井戸一座がある。立ったまま俯《うつむ》いて汲み上げることができ、味ははなはだ清冽である。朱扉を設けて保護している。これはすなわち世祖の掘った四つの井戸のうちの一つである。井戸の南に碑閣(5)がある。

玉溜泉。昌慶宮の春塘台の北苑にあり、籠山亭がある。

含春苑。慶熙宮の開陽門の外にある。南側の丘に垣根が巡らせてあり、樹木が鬱蒼としている。また昌慶宮の弘化門外の東側の丘(6)に苑があり、これも含春苑と呼ばれている。

謹んで『東閣雑記(7)』を調べてみると、「成宗大王がかつて後苑（含春苑）に遊び、「緑羅剪作三春柳、紅錦栽成二月花」（緑色の羅布を裁って三月の春柳を作り、紅色の錦布を裁って二月の花を作る。）との一句を作り、亭《あずまや》の柱に記しておいた。三日後にまた散歩していると、足跡があり、「若使公候争此色、韶光不到野人家」（もし高位高官の者だけにこの素晴らしさを競わせれば、春ののどけさは無位無冠の者の家には届かない。）と下の句が作ってあるのを見つけた。上は大いに驚き、誰の作であるか問うと、後苑の門直軍《もんちょくぐん》(8)の辛貴元《しんきげん》(9)の作であった。上が彼を召して素性を問うと、寧越《ねいえつ》(10)の校生(11)で科挙合格ができなかった者であったので、ただちに命じて合格とさせ(12)、世にその栄誉を顕《あきら》かにした(13)。」と述べている。

一一　宮室[1]

〈1〉鍾閣

鍾閣[1]。中部雲従街[2]にある。太祖四年（一三九五）に閣を建て、世宗の時に改築した。楼は東西が五間、南北が四間で、人馬がその下を通行する。鍾と太鼓を懸け、晨《あさ》と昏《よる》を知らせている〈権近《ごんきん》[3]の鍾銘がある。〉。天使（中国使節）董越の賦に「鍾鼓に楼がある。城内四達の街にあり、（城内で）高くて大きなものと言えばこれを指す。」とある。また鍾閣がもう一つ景福宮の光化門の外にある。世祖丁丑《ていちゅう》（世祖三年、一四五七）に大鍾を鋳造し、初めこれを思政殿に置こうとしたが、後に現在地に閣を建てて鍾を懸けることにした〈申叔舟《しんしゅくしゅう》[4]の鍾銘がある。〉。壬辰倭乱で閣は焼失したが、鍾は残っている。英宗戊申（英祖四年、一七二八）に再び命じて閣を建てさせた。興仁門内にも小さな鍾閣がある。

『文献備考』（巻三八・輿地考二六・宮室二・鍾楼）を調べてみると、「敦義門内の貞陵寺に大鍾二個があったが、寺が廃されると円覚寺[5]に移された。円覚寺が廃されると、金安老《きんあんろう》[6]はこれを東と南の城門（東大門と南大門）に移設し、晨と昏に鳴らそうとしたが、まだ懸けないうちに安老が政争に敗れてしまった。壬辰の乱で鐘楼は焼け落ちてしまい、鐘もまた融けてしまった。還都の後、閣を改築し、王命によって鐘は南大門に懸けられた。」と述べている。現在、雲従街に懸けられている人定鐘と東城門（東大門）内の小鐘は、いずれも貞陵興天寺の鐘である。ゆえに、李雅亭徳懋《りがていとくぼう》（李徳懋《りとくぼう》）[7]の「城市全図詩」（『青荘館全書』巻二〇）に、「興天大鐘雲従街、傑当中翼斯趾」（興天寺の大鐘と雲従街の鐘楼はまさにその趾に当たる。）とある〈あるいは、現在の東学は高麗時代に寺刹であり、興仁門内にある鐘がその寺の鐘であるとも伝わっている。しかし、その真偽は明らかでない。〉。

『国朝宝鑑』（巻一四・睿宗朝）は、「睿宗元年（一四六九）七月、上《しょう》は、鐘閣が城外にあるのはよろしくないとして、右議政《うぎせい》の尹子雲《いんしうん》[8]に命じて城内に移設させた。」と述べている〈考えるに、今、崇礼門内の倉洞に鐘があるが、地中に埋っており、その追鈕《ついちゅう》（竜頭《りゅうず》）だけが見えている。この鐘は城外から城内に移されたようだが、来歴は詳らかではない。〉。『芝峰類説』（巻一九・宮室部・宮殿）は、「鐘楼の棟木は杻木《ちゅうぼく》[9]でできていると言われている。まことに杻木にもまた大きなものがあるのである。」と述べ、また「姜承旨緒《きょうしょうししょ》（姜緒《きょうしょ》）[10]が正言《せいげん》だった時、[11]文廟の釈奠祭で痛飲して帰宅した。彼の喝導[12]もまた大いに酔いしれ、鐘楼を見て「香亭子[13]が来た。」と知らせたところ、公は眼を開けてこれを熟視し、「これは香亭ではない。屋轎《おくきょう》（屋根付き輿）があるではないか。」と言ったので、聞いた者は腹をかかえて笑った。」と述べている。

英宗二十四年（一七四八）、上《しょう》は地部（戸曹）の臣に対して、「興仁門の内と光化門の外に同じ

（形の）鍾がある。表面に光廟(14)と内殿(15)の徽号(16)が刻んであり、かつ御製がある。それぞれ一間の屋を設けて、これを保護せよ。」と言った(17)。

〈2〉勅使接待館

太平館。崇礼門内にあった。中朝の使節を接待する所であり、館の後ろに楼があった。董天使（董越）の『朝鮮賦』は、「太平に館があり、中は殿、前は門となっている。後ろに楼があり、東西に長廊がある。中朝の使節を接待するからである。」と述べている。今は廃されている。『文献備考』（巻三八・輿地考二六・太平館）を調べてみると、「世宗庚午《こうご》（世宗三十二年、一四五〇）に天使倪謙《げいけん》の登楼賦、世祖丁丑（世祖三年、一四五七）に天使高潤《ママ》（高閏《こうじゅん》）(1)の登楼賦、成宗丙申（成宗七年、一四七六）に天使祁順の登楼賦がある。」と述べている。現在では、ただ（清皇帝の）勅使が来た際の儀礼待機所を設けるだけである。『輿地勝覧』（巻三・漢城府・宮室・太平館）には、成宗丙申（成宗七年、一四七六）の天使陳鑑(2)、張寧(3)、張珹《ちょうせい》(4)、陳嘉猷(5)らの詩がある。

御書閣。太平館の西にあり、「再造藩邦」の四字がある。

東平館。南部薫陶坊にあった。日本の使節を接待する所であり、今は廃止されている。

北平館。東部興盛坊にあった。野人(6)を接待する所であり、今は廃止されている。

慕華館。敦義門外の西北にある。もとの慕華楼を世宗十二年（一四三〇）に改築して館としたものである。天使の倪謙と金湜《きんしょく》(7)の詩がある。館の前にはもと紅箭門《こうせんもん》(8)があったが、中宗丙申

(中宗三十一年、一五三六)に改築して双柱門を立て、緑の琉璃瓦を葺いた。扁額に「延詔門」とあったが、己亥《ママ》(丙午)(9)(宣祖三十九年、一六〇六)に華使(中国使節)薛廷寵(10)が、詔と勅とは異なるとして(11)、扁額を「迎恩門」と改めた。天使朱之蕃(12)が門額に「慕華館」と書いた。向かい側の砂洲は浄らかで広く、宴享台と呼ばれている。勅使を送迎する時は、ここに王の天幕を張る。

燕子楼。慕華館の傍らにある。

南別宮。南部会賢坊にある。現在の勅使接待所である。楼があり、明雪楼と言う。勅使徳沛《とくはい》(13)が楼額を書いている。後園に小さな亭《あずまや》がある。石亀一座があり、都人は亀霊と称して祈りに出かけている。

『文献備考』(巻三八・輿地考・本朝宮室・南別宮)を調べてみると、南別宮は「太宗の駙馬《ふば》(14)趙《ちょう》大臨《だいりん》(15)の邸宅と伝わっている。」と述べている。大臨ははなはだ狂暴であったとはいえ、王室の縁者であり、死んだからと言って邸宅を没収して官庁の庁舎とするはずがない。このような荒唐無稽の説は信ずることができない。また『懲毖録《ちょうひろく》』(16)(巻二)を調べてみると、「癸巳《きし》(宣祖二十六年、一五九三)四月二十日、京城にまた天兵(明軍)が入城した。李提督如松(李如松)(17)は小公主宅(18)に駐屯した。すなわち現在の南別宮である。」と述べている。また『東史』(19)を調べてみると、「宣祖の時、政府(議政府)は南別宮で参謁の礼(20)を行っていた。乱(壬辰倭乱)の後、久しく廃されていたが、ここに至って領相がこれを行った。世人はこれをはなはだ立派なことだと言った。」〈引用ここまで〉と述べている。正宗戊戌(正祖二年、一七七八)に礼賓寺を南別宮の中に移設した。明雪楼には勅使の題詩が多い。南別宮の洞口（街区入り口）にもまた紅箭門がある。ひと抱えもある巨木で二本の柱を立て、上には横木を架けて箭扇[21]を飾ってある。朱漆を塗ってあるので紅箭門と呼ぶのである。中国ならば祠廟の門外に別に石門を立てる。その名を「坊柱」と言い、螭竜[22]を彫刻し、上に石額を飾って祠廟の名を彫りこむ。また道路を跨いで石門を建て、四距の里数を彫りこむが、とくに紅箭門の制はないと言われる。

〈3〉亭子

済川亭。漢江の北岸にあった。名勝との評判が高く、華使が来るたびに遊覧する所であったが、今は廃されている。古く天使倪謙、高潤《ママ》（高閏）、陳鑑、張寧、金湜、張珹、祁順、陳嘉猷、董越、王敞《おうしょう》[1]らの詩がある。詩はすべて楼を褒め讃えているので、かつて楼のあったことがわかる。

謹んで『国朝宝鑑』を調べてみると、「孝宗十三年[2]四月、上《しょう》は西郊に農事視察を行った際、済川亭にお出ましになり、水戯をご覧になった。」とある。

盤松亭。慕華館の北にある。曲がりくねり、数十歩の広さの木陰ができる松があったと言われている。高麗国王がかつて南京に行幸した時、ここで雨を避けたことにちなんで命名したのである。本朝の初め、この松はまだ存在していたと言われる。

楽天亭[3]。箭串[4]にある。太宗が王位を譲った[5]後、東郊の台山に離宮を建て、亭を作って楽天と

名付けた。卞季良の記文がある。(6)

華陽亭。楽天亭の北の岡にある。太祖が定都したころは牧場であった。世宗壬子《じんし》年（世宗十四年、一四三二）に亭を建てて華陽と言った。帰路に乗った馬の美称をとったのである。柳思訥《りゅうしとつ》(7)の記文がある。(8)

七徳亭。漢江畔の白砂汀にある。世祖がしばしば閲兵に出かけたことにちなんで名付けられた。中宗の時に、七徳亭に行幸して閲兵を行い、侍臣に命じて「安不忘危」（平和な時にあって危機を忘れない）の詩を作らせた。

望遠亭。楊花渡《ようかと》(9)の東岸にある。もと孝寧大君《こうねいたいくん》(10)の喜雨亭である。成宗甲辰年（成宗十五年、一四八四）に月山大君婷《てい》が改築して望遠亭と名付けた。（王は、）毎年、秋の農事と船争いをご覧になる時は、いつもこの亭にお出ましになる。世宗七年（一四二五）、上《しょう》が西郊に行幸して農事視察を行い、両麦（大麦と小麦）の実り豊かなのを見て、喜色満面となった。孝寧大君が新亭に登った時、激しい雨が降った。上ははなはだ喜び、喜雨亭という名を下賜した。天使倪謙と董越両人の詩(11)があり、また卞季良の喜雨亭記(12)と申叔舟の書いた額がある。

栄福亭。西江《せいこう》(13)の北岸にある。譲寧大君の別荘である。世祖はいつもここにお出ましになり、「栄福」の二字を自書して亭の扁額とし、「栄一世、福百年」（栄光は一世、幸福は百年）の六字で、その意味するところを解説して下賜した。

風月亭。安国坊にある。月山大君がこの亭を邸宅の西園に構えた。成宗が出かけて「風月」

の二字を下賜して扁額とし、詩を作って文臣にこれと和するように命じた。『輿地勝覧』（巻三・漢城府・題詠・麻浦泛舟）に、また姜希孟《きょうきもう》[14]、李承召、徐居正、成任の「風月亭題詠」がある。

皇華亭。豆毛浦《とうもうほ》[15]の北岸にあった。燕山が亭を構え、行幸して楽しむ所とした。反正（仁祖反正）の後、斉安大君琄《けん》に賜ったが今では廃止されている。

読書堂。漢江の北岸にある。もとの竜山廃寺である。成宗の時に改修して堂とし、弘文館の読書所を作った。中宗十年（一五一五）に豆毛浦の南岸に移築し、学問の士を選んで学業に専念させたので、学問研究の風潮が再び盛んになった。『文献備考』（巻二二一・職官考八・館閣二・読書堂）は、「読書堂は壬辰の兵乱によって廃止された。宣祖四十年[16]（一六〇七）に復活したが、粛宗己丑《きちゆう》（粛宗三十五年、一七〇九）以後は再開することがなかった。」と述べている。

謹んで『輿地勝覧』[17]（巻三・漢城府・宮室・読書堂）を調べてみると、「成宗七年（一四七六）、王命で竜山に読書堂を構え、湖堂[18]と呼んだ。世宗の時から集賢殿を置き、終日、政治の道を探求させた。また専業でなければうまくいかないとして、とくに長期休暇を許し、山寺〈すなわち蔵義寺〉で思うまま読書[19]に専念させたので人材が輩出した。世祖丙子《へいし》（世祖二年、一四五六）にこの制度は廃止されたが、上《しょう》（成宗）が即位すると、まず芸文館を開設し、集賢の制度を復活した。この年に至って、祖宗（世宗）の故事にならい、蔡寿《さいじゆ》[20]、許琛《きょしん》[21]、権健《ごんけん》[22]、曹偉《そうい》[23]、兪《ゆ》好仁《こうじん》[24]、楊《よう》熙止《きし》[25]の六人を賜暇[26]とし、また金勘《きんかん》[27]など八人を蔵義寺で読書させた。食を供するに米飯をもってし、飲ませるに酒をもってした。また密かに使いを出して（米酒を）賜ることがしばしばであった。土地を択んで(28)堂を開設した。竜山に廃寺があったので、これを改築して読書堂の名を賜り、湖堂と称した。(29)」とある。選抜された者はみな清廉で人望が有り、精選された者である。成宗の時に、水精杯（水晶杯）をもって読書堂に宮醞《きゆううん》（恩賜の酒）を賜った。館官(30)が鍍金して杯とした。台銘に「清不涅、虚能受、徳其物、思勿負」（澄んでいて濁らない。何も入っておらず、よく酒を入れることができる。これを模範とし、負けないように心せよ。）とある。『竜泉談寂記』(31)は、「世宗は、学問による政治を立派に行ったので諸王の中で抜きん出た。庚子《こうし》（世宗二年、一四二〇）に集賢殿を設置し、文士(32)を選んで専任文翰(33)に任命し、一日中学問の論議をさせた。人材を得ることはこのように素晴らしかった。殿の南に柳の大木があり、己巳《きし》・庚午《こうご》（世宗三十一・三十二年、一四四九・五〇）の間に白鵲《はくじやく》（白いかささぎ）がやってきて巣を作り、子供はみな数年間並んでいた。（この白鵲たちのように）優れた人材はすべて集賢殿から輩出した。鄭獜《ママ》趾（鄭麟趾《ていりんし》(34)）、李思哲《りしてつ》(35)、鄭昌孫、李季甸《りきでん》(36)、安止《あんし》(37)、金銚《きんちよう》(38)、金墩《きんとん》、金鉤《きんこう》(39)、金末《きんまつ》(40)、申叔舟、権擥《ごんらん》(41)、崔恒、李石亨《りせききよう》(42)、尹子雲、魚孝瞻《ぎよこうせん》(43)、盧叔仝《ろしゆくどう》(44)、梁誠之、成任、李克堪《りこくたん》(45)、金礼蒙《きんれいもう》(46)、盧思慎《ろししん》(47)、韓継禧《かんけいき》(48)、洪応《こうおう》(49)、李《り》坡《は》(50)、李芮《りぜい》(51)、姜希顔《きようきがん》(52)、姜希孟、徐居正らであり、その他は書ききれない。云々(53)。」と述べている。

流霞亭。豆毛浦にある。もと寿進宮に属していたが、正宗朝辛丑（正祖五年、一七八一）、奎章閣に賜り、閣臣たちが明媚な風光を楽しむ所とした。

洗剣亭。彰義門外の蕩春台《とうしゆんだい》にある。癸亥反正（仁祖反正）の時、軍が彰義門から入ってきたの(54)で洗剣亭と名付けられた。

狎鷗亭《こうおうてい》。漢江の南にある。上党[55]明澮《めいかい》（韓明澮《かんめいかい》[56]）の亭子である。『秋江冷話』は、「上党君が亭を構えて狎鷗と名付けた。功臣[57]として身を処したいと考え、韓忠献《かんちゅうけん》（韓琦[58]）にならって潔く引退して名将の名を得ようと、老年の故をもって漢江の畔に隠棲することにした。上《しょう》（世祖）が詩を作って別れとし、朝廷の文士は競ってこれに唱和して韻が合わせて数百編に上った。」と述べている。

〈4〉尼院

浄業院《じょうぎょういん》。興仁門の外、東望峰[1]の下、燕尾汀洞《えんびていどう》[2]にある。すなわち定順王后《ていじゅんおうごう》[3]〈端宗《たんそう》[4]王妃宋氏〉が退位した後に居住した跡である。英宗辛卯（英祖四十七年、一七七一）に王自ら「浄業院旧基」の五字を書いて碑を立てた。また「東望峰」の三字を書き、浄業院の向かい側の峰の石に彫りこませた。ここは王后が登って寧越を眺めた所である[5]。

調べてみると、現在の浄業院には建物がなく、一枚の土台石が残っているだけである。また現在、東大門外の関廟（東関王廟）の前に女性たちが野菜を売る市場がある。定順王后が浄業院に住んでいた時、野菜の供給については、東郊の女性たちに院の前に市場を設けさせ、そこから調達したと伝わっている。これ以後、女性たちの菜場（野菜市場）は現在に至るまで撤収されていない。『国朝宝鑑』（巻一七・成宗朝三）は、「成宗二十年（一四八九）、仁粋大妃が仏像を造って浄業院に送ったところ、儒生の李《り》鼊《へき》[6]などがこれを燃やしてしまった。」と述べている。

慈寿宮。もと北部にあった。すなわち尼院である。また仁寿院があったが、今では両者とも存在していない。

謹んで『国朝宝鑑』（巻三九・顕宗朝一）を調べてみると、「顕宗二年（一六六一）、副提学（芸文館副提学）の兪棨《ゆけい》(7)は王に箚文《さつぶん》(8)を提出し、都城内の尼院をすべて撤廃して壊してしまうことを要請した。上《しょう》は命じて城内の慈寿と仁寿の両尼院を廃止させた。領議政の鄭太和《ていたいわ》(9)が「以前から、後宮のうち、年老いて子供のいない者が多く尼院に住んでおります。先朝（孝宗）の後宮もまた、王宮を出て尼院に住んでいる者が多いので対処が困難であります。」と言うと、上は「今ではそのような者はいない。」と言い、礼曹の官員に命じて慈寿院に赴かせ、列聖の位版を奉出させ、奉恩寺(10)の例にならって、ただちに浄地に埋安させた。」〈引用ここまで〉とある。両尼院の事蹟はそもそもこのようである。いま壮洞《そうどう》(11)の長興庫の近くに石橋があり、慈寿宮橋と呼ばれているが、これがかつての慈寿宮の橋である。仁寿院の址は不明である。

〈5〉士夫家

また考えてみるに、我東の旌門《せいもん》(1)の制では、外大門（表門）に朱漆塗りの板を取り付け、「忠臣某大夫某公之門」、「孝子某大夫某公之門」と彫って白い粉を塗ってある。これはすなわち唐の制度である。かつて銭牧斎（銭謙益(2)）の文を調べたことがあるが、「国家旌門の制は唐代にならい、天辺が黒い柱二本に双闕(3)一つとし、上を白く塗って両角は赤く塗る。見る者をして省みさせ、行いを改めさせるのである。」と述べており、我東の旌門が中国の制度を模倣したものだとわかる。京城内の家屋の制度は、士夫（士大夫）の家の内外舎[4]は五樑閣《ごりょうかく》[5]の六間木軒《ろっかんもくけん》[6]とし、高い柱の外大門[7]を立て、門の横には長廊を建てて婢僕[8]を住まわせ、これを大家舎と呼んでいる。城内の著名な邸宅は一般に八大家と称されており、その価は千金にも上る。巷《ちまた》の小民[9]は高い柱の大門を建てることなく小版門[10]を設ける。また宮城の大門は、歳時[11]には、大きく描いた金の甲を着けた二人の将軍像[12]を貼り付ける。一は斧を持ち、一は節《せつ》[13]を持っており、門排と呼んでいる。また絳袍《こうほう》[14]烏帽[15]の小像を重閣門[16]に貼りつけ、鬼頭を描いて門楣の上に貼りつけることもある。宋敏求の『春明退朝録[17]』（巻下）を調べてみると、「家ごとに天門（王宮の門）を守る金の甲冑を着けた人物を描いた図を置く。葛将軍[18]は旌を持ち、周将軍[19]は節を持つ。」と述べている。そうすると、現在の門排に描かれているのは必ずや葛と周の二将軍だということになる。

士夫の家の大門（表門）の内側には必ず車馬に乗るための石がある。これはすなわち『周《しゅ》礼《らい》[20]』（夏官・司馬・隷仆）の「王行洗乗石[21]」である。また『詩経[22]』（小雅・都人士之什・白華）が言うところの「有扁斯石[23]」である。『楊升庵集[24]』（巻六七）に、「乗石は上馬台と言う。[25]」〈引用ここまで〉とある。現今の乗石は大門の中に置く。主人がもし相職（議政職）を拝命したら、政府の録事[26]は必ず前もって乗石を大門の外に移しておき、他の客人が相公（議政）の門内で馬から下りることのないようにする。乗石を東俗（朝鮮の風習）では露石と言う。

また『京都雑志』（巻一・第宅）は、「士夫の邸宅の門は高く大きい。卿宰[27]や侍従[28]が軒[29]や馬に乗ったまま門を出入する時には、大勢の下人《げにん》たちが声をそろえて「右々の者上る。」と言う。こう言うのは、帽子が門楣に引っ掛からないように知らせるためである。建物の前に縦棚《もみだな》を作り、それを延ばして葫蘆《ころ》（ひょうたん）の傘とする。あたかも翔鶴のようであり、老松(30)翠屏と呼んでいる。建物内部の（部屋の床に貼った）鋪油黄紙(31)は滑らかなこと凝脂のようである。その上に竜鬚草で「寿福」の字を模様として編み込んだ座布団を敷き、さらに花模様の厚い座布団を置く。七字型格子の二重窓にして自由に開閉できるようにしてある。紙を糊付けし、その上に油と蠟を塗ってあり、銀泥色をしている。窓には瑠璃（ガラス）をはめてあり、外を見ることができる。また閭巷《りょこう》（街中）に新設した白板門には「庚申《こうしん》年庚申月庚申日庚申時(32)、姜太公(33)造る。」と書き付ける。まさに金が木に克(34)つという意味をとったのである。」と述べている。

一二　王宮内の各官庁(1)

1　昌徳宮内の各官庁

〈1〉承政院

承政院(1)。仁政殿の東、延英門内にある。王命の出納を所管し、吏、戸、礼、兵、刑、工の六房承旨を置く。院に楼があり、扁額に「六仙楼」とある〈また「尚書省(2)」と「銀台」の二つの扁額がある。ともに李玄錫《りげんしゃく》(3)の書である。〉。正庁(4)には啓字版(5)が奉じてあり、承旨たちは毎日払暁《ふつぎょう》に出勤すると、啓板の前に並んで座り、担当の房の文書と事務を点検する。申の刻（午後四時）より後は、公（都承旨）が退出し、承旨二名が宿直する。注書二名がおり、さらに事変注書一名がいてこれを仮注書と言う。彼らの執務室は院の北にあるので堂后と言う〈扁額は徐文重《じょぶんじゅう》(6)の書である。〉。東楼の扁額には「四仙閣」〈李玄錫の書である。〉とある。堂后の東房は翰林兼春秋(7)の居るところで、扁額に「右史堂」〈趙明鼎《ちょうめいてい》(8)の書〉とあり、また別の扁額に「起居注室(9)」〈鄭夏彦《ていかげん》(10)の書〉とある。注書の当直室の北に一間の小部屋がある〈俗に榔房と呼ばれる。〉。すなわち記注官(11)が史草(12)を保管する所であり、部外者はあえて立ち入ることがない。

待漏院。金虎門の外にある。承旨が暁にやってきて施錠をする所である。

謹んで『文献備考』（巻二二七・職官考四・中枢府）を調べてみると、「太祖元年（一三九二）、高麗の制度を踏襲して中枢院に都承旨、左右承旨、副承旨各一名ずつと堂後官一名を置いた。太宗元年（一四〇一）に都承旨を改めて知申事、承旨を改めて代言とした。世祖の時に官制を改革して分中枢院〈すなわち今の中枢府である。〉に知申事以下の官を置き、承政院に王命の出納を所管させた。都承旨が吏房、左承旨が戸房である〈以上《ママ》（以下[13]）を東壁と称する。〉。右承旨が礼房、左副承旨が兵房である〈以下を西壁と称する。〉。右副承旨が刑房、同副承旨が工房である。各一名で注書は二名〈参下[14]の新科人[15]〉である。事故があれば仮官を任命する。宣祖の時に事変仮注書一名を増員し、備辺司[16]と鞫獄文書《きくごくぶんしょ》[17]を専管させた。」、「もとは承旨一人が勤務していたが、光廟の時から二人が勤務するように定められた。」、「成宗十五年（一四八四）、王みずから王《おう》禹偁《うしょう》[18]の『待漏院記』を書写し、承政院に下賜した。」とある。

粛宗の時に銀杯一具を下賜し、杯心に御製御筆の十六字を銘として刻み込ませた。英宗は銀杯をご覧になり、ついに杯台に御識を刻み込んで鍍金させた。『晴窓軟談』[19]は、「李《り》白沙《はくさ》恒福《こうふく》（李《り》恒福《こうふく》）[20]が夏に銀台に勤務し、「深室霾炎気鬱紆、夢為鷗鷺浴清湖、縦然外体従他幻、烟雨閒情却是吾」（深い部屋の中で埃にまみれ、暑さで気が塞ぐ。鷗や鷺となって美しい湖水を浴びることを夢見る。しかし、もし私の体が変わって鳥になれるとしても、霧雨の中にあるような風雅な心を拒むのはこの私だ。）との一絶句を作った。その心根は大変によろしい。」と述べている。

仁宗《じんそう》(21)の時は、あらゆる公事（公務）を官僚自身に報告させていたが、この規則はついに廃止された。口頭で承旨に伝えられると、注書がこれを文章化して王に上啓した後、草記(22)を用いて、上疏や箚子《さつし》のようにした。いま政院日記(23)が、「某承旨が某司某官の言を啓して曰く云々。」と書いているのは、まさに古い規則が残っているからである。李《り》芝《し》峰晬光《ほうさいこう》（李《り》晬光《さいこう》）(24)が、「守令や辺将(25)が拝辞(26)する日に政院が宣諭(27)するのが通例であったが、壬辰の乱の後に、この規則が廃止された。晬光が承旨の時(28)に、院の中で古いやり方を復活する論議が起こり、文字化して宣諭することになった。今に至っても遵行されている。」（『芝峰類説』巻一七・人事部・故事）〈引用ここまで〉と述べている。今では守令が辞朝(29)する時には必ず、政院の啓板の前に進み出て平伏し、先ず守令七事(30)〈農桑盛、戸口《ここう》増、学校興、軍政修、賦役均、詞訟簡、姦猾息（農桑を盛んにする。住民を増やす。学校を振興する。軍政(31)を適正化する。賦役を均しくする。詞訟を減らす。不正を終わらせる。）〉を読み上げた後、承旨が宣諭する。

また考えるに、政院に日記（承政院日記）があるが、これは世祖《ママ》（世宗）の時から始まった(32)ものであり、それ以前はただ『翰林時《かんりんじ》政記《せいき》』(33)があるだけであった。世宗は、以前の史官の記事が粗略だったので、集賢殿の学士全員に史官の職を兼任させ、記事の質と量を向上させた。初めて注書記注(34)の法を立て、承旨にも記事を書くように命令した。承旨の春秋兼任(35)は実にこれにならったものである。

朔書文臣(36)は本院が抄啓(37)する。通訓(38)以下で四十歳以下の人に毎朔、楷書と篆書の試験を行う。楷書は百字で真草二書体（楷書体と草書体）を書き、篆書は四十字で大小篆(39)とし、上方大篆(40)の外は禁止する。二品以上の官員に、試験の成績順に王に報告させ、三十人を上限として三等級に分けて褒賞を行い、等級に従って紙、筆、墨を与える。院に所属する奴《ぬ》は（諸官庁の中で）最も多く、合わせて五十余名となる。これを伝令使令と言う。

〈2〉奎章閣

内閣。奎章閣と呼ばれ、また摛文院《りぶんいん》とも呼ばれる。金虎門の内で弘文館の右にある。もとの都摠府《とそうふ》である。列朝（歴代国王）の御製、御筆、璿譜《せんぷ》、世譜、顧命、および当宁《とうちょ》の御真、御製、御筆を所管する。正宗己亥《きがい》（正祖三年、一七七九）に開設し、閣臣六名と四検書を置いて本院を豹直の所とした。正廟（正祖）御筆の扁額に「摛文之院」とある。また正面の軒の扁額に「奎章閣学士之署」とある。前の柱に内賜(1)の特鍾磬《とくしょうばん》を置いてある。これは明の永楽（成祖永楽帝）の時に欽賜《きんし》されたものであり、「永楽鍾」と呼んでいる。また（正祖）御賜の投壺(2)、琴瑟《きんしつ》(3)、銀觶《し》(4)、大硯各一個ずつがあり、玉灯六枚が庁舎の梁に並べて掛けてある。前庭に銅の測雨器(5)が置いてある。院の建物の広壮なことは諸官庁の最右翼である。

大酉斎《だいゆうさい》。院の北にある〈扁額は閣臣鄭志倹《ていしけん》(6)の書である。〉。楼があり、東二楼と言う〈扁額は閣臣鄭民始《ていみんし》(7)の書である。〉。

奎章閣（宙合楼、2006年）　前は芙蓉池

小西斎〈扁額は閣臣李晩秀《りばんしゅう》[8]の書である。〉。摛文院（奎章閣）の左にあり、検書官が勤務する所である。

謹んで『閣志』（『奎章閣志』）を調べてみると、[9]「正宗朝己亥（正祖三年、一七七九）、宋の竜図閣の制度にならって奎章閣を建て、提学二名、直提学二名、直閣と待教各一名ずつを置いた。また検書官四名を置き、『日省録《にっせいろく》』[10]の出草（起草）と『内閣日歴』[11]の編修、校正、書写、差備官[12]などのことを所管させた。また槐院《かいいん》（承文院）文臣の参上[13]と参外[14]で三十七歳以下の人〈四十歳になると退任させる。〉を選抜し、抄啓文臣と称し[15]て内閣に所属させた。毎月、親臨の講製を行い、毎年、評価を行って優劣をつけ、賞罰を行った。」とある。現在では抄啓文臣はなくなり、閣内に臣（閣臣）一名と検書官一名がおり、並んで勤務している。閣臣が勤務する時には、玉堂の故事にならって、燕服（官僚の平服）を着て冠をかぶり、椅子に座ることを許されている。閣臣の召牌は象牙製で紅綬がついており、御署が押してある。ゆえに、（王の）召命があれば決して断ることはない。直提学、直閣、待教を前導する皂隷《そうれい》[16]は、宋朝の学士と本朝の湖堂の例を参考にして、黒尖巾《こくせんきん》[17]をかぶり、朱衣を着て金牌を捧げ、閣臣を導く。院の門に入る時には、朱衣吏[18]一人が前導する。これもまた宋の翰林学士朱衣院吏双引[19]の例にならったものである。およそ王が都の内外に出かける時は、衛内[20]の閣臣と検書官に司僕寺の馬を与えて随行させる。

また考えるに、奎章閣を設置した当初は、内奎章閣[21]の東の丘の下に建築した。ゆえに試士[22]の時は、院を閉鎖して内閣学士が会坐[23]する場とし、回り道をして密かに禁苑に通じていた。永粛門の外の局別将庁に移設したが、土地が傾斜していて低いので、多くの人がよろしくないと言った。辛丑（正祖五年、一七八一）に提学の兪彦鎬《ゆげんこう》[24]が上箚《じょうさつ》[25]し、「思うに、内閣を開設するのは、上は聖謨[26]を奉ずれば、遠く（宋の）竜図・宝文[27]にならうことになり、下は才能のある人材を養成すれば、賢殿（集賢殿）の湖堂に伍することになるからであります。もし院を永粛門の外に移設すれば、その職務が王に非常に近いのにもかかわらず、場所が大変に奥まっており、日常の連絡に不便を生じます。これが移転せざるを得ない理由であります。もし移転すべき場所を求めれば、宮中の諸官署のうち都摠府だけが新旧の二か所ありますし、またかつてしばしば移動をしたこともあります。そもそも摠府（五衛都摠府）こそが御牒[28]を奉安する所であり、先朝

（英祖）がかつて臣下を治めた御座所だったところでもあります。しかし、にわかに結論を出しかねます。そこで府の故実を調べてみますと、満寿殿の旧基から東所に移り、また旧府に移っておりました。慶熙宮と昌徳宮の両府は、頻繁に移転を繰り返しており、御牒を移奉するのは今回に限ったことではありません。かつ伏して考えますに、先朝庚辰（英祖三十六年、一七六〇）の摠府の御製掲板には、壬辰（粛宗三十八年、一七一二）から甲午《こうご》（粛宗四十年、一七一四）に至るまでの、徐拝（任命）と入直（勤務）の月日〈英宗大王は即位前（粛宗三十八年、一七一二）に摠管（五衛都摠府都摠管）の職に就いたことがある。[29]〉を明確に記録しております。そこで『粛廟朝日記[30]』を見てみますと、壬辰から甲午に至るまでの間、先朝の御座所は慶熙宮にありました。[31]すなわち、先朝がかつてお勤めになられたのは慶熙の摠府であり、昌徳の摠府ではありません。これを旧に復することが、本院をここに移すゆえんであり、そのよろしきところを二つながらに得ると言うべきであります。」と言上すると、上《しょう》が答を賜り[32]、「要請通りに実行せよ。今後、閣（奎章閣）と府（五衛都摠府）とはしかるべき処置をせよ。予は卿の調査能力が高いことを信じる。[33]」と言った。よって摛文院を都摠府のところに移転し、摠府は明政殿の南の旧府に戻させた。辛丑（正祖五年、一七八一）三月十五日にはじめて新院に移った。

大酉斎。先朝の時に創建した。当初は名称がなかったので、上《しょう》は先臣[34]（柳得恭）に命じて斎に命名させた。前に樅の古木一株がある。うねり広がって蓋のように覆い被さり、下に百人が座ることができた。この樅はもと劉村隠希慶《りゅうそんいんきけい》（劉希慶《りゅうきけい》）[35]の庭園にあったものである。かつて宮墻西辺の地が狭かったので西墻に移植し、老樅《ろうしょう》がついに禁苑に入ったのである。

小西斎。先朝乙卯《いつぼう》（正祖十九年、一七九五）正月、上《しょう》（正祖）が摛文院にお出ましになり、検書（官）の執務所が狭いので、本閣に命じて原資を準備させ、旧庁舎のそばに建て直させた。検書官朴斉家《ぼくさいか》(36)がその事業を監督し、この年九月に完成した。正面五間、側面二間で、板壁にして土（壁）を用いていない。東は禁起川楼を臨み、川を引いて池としている。北岳を脊にして南山に面し、前に池があって彫刻を施した欄干があり、はなはだ風景がよろしい。上は、お出かけになって泊まられた後、御斎室(37)として小西斎と名付け、検書官に勤務させたのでついに検書官の執務所となったのである。

今上二十六年丙戌《へいじゅつ》（純祖二十六年、一八二六）三月、小朝邸下(38)が春享（春の祭祀）の際に小西斎に齋宿(39)した。王世子は詩を製作し、「齋宿焼香して『春秋(40)』を読む」という五言八韻律を揮毫して小西斎の壁に掲げた。いまこれを（板に）彫り込んで奉掲してある。

奎章閣内の測雨器が設置してある石台に銘が刻まれている〈測雨の器があるのは、実に世宗二十四年（一四四二）に始まる。銅で鋳造し、高さが一尺五寸、直径が七寸(41)である。書雲観（観象監）と全国の郡県（邑）に設置し、雨が降るたびに、その深さを測って王に報告した。先大王四十六年（英祖四十六年、一七七〇）、旧制通りに測雨器を鋳造し、昌徳と慶熙の両宮および八道両都(42)に設置した。器は小さいが、両聖朝（世宗と世祖）が洪水と日照りの対処に心を砕いて勤めるお気持ちが込められている。まことに立派で貴いことではないか。上《しょう》の六年（英祖六年、一七三〇）夏、京畿が大旱魃となり、圭璧《けいへき》[43]によって気を平らかにしようとしたが霊験は顕れなかった。そこで我が聖上（英祖）は自身を責めて臣下から意見を求め、自ら雩壇に祈った。日傘を礼服で覆ったまま、ついに夜になっても露天に座って祈禱を行った後、夜明けまで輿に乗ったまま待っており、死刑囚を除いて罪状の軽い者を釈放した。この日、都人士女は仰ぎ見て感激し、泣きながら「聖上がこのように民を憂えて勤めておられる。雨が降らないわけがない。たとえ雨が降らなくとも、民が喜ぶことは雨の降ったようなものである。」と言った。日暮れになる前に果たして大雨があった。夜になると一寸二分の深さになった。これは実に聖上の至誠が天の感ずるところとなったものであるが、それでもなお不足であるとして、内閣に命じて測雨器を鋳造して摛文院の庭に設置して雨を待たせた。雨がすでに充分になると、臣念祖《ねんそ》（沈念祖《しんねんそ》）[44]と臣志倹（鄭志倹）に命じてこの喜びを文章にしようとされた。「臣等は側近の臣であり、雨がまだ降らなければ、必ずや我が聖上が民のために憂えられていることを先に知っている。すでに雨が降ったなら、必ずや我が聖上が民のために喜ばれていることを先に知っている。どうしてその喜びを共にしないことがあろうか。この測雨器にこそまさに君民の憂いと喜びがかかっている。臣等がどうして敬い守り謹んで仕えないことがあろうか。」として、ついに拝手稽首[45]して文章を作成した。銘文は「相此分寸、度彼方壌、少固慮旱、多亦傷潦、継茲万年、惟適是禱、直提学臣沈念祖奉教撰、直提学臣鄭志倹奉教書」（測雨器の目盛りを見て全国〔の雨量〕を量る。少なければ旱害を心配し、多ければまた水害を憂える。これを永遠に継続し、ひたすら雨量が適当なることを念じて祈る。直提学臣沈念祖が国王のご命令によって文章を作成し、直提学臣鄭志倹が国王のご命令によって揮毫した。）とある。〉。

鍾磬架にもまた銘文が刻んである〈閣の前柱の左に、特に磬架を設置して鍾を懸けた。これは永楽（永楽帝）欽賜の磬であり、当宁辛丑（正祖五年、一七八一）に作成されたものである。閣が右の脇門に移ると、王は特に内器（朝廷の楽器）であると宣言してこれを移させた。二つの楽器が一緒に置かれている。まさしく奎章閣学士に、謹んで聖朝の立派で正しい方向性を称揚し、皇明の立派な儀礼に深く思いを寄せ、自ら清廉で私情を抑制し、右顧左眄《うこさべん》することなく、人の徳の優れたところを見せるものである。あえて慎み敬わないことがあろうか。著雍《ちょよう》(46)の歳に古磬が泮宮の池の畔から出土した。上《しょう》はそれを奇なるものとして記録させせた。よって忝《かたじけな》くも臣秉模《へいも》（李秉模《りへいも》(47)）に奎章閣の官員として鍾磬に銘文を作らせた。銘文は「句而折趨采、斎而歩肆夏、鏗而武粛気、容而偕大雅、魚在在《ママ》淵（有淵）、有飛戻天、遐不作人、君子万年、直提学臣李秉模奉教撰」（体をかがめ、走るのをやめて厳かに肆夏(48)に従って歩む。堅い音で武人の厳粛な雰囲気を示し、柔らかい音で士大夫の雅量を示す。魚は深い水底におり、鳥は飛んで天に戻る。時間を要するからと言って人材を養成しないことがあろうか。君子(49)は永遠のものである。直提学臣李秉模が国王のご命令によって文章を作成した。）〉。

流霞亭。豆毛浦にある。正宗辛丑（正祖五年、一七八一）に内閣に賜った。三月と九月は、建国初期の官僚たちが景勝の地として選んだという故事と湖堂古来の風習により、流霞亭に遊びに出かける。奎章閣所属の官員で実職がない者にも滞在して学問に専念することを許した。

本閣には飼い馴らされた鶴一双《つがい》がいる。海西(50)延安《えんあん》(51)の地に関《かん》(52)を発して納めさせたものである。ゆえに院厨に鶴料（鶴の餌）がある。

摛文院の庭に双子の檜がある。かつて摠管の李喆輔《りてつほ》(53)が植えたものであるが、二十年前に東側の一株が枯れてしまった。内閣提学の扆翁《きおう》(54)李晩秀がその孫にあたるので、檜の苗木一株を代わりとして植えた。

〈3〉司饔院

司饔院。承政院の東、端陽門の内側にあり、王の食事と王宮内の供饋《きょうき》(1)などのことを所管している。分院(2)が広州《こうしゅう》(3)にあり、京都の郎官（官員）が往来して甆器《じき》（磁器）を燔造《はんぞう》（焼成）する。また魚所《ぎょしょ》(4)が京江《けいこう》(5)の杏州《あんしゅう》(6)と安山《あんさん》(7)にあり、郎官が往来して葦魚(8)や蘇魚(9)の類を捕えて献上している。『周礼』（天官・冢宰）を調べてみると、膳夫、内饔、漁人の職はすべて天官に所属しているので、司饔院は現在、吏曹(10)に所属している。英宗が即位前に司饔院の提調であったため、現在、御牒を司饔院の中に収蔵している。即位した後、この院を訪れ、院の壁に「追憶昔年、懐万書付」（昔年を追憶し、万感の思いを書き付ける。）との御筆を書いて掲板させた。

〈4〉尚衣院

尚衣院。丹鳳門内にあり、御衣襨《ぎょいたい》(1)や内府（宮中）の財貨金宝などを管理している。太祖元年壬申《じんしん》（一三九二）、高麗の制度を踏襲して供造署を置き、後に尚衣院と改めた〈金万基《きんまんき》(2)の撰記〉。黻冕閣《ふつべんかく》。尚衣院の東にあり〈慶恩府院君（金柱臣《きんちゅうしん》(3)）が建てた。〉。法服(4)を保管している。英宗己酉（英祖五年、一七二九）に御書の「黻冕閣」の扁額を掲げた。また御製の「昌徳慶熙之奉安閣記」があり、現在、黻冕閣に掲板を奉じている〈慶熙宮内の尚衣院には致美閣がある。〉。

謹んで考えるに、太祖朝甲戌（太祖三年、一三九四）、皇明（太祖洪武帝）が冕服《べんぷく》九章[5]、玉佩《ぎょくはい》[6]、王妃の珠翠[7]、七翟冠《しちてきかん》[8]、霞帔《かひ》[9]、金墜[10]を勅賜し、太宗壬午《じんご》（太宗二年、一四〇二）、（成祖永楽帝が）九章冕服を勅賜した。玉圭[11]、玄冕《げんべん》[12]、絵衣《かいい》[13]〈竜・山・火・華虫[14]・宗彝《そうい》[15]の五つの模様を描いている。〉、纁《くん》絵裳《かいしょう》[16]、大帯《だいたい》[17]、白絵中単衣《はくかいちゅうたんい》[18]、双佩《そうはい》[19]、紅綬[20]、白羅[21]の方心曲領[22]、纁繒蔽膝《くんかいへいしつ》[23]、緋襪《ひべつ》[24]、緋舄《ひせき》[25]である。宣祖丙申（宣祖二十九年、一五九六）に倭乱が襲ってきた際、恩賜の誥命《こうめい》[26]と冕服が失われてしまった。（明に）使者を派遣して冕服と誥命の勅賜を請求し、「上に事《つか》え、下に臨む時、必ずこれで漢（中国）と同じ威儀を整えなければなりません。」と上奏したところ、仁祖朝乙丑《いっちゅう》（仁祖三年、一六二五）に再び誥命と冕服を勅賜された。今に至るまでなお皇朝の衣服制度を伝えており、御服を供えている。冕服、平天冠[27]、紗袍[28]、遠遊冠[29]、翼善冠[30]、貂皮《てんひ》の耳掩いはすべて本院が製作して納入しており、袞竜袍《こんりょうほう》[31]は宮中で製作して用いている。本院には針線婢《しんせんひ》[32]二十名がおり、三南[33]と関東[34]の各邑の妓[35]から選抜して衣服などを縫わせている。

尚方（尚衣院）の銀器は北京で購入してきた玉田沙《ぎょくでんさ》（玉砂）で磨きあげるため、かつて緊急の時には市民[36]から米数斗の価格分を徴収しており、それが七、八百金（両）にまで達していた。英宗丁未《ていび》（英祖三年、一七二七）、王はこれを永久に廃止して市民の弊害を除去させた。

〈5〉賓庁・台庁・政庁・香室

賓庁。延英門の外にある。大臣と備局（備辺司）の高官たちが王に対面するのを待機する時に集まる場所なので賓庁と称している。建物の名を匪躬堂と言い、徐四佳居正（徐居正）の記文がある。

台庁。承政院の西にある。両司の諸台(1)が国王に言上することがあれば、やって来て待機する所である。当庁にはもと温堗《おんとつ》(2)があったが、粛宗の時に、台官たちが諫諍《かんそう》(3)を尊ぶ風潮があり、寒気がひどくても出てきて堂庁に座り込んで果てしなく諫言した。上《しょう》はすこぶるこれを嫌い、ついに温堗を撤去させてしまった。これ以後、ただ板軒(4)を設けてあるだけで温堗はないと言う。

政庁。延英門の傍らにある。東銓官《とうせんかん》(5)が人事を行うところである。現在、賓庁の傍らに井戸がある。兵曹の政庁がもとこの井戸の西にあったが、現在では毀《こわ》れてしまっており、兵批(6)のたびに賓庁の西軒を借用する。

香室。仁政殿の西にある。各祭享の祝文の作製と香の管理を担当している。官職名を忠義と言い、功臣の子孫を任命する。香官は参下の文官を任命し、一日交替で勤務させる。

考えるに、朴南渓世采（朴世采）はかつて香室の忠義に就任した後、また尚政丞震《しょうせいじょうしん》（尚震《しょうしん》）(7)は香官から議政に任命された。ゆえに香室の先任官員の中でもとくに立派だと今も讃えられている。

〈6〉弘文館

弘文館。内医院の西、内閣の東にある。宮中の経籍管理、国王文書の作成を担当し、国王の諮問に備えており、玉堂と呼ばれる。憲府（司憲府）、諫院（司諫院）と合せて三司と言われる。成宗(1)九年（一四七八）に開設され、領事(2)・大提学以下の官員二十名が置かれ、一日交替で宿直して経史を講義している。奉教以下八名がおり、記録、註釈、王の言葉の作成を専担している。玉堂には英宗大王御筆の題額があり、「学士館」とある。また八分（隷書）で「玉堂」と書いてある。金鎮圭《きんちんけい》(3)の筆である。樑《はり》に玉灯四双を懸けている。また御賜の銀杯がある。

『輿地勝覧』（巻二・京都下・文職公署）を調べてみると、「弘文館。昌徳宮の都摠府(4)の南にある。すなわちかつての舎人司である」、「議政府(5)。仁政殿の西にある(6)」と述べている。ならば舎人司は必ずや近隣にあるはずであり、今の玉堂の地で間違いないであろう。殿（仁政殿）の西にあった議政府がいつ廃止されたのかわからないが、舎人司が空き屋となったので玉堂を置いたのであろう。玉堂は現在、内医院に隣接している。正宗の時（正祖五年、一七八一）に、「玉署《きょう》(7)（弘文館）を内局（内医院）に隣接して設置する趣意は、伺候する際の便宜のためである。」との教が下された。

また考えるに、現在、内医院の北、璿源殿の南に、四間の層楼がある。老年の吏胥《りしょ》(8)に尋ねたところ、かつては弘文館の楼であり、「登瀛《えい》(9)学士遊賞之所」（弘文館に配属された学士が風景を楽しむ所）と称していたが、現在の弘文館の地に移設した後、この楼閣は使われずに空き屋になってしまったとのことである。

世祖の時、梁誠之が「前朝の粛宗が経籍の所蔵を始めました。その図書[10]の文は一つが「高麗国十四葉[11]、辛巳歳（高麗粛宗六年、一一〇一）御蔵書、大宋建中靖国元年、大遼乾統九年（元年）」であり、一つが「高麗国御蔵書」であります。粛宗から現在まで三百六十三《ママ》（六百三十六）年になりますが、印面は昨日製作したように明瞭です。現在、宮中に所蔵している大量の書籍の多くは、その時の所蔵であり、現在まで伝来してきたものです。蔵書の裏表紙の図書は「朝鮮国第六代癸未《きび》年御蔵書、大明天順七年（世祖九年、一四六三）」と真字（楷書）で刻み、前表紙の図書は「朝鮮国御蔵書」と篆書で刻んであり、すべての蔵書に捺印してあります。これを万世に明示し、代々、内閣に所蔵せられたい。弘文館と名付けて大提学や直提学などの官員を置き、芸文館の官員と兼任させて出納を管理させられたい[12]。」と建言した。世祖はこの意見に従って、東宮の東の偏小室（脇小部屋）〈考えるに、今の春坊蔵書閣がこれである。〉に珍奇な書籍を収蔵させ、これを弘文館と命名した。芸文館の奉教以下の官員に博士、著作、正字を兼任[13]させて書籍を管理させた。燕山甲子（燕山君十年、一五〇四）、本館の名称を改めて進読庁とし、官員を廃止して芸文館の官員に兼任させたが、中宗初（中宗元年、一五〇六）に旧制度に戻った[14]。梁訥斎誠之（梁誠之）は、我東の博識で良く道義を弁《わきま》えた臣である。はじめ弘文館を置くように要請したが、正宗の時に奎章閣を創設したのは実に訥斎の意見を取り入れたものである。先朝（正祖）の時、とくに王命で彼の文集（『訥斎集』）を刊行させ、また子孫の梁周翊《りようしゆうよく》[15]を探し出し、参議（兵曹参議）に任命して旧功に酬いた。

また『文献備考』（巻二二一・職官考八・館閣二・弘文館）を調べてみると、「張維《ちょうい》(16)が「主文硯《しゅぶんけん》があり、大提学の交替のたびに（後任に）伝えて禅家の衣鉢《いはつ》になぞらえている。魚叔権《ぎょしゅくけん》(17)の記によると、玉堂にもと大きな石硯があり、蔵書閣に収蔵していた。大提学(18)が玉堂の科次(19)に入るたびに、学士たちが課題を作成する際には、これを取り出して使用した。南袞《なんこん》(20)が主文（弘文館大提学）の時に大硯を特別に作って自宅に置いておき、文衡（芸文館大提学）に異動すると、これを李荇《りこう》(21)に伝えた。今やこれが恒例となっている」と述べている。」と述べている。国朝で堂下官(22)を召し出す際にはすべて粉牌(23)を用いるが、ただ台閣（司憲府と司諫院）だけは紅牌(24)を用いている。英宗の時に、玉堂に命じ、両司（弘文館と芸文館）の例にならって紅牌を用いさせたからである。弘文館の前導皂隷は引倍と言う。青布の半袖上着を着て、黒布の尖巾をかぶり、頭巾の後ろに一対の白い眼を貼りつけて経筵庁の鑞牌《ろうはい》(25)を担って行く。

〈7〉芸文館

芸文館。仁政殿の西にあり、香室と軒を連ねている。国王の文章製作を担当している。官員のうち検閲二名を上下番翰林と称する。下番は修史（歴史編纂）の任にあたり、芸文館に勤務する。英宗十四年（一七三八）、王は親しく芸文館を訪れ、とくに「大公史筆」（歴史の文章は極めて公平である。）の四字を書いて楣《ひさし》に掲げさせ、また三十二年（一七五六）にも親しく「規《ママ》守古風(1)〈勤守古風〉」の四字を書いて館中に掲げさせた。この時、内翰（芸文館官員）の経験者四、五人に命じて、前後の故事を明らかにさせた。

考えるに、芸文（館）は、『輿地勝覧』（巻二・京都下・文職公署・芸文館）の「崔恒賜宴序」が「中宗六年（一五一一）、議政府と銓曹《せんそう》(2)に命じて学問に優れた人士十五人を選抜させ、芸文館を本務とさせた。その間は本館の職務につけて皆で議論して学問を鍛《きた》えさせ、経筵に参席させた。所蔵の書物もまた自由に閲覧研究させ、知識を広げる基盤とさせた。毎月、試験官である大臣（議政）と本館の大提学が出席し、学んだところを講義する。また主題を与えて文章を作成させ、これに順位をつけて国王に報告する。このようにすること月に二度、毎年末に優劣を評価し、最優秀者を昇級し、最劣等者を解任する。」と述べている。正宗の時に、内閣抄啓文臣を置いて毎月、国王自らが試験に臨席したのは、そもそもがこのやり方を取入れたものに違いない。『芝峰類説』（巻一九・服用部・器用）は、「翰林院が鸚鵡《おうむ》杯《はい》(3)を用いるのは、まさにこの故事に基づいているが、いかなる意味かは知られていない。鸚鵡杯とはすなわち鸚鵡螺《おうむら》(4)のことである。」〈引用ここまで〉と述べている。検閲に鈴研直童子(5)四名がいる。十歳余りの美貌の者を選んで道袍(6)を着せ、鈴硯一方を持って随行させる。

〈8〉春秋館

春秋館。「時政記」を所管している。太祖元年（一三九二）、高麗の制度を踏襲して芸文春秋館を設置し、後に（太宗元年、一四〇一）春秋館を分置した。『輿地勝覧』（巻二・京都下・文職公署）は、「館は尚瑞院の西にある。」〈引用ここまで〉と述べているが、現在では、本館の庁舎はなく、ただ官啣《かんかん》（官職定員）(1)があるのみで、他官庁の官員が兼任している。

また経筵庁があり、論思の任を所管している。建物はなく、同じく他官庁の官員が兼任している。

李月沙《りげっさ》（李廷亀）の「実録印庁序(2)」は、「建国の初めにまず春秋館を建て、時政記注を所管させた。歴代の信史（『朝鮮王朝実録』）はすべてここに所蔵している。またさらに三部を印刷し、全州《ぜんしゅう》(3)、星州、忠州の三州に保管してある。時期を定めて審曝（曝曬、虫干し）を行っており、守直の制度があった。不幸にして壬辰の変（壬辰倭乱）で、忠州と星州の二か所と内館（春秋館）所蔵のものがすべて賊火（日本軍の戦火）で焼かれてしまった。しかし、幸いなことに興王旧府(4)に保管していた国史（『朝鮮王朝実録』）の一部が災を逃れたので、ただちに海西に運ばせて行在所に奉安させた。鑾駕《らんが》還都《かんと》(5)の後、局(6)を開設して編修させ、丙午（宣祖三十九年、一六〇六）四月、新たに印刷した正本三部と草本一部(7)を、本館（春秋館）、寧辺《ねいへん》(8)の妙香山(9)、江陵《こうりょう》(10)の五台山(11)、安東の太白山(12)に分けて保管し、旧来の原本(13)は江華島に保管した(14)。」と述べている。

考えるに、史籍を保管している外史庫(15)は、江華島の鼎足山城(16)、江陵の五台山、奉化《ほうか》(17)の太白山、茂朱《もしゅ》(18)の赤裳山城(19)、寧辺の妙香山の、合わせて五か所であり、京都の史官が式年(20)ごとに出かけて曝曬を行う。

〈9〉内医院・尚瑞院・典設司・排設房

内医院。薬房または内局とも言う。芸文館の西にあり、御薬（国王用の薬）の調剤を所管している。本院の都提調[1]と提調[2]は五日ごとに医官を連れて国王のもとに行き、挨拶して安否をうかがい、診察することを請う。英宗三十九年（一七六三）、内局に命じて大庁[3]に戸棚を設置し、祭ってある神農氏[4]の位板（位牌）を保管して敬意を表させた。また御筆の「入審憶昔」（内局で受診し、昔を思い出す）の四字を扁額として掲げている。正庁の掲板には「和剤《ママ》[5]（調和）御薬、保護聖躬」（国王のお薬を調剤し、国王のお体を守る）の八字がある。元海振《げんかいしん》[6]の書である。

謹んで考えるに、薬院（内医院）は、孝宗二年（一六五一）に針医（鍼医師）を増置し、さらに顕宗十四年（一六七三）に、医官以外の人で医薬に明るい者を増員して本院に所属させ、これを議薬同参と言った。また差備待令医女《いじょ》[7]十名と内医女十二名があり、恵民署の医女から選抜して所属させている。下級官員の中に種薬書員と擣薬使令《とうやくしれい》各二名ずつがいる。内局が国王に供する薬と茶湯は、必ず漢江の中心部の水を汲んで用い、銀缶で煎じる。

尚瑞院。仁政門の南にある。璽宝[8]、符牌[9]、節鉞《せつえつ》[10]を所管し、王の命令で地方に派遣される人に馬牌を与え、駅馬を徴発させる。馬牌は銅の鋳造品で円形をしており、表面に一馬から二、三、四、五馬まで（供給馬数を）刻んである。後面には尚瑞院の印と皇明の年号[11]を刻みこんである。馬牌は七十七《ママ》（七百七）箇[12]あり、現在は櫃の中に封印して保管している。また明朝皇帝欽賜の符験[13]六部と錦で織って横に車軸を刺繡した馬牌を皇壇の敬奉閣に保管している。

典設司。進善門の傍らにある。建国の初め、高麗の制度を踏襲して設置され、帳幕（軍隊用天幕）を所管し、祭享の際の排設（設営）を専門的に担当している。御帳幕（国王用天幕）については、別に排設房が置かれて担当している。

排設房。進善門の外にあり、御帷帳《ぎょいちょう》（御帳幕）を専門的に担当しているので、鍵は掖属司《えきぞくし》[14]が管理し、とくに官庁を設けていない。

〈10〉内兵曹

内兵曹。進善門内にある。兵曹は宮城の外[1]にあるので、別に内兵曹を設置したのである。堂郎[2]各一名ずつが当直にあたり、王宮の各門の鍵の管理と治安取締りなどを行っている。

考えるに、内兵曹の勤務は、慣例として参判と参議がこれにあたる。もし判書が勤務する場合は、所属する各庁の将官が首官となって入り、下官は敢えて当直しない。内兵曹には近伏軍士二十名がいる。壮健な者を選抜し、鞭をもって宮門に出入する人々を取締っている。また動駕[3]の時は蹕路《ひつろ》[4]に立ち並び、大臣が王宮に入る時は前導を行う。これはすなわち『周礼』（秋官・司寇）に、「条狼氏《じょうろうし》が鞭を振るい、王の出入のために人を追い払い、道を空けさせる。公ならば六人、侯・伯ならば四人、子・男ならば二人。」とある制度である。近伏軍士もまた寺奴と称しているのは、もと内寺（内需司）の奴がこれに当たっていたからだと言われる。

儀杖庫。敦化門の傍らにある。『文献備考』（二二六・職官考一・武職・儀杖庫）は、「兵曹の乗輿司の郎官が責任者となり、郎庁二名は部将が兼任する。その軍を扈輦隊《これんたい》と言い、紫色の頭巾と紅色の衣服を着け、輦奉儀杖を担って行く。」と述べている。

南所。金虎門内にある。五衛将[5]の宿直所であり、いにしえの虎賁左衛である。王宮内の夜巡（夜間巡回警備）と侍衛を所管する。

西所。曜金門内にあり、ここにも五衛将がいる。いにしえの虎賁右衛である〈東所と北所は昌慶宮にある。〉。

考えるに、五衛軍[6]の制度が廃止された後には、五衛将のみを置いて、宮中の東、西、南、北の四所に詰めさせた。またそれぞれ部将がいるが、これは衛将の部下である。夜巡の時には、部将は房直童子を連れて、一更ごとに差備門[7]と各省の門外で何更であるかを大声で報じさせる。毎日、たそがれ時に木覓山の烽燧軍《ほうすいぐん》[8]一名が丹鳳門外に来て、南山の烽火五柄を準備する旨を南所に告げると、部将はこれをただちに兵曹に報告する。兵曹は翌日、国王に報告する。『芝峰類説』（巻一七・雑事部・故実）は、「宮中に宿直する軍士は、古くから寅、申、巳、亥の日に交替する。衛将は東、西、南、北の四所に分かれ、前もって点呼を受けてから勤務に入る。そこで余はかつて一衛将に「南北東西分四所、寅申巳亥直三宵」（南北東西四所に分け、寅申巳亥の三晩ごとに宿直する。）という詩を贈ったことがある。これは事実を示したものである。」と述べている。

〈11〉宣伝官庁

宣伝官庁[1]。承政院の北にある。宮城の門標と王の御前における軍務号令を所管する。『輿地勝覧』（巻二・京都下・武職公署・宣伝官）は、「合せて八名。輪番で宮中に勤務する。」と述べているが、今では堂上（官）と堂下（官）を合せて二十五名である。皂隷を照羅赤《しょうらせき》[2]〈発音は治《ち》[3]〉と言い、合せて六十名である。内吹[4]を兼ね、吹螺（照羅赤）の軍楽を担当している。みな黄色の服を着て草笠[5]をかぶっている。

李沢堂植《りたくどうしょく》（李植《りしょく》[6]）の題名記を調べてみると、「庁舎は掖門の外、政房の右にある。史官たちと肩を並べて出入し、侍従と称している。成宗の時に、遊戯の具まで賜ったほどである。まことに素晴らしいことである。」と述べている。

内三庁。光範門の外にある。孝宗の時に禁軍（近衛軍）を置き、内三庁と称した。現在の禁軍は七番に分けられ、各番百名である。将を兼司僕将、内禁衛将、羽林衛将と言い、合わせて七名である。禁軍を率い、輪番で宿直して警備をする。

武兼庁。光範門の外にある。武兼とは、武臣が宣伝官を兼任することである。

また忠壮衛庁が仁政門の外にある。

『於于野談《おうやだん》』[7]を調べてみると、「万暦丙申（万暦二十四年、宣祖二十九年、一五九六）、完原君《かんげんくん》[8]柳《りゅう》肇生《ちょうせい》[9]が宣伝官であった時、友人と雑談をしていて、話が養生の道に及んだところ、ある人が「息を吸って吐き出さず、呼気を非常に長くし、一息に長時間を費やせば長生きすることができる。」と述べた。肇生はこれに習熟し、数か月にして百息をゆっくりとすることができるようになった。後日、渡し船が沈没した時、水に潜り息をつめて岸に上ったため、まったく水を飲まずに死を免がれ、後に宰相となった。これ以来、宣伝官庁に新任する場合は、必ず宮殿の門楼の瓦の上にある十神(10)の名前を一息で十回唱えさせ、これができない者は任用しない。(11)」と述べている。

〈12〉扈衛庁《こえいちょう》

扈衛庁(1)。尚瑞院の西にある。仁祖元年（一六二三）に創設されたが、宿衛する者の数が少なくて弱体であったので、中外(2)の出身(3)の軍門武士から選抜した。咸鏡道から選抜された者が最も優秀である。大将が一名で、国舅《こくきゅう》（王妃の父）か相臣（議政）が兼任し、他に別将一名がいる。

『備局謄録』(4)を調べてみると、「領議政の鄭太和が上奏して「扈衛庁の設置は、最初は癸亥反正後の危機の際に、勲臣（親功臣）を大将とし、おのおの軍官を率いて勤務していたが、今では禁衛（禁衛営）が自足しており、先朝（孝宗）の時からすでに廃止の議論があった。軍官が二百名、一年の料米（給与米）は三千余石である。最も適切な経費節約法は廃止することである。大臣の沈之《しんし》源《げん》(5)、鄭維城《ていいじょう》(6)、李《り》景奭《けいせき》(7)、李《り》時《じ》白《はく》(8)、元斗杓《げんとしやく》(9)はみな廃止すべきだとしたが、上（仁祖）は、「急に変革することはできない。時間を掛けて協議せよ。」と言った。(10)」と述べている。

2　昌慶宮内の各官庁

世子侍講院。(1)集賢門の外にある。世子に対する経史の講義と道義の戒めを職掌としている。官員はすべて文臣である。春坊と称する。扁額の「春坊」は宋同春《そうどうしゅん》(宋浚吉)の書であり、別の扁額の「春坊」と「輔導啓沃」(輔弼指導し、善き道を告げる。)の四字はいずれも孝明世子《こうめいせいし》(2)の睿筆《えいひつ》(3)である。

翊衛司《よくえいし》(4)。侍講院の北にある。東宮の護衛を所管し、桂房《けいぼう》と称する。扁額に「桂房」とあるのもまた宋同春の書である。

五衛都摠府。延光門内にある。正宗辛丑(正祖五年、一七八一)、昌徳宮の金虎門内からここに移設した。五衛の軍務を所管する。英宗大王が即位する前、しばしば摠管の職に就いたので、府の壁には御筆の掲板「故府興感」(いにしえの府を見て感興を催した。)がある。『輿地勝覧』(巻二・京都下・武職公署・五衛都摠府)を調べてみると、「都摠府は、一が昌徳宮の仁政殿の西にある。」とあるのは現在の内閣であり、また「一が昌慶宮の弘化門内にある。」とあるのは現在の摠府である。旧来の場所に還ったのである。

徐四佳(徐居正)の題名記に、「建国の初め、義興三軍府(5)を置いて軍事を総括させた。後に三軍鎮撫所と改め、兵曹の管轄下となった。禁旅、(6)輪番、宿衛を統括した。また三軍を五衛に改めた。すなわち竜驤《りゅうじょう》、虎賁、義興、忠佐、忠武である。世祖大王は鎮撫所を五衛都摠府と改め、もっぱら軍事を委任して兵曹の管轄外とした。」〈引用ここまで〉と述べている。壬辰以後、衛の制度をすべて廃止し、官職名だけが残っている。現在の摠府堂郎および衛部将がこれである。ただ堂郎だけが輪番で宮中に勤務して侍衛に参加する。

東所。宣仁門内にある。衛将の宿直処であり、かつての忠佐前衛である。

北所。景化門の東にある。ここにも衛将がいる。かつての忠武後衛である。

別軍職庁(7)。回泰門内にある。孝宗丙申（孝宗七年、一六五六）に創設した。時敏堂の跡地である。正宗御筆の扁額に「御前新稗直盧」（国王直属軍新規配属者当直所）とある。また「御前親幕」（国王直属軍）の四字も御書の扁額である。

謹んで『列朝通紀』(8)（巻一五）を調べてみると、「孝宗七年（一六五六）に別軍職を置いた。以前、王が瀋陽にいた時、朴培元《ぼくばいげん》、申晋翼《しんしんよく》、呉《ご》孝誠《こうせい》、趙攘《ちょうじょう》、張愛声《ちょうあいせい》、金志《きんし》雄《ゆう》、朴起《ぼくき》星《せい》、張士敏《ちょうしびん》の八壮士(9)がおり、功労がはなはだ多かった。即位の後、官署を設け、別軍職と名付けて常に内苑で試射をした。」〈引用ここまで〉とある。別軍職の員数は後に漸増し、定数がない。城門警備の任は削減した。

忠翊将庁《ちゅうよくしょうちょう》。宣仁門内にある。『文献備考』（巻二二六・職官考一三・武職・忠翊忠壮衛）を調べてみると、「本朝は、忠翊衛を設置して功臣の子孫を所属させ、忠壮衛には戦没者の子孫を所属させた。輪番制で勤務し、将が三名ずつおり、閒散人《かんさんじん》(10)を輪番制で任命した。英宗三十五年

(一七五九)に禁軍将の例にならって選抜することとした。」と述べている。

内司僕。宣仁門内にある。建国の初めに設置され、内厩馬(司僕所属馬)の飼育と司僕内乗(司僕寺吏員)による守直を担当している。

報漏閣。侍講院の東にある。光海甲寅(光海君六年、一六一四)に建てられ、建物が現存している。久しく修理を行わなかったが、今年《ママ》(今上)戊子《ぼし》(純祖二十八年、一八二八)に夏の雨でほとんど倒壊してしまった。現在の漏局(報漏閣)はその傍らにある。禁漏官[11]は動駕の時、国王に時刻を言上して厳鼓[12]を打つ。また毎日午正(正午)と申の刻(午後四時)には自ら政院と内閣に行って時を報せる。また奏時童がおり、宮中の各省に挿時《そうじ》牌《はい》を提出する。『文献備考』(巻二二三・職官考一〇・諸司二・観象監)は、「禁漏官は合せて三十名である。」と述べている。

奎瀛《けいえい》新府[13]。宣仁門内にある。正宗の時に、昌徳宮内の庁舎を内閣の鋳字所[14]とした。扁額に「奎瀛新府」とある。また板堂があり、冊板(版木)と鋳字を保管している。書物を印刷する時には、ここに局(作業所)を開く。保管する銅活字[15]を生々字《せいせいじ》[16]と呼んでいる。

考えるに、鋳字所の名は太宗の時(太宗三年、癸未年、一四〇三)に始まった。経筵に使用する古註の詩(『詩経』)、書(『書経』)、左伝(『春秋左氏伝』)の字を手本とし、李稷らに命じて十万字を鋳造させ、鋳字所を設置した。これを癸未字と言う。世宗朝甲寅(世宗十六年、一四三四)、李之崇《りしすう》[17]が京師(北京)から帰国した時、礼部が(宣宗宣徳帝)欽賜の『為善陰隲書《いぜんいんしつしょ》』[18]六百本を送ってきた。これを手本とし、金墩《きんとん》らに命じて銅で二十余万字を鋳造し、これを衛夫人字[19]と呼んだ。正宗大王が春邸（東宮御所）にいた時（英祖四十八年、壬辰年、一七七二）、賓客の徐命膺《じょめいよう》(20)に命じ、世宗の時の甲寅字（衛夫人字）を手本として十五万字を鋳造し、芸閣《うんかく》(21)に保管した。これを壬辰字(22)と称する。正宗元年（正祖元年、丁酉年、一七七七）、また平安監司の徐命膺に命じ、甲寅字を手本として十五万字を追加鋳造し、内閣に保管した。これを丁酉字(23)と言う。六年（正祖六年、壬寅年、一七八二）、また平安監司徐浩修《じょこうしゅう》(24)に命じ、本朝人韓構《かんこう》(25)の書を手本として八万余字を鋳造させた。これを壬寅字(26)と言う。『文苑黼黻《ぶんえんほふつ》』(27)を印刷したものである。これもまた内閣に保管した。十九年（正祖十九年、一七九五）、また内閣に命じて新活字を鋳造させ、『整理儀軌』(28)を印刷した。これを生々字(29)と名付けたが、整理字とも称し、鋳字所に保管した。新しく印刷した『正宗御製弘斎全書』(30)百巻、『五倫行実』(31)、『杜陸分韻《とりくぶんいん》』(32)はこの活字である。また宣廟（宣祖）の時に、安平大君《あんぺいたいくん》(33)の書を元にして訓局（訓錬都監）で活字を鋳造した。今の『昌黎集《しょうれいしゅう》』(34)の字がこれである。また『国朝実録誌状』、『史記』、『漢書』などを印刷した活字、および芸閣が所蔵する活字、『文献備考』(35)の活字などがあるが、鋳造年代は不明である。世宗の時の活字は俗に魏夫人字と呼ばれている。衛夫人(36)は李充の母であり、王羲之《おうぎし》(37)が書を学んだ人物である。この活字は明初の翰林学士が書いた『為善陰隲書』(38)をもとにしたものである。もともと魏と為の発音が同じなので、このように誤称されたのであろうか。魏夫人字は、現在の四書三経印刷本の活字である。

鋳字所の傍らに閣があり、考文館と称する。いつごろ創設されたのか不明であり、もとの弘文館であるとも言う。正宗朝乙卯（正祖十九年、一七九五）、私が十九歳の時、王命によってこの館の中で朱子の詩を校正して書き写した。

また聞くところによると、昌慶宮内の承政院はもと金馬門の南に、弘文館はもと承政院の東に、司饔院はもと明政殿の北にあったが、いずれも壬辰の兵火の後に廃止されたと言われる。

3　慶熙宮内の各官庁

承政院、台庁、薬房、尚瑞院。ならびに建明門内にある。

賓庁。開陽門内にある。

内兵曹。興化門内にある。

奎章閣。金商門《ママ》（金商門）内にあり、「摛文院」とある堂額は正宗大王の御書である。聚奎楼がある。書物保管所である。その傍らに燃藜室《ねんれいしつ》がある。扁額は楓阜院閣（金祖淳）の書である。検書官の執務所である。

弘文館と芸文館。ならびに金商門《ママ》（金商門）内にある。弘文館には英宗大王御書の掲板があり、「雲従一座、世孫侍傍」[1]（聖王になる場であり、世孫が傍らに居る。）と書かれている。また老君（英祖）と若き臣下が同席する一堂があり、「祖孫会講」[2]（祖父と孫が共に学問を学ぶ。）の四字と「玉堂」の題額がある〈李世最[3]の書である。〉。

尚衣院。興元門内にある。すなわちいにしえの承文院である。後に宗親府の問安庁となったが、粛宗朝辛卯（粛宗三十七年、一七一一）、初めて尚衣院となった。英宗朝乙酉《いつゆう》（英祖四十一年、一七六五）、王は本院にお出ましになり、「ああ昔、予が十八歳の時（粛宗三十七年、一七一一）、この庁を尋ねたことがある。今年七十二歳になってまたこの院に臨んだ。昔ははなはだ元気であったが、今は思い出を偲ぶだけである。」との御書を本院に掲げられた。また御製の記文を国舅(4)に書かせて掲げられた。

致美閣。院（尚衣院）内にある。冕服《べんぷく》を奉安しており、ここにも御筆の扁額がある。

侍講院と翊衛司。ならびに建明門内にある。侍講院には英宗大王御製の掲板があり、「祖孫相依、善輔春桂(5)」（祖父と孫が寄り添い、春坊と桂坊がよく助ける。）とある。

都摠府。開陽門内にある。

扈衛庁《こえいちょう》。崇政門の西にある。

典設司。建明門内にある。

別軍職庁と宣伝官庁。ならびに建明門内にある。

武兼庁。金商門《ママ》（金商門）内にある。

忠翊衛庁。金商門《ママ》（金商門）内にある。

衛将庁。建明門内にある。東所が興化門内に、南所が開陽門内に、西所が崇義門内に、北所が武徳門内にある。

司僕徳応房。輦輿《れんよ》を保管する部屋であり、開陽門内にある。

漢京識略巻の二　目録

漢京識略巻の二

一三　宮城外の各官庁

〈1〉耆老所

耆《き》老所《ろうしょ》[1]。中部澄清坊にある。太祖朝の甲戌（太祖三年、一三九四）に創設した。太祖は宝齢六旬[2]で耆社（耆老所）に入り、粛宗は宝齢五十九[3]で、英宗は宝齢五十一[4]で耆社に入り、自ら題辞[5]を書いた御牒を霊寿閣に奉安した。朝臣の場合、文官二品以上で七十歳となった人に、入社して霊寿閣に粛拝することを許し、これを耆老所堂上と称した。みな画像帖がある。

　謹んで『文献備考』（巻二二五・職官考二・耆社）を調べてみると、「太祖朝三年（一三九四）、聖寿が六十になったので耆社に入り、御諱を西楼の壁に書き留めさせた。上《しょう》は命じて、文宰[6]で満七十歳になり、位が正卿[7]に登った者に初めて耆社に入ることを許した。」、「粛宗己亥（粛宗四十五年、一七一九）」、「上は耆社に入り」、この時に「耆老所に霊寿閣を建てて御牒を奉安させた。西楼の故事が残っていないというので、王は冊子を新たに製作し、王世子〈景宗大王〉に粛宗大王の尊号[8]を謹書して霊寿閣に奉安させた。尚衣院は几杖[9]を造って献上した。」、「英宗は、二

景福宮の光化門　左右に官庁が建ち並ぶ（1900年）

十四年甲子[10]（一七四八）に耆社に入り、霊寿閣を拝して自ら御牒に題辞を書き、尚衣院に几杖を造らせた。」とある。

また『稗官雑記《はいかんざつき》』[11]（巻五）を調べてみると、「国法では毎年三月三日と九月九日、訓練《ママ》院[12]（訓錬院）に宴を設け、二品以上で七十歳の者が参集する。終日、酒を賜り、弓射を楽しみ、投壺をして散会した。賛成（議政府右賛成）の高荊山《こうけいざん》[13]、参賛（議政府左右参賛）の趙元紀《ちょうげんき》[14]と安潤徳《あんじゅんとく》[15]、判書（工曹判書）の任由謙《にんゆうけん》[16]、知事（知中枢府事）の李自堅《りじけん》[17]、同知《どうち》（同知中枢府事）の丁寿岡《ママ》（丁寿崗《ていじゅこう》[18]）と李栢《ママ》（李陌《りはく》[19]）らは、耆老たちの私的な会合にならい、洛社の故事[20]のように集まって宴会を始めた。その後、宰相は七十になると、慣例としてこの会に集まることになった。また僉知《せんち》（僉知中枢府事）の慎自健にその様子を描かせ(21)、屏風に仕立てて掲げた。一時は立派なこととされたが、いくらもたたないうちに、衙門（官庁）を占拠して耆老所と称し、遂に吏役《りえき》(22)を置くまでになった。また八路（八道）に求請（要求）し、物品を倉庫に貯えた(23)。」と述べている。

また『大典通編』(24)（巻一・吏典・耆老所）を調べてみると、「建国の初めは、文臣二品の実職(25)で七十歳以上の者に入社を許したが、蔭(26)と武(27)はこれにあずからなかった。正二品実職の者の中に七十歳の人がいなければ、従二品の者一、二名に旧例を援用し、啓稟(28)して入社を許した。槐院（承文院）と国子（成均館）の参外官各一名ずつを守直官(29)に差定（任命）する。」とある。

〈2〉宗親府

宗親府《そうしんふ》(1)。北部観光坊にある。建国の初めに創設された。宗室諸君《そうしつ》(2)の府である。粛宗は十四年（一六八八）、興政堂にお出ましになり、宗室たちを召して醞《うん》（酒）を賜った。御製の七詩律（七言律詩）一首を下され、これを掲板させた。英宗甲申（英祖四十年、一七六四）に宗臣（王族の官僚）に弓の試射をさせ、「隆武堂中、望入憶昔、蒼蒼松下、会宗観徳」（隆武堂の中にいると昔のことが思い起こされる。蒼々とした松の下に一族が集まって弓の試射を見た。）との御書を下され、本府に掲板させた。

〈3〉議政府

議政府。北部観光坊にある。定宗朝の庚辰（定宗二年、一四〇〇）に創設された。相臣三公[1]の府である。舎人司[2]がその北にある。扁額に「清風閣」とあり、蓮池がある。政府の庁舎が火災で焼失したので、現在、賛成[3]の庁舎を大臣の執務所としている。

『輿地勝覧』（巻二・京都下・文職公署・議政府）を調べてみると、「政府（議政府）は、一つが昌徳宮仁政殿の西にある。」と述べている。かつて存在したものが無くなってしまったのに違いないが、現在のところ不明である。

また『文献備考』（巻二一六・職官考三・議政府）を調べてみると、「太祖元年（一三九二）、高麗の制度を踏襲して都評議使司に判事を置き、また門下府を設置した。」、「定宗二年（一四〇〇）に都評議使司を廃止して議政府とした。」、「太宗元年（一四〇一）にまた門下府を廃止して議政府に併合し、領府事と判府事を置いた。」、「まもなく領議政と左右議政に改めた。」と述べており、また李克堪《りこくたん》の「舎人司記」（「舎人司題名記」、『新増東国輿地勝覧』巻二・京都下・文職公署・議政府条所載）を調べてみると、おおよそ「我が朝が政府を設置した際、成周[4]の三師三少[5]の職にならって舎人二名を置き、議政の補佐とした。相臣自らの責任で推薦して任命する。選抜を重視しているからである。」と述べている。

〈4〉忠勲府・忠翊府

忠勲府。[1] 北部寛仁坊にある。功臣の府であり、雲台、麟閣、盟府とも称する。太宗の時に創設され、[2]もとは北部広化坊にあったが、燕山甲子（燕山君十年、一五〇四）に廃止され、中宗の時にここに移動して来た。功績を立てて顕彰された功臣はみな画像帖がある。功臣の嫡長孫と世襲の封君を府の堂上官としている。親功臣《しんこうしん》（正功臣）と王妃の父には「府院」の二字を加える。[3]

謹んで考えるに、忠勲府は太宗代に創設された時には忠勲司と称し、開国功臣の論功行賞を行っていた。石碑を建てて顕彰し、閣を建てて図像を飾った。嫡長[5]（孫）が世襲して宥《ゆう》は子孫末代に及んだ。世祖朝五年[4]（一四五九）に司から府に昇格した。両府を同等とみて、農地と奴婢を加賜された。旧庁舎が狭いので、広化坊にある宗簿寺の庁舎の一区画を下賜され、改築をした。

忠翊府《ちゅうよくふ》。もと北部陽徳坊にあった。原従功臣[6]の府である。粛宗朝の辛巳（粛宗二十七年、一七〇一）に忠勲府に併合された。[7]

〈5〉儀賓府・敦寧府

儀賓府。[1] 北部広化坊にある。建国の初めに創設された。公主・翁主と結婚した者[2]の府である。もと中部貞善坊にあったが、燕山甲子《こうし》（燕山君十年、一五〇四）に撤去して他所に移設され、中宗丙子（中宗十一年、一五一六）にここに移動して来た。公主と婚姻した者を都尉[3]、郡主[4]と結婚した者を副尉[5]、県主[6]と結婚した者を僉尉《せんい》[7]と称する。

敦寧府《とんねいふ》(8)。中部貞善坊にある。王親(9)と外戚(10)の府である。英廟（英祖）御筆の掲額がある。府の中に璿譜《せんぷ》奉安閣がある。また北漢山城(11)にも璿譜奉安閣を設置しており、季節ごとに本府の官員が曝曬《ばくさい》に出かける。

謹んで『国朝宝鑑』（巻四・太宗朝）を調べてみると、「太宗十四年（一四一四）に初めて敦寧府を開設し、宗親のうち、太祖の子孫でないために封君となれない者を所属させた。」と述べている。また『国典』（『経国大典』巻一・吏典・京官職・敦寧府）を調べてみると、「宗姓(12)は九寸(13)、異姓(14)は六寸以内の親族、王妃は同姓(15)八寸、異姓五寸以内の親族、世子嬪(16)は同姓六寸、異姓三寸以内の親族、以上の寸内の姑、姉、妹、姪女《てつじょ》（めい）、孫女（孫娘）の夫に除授する。先王と先后の親族も同じ。」とある。また『涪渓記聞《ふうけいきぶん》』(17)を調べてみると、「権駙馬跬《ごんふばけい》（権跬《ごんけい》(18)）は陽村（権近）の子である。太宗の娘(19)と結婚し、聃《たん》（権聃《ごんたん》(20)）と聡《そう》（権聡《ごんそう》(21)）という二人の子が生まれた。（聃は）十余歳で敦寧直長（敦寧府従七品官）に任ぜられた。ある日、衙門に出勤し、屋根に登って雀を追っていたところ、都正（敦寧府正三品官）が急にやってきたので、迎えることができなかった。都正は怒って呼びつけ、庭に立たせて責めた。聃がこれを訴えると、太宗は笑って「お前の位階が低いからだ。」と言い、政官（吏曹の堂上官）を呼んで聃を同知〈本府の同敦寧（同知敦寧府事）。従二品）〉に任命した。役所に戻ると、まだ勤務を終わらないうちに、都正が大いに驚いて出迎えた。」〈引用ここまで〉と述べている。議政府、敦寧府、儀賓府、忠勲府、中枢府を五上司と言う。

〈6〉備辺司

備辺司。中部貞善坊、昌徳宮（敦化門の）外の西側にある。明宗乙卯（明宗十年、一五五五）に創設された。全国の軍事と政治を統轄する。堂額に「匪躬堂《ひきゆうどう》」とあり、徐四佳（徐居正）の記文がある。慶熙宮の興化門外にも備辺司がある。

考えるに、備辺司は備局あるいは籌司《ちゆうし》とも言う。都提調(1)は時原任《じげんにん》の大臣(2)である。宣祖壬辰（宣祖二十五年、一五九二）に初めて副提調を置き、軍事に通じた者を王に上奏して任命することとして、李廷亀と朴東亮《ぼくとうりよう》(3)をまず就任させた。仁祖二年（一六二四）に有司堂上(4)を増員した。粛宗三十九年（一七一三）に初めて八道の勾管堂上《こうかんどう》（担当の堂上官）各一名ずつを置いた。旧制では賓庁における次対(5)は各月三回ずつで、三日、十三日、二十三日としていたが、粛宗十四年（一六八八）に毎月六回に改め、五日、十日、十五日、二十日、二十五日、三十日とした。うち三回については元大臣にも出勤させる。また堤堰司《ていえんし》を設置して各道の堤堰（溜め池）と水利（水路）を担当管理させ、備局に所属させた。本司には武郎庁八名(6)がおり、毎日、大きな油紙の袋に文書を入れ、兵曹の駅馬に乗って巡回し、備堂（備辺司の堂上官）たちのところに見せに行く。

〈7〉宣恵庁・均役庁

宣恵庁《せんけいちよう》(1)。西部養生坊にある。大同米・布・銭(2)の出納を所管する。光海戊申（光海君即位年、一六〇八）に創設された。

　謹んで考えるに、世宗の時に貢案[3]を定め、邑の産物を百姓（住民）に漢城の官庁に直納[4]させた。宣廟の戊申（宣祖四十一年、一六〇八）に左議政の李《り》元翼《げんよく》[5]が大同法[6]を創始し、民結[7]から米を徴収して京貢[8]に代えることを建白した。まず京畿から始め[9]、ついに宣恵庁を設置し、また関東にも施行した。孝廟の壬辰（孝宗三年、一六五二）に右議政の金堉《きんいく》[10]が湖西[11]と湖南[12]の沿邑（沿海部の邑）に施行することを建白した。顕宗壬寅（顕宗三年、一六六二）に刑判（刑曹判書）の金佐明《きんさめい》[13]が山郡（山間部の邑）にも施行することを願い出た。粛宗丁巳（粛宗三年、一六七七）に承旨の李《り》元禎《げんてい》[14]が嶺南[15]に施行することを願い出た。また戊子（粛宗三十四年、一七〇八）には、海伯[16]の李《り》彦《げん》経《けい》[17]の上疏により、海西にも施行した[18]。その法は、圻《き》甸《でん》[19]と三南は田《でん》と畓《とう》[20]ともに一結につき米十二斗[21]を徴収とする。関東も同じとするが、まだ量田《りょうでん》[22]を実施していない邑は四斗を加え、嶺東[23]は二斗を加える。海西は詳定法[24]を施行して十五斗を徴収する。（各道の徴収法を）統一して大同と命名した。昔日は、各邑が地元の産物を貢納したものを京貢とし、京貢主人[25]を定めてこれに進排（納入）を行わせた。残余があれば各邑に貯蔵しておき、儲置米[26]と称して公用の支出に備えた。

　均役庁《きんえきちょう》[27]。南部鋳字洞[28]にあった〈すなわちもとの守禦庁である。〉。英廟の庚午（英祖二十六年、一七五〇）に設置され、癸酉（英祖二十九年、一七五三）に宣恵庁に併合された。

　考えるに、均役庁を設置したのは、漁税、塩税、船税と選武軍官[29]および隠余結[30]から合計十数万両[31]を納入させ、また西北両道（平安道と咸鏡道）以外の六道の田結《でんけつ》[32]から、一結につき米二斗または銭（銅銭）五銭を徴収し、これを税収の不足分に充当するためであった。英宗癸酉（英祖二十九年、一七五三）に常賑庁《じようしんちよう》(33)を併合した。本庁の所属に別下庫がある。

〈8〉濬川司

濬川司《しゆんせんし》(1)。中部長通坊にある。都城内の河川と溝の浚渫《しゆんせつ》を所管する。英宗庚辰（英祖三十六年、一七六〇）に創設された。

『国朝宝鑑』（巻六五・英宗朝九）は、「英宗三十六年（一七六〇）二月、開川（清渓川）を浚渫した。川は白岳、仁王（山）、木覓山の水を合せ、都城内の襟帯をなしている。東に五間水門《ごかんすいもん》(2)があり、そこから東に流れて永済橋《ママ》（永渡橋《えいときよう》(3)）となり、中梁川《ちゆうりようせん》(4)と合流して漢江に入る。『輿地勝覧』（巻三・漢城府・山川・開川）が言うところの開川がこれである。世宗の時（世宗二十六年、一四四四）に、李賢老《りけんろう》(5)が穢物の投入を禁じて明堂《めいどう》(6)の水を浄化することを願い出たが、魚孝瞻が反論して実行不能なことを上疏したところ、世宗は孝瞻の意見を是として賢老の言を採用しなかった。これより三百余年、川はしだいに埋もれてしまい、長雨が降るたびに氾濫を起こして問題となった。上は、「民のためではあるが、どうして民を悩ませることができようか。」と言って、万緡《まんみん》(7)を下し、労働者を雇って浚渫させた。一か月足らずで事業が終了すると濬川司を設置し、毎年浚渫することを定例とした。また四十九年（英祖四十九年、一七七三）六月、開川（の岸）に石組みをしたが、浚渫してみたところ、両岸が決壊してしまったので、柳を植えてこれを防いでいた。しかしなお、完全ではなかったので、ようやく王命によって堅固で精緻な石組みとしたのである。竣工すると、上（英祖）は王世孫[8]とともに広通橋[9]にお出ましになり、世孫に対して「志があれば事は成就する。およそ事をなそうとするなら、先ず志を立ててから努力せよ。」と言った。」と述べている。

また『濬川事実《しゅんせんじじつ》』[10]を調べてみると、「前後五十七日。動員した坊民[11]は十五万人、雇傭する者五万人余り、銭三万五千緡と米二千三百余包[12]を費やし、ようやく事業は完了した。」、浚渫にあたっては、「松杞橋《しょうききょう》から長通橋までを訓錬都監、長通橋から太平橋までを禁衛営、太平橋から永渡橋までを御営庁がそれぞれ担当した。また四山《しざん》参軍[13][14]が分担して巡視し、担当官庁に作業進捗状況を報告した[15]。」と述べている。

〈9〉義禁府

義禁府[1]。中部堅平坊にある。太宗朝の甲午（太宗十四年、一四一四）に創設された。奉教推鞫《ほうきょうすいきく》[2]を所管し、庁舎は虎頭閣と呼ばれている。

『文献備考』（巻二一七・職官考四・義禁府）を調べてみると、「建国の初めは高麗の制度を踏襲し、司平巡衛府を巡衛府と改称し、さらに義勇巡禁司と改称した。十四年（太宗十四年、一四一四）には義禁府と改称した。」〈引用ここまで〉と述べている。本府は、世祖の時（世祖三年、一四五七）に監察[3]の鄭保《ていほ》[4]を籍没[5]した後、その家屋を庁舎としたものだと言われている。

また当直庁が昌徳宮の金虎門外にある。都事《とじ》[6]のうち下位[7]の一人が当直する。およそ罪人の拘束や逮捕等があると、必ず当直の都事を呼んで命令を下す。かつて、ある都事が当直した時、私的な理由で同僚に交替してもらったところ、たまたま活変《かつへん》(8)に遭遇し、逮捕しようと出てきて殺された。そこで、これ以後、当直の都事は新たな下位の者が到着しないうちは、同僚が暫時の交替をできないことになったと言われている。「本府には古く玉牌があった。およそ三司(9)が取締りに出動する時には禁府（義禁府）の玉牌を出し、義禁府の吏が三司禁吏の不法行為を取締った。壬辰の乱（壬辰倭乱）の後、玉牌が失われたのでこの法はついに廃止された。(10)」と言われる。本府の下吏を羅将(11)と言い、八十名がいる。青布に白い絹糸で縞模様の縫い取りをした服を着て行動する。半袖上着に黒布の尖巾(12)をかぶり、後ろには二つの目玉を貼り付け、朱殳《ほこ》を持つ。大駕（王の輿）が行幸する時には、考喧都事《こうけんとじ》(13)が羅将を率いて左右を警護する。現今、外邑の守令(14)にも羅将がおり、この衣装と頭巾を着け、殳を持って行進する。これは古来の制度に違いない。法官の下吏の制服はすべてこのようである。

〈10〉中枢府

中枢府(1)。西部積善坊にある。建国の初めに時原任大臣と文武堂上官で所任のない者(2)を処遇するために設置した。太祖元年（一三九二）に高麗の制度を踏襲して中枢院を設置した。判事、知事、同知事、僉書、副使、学士、商議院事、諸承旨(3)および堂後官がいた。世祖の時に都承旨以下で別に承政院を開設(4)し、院を改めて府とした。

〈11〉吏曹

吏曹[1]。中部澄清坊にある。建国の初めに建てられた。文選（文官人事）、勲封、査定を所管する。属司（部局）に文選[2]、考勲[3]、考功[4]の三司がある。

〈12〉戸曹

戸曹[1]。中部澄清坊にある。建国の初めに建てられた。戸《こ》口《こう》[2]、貢賦[3]、田粮《でんりょう》[4]、食貨[5]を所管する。属司に版籍[6]、会計[7]、経費[8]の三司がある〈経費司は現在、別例房と称している。〉。また前例房[9]があり、祭享の供上[10]、使行《しこう》[11]の方物[12]、礼葬（国葬）を所管する。版別房が予定外の別貿[13]を所管する。別営色が訓局軍兵の放料（給与）を所管する。別庫色が貢物の出納を所管する。歳幣色が節使[14]の歳幣[15]を所管する。応弁色が客使（外国使節）への支需[16]を所管する。銀色が金銀を所管する。

分戸曹（戸曹分室）。南部会賢坊にある。光海己酉《きゆう》（光海君元年、一六〇九）に創設された。勅使を接待する時は、常に戸曹がここに移動する。

考えるに、分戸曹は南別宮の傍らにある。光海（光海君）の時、財政が日ごとに窮迫していったため、さまざまの需用があるたびに臨時に市民（市廛商人）から徴収していた。劉太監詔使（劉用《りゅうよう》）が来た時[17]に、相臣（議政）の李恒福と李徳馨《りとくけい》[18]が初めて分戸曹を設置し、詔使支供[19]の物資を預備して用いたところ、市民は大変に良いことだと喜んだ。

〈13〉礼曹

礼曹[1]。西部積善坊にある。建国の初めに建てられた。礼楽、祭祀、宴享、朝聘[2]、学校、科挙を所管し、属司に稽制、典享、典客の三司がある。稽制司が儀式、製、朝会、学校、科挙、印信[3]、表箋[4]、冊を所管し、典享司が使臣の接待、朝貢、宴会の設営、王からの賜与などを所管する。[5]

『文献備考』（巻二二六・職官考三・義興三軍府）を調べてみると、「鄭道伝が敗北した後、三軍府[6]を礼曹としたので建物が極めて壮麗だと言われる。」と述べている。大比の科[7]は、礼曹と成均館に試験場を設け、礼曹を一所（第一会場）、成均館を二所（第二会場）と呼ぶ。

〈14〉兵曹

兵曹[1]。西部積善坊にある。武選（武官人事）、軍務、儀衛、郵駅[2]、兵甲（甲冑）、器杖（兵器）、門戸の管鑰《かんやく》[3]を所管し、属司に武選、乗輿、武備の三司がある。現在、合わせて八色[4]がある。政色〈すなわち武選司。〉、結束色〈すなわち乗輿司であり、闕内（宮城内）と動駕の時の禁喧（静謐保持）を所管する。〉、武備司、一軍色〈竜虎営と扈輦隊の内吹保布[5]の徴収を所管し、将校、軍士、員役[6]の放料朔（月給）の原資としている。〉、二軍色〈騎歩兵の保布[7]を所管し、宮城の外にある各官庁の員役を雇立（雇用）するための朔布（給与の布）の原資としている。〉、都案庁〈騎兵が一年六番に分けて収める身布[8]を所管し、祭享、軍契[9]の貢価[10]の原資としている。〉、有庁色〈また余丁色とも称する。仁祖丁卯（仁祖五年、一六二七）、閑丁《かんてい》[11]を探し出して軍籍（徴兵名簿）に補入し、余丁《よてい》（余剰人員）は兵曹に所属させた。その後、汰定《たいてい》（再調査）と落講[12]の余丁を備辺司から兵曹に移管した。有庁色が所管している有庁軍は忠順、忠賛、忠壮の三衛である。忠順は出身の子、婿、弟、姪（甥）、忠賛は原従功臣の支子[13]でその曽孫まで、忠壮は戦没者の子孫でその曽孫までであり、有庁軍と通称している。補充隊は公私賤（公私奴）で免賤[14]されて前役のない者[15]を充てる。落講軍は校院生[16]で落講した者を充てて布を収めさせ、皂隷に対する毎月の手当の原資としている。〉。

〈15〉刑曹

刑曹[1]。西部積善坊にある。建国の初めに建てられた。法律、詳讞《しょうげん》[2]、詞訟、隷（奴婢）を所管する。属司に、詳覆〈大辟の詳覆[3]を所管する。〉、考律〈律令の案覈《あんかく》[4]を所管する。〉、掌禁〈刑獄の禁令[5]を所管する。〉、掌隷〈公奴婢と囚人の名簿を所管する。〉の四司がある。また四司の内部には二房（二部屋）ずつがあり、各色と刑房で合わせて九房となる。本曹の正郎と佐郎が各職務を分担している。庁舎の壁には英宗の御製御筆の五言律詩二首を奉掲している。また御筆の「大公欽哉、勉守法文」（大いに公正なことは貴い。勉めて法文を守れ。）の八字と、「大公至正、謹守法文」（大いに公正なことは最も正しい。謹んで法文を守れ。）の八字を左右の階段の下に掲げている。左に嘉石[6]〈上は削って下が広くなっており、長さが三尺八寸で幅が二尺。すなわち『周礼』（秋官・大司寇）の平罷民[7]の石である。〉があり、右に肺石[8]〈下は円く上は尖っており、長さが五尺四寸で四面八稜である。すなわち『周礼』（秋官・大司寇）の達窮民[9]の石である。〉がある。

『秋官志』[10]（第一編・職掌・四司・詳覆司）を調べてみると、『大典』[11]は、「議政府の検詳が刑曹の正郎を兼任した。何時ころ廃止されたか不明である。現在、刑曹に検詳庁がある。」、『本曹謄録』[12]に、堂郎[13]は職務として捕庁従事（捕盗庁の従事官）に牌を発行するという規則があり、貶坐[14]は捕盗[15]部将[16]が刑曹の庁舎の外で実施するという規則があるので、属司となったことがわかるのである。」、「『大典』[17]に「刑曹正郎は禁火司[18]別座を兼任する。禁火司が後に左右巡庁[19]と改められたので属司となったのである。」とある。」と述べている。仁祖丙子（仁祖十四年、一六三六）の兵乱（丙子胡乱）の時、各官庁の下吏で王に扈従《こじゅう》した者は一、二名にすぎなかったが、刑曹だけは書吏[20]七名が扈従したので、その七名は本人一代に限り、戸曹と兵曹から料布（給料の布）を与えた。また『涪渓記聞』は、「企斎申文簡公光漢《きさいしんぶんかんこうこうかん》（申光漢《しんこうかん》）[21]。字《あざな》は漢之《かんし》。叔舟（申叔舟）の孫である。能文ではあるが政治の才はない。かつて刑曹判書であった時[22]、訴訟が多すぎて判決を下すことができず、繋がれた囚人が獄に満ち溢れてこれ以上収容できなくなった。すると、公は獄舎を増築することを願い出た。中廟（中宗）は、「判書を交代させるのがよろしい。何故に改築する必要があろうか。」として、とうとう許滋《きょじ》[23]に交代させてしまった。許はたちまち判決を下したので、獄舎はついに空になってしまった。これがいわゆる才のたけた者である。」と述べている。

〈16〉工曹

工曹。(1) 西部積善坊にある。建国の初めに建てられた。山沢（山川）、工匠（職人）、営繕、陶冶の政(2)を所管し、属司に営造、攻治、山沢の三司がある〈以上の六曹はすべて景福宮の光化門外にあり、左右に分かれている。(3)〉。

〈17〉漢城府

漢城府。(1) 中部澄清坊にある。建国の初めに建てられた。京都の口帳《こうちょう》(2)、市廛《してん》(3)、家舎、田土、四山、道路、橋梁、溝渠《こうきょ》、逋欠《ほけん》(4)、負債、闘殴《とうおう》（暴力事件）、昼巡(5)、検屍、車輛、故失牛馬(6)の烙契(7)などを所管している。衙門の扁額に「京兆府《けいちょうふ》(8)」〈柳赫然《りゅうかくぜん》(9)の書である。〉とある。

『輿地勝覧』（巻三・漢城府・建置沿革）を調べてみると、「漢城は高麗の初めに楊州と改称され、成宗の初めに左神策軍と称して海州とともに左右の二輔となって関内道に属した。文宗が南京留守に昇格させ、粛宗の時に、金謂磾が『道詵秘記』に依拠して、「楊州に木覓壌がある。都城を建設すべきである。」と言い、南京に遷都することを願い出た。日者の文象もこれに賛成した。王は自ら（土地を）鑑定し、崔思諏と尹瓘《いんかん》に命じて工事を監督させ、五年で完成させた。忠烈王が漢陽府と改称した。別号の広陵は成宗が定めたところである。恭譲王の時に、京畿左道(10)に属した。我が太祖三年（一三九四）、ここに都を定めて漢城府と改称した。」と述べている。また『芝峰類説《しほうるいせつ》』（巻三・君道部・民戸）を調べてみると、「漢城の戸口は平時で戸八万。(11)壬辰年

（壬辰倭乱。宣祖二十五年、一五九二）から二十余年経過した現在でもまだ数万戸に至っていない。[12]」〈引用ここまで〉と述べている。いま戊子（純祖二十八年、一八二八）式年の数字を見ると、五部の総戸数は四万五千六百二十三戸、人口は男女合計で二十万三千七百三十一口である。[13]

〈18〉司憲府

司憲府[1]。西部積善坊にある。建国の初めに建てられた。時政（現在の政治）の論議、官僚の糾察（取締り）、風俗の矯正、冤罪の解決、濫偽（不正腐敗）の防止などを所管している。庁舎の扁額に「霜台衙門」〈韓濩の書〉とある。

考えるに、憲府（司憲府）は栢府《はくふ》、霜台《そうだい》とも称する。むかし趙静菴（趙光祖）が大司憲となるや、城中の男女を道を分けて通行させた。今に至るも世人はこれを素晴らしいことだと賞賛している。憲府の皂隷《きゅうれい》は所由《しょゆう》と言う。合わせて三十三名がおり、黒の半袖上着を着て黒の尖巾を被り、その両側に耳の形をした布を貼りつけている。「風評を聞く」の意味を表しているのである。本府の官員に監察があり、文、蔭、武の官僚を任命する。監察には毎日、茶時の上奏文がある。大司憲以下の台臣（司憲府官員）の職と姓名を列書し、その下に「在外」[2]、「未署経」[3]、「牌不進」[4]などと書いて王に提出する。古くからの慣例である。徐四佳（徐居正）に「斎座庁記」があり、「府の公事には二つがあり、茶時と斎座と言う。茶時とは茶礼の意味を取ったものである。高麗時代から（朝鮮）建国の初めにかけて、台官はただ言責[5]に任ずるだけで雑務には関わらず、日に一度だけ会い、茶を飲んで退出した。常設の官庁ではない。斎座庁とは、吉日を選んで集まり、朝廷の儀式について論じ、重要事項を協議したところである。斎座の儀は、出入り、送迎、進退、揖譲（礼儀作法）について規則が詳しく厳しいことは他の官庁の比ではない。」〈引用ここまで〉と述べている。

また『芝峰類説』（巻一七・人事部・故実）は、「監察はいにしえの殿中御史[6]の職である。ゆえに俗にこれを殿中君と言う。本府が執務しない日は、城上所[7]で殿中たちが会い、担当を協議して終わる。これを茶時と言う。茶を啜って退出するからである。祖宗朝では、臣僚に奸濫貪汚（不正腐敗）の者があれば、殿中たちは夜中にその家の近所で茶時を行った。罪悪を数え上げて白板に書いて門の上に掲げ、荊棘《けいきょく》（イバラの木）でその門を塞いで堅く封をし、署名して立ち去る。その人は遂に世間から忘れられてしまう。このことが廃止されてから久しい。監察は官僚の罪状を取調べるので、以前は質朴を旨としており、土紅[8]の団領[9]を身に着け、破れ鞍をつけた駄馬に乗って行動していたが、明宗代の末年に始めて服装を改めることを許され、旧来の風習はついに廃絶したと言う。」〈引用ここまで[10]〉と述べている。

監察十三名の内訳は、文班が三、南班が五、武班が五である。およそ大小の朝廷儀式では、文武二班が東と西に分かれて入場する。その際、監察一名ずつが各班を担当して儀式を取締るので押班監察と言う。下隷を墨子と呼ぶ。墨子と（称するの）は、罪を書くための墨壺を持って行くからである。

憲府に諸条の禁乱[11]がある。『文献備考』（巻一三一・刑考五・禁制一・禁奢侈）は、「むかし槐院正字《せいじ》[12]の鄭礥《ていせん》[13]が唐絲（中国産絹糸）の交織布[14]を着て鍾街[15]に出て行き、犯吏[16]に咎められた。堂下官は交織布を身に着けることができないからである。[17]」と述べている。また『芝峰類説』（巻三・君道部・法禁）は、「譲寧大君の妾が紫衫《しさん》[18]を着て、禁吏に捕えられた。妾が縁故を頼って大司憲の呉陞《ごしょう》[19]に釈放を頼み込んだので、呉陞は禁吏にこの件について報告を上げるなと言った。執義《しつぎ》[20]以下の官員が陞を問備〈推考（取調べ）である。〉して罪を問うたところ、上《しょう》（世宗）は罷免した。」〈引用ここまで〉と述べている。近年はただ、無許可の屠牛と、庶人の苧衣《ちょい》[21]と唐鞋《とうあい》[22]の使用を禁止するだけで、いにしえの台閣の威勢には及ばない。

〈19〉司諫院

司諫院[1]は北部観光坊にある。太宗壬午（太宗二年、一四〇二）に建てられた。国王を諫め批判することを所管している。

考えるに、憲府と諫院を両司と言う。両司の長官（大司憲と大司諫）は笠の頂の前に玉獬豸《ぎょくかいち》[2]を貼っている。諫院の皂隷を喝道と称し、十五名が土紅色の半袖上着を着け、黒布の尖巾を被り、布を舌の形に裁って両脇に貼り付けている。諫諍《かんそう》[3]の意味を取っているのである。両司ともに昼紙[4]がある。すなわち『池北偶談《ちほくぐうだん》』[5]が云うところの「六科（六曹）の晩帖」である。当日晩に内容を知り、翌日、邸報（官報）に記載される。ゆえに晩帖と言うのである。

『芝峰類説』（巻一七・人事部・故実）は、「諫院衙門が最も清貧と言うべきである。豹の皮一張を他官庁に貸し出して供用し（貸与料を徴収し）ているので、世間では司諫院を豹皮院と呼んでいる。また新たに配属された官員が顔合わせをする日には、鵞卵杯で酒を酌み交わすことを恒例としている。」と述べている。また台官は、一般の官員とは異なり、かつては便服（平服）で街路に出るようなことはなかったとも言われている。今ではこの習慣がすっかり廃れてしまい、両司の官員がみな白衣[6]で時を構わず出入りしている。驚くべきことである。

また考えるに、議政府、六曹、および主要な官庁が景福宮前の御路《ぎょろ》[7]の左右に列立[8]しているのは、古く（漢城創建時）からの制度である。景福宮が（壬辰倭乱で焼失して）廃された後には、昌徳宮と慶熙宮が時御所となったが、議政府や各曹は移設できないので、ついに官庁ごとに両宮の前に建物を建て、吏役（下吏）を置いて承政院が王命を頒布するのを待機させることになった。その建物を朝房と言う〈俗に直房と称する。〉。

〈20〉成均館

成均館[1]。東部崇教坊にある。太宗壬午（太宗二年、一四〇二）に建てられ、儒生を教育する任にあたっている。属司に正録庁[2]があって建物が附属している。中、東、南、西学（の四学）[3]が所属している。明倫堂[4]がその西にある〈外側の扁額は朱之蕃の書である。内側の扁額は朱子（朱《しゅ》熹《き》）[5]の書であり、白鹿洞[6]のものを模写したものである。〉。東西二斎は生員と進士[7]が寄宿する部屋である〈董越の『朝鮮賦』が「上下の寄斎があるだけである。[8]」と述べているのがこれである。〉。

食堂。正録庁の南にある。太祖七年（一三九八）に完成した。

尊経閣。明倫堂の北にある。成宗六年（一四七五）に建てられ、経史を収蔵している。

享官庁。明倫堂の北にある。多くの松が鬱蒼としており、碧松亭と称している。

丕闡堂《ひせんどう》。明倫堂の西にある〈宋尤菴（宋時烈）の題額がある〉。

闢入斎《へきにゅうさい》と一両斎。丕闡堂の西にある。ともに顕宗癸亥[9]に建てられた。大比の科試の際に丕闡堂に試験会場を設置し、これを二所と言う。礼曹が一所である。闢入斎と一両斎は、ともに居斎生（寄宿生）が居住する所である。


六一閣。享官庁の西にある。英宗癸亥（英祖十九年、一七四三）に建てられた。六芸[10]の用具を所管しているのでこの名がある。孝宗六年（一六五五）に銀杯二具が本館に下賜された。

謹んで考えるに、我が国の制度では、居斎生は常に二百名を限度としていたが、ある時期から経費の不足によって七十五名に減らされた。英宗十八年（一七四二）、これを百名に増員し、また百名を限度として順番で闢入斎と一両斎に寄宿させた。朔望は聖廟で香を焚く。養賢庫を置いて儒生に朝夕の食事を供し、これを一点と称する。儒生の食事が五十点になると、節日[11]に行われる試験[12]を受験する資格を得る。これを円点儒生[13]と称する。毎日、食堂では儒生の食事時に太鼓を撃つ。儒生たちは年齢順に並んで座り、食事をする。居斎生の中に掌議[14]二名がおり、成均館における庶務を担当し、儒生たちに過ちがあれば罰を加える。太鼓の皮に当人の名前を書き、斎僮（召使い）に太鼓を背負って成均館の中を巡回させ、集まり騒ぎたてて非難し、太鼓を打ち鳴らさせる。これを鳴鼓罰と言う。「小子《しょうし》（学生）は太鼓を打ち鳴らして咎める。[15]」の意味から出たのである。また儒生たちは、事が義理[16]に関わることであると食堂に入らない。これを捲堂《けんどう》[17]と言う。朝廷が諭して入ることを勧めると、ようやく入る。また本館と四学に寄斎生（寄宿生）がいる。全国の儒生の中から、試講披抄者[18]と通読講準分[19]していまだに入格[20]していない人を順次、補充していく。

　また考えるに、かつて安文成公裕（安裕《あんゆう》[21]）が奴婢百口《こう》を成均館に納めたが、その後、奴婢が増加して数千余口になった。現在の泮村《はんそん》[22]の居民はすべてその子孫たちである。毎年九月十二日は文成公の忌日（祥月命日）である。泮民《はんみん》[23]は銭や布を出しあって祭祀用品を調え、祭祀を行う。本館もまた綿布五匹を出し、養賢庫からは米を出して祭祀の補助とする。また現今では、嶺儒（嶺南の儒生）と仕官する人は、上京するとみな泮民の家に寄宿する。しかし京に居住している儒生も、科挙を受験する時には、接款《せっかん》（契約）して泮主人《はんしゅじん》[24]を定める。もしその儒生が登科（科挙合格）すれば、みな報賞がある。また泮民の生計については国の定めた制度があり、俗に懸《けん》房《ぼう》[25]と称する京城の屠牛の肆《みせ》（牛肉屋）をその生業とさせ、泮民以外は勝手に販売できないようにしている。また成均館の吏隷（下働き）にも泮民を雇っている。

　また丕闡堂《ひせんどう》について調べてみると、顕宗朝の二年（一六六一）、慈寿と仁寿の両尼院を廃止して北学を建てようとしたところ、大司成[26]の閔鼎重《びんていじゅう》[27]が上奏し、「北学は容易には開設できません。

両尼院の材木と瓦で太学（成均館）の斎舎（寄宿舎）を修理し、丕闡堂および一両斎と闢入斎を建てさせていただきたいと存じます。」と申し上げると、上《しよう》はこれを認めた。丕闡（大いに顕れる）とは、朱夫子（朱子）が聖上を賞賛するの意を取ったものであり、丕闡大猷とは、邪を抑えて正に与《くみ》するの意である。闢入斎とはすなわち、程子《ていし》(28)が二氏（老子と釈迦）の害を論じて「闢而後可以入道也(29)」（仏教と道教を退けてはじめて正しい儒学の道に入ることができる）の意を取ったものである。一両斎は、朱子がかつて仏寺を廃止して儒宮（孔子廟）とし、「一挙にして両得」と言ったのにちなんで名付けたものである。

六一閣は、『国朝宝鑑』（巻六三・英祖朝七）の英宗十九年（一七四三）閏月(30)に「はじめて泮宮で大射礼を行い、成廟（成宗）に敬意を表した故事に因んでいる。上《しよう》(31)は乗矢を射て三本が命中した。享官庁の東に閣を建てて弓矢器服を保管させ、文衡にその顚末を記録させて明倫堂に掲げさせた。」〈引用ここまで〉とある。射は六芸の一であり、それに因んで六一閣と名付けたのである。

また『文献備考』（巻二〇八・学校七・雑考）は、「宣廟の時（宣祖七年、一五七四）、趙文烈憲（趙憲《ちようけん》）(32)が質正官(33)として朝京(34)し、襴衫《らんさん》(35)の制度を見て、帰国後に、導入したいと願い出た。顕宗十年（一六六九）に掌議の権尚夏《ごんしようか》(36)らが上疏して準用することを願い出た。王世子(37)が（成均館に）入学した時、閔鼎重が重ねて願い出たので、これを認めた。閔鼎重が燕（北京）に使い(38)して、その制度を詳しく調査し、また儒巾(39)を購入して帰国したが、たまたま支障があって実行することができなかった。英宗九年（一七三三）、大司成の趙明翼《ちょうめいよく》[40]が上疏して実行することを願い出た。」、「また二十二年（英祖二十二年、一七四六）に、儒臣の尹鳳九《いんほうきゅう》[41]が実行することを要請した。上は安東の郷校[42]に旧蔵の襴衫、軟巾[43]、絲帯《したい》[44]があることを聞いて実見し、ついにその制にならうこととした。一揃いを成均館に賜って六一閣に保管し、また絵にして全国に配布した。」、「丁卯（英祖二十三年、一七四七）、司馬唱榜の進士始めて服す[45]。」の案説に、「安東郷校の襴衫は高麗恭愍王の時に所蔵したものであり、皇明洪武[46]の制度である。」と述べている。

また考えるに、望郷台が成均館の北山の頂にある。李退渓《りたいけい》[47]（李滉）が常に北山に登って故郷（慶尚道礼安《れいあん》）を望んでいたので名付けられたと言われている。また二人の典僕[48]の旌閣《せいかく》[49]が泮水の東にある。仁廟丙子（仁祖十四年、一六三六）の乱の時、文廟の典僕鄭信国と朴潜美の両名が郷儒（地方出身儒生）三名と〈『文献備考』（巻二〇三・学校考二・太学二・仁祖十四年冬）は、「太学生（成均館学生）羅以俊《らいしゅん》[50]が典僕らとともに五聖十哲[51]の神位を奉じ、行在《あんざい》[52]に届けた。」と述べている。〉木主《もくしゅ》（位牌）を持って南漢《なんかん》（南漢山城《なんかんさんじょう》[53]）に入ったところ、虜兵（清軍）もあえてこれに手を付けることができなかった。祭器は山谷に埋めて被害を免れた。英宗三年（一七二七）、王は命じてその閭を旌《せい》した[54]〈仁廟（仁祖）の時に、還朝[55]した後、命じて旌閭《せいりょ》[56]させたが、その年月は不明だと言う。〉。また壬戌（英祖十八年、一七四二）の春、英宗が自ら「周而不比、乃君子之公心、比而不周、寔小人之私意」（広く公平に扱って偏ることがないのがすなわち君子の公心であり、偏って公平でないのがまことに小人《しょうじん》[57]の私意である。）と書き、石碑に刻んで泮橋《はんきょう》[58]の傍らに建てて蕩平碑《とうへいひ》[59]と命名した。

また考えるに、尊経閣が明倫堂の北にある。成宗六年（一四七五）、領府事[60]の韓明澮が、閣を建てて経史を保管し、かつ諸道の教授[61]が教育を疎かにしているので、学校の意味を重ねて明らかにし、学問の風潮を振興したいと願い出ると、上《しょう》はこれを認めた。また徐四佳（徐居正）の「尊経閣記」（『新増東国輿地勝覧』巻二・京都下・文職公署・成均館条所載）は、「上《しょう》（成宗）が命じて明倫堂の北に閣を建てさせた。建物が完成すると、宮中で保管している五経四書各百余部ずつを賜った。また典校署[62]と八道に諭して、版木があるものを印刷して送付させ、経史と百家の諸書数万巻を司芸と学正各一名ずつに命じて出納を担当させた。」と述べている。また考えるに、正録庁は館（成均館）の官員が勤務する所である。『芝峰類説』（巻一七・人事部・故実）は、「古くから、上直官（当直責任者）は常に政治の重要な事柄を記録し、これを「玄冊」と名付けて櫃の中に保管し、封印して取り出せなくした。それがいつ始まったのか不明であるが、変（李《り》适《かつ》の乱）が起きた後に廃止された。」とある。

〈21〉承文院

承文院。北部陽徳坊にある。また槐院とも称する〈『輿地勝覧』（巻二・京都下・文職公署・承文院）は、「弘礼門の外にある」と述べている。〉。世宗癸丑（世宗十五年、一四三三）、禁中[1]に移設したが、正宗丁未《ていび》（正祖十一年、一七八七）に再び中部貞善坊に移設した。事大交隣[2]の文書を所管しており、新たに科挙に合格した文臣が分館[3]する時には、槐院を清選[4]とした。その次が成均館と校書館である。

李淑瑊の題名記（『新増東国輿地勝覧』巻二・京都下・文職公署・承文院条所載）を調べてみると、「院は事大のために設置した。明皇帝が下した詔勅を保管している。その職掌に吏文[5]と写字があり、また書契[6]もあるが、これは交隣のためである。高麗時代には文書監進色に別監を置いていたが、後に文書応奉司と改称した。」、「世宗の時（世宗二十五年、一四四三）に、院が北部陽徳坊にあって市街地に入り込んでいるので、皇帝自らが下した詔勅を保管して敬い重んじるにふさわしいところではないとして、ついに禁内（禁中）に入れ、北隅に独立した閣を建てて保管した。」と述べている。また『芝峰類説』（巻一七・人事部・故実）を調べてみると、「槐院は景福宮の中にある。蔵書閣があって、極めて高く聳え立っている。天朝の誥勅[7]などの文書類を保管し、官員三名を置いて管理させている。およそ新任の官員として選任された者は閣の下に名を記して大宴を催し、これを題名宴と称する。本院を経て翰注[8]となった者は西飛と言う〈あるいは分館される前に承文院に入った者を西飛と称するとも言う。〉。槐院が東にあるからである。」、「承文院の文書を監進（提出）する日には宣醞《せんうん》（恩賜の酒）がある。もと記録をした詩があり、「監進文書後、提調各散回、乾獐一口割、宣醞両樽開、呼大先生飲、請諸僚長来、高霊鍾上下、不覚玉山頽」（文書を提出した後、提調は三々五々戻る。獐《のろ》[9]の干し肉を一口分ずつ割き、恩賜の酒二樽を開ける。先輩に飲もうと声をかけ、大官のお出ましを請う。高霊鍾がやりとりされ、酔って前後不覚となる。）と詠っている。高霊鍾とは院に古くからある器で、七、八升の大きさがある。中高霊叔舟[10]（申叔舟）が飲んだものと伝えられている。[11]」と述べている。

また『文献備考』（巻二二一・職官考八・館閣二・承文院）を調べてみると、「承文院は中宗十九年（一五二四）、吏文学官[12]を増設し、白衣で勤務させた。また写字官[13]四十名がいる。建国の初めは写字官がおらず、文臣の能書家を任命[14]していた。宣廟の時以降は、身分を問わず、書をよくする者に軍職を授けて専任とした。李海竜《りかいりゅう》[15]と韓濩《かんかく》がその始め[16]である。また本院の咨文紙《しぶんし》[17]は非常に堅く厚いうえに滑らかであり、かつて王弇州《おうえんしゅう》（王世貞《おうせいてい》）[18]が大いに賞賛したところである。清初の人に詩があり、「丹砂印重鏡箋均、隔歳朝鮮拝表頻、不信狼毫窮島筆、蠅頭慣搨衛夫人」（朱印は鏡のようになめらかな用紙に歪みなく捺されている。一年おきに朝鮮から表文が頻りに送られてくる。信じられないことに、狼の毛[19]で作られた僻遠の島の筆で、ごま粒のように小さな衛夫人字を書いて彫り込んでいる。）と讃えている。

〈22〉通礼院・奉常寺・宗簿寺

通礼院[1]。中部貞善坊にある。建国の初めに建てられた。礼義、朝賀、祭祀、賛謁《さんえつ》[2]などのことを所管している。左右の通礼がおり、文官を任命する。その次は読笏《どくこつ》[3]の賛儀および東西唱の引儀十二名[4]である。

謹んで考えるに、太祖元年（一三九二）に高麗の制度を踏襲して閣門を置いたが、後に改めて通礼門とした。太宗の時に引進使を僉知事、副使を判官、通賛舎人を通賛と改めた。後に通礼院と改称した。

奉常寺。[5] 西部仁達坊にある。建国の初めに建てられた。祭祀と議《ぎ》謚《し》[6]などを所管し、東西籍田が属している。太宗の時に典祀寺と改称し、世宗三年（一四二一）、また奉常寺の名に戻した。庁舎を洗心堂と称する〈成重卿《せいじゆうけい》[7]の書額と崔淑精《さいしゆくせい》[8]の撰記[9]がある。〉。

考えるに、東籍田が東郊十里の地[10]にあり、典農と呼ばれている。親耕堂があり、庁舎を芯芬《しんふん》閣と称する。倉庫があり、さまざまな穀物を貯蔵している。太祖の時に籍田令丞[11]を置いた。すなわち先農を祀り、王が自ら農事を行う地である。西籍田は開城府の地にある。籍田の各穀は、宗廟をはじめとする無時の別祭[12]の粢《し》[13]に供える。宗廟に六穀[14]を薦新[15]する時は本寺が祭亭を担当するので、飲食物の調理人が全員所属している。煮酒《しゃしゅ》と呼ばれる酒がある。酒を貯蔵する瓦葺きの建物で常に醸造を行っている。祭脯《さいほ》[16]は片脯《へんほ》と呼ぶ。製造するには、肉を刀でたたいて厚片を延ばし、乾燥させる。春と秋に製造する。成宗の時に、彦陽県《げんようけん》[17]の山城の中に苽《ママ》（瓜）があり、種が京籍田から出たものなので、これを籍田瓜《せきでんか》と言った。冬に種をまき、四月末日に王に進献する。その育種は大変に困難であり、上《しょう》（成宗）はこれを聞いて廃止した。今、京籍田では麦と瓜を種《う》えているが、瓜が最も早熟で、端午前に王に進供（献上）する。

また、『文献備考』（巻二二二・職官考九・分奉常寺）を調べてみると、「分奉常寺。太祖元年（一三九二）、高麗の制度を踏襲して司農寺を設置し、耕籍田の穀物、祭酒、醴《らい》（甘酒）、犠牲などを所管させた。太宗元年（一四〇一）に典農寺と改称し、後に奉常寺に併合して分奉常寺と称した。」と述べている。

宗簿《そうぼ》寺《じ》。北部観光坊にある。璿源譜牒《せんげんふちょう》(18)を編纂し、宗室を批判して誤りを正す任をもっている。古くは北部鎮長坊にあったが、中宗の時に孝思廟を廃してこの寺とした。

考えるに、宗簿寺は世宗二十一年（一四三九）に宗室の過失を批判是正するために設置された。現在、提調、正、主簿、直長が各一名ずつあり、文臣を任命している。直長は蔭官を任命して璿源譜牒の編纂を行わせており、この外の職務はない。粛宗は、この寺の中に小さな閣を建て、「奎章閣」の三字を揮毫して扁額を掲げさせた。正宗の時に奎章閣を設置し、この扁額を宙合楼に移奉した。またかつて内閣に、「内閣はひとえに宗簿寺にならえ。本閣が開設される前は、宗簿寺に竜図（竜図閣）によくならった制度があった。本府の判事(19)は侍臣(20)の班に列し、また兼春秋の官職ももっている。(21)庁舎の前に月台と比霜台があり、国王に奏上しないで民に刑罰を下した。人々は言官(22)でなくとも、朝廷官僚の罷免を要請し、我が国の図籍（絵画と書籍）と典章（規則）の板刻事業を主管しないところが無いまでになってしまい、内閣（奎章閣）だけがこれに与ることがなかった。御筆の「奎章閣」の懸板を奉移の後には、事態が自ずから変化した。現状を斟酌して本閣の制度を定めなければならない。(23)」と教を下した。また、尹子栄《ママ》（尹子《いんし》濚《えい》）(24)の「題名記」（『新増東国輿地勝覧』巻二・京都下・文職公署・宗簿寺条所載）を調べてみると、「所管するところは王族であり、過ちを糾し、王室系譜を編纂して譜牒を正す。厳格な官庁であり、栢府《はくふ》（司憲府）、薇《び》院《いん》（司諫院）と並び立っている。」と述べている。

〈23〉校書館

校書館。中部貞善坊にある。古く南部薫陶坊にあったが、正宗朝の壬寅（正祖六年、一七八二）に敦化門の外に移設された。経籍の印刷頒布と香文や祝文の篆文印刷の任を所管している。

考えるに、建国の初めに校書監を設置し、後に監を館に改め、また典校署とも称した。後に再び校書館と改称し、芸館《うんかん》とも言う。扁額に「秘書省」とある。『輿地勝覧』（巻二・京都下・文職公署・校書館）は、「景福宮の司饔院の南にあるものを内館と称し、薫陶坊にあるものを外館と称する。」と述べている。正宗朝の丁酉（正祖元年、一七七七）に内閣提学徐命膺が奏上し、「内閣の諸臣が芸閣衙《うんかくが》門《もん》を兼任することを常例とし、時御（昌慶宮）附近の公廨《こうかい》（庁舎）と交換して移設し、外閣（校書館）の書籍印刷と刊行などはすべて内閣が取扱うこととされたい。」と願い出た。上《しょう》は許可を下し、ついに敦化門の外に移設して内閣の属司とし、これを外閣と称した。内閣提学と直提学に提調を兼任させ、直閣(1)と待教(2)に校理、博士以下を兼任させた。外閣は銅活字三種を所蔵している。すなわち為善陰隲字（衛夫人字、甲寅字）、唐字(3)、韓構字（壬寅字）である。唱準(4)や守欌《しゅぞう》(5)などの諸員は活字を所管し、均字匠(6)、丹匠(7)、刻手(8)がみな所属している。

〈24〉掌隷院・司僕寺・軍器寺・内資寺・内贍寺・司導寺・礼賓寺・司贍寺

掌隷院。西部積善坊にあった。奴婢簿籍（公奴婢名簿）と決訟(1)を所管していた。世祖朝の丁亥

(世祖十三年、一四六七)に創建され、英宗朝の甲申(英祖四十年、一七六四)に再編成されて保民司となり、乙未(英祖五十一年、一七七五)に完全に廃止された。

司僕寺(2)。中部寿進坊にある。建国の初めに高麗の制度を踏襲して設置され、輿、馬、厩、牧場を所管している。

『文献備考』(巻二二二・職官考九・司僕寺)の案説を調べてみると、「兼司僕は現在、禁軍と併合して一つの官庁となり、竜虎営に属している。『輿地勝覧』(巻二・京都下・文職公署・司僕寺)が司僕寺の条に載せているが、これは果たして正しいのであろうか。官員の数がこのように多い(3)のはいかがなものか。中途で変革があったようであるが、不明である。また考えるに、内司僕が昌慶宮内にあるのでこの寺を外司僕と言っている。庁舎は規模が大きく、庭が広大で馬の調教によろしい。」と述べている。

軍器寺(4)。西部皇華坊にある。建国の初めに高麗の制度を踏襲して軍器監を設置し、後に寺に改めた。兵器火薬の製造を所管している。

鄭以吾《ていいご》(5)の「火薬庫記」(『新増東国輿地勝覧』巻二・京都下・文職公署・軍器寺条所載)を調べてみると、おおよそ「軍器副正の崔君海山(崔海山《さいかいざん》(6))が私に語って言うには、「我が先君(崔茂宣《さいもせん》(7))がかつて倭寇に悩んで、水戦火攻の策を考え、焔硝煎用《えんしょうせんよう》(8)の術を探し求めた。焔硝匠の唐人(中国人)李元《りげん》に密かにその術を尋ね、家僮(召使い)善遇《ぜんぐう》に秘密裏に習わせて効果を試験した後、政府に建白した。洪武丁巳(高麗禑王《ぐうおう》三年、一三七七)に(9)火筒都監を創設して火薬を製造した。

倭寇が大襲来するや、三元帥[10]と我が先君は火筒火炮を備えて鎮浦[11]で逆襲し、その船三十艘を焼き、頭目の孫時刺を殺害した。洪武十三年庚申（高麗禑王六年、一三八〇）八月のことである。」。」〈引用ここまで〉と述べている。崔海山の祖先の名は茂宣、高麗末の人である。我が朝鮮太祖の時に、茂宣を検校参賛門下府事軍器寺監に任命した。これがすなわち我が国における火薬製造の始めである。

内資寺[12]。西部仁達坊にある。建国の初めに高麗の制度を踏襲して義成庫が設置され、太宗三年（一四〇三）に内資寺と改められた。宮中で用いる米、麺、酒、醬（醬油）、油、蜜、蔬菜、果、内宴（王妃主催の宴会）の織造（織物製造）などを所管していたが、内宴の織造は今では廃止されている。

内贍寺《ないせんじ》[13]。西部仁達坊にある。建国の初め、高麗の制度を踏襲して徳泉倉を設置し、太宗三年（一四〇三）に改めて内贍寺とした。各宮殿への供上と、二品以上（の官員）に供する酒と、倭人と野人に対する供饋や織造などを所管している。

考えるに、本寺が二品以上（の官員）に供する酒と、倭人と野人に対する供饋と織造は今では廃止され、ただ油醋《ゆさく》[14]の素膳を供するのみである。夏に供する菜品（惣菜）に尤茂《ゆうも》[15]と呼ばれるものがある。海苔のとげのようなものを煮固め、細く切って醋漿水《さくしょうすい》[16]に解かして飲む。腥味《なまぐさみ》があり、暑気払いになる。

司導寺[17]。北部広化坊〈昌徳宮金虎門の外〉にある。建国の初めに高麗の制度を踏襲して料米庫を設置し、後に改めて司導寺とした。国王用倉庫の米と宮中で用いる醬などの物品を所管する。米はすべて脱穀し、顆粒（白米）にして納入する。

礼賓寺《れいひんじ》。(18) 古くは議政府の南にあった。太祖朝の壬申（太祖元年、一三九二）に高麗の制度を踏襲して設置した。賓客の接待と酒宴および宗宰（宗室と宰相）に対する供饋などを所管する。太宗三年（一四〇三）に義順庫を併合し、正宗戊戌（正祖二年、一七七八）に南別宮に移動した。勅使の支供を専管する。構内に明雪楼があり、登って眺望するのによろしい。勅使の詩の掲板が多いが、近来の華使の詩の中では英華五《えいかご》の律詩が最も優れている。

『文献備考』（巻二二二・職官考九・諸司一・礼賓寺）を調べてみると、「建国の初めに大臣に宣飯（食事提供）するために本寺を創設した。宣飯が廃止された後は勅使の支供だけを専管させることとした。」と述べている。大臣の宣飯はこの寺（官庁）が行っていたからである。故に『謏聞瑣録《ゆぶんさろく》』(19)は、「黄翼成公喜（黄喜《こうき》(20)）(21)が相、金宗瑞《きんそうずい》(22)が工判（工曹判書）であった時、(23)公的な場で出会ったところ、工判が工曹に酒とつまみを用意させて相公に供した。その出処を尋ねると、下人が答えて、「工判が常日ごろ宴会で皆様が不足することを心配し、とりあえず公的に用意させているものです。」と述べるや、相公は怒り、「国家が議政府の傍らに礼賓（礼賓寺）を設けたのは、三公（三議政）のためである。もし不足ならば礼賓寺に用意させるべきである。何ゆえに勝手に用意したのか。国王に申し上げて罪を問いたい。」と言った。大臣たちが仲裁に入ってこれを止め、工判を厳しく責めたてた。金相克成《きんしょうこくせい》（金克成《きんこくせい》(24)）はかつてこのことを経筵において「大臣はまさにこのように、朝廷を無視することができるのであります。」と王に申し上げた。また考えるに、もと礼賓寺には池があり、米を撒いて魚を養っており、月に十斗を費やしていた。太宗の時、「米は腐っても、なお野菜より優れている。人が飢えても救うことができないのに、何ゆえに魚を養うべきか。廃止せよ。」と命令した。」と述べている。

司贍寺《しせんじ》。もと東部崇教坊にあった。建国の初めに建てられ、楮貨《ちょか》(25)の製造と外居奴婢(26)の貢布(27)などを所管していた。粛宗朝の乙酉（粛宗三十一年、一七〇五）に戸曹が吸収合併し、版籍司が兼任することとした。

〈25〉軍資監・済用監・繕工監・司宰監

軍資監(1)。西部竜山坊にある。建国の初めに建てられ、軍需品の貯蔵を所管している。『輿地勝覧』（巻二・京都下・文職公署・軍資監）を調べてみると、「軍資監は西部余慶坊にある。分監が崇礼門の内にあり、江監が竜山江の北にある。」と述べている。『芝峰類説』（巻三・君道部・制度上）は、「宣廟壬辰(2)（宣祖二十五年、一五九二）には軍資監に三十万石《せき》があった。倭賊（日本軍）が退去した後もまだ四、五万石が残っており、軍糧と飢民の救済に使用した(3)。」と述べている。

済用監(4)。中部寿進坊にある。建国の初め、高麗の制度を踏襲して設置し、進献の布地、人蔘(5)、賜与の衣服および紗羅（薄絹）、綾緞(6)、布貨(7)の彩色や染色と織造などを所管している。

『文献備考』（巻二二三・職官考一〇・諸司二・都染署）を調べてみると、「太祖元年（一三九二）、高麗の制度を踏襲して都染署を設置し、染色と織造を所管させた。後に済用監に併合した。人蔘、沙羅、綾緞、布貨、織造は今では廃止されている。」と述べている。庁内には蓮池と柳の美しい景観がある。先府君(8)（柳得恭）は何度も郎官（官員）に就任したことがあるが、かつて勤務していた時の詩(9)に、「似是紅花紫草監、十年分苑再兼啣、残荷玉露凄仍在、数樹丹霜着已咸、権戴武冠添乙骨、〈時以戎服留都〉、閒看稗史到辛函、秋花却笑朱顔改、前度郎今五品衫」（華やかな紅い花や紫の草を見るようだ。十年のあいだ奎章閣に勤務していたが、ふたたび兼務(10)となった。萎れた蓮の花に玉の露がまだ残っているが、数本の楓にはみな白い霜が付いている。かりそめに武官職に就いたことがあり〈軍服を着て都にとどまっていた時がある。〉、稗史《はいし》(11)をひそかにを読むこと八函目(12)に到った。秋の花よ、かつての紅顔が変わってしまったことを笑ってくれるな。以前の度郎（九品官）が今では五品の官服を着ている(13)のだ。）。」とある。

繕工監(14)。西部余慶坊にある。建国の初めに建てられ、土木営繕を所管している。『輿地勝覧』（巻二・京都下・文職公署・繕工監）は、「北部義通坊にある。竜山江にあるものを江監と称し、昌徳宮の金虎門外にあるものを紫門監と称する。」と述べている。時御所の宮殿の内部や各官庁の庁舎の修理、および差備門内の各種器具の製造や内氷庫(15)の供上を所管する。

考えるに、本監に所属している鴨嶋《おうとう》(16)は高陽郡の江北（漢江の北側）にあり、正薍《せいらん》（大芦）と草《そう》薍《らん》（小芦）を産出する。広さ百三十結《けつ》の地である。正薍は幹が太くて茁《さつ》（葉）が長い。簷《ひよけ》、箔《すだれ》、箕《み》、簀《かご》などを織る材料である。草薊は幹が細く、幹と葉で笆子《はし》[17]を編んで用いる。

司宰監[18]。北部順化坊にある。建国の初め、高麗の制度を踏襲して設置した。宮中へ献上する魚、肉、塩、焼木《しょうぼく》（たき木）、杻炬《ちゅうきょ》（たいまつ）などを所管している。

〈26〉掌楽院・観象監・典医監・司訳院

掌楽院[1]。南部明礼坊にある。建国の初めに建てられ、声律（音楽）の教育を所管する。雅楽（中国音楽）は左坊に属し、俗楽（朝鮮音楽）は右坊に属している。毎月二と六の日に、院内で練習をする。

成俔《せいけん》[2]の記文（『新増東国輿地勝覧』巻二・京都下・文職公署・掌楽院条所載）を調べてみると、「我が世宗大王が古楽の復興を考え、雅楽を太常寺に所属させ、慣習都監を設置して郷唐楽[3]を教えさせ、孟思誠《もうしせい》[4]と朴堧《ぼくぜん》[5]を提調とした。世祖大王は古・郷・唐の三楽を合せて一官庁とし、掌楽院と名付けた。燕山乙丑《いっちゅう》（燕山君十一年、一五〇五）に連芳院と改称し、後に掌楽院と改称した。」〈引用ここまで〉と述べている。本院の楽工二百二十七名は俗楽を習う者であり、楽生百五名は雅楽を習う者である。ともに紅色の紬袍《ちゅうほう》（紬の長上衣）を着て、画花折角《がかせっかく》した幞頭《ぼくとう》[6]をかぶる。楽師（演奏者）を典楽工と言い、二十名がいる。太鼓と管楽器の演奏時には、紅色と緑色の紗《しゃ》袍《ほう》（紗の長上衣）を着けて幞頭をかぶり、拍《はく》[7]を執って従い、演奏を休む時には拍を打つ。また管弦を担当する盲人十五名が本院に所属している。俗に、いま院を置いている場所は地力が強すぎて不吉なので、本院を設置して陰鬱の気を消し去ったと言われている。

観象監。北部広化坊にある。建国の初め、高麗の制度を踏襲して書雲観を設置し、天文、地理（風水地理学）、暦数（暦作製）、占筭《せんさん》[8]（占い）、測候、刻漏などを所管させた。世宗[9]の時に観象監と改称し、燕山丙寅（燕山君十二年、一五〇六）に司暦署と改称したが、中宗初に旧名に復した。日影台と欽敬閣がある。

『文献備考』（巻一・象緯考一・暦象沿革）を調べてみると、「世宗十五年（一四三三）、提学（芸文館提学）の鄭麟趾らに命じて七政筭内外篇[10]を編纂させた。」、「洪武以後は皇明の大統暦[11]を使用していたが、孝宗四年（一六五三）にはじめて西洋人湯若望《とうじゃくぼう》[12]の時憲暦法[13]を用いることにした。」、「世宗の時に慶会楼の北に簡儀台を築き、宣廟の時に昌徳宮内に欽敬閣と報漏閣を建てた。」と述べている。

英宗四十六年（一七七〇）、上《しょう》は世宗の時の測雨器の制をご覧になり、度支《たくし》（戸曹）に命じて両闕雲観《りょうけつうんかん》を設置された。また己丑（英祖四十五年、一七六九）には、提調徐命膺に（中国から）天文図を購入させ、景福宮の階段の間に石刻させた。刻文は、権近が文を作り、偰慶寿《せつけいじゅ》[14]が揮毫したものである。上は閣を建てさせ、（石刻板を）雲観（観象監）に移奉して「欽敬」と扁額を賜った。

典医監[15]。中部堅平坊にある。建国の初めに建てられ、医薬の提供を所管している。宣祖三十六年（一六〇三）、治腫庁を設置して腫瘍の治療を所管させ、のちに典医監に併合した。

『高麗図経』（巻一六・薬局条）を調べてみると、「高麗の旧俗では、民の病には薬を服用せず、ただ鬼神に祈って病に打ち勝とうとしていただけである。王徽《おうき》(16)が遣使して入貢し、医師を求めてからはようやく学習することを知ったが、医術には精通していなかった。宣化《マ》戊戌《マ》（宣和癸卯(17)）年に、使節が中国に到着して皇帝に上書して医師を要求し、訓導（教師）としようとした。上《しょう》（明皇帝徽宗）はその要求を認め、藍茁《らんさつ》(18)などにその国へ行くことを命じた。二年して帰国したが、これより後は医術に通ずる者が多くなった。そこで普済寺の東に薬局を建てて官員を置いた。」と述べている。はたしてこの説のようであれば、東医家（朝鮮の医師）はよろしく藍茁を尊んで祀るべきである。しかし高麗時代に途絶えてしまい、今では讃える者がいない。まことに惜しむべきことではなかろうか。古く、宿沙《しゅくさ》(19)が初めて煮塩(20)を作ったが、祠を立てていない。中国人の惜しみ嘆くことはまさにこれに類したものである。

司訳院(21)。西部積善坊にある。建国の初めに建てられ、諸言語(22)の翻訳と通訳を所管している。訳官の講冊(23)は、漢学（中国語）は『漢学直解』、『小学』、『朴通事』、『老乞大』であり、蒙学（モンゴル語）は『章記帖月真』、『孔夫子』、『何《か》赤厚羅《せきこうら》』、『貞観政要』、『待漏院記』、『吐高安巨里』、『羅伯顔波豆』、『老乞大』、『速入実』〈以上は写字（文字学習）〉、『守成事鑑』、『王可汗御使箴』、『皇都大訓』、『高難加《こうなんか》屯《とん》』〈以上は臨文（発音学習）〉である(24)。

『文献備考』（巻二二二・職官考九・諸司一・司訳院）を調べてみると、「宣廟が天使を接見した時、通事を通して、「我が国の深い心情をご理解いただき、皇上（皇帝陛下）に明確に奏上していただくことが大人《たいじん》に望むところであります。」と言うと、天使は「あえて賛襄《さんじょう》（国王に賛同）しないことがありましょうか。」と述べるや、通事が通訳する前に、侍坐していた李徳馨がただちに〔賛襄〕と啓達（上奏）した、王はこれを奇とし、およそこれ以来、天使が来るたびに、文臣が通事となることになった。また李梧里元翼（李元翼）と李白軒景奭（李景奭）はともに漢語（中国語）を解するので提調となり、中国の官員が来ると必ず漢語で対応した。金徳承《きんとくしょう》(25)は地位と人望が中の下であったが、常に漢学教授を兼任していた。」、「閔鼎重は広く四学から若くて才能のある者を選び、偶語庁(26)と名付け、国王に申し上げて、漢人の文可尚《ぶんかしょう》(27)と鄭先甲《ていせんこう》(28)に給与を支給して漢語訓長《くんちょう》（教師）とした。また各学（各言語）訓長は毎日庁舎で会い、郷話（朝鮮語会話）を禁じて講習に努め、親試を復活した(29)。」とある。

〈27〉広興倉・宗学・済生院・修城禁火司・内需司

広興倉(1)。西江にある。建国の初め高麗の制度を踏襲して設置され、官僚の禄俸(2)を所管している。

宗学《そうがく》。北部観光坊にあり、宗室を教誨《きょうかい》（教育）する任を所管していた。世宗庚午（世宗三十二年、一四五〇）に創建し、中宗の時に廃止された。

済生院。太祖朝の丁丑（太祖六年、一三九七）に趙浚《ちょうしゅん》(3)の言によって創設され、恵民局(4)の例にならって、各道から毎年郷薬材(5)を納入していたが、後に廃止された。

考えるに、現在の北部桂生洞(6)は、かつて済生院がこの地にあったので済生洞と称していたが、済と桂の音は同じ[7]なので、後に桂洞と言われるようになったのである。

修城禁火司。鍾楼の東にあった。宮城と都城の修理および宮殿、官庁、市街地の禁火（防火）などを所管していたが、後に改革が行われ、禁火は漢城府が、夜間巡回は巡庁が、都城修理は兵曹が主管することになった。

内需司。[8]西部仁達坊にある。建国の初めに創置し、宮中で使用する米、布、雑多な物品と奴婢を所管している。

考えるに、度支《たくし》（会計）については、正経用（一般経費）のほかは別に内需司を設置して国家私用の需（宮廷経費）としているので、典需、別座および典会、典穀、典貨の官はすべて内官（宦官）が兼任している。

〈28〉昭格署・社稷署・宗廟署

昭格署。北部鎮長坊にあった。建国の初めに設置された。三清殿があり、三清[1]の星辰醮祭《せいしんしょうさい》[2]を所管していた。『文献備考』（巻二二三・職官考一〇・諸司二・昭格署）は、「中宗の時に廃止され、[3]二十年後に復活[4]したが、後に壬辰の兵乱でついに廃止された。」と述べている。

謹んで考えるに、昭格署は中宗十三年（一五一八）、副提学（弘文館副提学）の趙光祖が上疏して廃止を願い出たところ、中宗がこれを認め、[5]祠の建物は官庁の庁舎とし、銅器は（活字原料とするため）鋳字所に移送した。『慵斎叢話《ようさいそうわ》』[6]（巻二）は、「昭格署はそもそも中朝の道家にならったものであり、太一殿は七星（北斗七星）や諸宿（二十八宿）を祀り、その像は皆、蓬髪の女性の姿をしている。三清殿は玉皇上帝、太上老君、普化天尊、梓潼《しどう》諸君など十余位を祀っているが、すべて男子像である。そのほか内外の諸壇は、四海竜王、神将、冥府十王、水府諸神の題名位版（記名位牌）数百を置いている。献官と署員は皆、白衣と烏巾（黒頭巾）を着けて致斎する。冠と笏を着け、礼服を着用して祭りを執《と》り行う。果実、餅、茶湯、酒を供え、香を焚いて百拝する。道流人は道教の経文を読み、青紙に祝文を書き付けて焚く。その行うところは児戯に等しい。朝廷は官員を配置して虚しく祭祀を行っており、その費用は小さくない。」〈引用ここまで〉と述べている。

現在、昭格署址の三清洞には星祭井と呼ばれる井戸があり、水の味が清冽である。権陽邨《ママ》村近（権陽村近。権近）が詩で、「池湧霊泉、静山蔵道、境幽是也」（池に霊泉が湧き、静かな山が道を隠している。幽境とはこのことである。）と詠い、また姜私淑希孟（姜希孟）が詩で「雲際如聞仙佩、風端暗送天香、露湿珠宮欲閉、星河低度彫墻」（雲の端から神仙の佩の音が聞こえてくるようだ。風の端から密かに天の香りが送られてくる。露は美しい宮殿を湿らせ、門は閉じようとしている。銀河は低く垂れ下がり、墻に刻み込まれるようだ。）と詠っている。

現在の矇瞍《もうそう》（盲人）は、卜筮《ぼくぜい》（占い）と道経を誦むことを生業としている。誦経《しょうきょう》と符呪《ふじゅ》（まじない）は道流の仕事である。思うに、昭格署が廃止された後、道流の業が矇瞍に伝えられ、生業とさせたのではなかろうか。顕宗の時（顕宗二年、一六六一）に、左相《さしょう》（左議政）の沈之源が

「都の昭格洞には硫黄を産出しますが、番人がいないので盗採のおそれがあります。工曹に命じて小屋を作って守られんことをお願いいたしたい。(10)」と述べると、上《しょう》はこの言を認めた。

社稷署。(11)社稷壇の外にある。建国の初めに高麗の制度を踏襲して創建され、壇壝の清掃を所管している。本署には銅の甑《こしき》(12)一座があり、祈穀大祭(13)で米を炊く時、甑が雷のように鳴れば豊年の兆しである。何度か試してみたところ、実際に結果があったと言われている。本署には守僕八名がいる。

宗廟署。(14)初め宗廟の垣内の東にあった。建国の初めに創建され、寝廟の守衛を所管している。謹んで考えるに、宗廟の大門外の路傍に現在、四枚の大石が積み重ねてあるが、これはもとの日晷台《にっきだい》(15)の石である。『輿地勝覧』（巻三・漢城府・橋梁・恵政橋）は、「恵政橋は雲従街の東にあり、仰釜《こうふ》(16)と日晷台がある。金墩の銘に「凡所設施、莫大是也、夜有更漏、昼難知也、鋳銅為器、形似釜也、径設円距、子対午也、竅随坳回、点芥然也、画度於内、半周天也、図画神身、為愚氓也、刻分昭々、透日明也、置于路傍、観者聚也、自今伊始、民知作也」（およそ設置したものの中で最も重要なのがこれである。夜には水時計があるが、昼は時を知り難い。銅で鋳造して器とし、形は釜に似ている。円と直線を筋引きし、子と午が対角になっている。中が窪んで丸くなっており、細かいしるしがある。内側に目盛りを引いてあるのは、天球の半分を表す。神の姿を描くのは愚民のためである。時は刻々と明らかで、日光が当たって影がよくわかる。路傍に設置してあり、見物する者が集まる。これによって民ははじめて時が作られたことを知った。）」〈引用ここまで〉と述べている。日晷の制度はいまは聞くところがないが、石台はそのまま存在している。本署には守僕三十名がいる。

〈29〉司醞署・平市署・義盈庫・長興庫・氷庫・掌苑署・司圃署

司醞署《しうんしょ》。西部積善坊にあった。建国の初めに高麗の制度を踏襲して設置され、酒と醴《あまざけ》の献上を所管していたが、現在では廃止(1)されている。

平市署(2)。中部慶幸坊にある。建国の初めに設置された。市廛の取締り、度量衡の統制、物価の抑制などを所管している。

義盈庫《ぎえいこ》(3)。西部積善坊にある。建国の初めに高麗の制度を踏襲して設置され、油、蜜、黄蠟、胡椒などを所管している。本司はもっぱら宮中の素膳に用いる物品を提供しており、夜中に宮中で点《とも》す蠟燭も献上している。

長興庫(4)。もと南部会賢坊にあったが、後に西部仁達坊に移転した。建国の初め、高麗の制度を踏襲して設置され、席子（座布団）の油芚（厚油紙）〈油紙席（油紙座布団）である。〉や紙などの献上を所管している。豊儲倉が本庫に附設されている。主簿二名がおり、米麵色《べいめんしょく》と称している。

氷庫(5)。東庫が豆毛浦にあって（宮中の）祭享に（氷を）献上し、西庫が屯智山にあって御厨（王族用厨房）と官僚たちに（氷を）献上している。建国の初めに設置され、氷の貯蔵を所管している。東氷庫には玉壺楼があり、名勝と讃えられている。毎年臘月には郎官が出かけて行き、司寒祭を執り行った〈玄冥氏を享る。〉後、漢江の氷を切り取って貯蔵する。もし冬暖くて氷がない時は、山谷の氷を貯蔵する。春分には開氷祭〈玄冥氏を享る。〉を行った後、氷を頒布する。また内氷庫があり、もっぱら王に献上している。宮中には各殿藍染氷の名色（担当係）がある。

掌苑署(6)。北部鎮長坊にある。建国の初めに建てられ、荘囿《しょうゆう》(7)の花果を所管している。京園が竜山や漢江などの地にあり、外苑が江華(8)、南陽《なんよう》(9)、松都などの地にある。本署の奴を苑直（苑管理人）に任命している。果川、高陽、楊州、富平《ふうへい》(10)では付近の住民を苑直に任命し、果税を徴収している。

考えるに、現在本署を設置してある地は成梅竹三問《せいばいちくさんもん》（成三問《せいさんもん》(11)）の旧宅である。李雅亭（李徳懋）の詩に「慨想節士植、松陰憩寂然」（忠節の士が植えたことに思いを馳せ、松の陰でひそやかに憩う。）とある。私が幼い時にはまだ、成梅竹手植えの松の古株を見ることができた。後人が石碑を立てて記録したので分かるのである。本署は毎年、重陽《ちょうよう》（九月九日）に、禁中と内閣に菊花盆を献上している。成宗の時に、本署が暎山紅《えいざんこう》（さつき）一盆を献上すると、上《しょう》は、「冬に開花するのは人為によるものである。二度と献上するな。」と言った。

司圃署《しほしょ》(12)。中部寿進坊にあり、済用監と隣接している。建国の初めに創建され、苑圃の蔬菜を所管している。

〈30〉養賢庫・典牲署・司畜署・造紙署・恵民署・図画署・典獄署・活人署・瓦署・帰厚署

養賢庫(1)。東部崇教坊、成均館の北にある。建国の初めに高麗の制度を踏襲して設置され、太学（成均館）の儒生に対する米や豆などの提供を所管している。

考えるに、養賢庫のうしろに附君堂(2)があり、高麗の恭愍王と王妃、および崔将軍（崔瑩《さいえい》）(3)の影幀を奉安している。各官庁にはすべて附君堂があるが、吏隷の輩が祈禱する淫祠である。『芝峰類説』（巻一七・人事部・祭祀）は、「現在の風俗で、官庁には必ず祈禱する所があり、附君堂と号している。新任の官員は必ずここで祭りを行い、それを祈福と言っている。以前、魚孝瞻は歴任した官庁の附君祠をすべて焼き払ってしまったが、後に一品にまで昇り(4)、子の世謙（魚世謙《ぎよせいけん》）(5)も位は政丞（議政）にまで至った。祈禱の効果がどこにあろうか。」と述べている。

典牲署(6)。崇礼門の外、南部屯智坊木覓山の南にある。建国の初めに創建され、犠牲の飼育を所管している。正庁の扁額に「看苗軒」とあり、そのそばの池に亭があって「不垢亭」〈李槎川《りさせん》(7)秉淵《へいえん》（李《り》秉淵《へいえん》）(8)に看苗軒記がある。〉と称している。

考えるに、我が国に羊はおらず、本署のみが羊と羖䍽《これき》（山羊）の飼育を行い、祭享に供していた。現在では羖䍽だけで、羊はいないと言う。牲牛は宗廟が黒を用い、文廟が騂《せい》（赤牛）を用いる。

司畜署。南部会賢坊にあった。建国の初めに高麗の制度を踏襲して設置され、さまざまな家畜の飼育を行っていたが、英宗丁亥（英祖四十三年、一七六七）に廃止して戸曹に合併された。

造紙署(9)。彰義門外の蕩春台にある。建国の初めに創建され、表、箋、咨文紙のほか諸種の紙類を製造している。蕩春台の前に川と盤石があり、製紙に適しているのでこの地に本署を設置した。台のそばには民家数百戸があり、もっぱら泉石紙を生業として暮らしている。

恵民署。(10) 南部太平坊にある。建国の初めに高麗の恵民局の制度を踏襲して恵民庫を設置した。庶民の疾病治療と医女の教育を所管している。本署の医女七十名は各邑の妓(11)を選抜して教育し、内局の女医に欠員があれば昇格して補充させる。

図画署《とがしょ》。(12) 中部堅平坊にある。建国の初めに図画院を設置し、後に改めて署とした。絵画関係の職務を所管している。画員は合計三十名で、他に篆字官（篆刻工）二名がいる。若く聡明な者を選抜し、本曹（礼曹）の堂上が出題して年末に試験を行う。多く制作した者は兵曹に推薦し、一年に限って禄を給する。

成俔《せいけん》の『慵斎叢話《ようさいそうわ》』（巻一）を調べてみると、「我が国に名画は非常に少ない。近代から観ると、高麗の恭愍王の画格が高く、いま図画署に所蔵されているものが多い。」と述べている。

典獄署。(13) 中部瑞麟坊、義禁府の前にある。建国の初めに高麗の制度を踏襲して設置され、監獄と囚人を所管している。すなわち刑曹の監獄である。俗に本署の地が非常に吉なので(14)獄を置いたと伝えられている。

活人署。(15) 二署がある。東署が東小門外の燕喜坊にあったが、今ではすっかり衰退してしまった。西署が南大門外の竜山江にあり、都民（漢城住民）の病気救済を所管している。建国の初めに高麗の制度を踏襲して東西大悲院が設置され、後に東西活人署と改称して城内の病人の治療はすべて担当した。

『文献備考』（巻二二三・職官考一〇・諸司二・活人署）を調べてみると、「本朝に閲巫《えつふ》署《しょ》がある。創建の年代は不明である。現在、巫覡《ふげき》[16]は活人署に所属している。巫署（閲巫署）が廃止された時、活人署に併合されたのであろうか。」と述べている。

瓦署《がしょ》[17]。南部屯智坊にある。建国の初め、東西の窰直《ようちょく》（窯管理人）を各一名ずつ置いた。後に瓦署と改めた。瓦と磚《せん》（煉瓦）の製造を職務としている。

考えるに、東俗（朝鮮の風習）では丸瓦を雄瓦と言う。中国では丸瓦は宮殿と官庁にのみ用いて民間で用いることはないが、我が国では政府も民間も屋根がすべて丸瓦で覆われているので、董天使（董越）の『朝鮮賦』が、「豊かならば陶の瓦。みな丸瓦である。」と言っている。建国の初め、一人の瓦工が緑色の琉璃瓦を製造したので、宮殿はすべて緑瓦で葺かれた。その瓦工は技術を独占して伝授せずに死んでしまい、現在では製造する者がいない。現今の人は、技術を秘密にすることを青瓦工と言い慣わしている。

帰厚署。南部会賢坊にあった。『輿地勝覧』（巻二・京都下・文職公署・帰厚署）は、「竜山坊にあり、分署が会賢《ママ》坊（好賢坊）[18]にある。」と述べている。太宗丙戌《へいじゅつ》（太宗六年、一四〇六）に創建され、正宗丁酉（正祖元年、一七七七）に戸曹に吸収合併された。棺槨の製造販売と礼葬関係を所管していた。

董天使の『賦』（『朝鮮賦』）を調べてみると、「王都に帰厚署を設置し、棺槨を保管して貧窮者を援助する。」とある部分の註に、「署を設置したのはもっぱら民を慈しむためである。」と述べている。

〈31〉四学・五部

四学[1]。太宗辛卯《しんぼう》（太宗十一年、一四一一）に創建され、儒生の教育を行っている。四学にはおのおの文官の教授一名ずつがいる。毎月、詩と賦の製作試験を行い、合格した者を合製[2]に進ませる。中学が北部観光坊に、東学が東部彰善坊に、南学が南部誠明坊に、西学が西部余慶坊にある。北学の創建は四学よりやや後になるが、まもなく廃止された。顕宗二年（一六六一）に復活したが、しばらくして再度廃止されてしまい、現在、北学は存在していない。

考えるに、慈寿院は国初の北学の跡地にある。顕宗二年（一六六一）に上《しょう》が命じて両尼院（慈寿院と仁寿院）を撤去させ、院村（院の所在集落・街区）を修学宮とした。参賛官（議政府右参賛）の宋浚吉が、「「朱子がかつて僧舎を毀して学舎を作り、一挙両得を行いました。よろしく北学を復興していただきたい。」と上奏すると、上《しょう》はこれを認めたのだが、時間が経っても実現しなかった。」〈『列朝通記《ママ》』（『列朝通紀』巻二〇）〉。

五部[3]。建国の初めに創設された。坊里居民（街区住民）の不法行為取締り、橋梁、道路、火種の頒布、禁火、里門[4]の警備、家屋敷地の計測などを所管している。

中部。澄清坊にあり[5]、八坊[6]を所管する。澄清、瑞麟、寿進、堅平、寛仁、慶幸、貞善、長通である。

東部。蓮花坊にあり、十二坊[7]を所管する。崇信、蓮花、瑞雲、徳成、崇教、燕喜、観徳、泉達、興盛、彰善、建徳、仁昌である〈『芝峰類説』（巻二・地理部・井）は、「泉達坊に井泉がある。甚だ味が良く、住民は古くから長寿が多い。考えるに、坊名はここからとったのであろう。」と述べている。〉。

南部。薫陶坊にあり、十一坊[8]を所管する。広通、好賢、明礼、太平、薫陶、誠明、楽善、貞心、明哲、誠身、礼成である。

西部。余慶坊にあり、八坊[9]を所管する。仁達、積善、余慶、皇華、養生、神化、盤松、盤石である〈『輿地勝覧』（巻二・京都下・文職公署・西部）は、「西部は中部瑞麟坊にある。」と述べている。〉。

北部。安国坊にあり、十坊[10]を所管する。広化、陽徳、嘉会、安国、観光、鎮長、明通、俊秀、順化、義通である。

謹んで考えるに、睿宗元年（一四六九）に五部を五衛と改め、中を奮勇、東を驍健、南を忠健、西を武昭、北を破虜と呼んだ。『芝峰類説』（巻一九・宮室部・城郭）は、「五部の坊名は、すべて建国の初めに鄭道伝が定めたところである。」と述べている。

『大典通編』（巻五・刑典・禁制）は、「京城内十里[11]に墓地を作った者は、盗園陵樹木律[12]で罪を問い、期限を定めて掘り出し移転させる。東は大菩《だいぼ》洞《どう》[13]、水踰《すいゆ》峴《けん》[14]、牛耳川、上下伐里[15]、長位里[16]、松渓橋[17]から中梁浦[18]に至るまで、川（中浪川）を限りとする。南は中梁浦、箭串橋[19]、新村[20]、豆毛浦から竜山に至るまで、川江（漢江）を限りとする。西は石串峴[21]、時威洞[22]、沙川渡[23]、城山[24]、望遠亭[25]から麻浦[26]に至るまで、川江を限りとする。北は大菩洞、普賢峰、猪噬峴《ちょぜいけん》[27]、峨嵋山、延曙旧館基[28]、大棗里《だいそうり》[29]から石串峴の西南で（二本の川が）合流する処[30]に至るまでの尾根を限りとする。また京城十里内で松を盗伐する者は律によって罪を決定する。」と述べている。

また『文献備考』（巻二二六・職官考一三・四山）を調べてみると、「本朝は四山監役官四名を置き、都城標内の東西南北道を分掌させ、蔭官初仕の者をこれに充てた。創設年代は不明である。英宗朝の三十年（一七五四）に四山参軍と改め、武臣を充てることとし、訓錬都監、禁衛営、御営庁、摠戎庁に所属させた。」と述べている。

〈32〉長生殿・内侍府

長生殿[1]。北部観光坊にある。世宗九年（一四二七）壬子[2]に創建された。東園の秘器[3]を所管しているので、門の扁額に「東園門」とある。工曹が所管している。

『名臣録』[4]（『海東名臣録』巻四・鄭陟）を調べてみると、「世宗の時に、鄭陟《ていちょく》[5]が生前にあらかじめ寿宮（棺槨）を製作することを願い出た。朝廷はこれをよしとして、公に広く黄腸木《こうちょうぼく》[6]を集め、寿器（棺槨）を監督製造させた。国王が人々を慈しむところは遍く行き渡ってほとんど残すところがない。」と述べている。

内侍府[7]。北部俊秀坊、内医院の北にある。建国の初めに設置された宦寺の府（宦官の官庁）である。宮中の監膳、(8)命令の伝達、宮門の清掃を職務としている。

考えてみるに、旧府は景福宮の慶会南門の西にあった。金宗直の「内班院記」（『新増東国輿地勝覧』巻二・京都下・文職公署・内班院条所載）は、「建都して以来、内侍府を設置していたが、我が聖上（成宗）(9)に至って、はじめて内班院の名称を賜った。宋代の旧制を復活するゆえんであり、外庭の班と区別するゆえんである。(10)」と述べている。

〈33〉訓錬都監・粮餉庁

訓錬都監。西部余慶坊にある。宣廟朝の甲午（宣祖二十七年、一五九四）に創建された。壬辰の兵乱の後、都監(1)を設置し、軍を募集して砲術と槍術を教習していたが、ついに軍門（常備軍部隊）となった。所属官署のうち、北営が昌徳宮に、西別営が麻浦に、粮餉庁が南部薫陶坊に、下都監が南部明哲坊にある。

訓錬都監について調べてみると、宣廟二十六年（宣祖二十六年、一五九三）、天将の駱尚志《らくしょうし》が柳成竜に、「天兵が帰還する前に浙兵（浙江軍）の軍事技術を学べば、数年のうちに全員が精鋭となり、倭を防御できる。」と言った。西厓《りょうせん》(2)（柳成竜）はこれを（宣祖の）行在に急報し、軍人を募集して駱将軍（駱尚志）に槍、剣、筤筅などの技を習わせることを願い出た。(3)上《しょう》は別に都監を設置し、訓練を尹斗寿《いんとじゅ》(4)に担当させたが、まもなく柳西厓《りゅうせいがい》に交代させた。訓錬都監はまた訓局とも称する。別営が宣廟の丙申（宣祖二十九年、一五九六）に竜山に設置された。訓局の兵士には給料を支給している。倉楼の名を挹清楼《ゆうせいろう》と称し、漢江に臨んでいて名勝と讃えられている。

粮餉庁。(5) 宣廟の癸巳（宣祖二十六年、一五九三）に設置された。広大な土地を配分され、これを屯田とし、あるいは籍没された農地の割り当てを受けて税を取り、(6) 訓局軍兵の軍服、兵器、旌旗、(7) 金鼓（鉦《かね》と太鼓）の原資や各種員役の料布に充当している。

〈34〉禁衛営・御営庁・竜虎営・摠戎庁・経理庁・守禦庁・訓錬院

禁衛営。中部貞善坊にある。粛宗朝の壬戌（粛宗八年、一六八二）に創建された。属司の南別営は南山の下、南部楽善坊にあり、英宗朝の庚戌（英祖六年、一七三〇）に創建された。南倉が南別営にあり、下南倉が墨寺洞にある。

考えるに、禁衛営は仁祖の時に、延陽府院君李時白が兵曹判書として、(1) 各番の騎兵から壮健な者を選んで二哨とし、(2) 精抄庁を設置した。後に増員して三哨とした。顕宗朝の戊申（顕宗九年、一六六八）に判書（兵曹判書）の洪重普《こうじゆうふ》(3) が騎兵八番を精抄（精抄庁）に移管し、癸丑（顕宗十四年、一六七三）に判書（兵曹判書）の金万基がまた資保中から(4) 千二百余名を選んで十哨とした。粛宗朝の壬戌（粛宗八年、一六八二）に判書（兵曹判書）の金錫周《ママ》（金錫冑《きんしやくちゆう》）(5) は訓局軍総員の中から抽出して中部別隊を編制し、精抄軍と合わせて十三番とし、禁衛営と命名した。

御営庁。東部蓮花坊にある。仁祖朝の甲子（仁祖二年、一六二四）に創建された。属司の南小営が南部明哲坊にある。

御営庁について調べてみると、仁祖朝の甲子（仁祖二年、一六二四）に御営使を創設し、延平府院君李貴《りき》(6)を任命した。勇猛で頑健な者を募集して火砲を教えた。扈駕(7)が公山《こうざん》(8)に至るや、山尺(9)で砲を業とする者（猟師）を増募してその配下とした。還都した後、摠戎使《そうじゆうし》(10)に所属させて御営使を廃止したが、まもなく復活し、李曙《りしょ》(11)を提調、具仁垕《ぐじんこう》(12)を大将とし、別に一部局を設けて教習を担当させた。孝宗朝の壬辰（孝宗三年、一六五二）に、李浣《りかん》(13)を大将とし、始めて軍営を設置して軍保(14)を定めた。粛宗朝の三十二年（一七〇六）に改めて一営五部とした。(15)また考えるに、訓局と禁御営（禁衛営と御営庁）を三軍門と称し、軍卒を分けて都城内外の夜間巡回を行っている。子、午、卯、酉の日は禁営が、寅、申、巳、亥の日は訓局が、辰、戌、丑、未の日は御営がそれぞれ巡回を担当する。

竜虎営。(16)北部陽徳坊にある。英宗朝の甲戌（英祖三十年、一七五四）に創建された。景祐宮を建造した後、本営を院洞(17)に移転した。もとの馬軍営である。

竜虎営について、『続大典』(18)（巻四・兵典）を調べてみると禁軍庁という名がある。(19)孝宗の時に始めて禁軍を設置し、内三庁と称した。顕宗の時に禁軍を団束と改称して七番に分け、各番ごとに一将を置き、左右別将を廃止して単別将を置いた。英宗乙亥（英祖三十年、一七五五）に竜虎営と改称した。兵判（兵曹判書）が慣例として大将を兼任する。

摠戎庁《そうじゆうちょう》(20)。彰義門〈京城の北門〉外の蕩春台にある。仁祖甲子（仁祖二年、一六二四）に創建され、英宗庚午（英祖二十六年、一七五〇）に北部鎮長坊からこの地に移設された。所属する経理庁は粛宗壬辰（粛宗三十八年、一七一二）に創設され、英宗丁卯（英祖二十三年、一七四七）に至って摠戎庁に併合された。

　謹んで考えるに、仁祖の時に完豊君李曙(21)を摠戎使とし、水原《すいげん》(22)、広州、楊州、長湍《ちょうたん》、南陽の五営を置いて巡操(23)の制度を定めた。本庁設置当初には、社稷洞(24)の北二営(25)を駐屯地としていたが、顕宗己酉（顕宗十年、一六六九）に三清洞(26)に移転し、英宗丁卯（英祖二十三年、一七四七）にさらに錬戎台に移転した。所属する平倉が錬戎台にあり、粛宗壬辰（粛宗三十八年、一七一二）に軍糧の貯蔵を始めた。知敦寧（知敦寧府事）の金鎮圭《きんちんけい》(27)が平倉を防禦すべきだとして、捍北門《かんほくもん》(28)に左右の翼城(29)を築くことを要請した。

　また経理庁について調べてみると、『文献備考』（巻二二六・職官考一三・経理庁条）が、「粛宗三十七年（一七一一）に北漢山城を築いた時に経理庁を創設し、山城の事務を所管させた。提調、郎庁、北漢管城将、把総、哨官などの職があった。」が、「英宗三十三年（一七五七）に廃止され、摠戎庁に併合された。英宗二十六年（一七五〇）、摠戎使に命じて京畿兵馬節度使(30)を兼任させ、北漢山城に駐屯させた。三十六年（一七六〇）に至って旧制に復し、兵馬節度使の兼任を廃止した。四十年（一七六四）にまた北漢管城将に千総を兼任させることとした。」と述べている。

　守禦庁《しゅぎょちょう》(31)。北部鎮長坊にあったが、後に改めて広州の所属になったので、庁舎は現在、戸曹の所属となっている。

　訓錬院。南部明哲坊にある。建国の初めに創建され、科試（科挙武科試験）、武才（武芸訓練）、習読（兵書講読）を所管している。院の傍らに燕子楼があり、礎石がすこぶる高い。武科試験の時は北院が一所となるので、院官がこの楼に上って矢を分けると、挙子（科挙受験生）は楼の下を取り巻いてこれを受け取る。

謹んで考えるに、太宗十七年（一四一七）、訓錬観に農地を与えて武士を養成させた。後に観を改めて院とした。院の傍らに肥沃な農地があり、菘菜《すうさい》（白菜）を植えている。大変に美味で、訓錬院菘と言っている。傍らに井戸があり、桶井《とうせい》と称しており、水品は（漢城で）第一だと言われている。訓錬院の射庁には成侃《せいかん》(32)の記文(33)がある。

〈35〉捕盗庁・巡庁・軍職庁・衛将所

左捕庁（左捕盗庁）が中部貞善坊に、右捕庁（右捕盗庁）が中部瑞麟坊にある。ともに国朝中葉に創設され(1)、盗賊の取締りと巡回警邏を職務(2)としている。左右庁のそれぞれに、大将一名、従事官二名、校属部将四名、無料部将二十六名、加設部将十二名ずつがいる。そのうち実部将(3)は「御押」と彫り込んだ通符(4)を佩《お》び、軍兵六十四名は腰に紅索を着けており、盗賊を捕縛する。他に郊外都掌軍士三十一名がいる。

考えるに、捕庁が設置された年代は不明である。柳馨遠の『潘《ママ》渓随録』（『磻渓随録《ばんけいずいろく》』(5)巻一六・職官之制下・捕盗庁）は、「犯罪の取締りは本来、刑曹の職務であるが、今では金吾衛（義禁府）が担当となって、巡邏警備と盗賊捕縛を主管している。『大典』（『経国大典』）にも言及がない(6)ので、捕盗大将は、近年になって設置したのに違いない。」と述べている。

左巡庁が中部貞善坊に、右巡庁が中部澄清坊にある。ともに建国の初めに創建され、夜間の巡羅を職務としている。巡将各一名ずつがあり、文、蔭、武の堂上官を抄啓[7]して、輪番制で受点受牌[8]している。夜間の城内巡回はおのおの軍士十名で行う。夜巡時の監軍[9]は宣伝官、兵曹、都摠府の堂下官の中から望差[10]する。吏属と管牌が各十五名ずついる[11]。

軍職庁。中部貞善坊にある。建国の初めに創建された。文武官で軍銜《ぐんかん》[12]のみを有する人の官庁である。

衛将所。中部貞善坊〈敦化門[13]外〉にあり、扁額に「五衛南営」とある。五営の軍制が施かれていた時は、義興中衛を外衛とも称した。現在では曹司衛将[14]が主管する。衛軍（衛兵）がおり、紅色の頭巾に紅色の半袖上着を着ている。御試射[15]と、彩挙[16]を担って動駕する時の儀杖軍と伝語軍（伝令）は、みな衛軍が担当している。

〈36〉壮勇営・能麼児庁・典艦司・典涓司・架閣庫

壮勇営。東部蓮花坊にあった。正宗朝の丁未（正祖十一年、一七八七）に梨峴別宮を壮勇営とし、純宗朝の辛酉（純祖元年、一八〇一）に本営を廃止した。後に官舎は訓局に所属して東別営となった。

謹んで考えるに、正宗代の初めに壮勇営を創設した。兵士が勇猛で壮健なことと、営舎の壮麗なことは、各部隊の第一である。また華城（水原）を壮勇外営とし、留守を外使（地方軍営長官）とした。『文献備考』（巻二二六・職官考一三・壮勇営）は、「壮勇提調一〈正卿〉(1)、善騎将二〈将任（大将）経験者〉、善騎別将一〈亜将経験者〉(2)、把総一〈閫帥《こんすい》(3)経験者で防禦使(4)に就任歴のある者〉、郎庁一〈字牧（守令）経験者〉、哨官十五〈うち別付料二〉(5)、監官四、知穀官十四、旗牌官十三、壮勇衛百、牌将六、付料武士十、未付料武士七十七、各差備六、標下軍五百五十五名。丁未（正祖十一年、一七八七）の開設当初は、局出身の窠《か》(6)の中から武芸出身(7)三十名分を抽出して別に一庁を設けた。まもなく二十名を増員して壮勇衛と称し、兵・戸房、把総、哨官などの窠を置いた。」と述べている。

能麿《のうま》児庁《じちょう》。中部貞善坊にある。仁祖の時に創建された。麿児は木で作り、双陸《すごろく》(8)より大きい。馬の上に各色の紙旗を立て並べて作る。『兵学指南』(9)にある「各陣図」をさらに技術的に高度化したものである。現在、郎庁二名を置き、兵曹に所属している。『国朝宝鑑』（巻三八・孝宗朝二）は、「孝宗六年（一六五五）、能麿児庁を設置した。武臣二十余名を選抜し、毎朔、陣法について試験を行い、怠る者は免職した。」と述べている。また『文献備考』（巻二二六・職官考一三・武職・能麿児庁）は、「仁祖の時に、兵曹判書の李貴が、本庁を設置して将官たちの兵書の考講（講習）と勧課（成績評価）を所管させていただきたいと願い出たと言う。」と述べている。ならば本庁の創設は孝宗の時のこととなる。(10)

典艦司。中部澄清坊にあった。外司が西江にあった。世祖乙酉（世祖十一年、一四六五）に創建された。京外[11]の船舶を管理し、京畿左右道水站[12]が所属していた〈南袞の撰記[13]がある。〉が、後に廃止して工曹に吸収された。

『文献備考』（巻二二四・職官一一・諸司三・典艦司）を調べてみると、「太祖元年（一三九二）に司水監を設置した。官員十六名を置き、後に改めて典艦司として官員七名を置いた。後に廃止して工曹に所属し、判官は戸曹に分隷した。[14]」とある。『列朝通記《ママ》』（『列朝通紀』巻五）に「世祖十一年（一四六五）に初めて兵漕船を置いた。中叔舟を典艦司提調とし、唐船（中国船）、日本船、琉球船を比較検討して折衷し、大・中・小船[15]に分けて製造し、利用に便なものにした。大船は上部に艤装を施して戦闘に使用し、艤装を撤去して漕運に使用する。一つの船を二つの用途に使用するので、これを兵漕船と言う。喫水の深さや船腹の幅が一定しないおそれがあったので、各地の浦（港）によく伝え（て造船させ）たため、比べるまでもなく同じ大きさになった。漕船が楊花渡に到着すると、中叔舟は左右隊に分けて水戦の形とし、運航性能を観察した。上《しょう》は親しくこれを観て大いに悦び、着ていた上着を脱いで賜った。」と述べている。

典涓司《てんけんし》。宮殿の涓治（営繕）を任務としていた。後に繕工監に吸収合併されたので、提調は繕工監の提調であった。『文献備考』（巻二二四・職官考一一・諸司三・景福宮提挙司）は、「景福宮提挙司は太祖三年（一三九四）に設置された。清掃や管鑰などを職務としており、提控、司直、司涓などの官職があったが、後に廃止された。その年代は不明である。」と述べており、『大典通編』（巻一・吏典・典涓司）は、「現在では廃止されて録事の遞児職《ていじしょく》[16]となっている。」と述べている。

また『文献備考』（巻二二三・職官考一〇・諸司二・架閣庫）は、「太祖元年（一三九二）に高麗の制度を踏襲して架閣庫を設置し、図籍の保管を所管させ」、また「高麗の制度を踏襲して解典庫を設置し、典当《てんとう》（質《しち》）を所管させた。使、副使、丞、注簿、録事があったが、後に廃止された。廃止年代はいずれも不明である。」と述べている。

一四　駅院

盧原駅《ろげんえき》。興仁門外四里にある。(1)

青坡駅《せいはえき》。崇礼門外三里にある。(2)

右の二駅は兵曹直属(3)である。

普済院。興仁門外三里にあり、(4)楼があった。かつて耆老がここに会して飲酒を行った〈趙末生《ちようまつせい》(5)の序がある。〉。

洪済院。(6)沙峴の北(7)で、楼があった。中朝の使臣が着替えする所であった。

利泰院。木覓山の南にあった。(8)

箭串院。箭串橋の西北にあった。(9)

『輿地勝覧』（巻三・漢城府・駅院）を調べてみると、駅院の記載するところはこのようになっており、盧原・青坡の両駅が兵曹に直属することは現在も同じである。普済などの諸院の廃止が何時ころのことか不明である。院の建物は一つも残らず、ただ名称が伝わるのみである。

一五　橋梁

考えるに、京城内南北の山にはそれぞれ四方に流下する川がある。大小の橋の名が非常に多いので、川をまず書いて次に橋の名を示す。こうすれば、読者が惑わないであろう。

仁王山の下、白雲洞の川水(1)（清渓川）。東南に流れ、慈寿宮橋〈もと尼院の慈寿宮がここにあった。〉、禁清橋〈彰義宮の西にある。〉、松簷橋《しょうえんきょう》〈西部積善坊にある。〉、松杞橋《しょうききょう》〈積善坊にある。〉を経てさらに東に流れ、毛廛橋〈中部瑞麟坊にある。〉を通り、また大広通橋（広通橋、広橋）〈鍾楼の街路（南大門路）にあり、石の欄干がある。京城内ではこの橋が最大である。〉、長通橋〈中部長通坊にあり、俗に長倉橋と称している。〉、水標橋(2)〈中部長通坊にあり、橋の西に標石を立て、目盛りを刻んで水深を調べた。また「庚辰水平」（庚辰年〔定宗二年、一四〇〇〕の地表）の四字を刻んであった。この標石は今すでに毀れており、新石を立ててある。〉を過ぎ、また新橋〈長通坊にあり、俗に河良橋と呼ぶ。古く河良尉がこの橋の傍らに居住していたからだと言われている。〉、永豊橋〈中部楽善坊にあり、今では孝経橋と称している。〉、太平橋〈南部明哲坊にあり、今では馬廛橋と称している。〉を経て、都城東の五間水門外の永渡橋〈興仁門外にあり、開川の下流である。〉で（他の川水と）合流す

清渓川（開川）と水標橋（1910年）

る。そこから東に流れ、済盤橋〈今の名は箭串橋〉を経て松坡江[3]に達する。

白岳の下、三清洞の川水（中学川）。北倉橋から南に流れ、掌苑署橋〈掌苑署の前にある。〉、長生殿橋〈長生殿の前にある。〉、十字閣橋[4]〈北部観光坊にある。〉、中学橋〈中学の前にある。〉、恵政橋〈景福宮前の道路（御路）東にある。『輿地勝覧』（巻三・漢城府・橋梁・恵政橋）は「もと仰釜と日晷台がその東にあった。」と述べている。我が国の法により、貪婪《どんらん》人《じん》（暴利を貪る人）をこの橋の上で釜茹でにした。〉を経て毛廛橋〈上で見た。〉で（清渓川に）合流する。

北山の下、北営の川水。昌徳宮の禁川橋〈金虎門内にある。〉から把子橋〈敦化門外にある。〉を経て水標橋〈上で見た。〉で（清渓川に）合流する。また院洞と桂生洞の諸川水は、通雲橋〈大寺洞口にあり、偃虹（アーチ型）の石橋である。今では鉄物橋と称している。〉を経て永豊橋〈上で見た。いま孝経橋と呼んでいるのがこれである。〉で（清渓川に）合流する。

昌慶宮後苑の玉溜泉水。玉川橋〈弘化門内にある。〉を経て黄橋〈東部蓮花坊にあり、俗に黄参議橋と称している。〉、二橋(5)〈興仁門内の蓮池洞にある。橋に名はなく、ただ二橋とだけ称している。『文献備考』（巻二一・輿地考九・山川）を調べてみると、「蓮池洞の通雲橋の東にあるものがこれである。」とある。〉を経て、太平橋〈上で見た。俗に馬廛橋と称しているのがこれである。〉で（清渓川に）合流する。

成均館と興徳洞(6)の諸川水。香橋〈成均館の東にある。〉、長慶橋〈於義洞(7)にある。〉、初橋(8)〈興仁門内にある。すなわち二つの橋の最初のものだと知れる。〉を経て、五間水門で（清渓川に）合流する〈成均館の諸水は観旂橋《かんききょう》、広礼橋を経て、また興徳洞の諸水は土橋を経て合流し、長慶橋、新石橋、初橋を経て五間水門に繋がる。〉。

南山の下、倉洞(9)の川水。北に流れ、水閣橋〈南部養生坊にある。坊にはもと必ず水閣があったが、現在ではなくなっている。この橋は崇礼門内大路(10)の要地(11)となっている。〉、銭都監橋〈西部皇華坊にある。軍器寺橋の川水と合流して東に流れる。〉、小広通橋〈鍾楼街路にある。大広通橋の南である。〉、曲橋〈南部太平坊にある。〉を経て、長通橋〈上で見た。俗に倉橋と言うのがこれである。〉で（清渓川に）合流する。

南山洞の川水。北に流れ、明礼坊、銅峴橋〈南部太平坊にある。〉を経て長通橋〈上で見た。〉

で（清渓川に）合流する。

南山の下。鋳字洞の川水。北に流れ、鋳洞橋を経て河良橋〈上で見た。〉に合流する。また筆洞(12)の川水は、筆洞橋〈南部誠明坊にある。〉を経て、永豊橋〈すでに上で見た。俗に孝経橋と呼んでいる。〉で生民洞(13)の川水と合流する。

また墨寺洞(14)の川水。北に流れ、無沈橋〈南部明哲坊にある。〉、青寧橋〈明哲坊にある。かつて青《ママ》寧尉（清寧尉）(15)がここに住んでいたので橋名としたと言われている。〉を経て、二橋〈上で見た。〉で（清渓川に）合流する。

また双里洞(16)の川水。北に流れ、於青橋〈明哲坊にある。〉を経て馬塵橋〈上で見た。〉で（清渓川に）合流する。

南小洞(17)の川水。東南に流れ、都城東の二《に》間水門《かんすいもん》(18)に出る。

西郊の母岳（鞍山）の川水〈『文献備考』（巻二一・輿地考九・山川）は、「蔓草川《まんそうせん》は母岳から出る。」と述べている。〉。石橋〈西部盤松坊にある。〉、京庫橋〈敦義門外の折営《ママ》（折営。京織道監営）前にある。〉、新橋〈昭義門外にある。〉、圮橋〈昭義門外にあり、俗に憲橋と呼んでいる。〉、焔硝庁橋〈崇礼門外にある。〉、舟橋〈青坡(19)にある。〉を経て竜山江に達する。

琮沈橋《そうちんきょう》。社稷洞にある。成宗の時、許琮《きょそう》(20)と許琛《きょしん》（の兄弟）がこの橋のたもとでわざと落馬して王のお召しに応ぜず、禍いを免れたので、琮沈橋と呼ぶと言われている。(21)また現在の北村《ほくそん》(22)の斎洞(23)の洞口前の道路の下に沈橋がある。流水がひそかに通っており、音がするが橋は見えない。

考えるに、京都の風俗では、上元[24]の夜に橋を渡って月見をすると脚病が治るとされている。[25]これはすなわち燕京風俗の走橋[26]であり、于奕正《うえきせい》[27]の『帝京景物略』[28]に出てくる。我東の踏橋の風習は、中廟（中宗）代の末年に始まる。魚叔権の『稗官雑記』（巻五）に、「中廟代の末年から、都中の人は、上元の夕に十二橋を渡るとその年十二か月の災いが消えると伝えている。（士大夫の）婦女は輿に乗り、それよりやや身分が下の者は頭から覆いの布を被って徒歩で渡る。庶民の女性たちは連れ立ち、闇に乗じて橋を踏み渡る。恐ろしいとは思っていないように見える。無頼の男子が群れをなして追いかけるのは甚だ醜悪である。そこで明宗の時に、台官がこれを捕えて罰したところ、婦女踏橋の風習はついに絶えてしまった。しかし、男子はもちろん今に至るも群れをなして踏橋している。[29]」〈引用ここまで〉と述べている。

また現在の箭串橋はすなわち済磐橋である。『慵斎叢話』（巻九）は、「成宗の時に僧侶が橋を建設した。多くの石を切り出し、大川（中浪川）に橋を架けた。橋の長さは三百歩余りあり、王は済磐橋と命名した。また東大門外の枉尋坪《おうじんへい》[30]にも大橋を建設し、永渡橋と命名した。すべて国王直筆で定めたものである。」〈引用ここまで〉と述べている。箭串の川水は魚族を多く産出する。ゆえに『青坡劇談』[31]（上）は、「かつて権文順公（権弘《ごんこう》[32]）の夢に一人の老翁が現れ、土下座して「洪宰相（洪汝方《こうじょほう》[33]）がまさに吾が族を滅ぼそうとしています。相公、どうかお救い下さい。」と泣きながら訴えた。権が、「私がどうして救えようか。」と言うと、老翁は「洪宰相は必ずや相公と同行します。もし相公がこれを断れば、洪公もまた行かないでしょう。これが再生の恩です。」と言う。そこに門を叩く音がするので驚いて目を覚まして門を開けると、洪令公が「今日、箭串で鼈《べつ》（すっぽん）を焼こうと思う。ついては相公に同行していただきたく来訪した。」と言う。権は夢の中の老翁は鼈に違いないと思い、病気と称して断った。後に聞いたところでは、洪もまた行くのを止めたと言う。不思議なことである。」〈引用ここまで〉と述べている。

京城の流丐《りゅうかい》（乞食）は広通橋（大広通橋）と孝経橋に小屋を建てる。毎年暮れの寒い時、王は宣伝官を派遣して調査し、救援を行う。兵曹に米や布を給付させ、小屋を修理して凍死や餓死を免れさせた。朝廷の恩沢が広いことは寒後の陽春と言うべきである。

また『京都雑志』（巻二・歳時・上元）を調べてみると、「上元前の一両日、水標橋あたりの川は上も下も、鳶合戦《たこがっせん》の見物が集まって人垣を作る。群童たちは相手の糸を切ろうとして絡め合い、あるいは敗けた鳶を追って垣根を飛び越え、屋根を乗り越えて行く。人々は恐れおののくが、上元を過ぎると鳶揚げは行われなくなる。小さな子供は、一本の絹糸に鵞鳥の羽毛を繋ぎ、順風をとらえて揚げる。これを高々妹と呼ぶ。蒙古語の鳳凰のことである。」と述べている。

一六　古跡

長漢城。漢江の畔にある。『輿地勝覧』（巻三・漢城府・古跡・長漢城）は、「新羅の時、重鎮（重要軍事拠点）を置いた。後に高句麗に占拠されたが、羅人（新羅人）は挙兵してこれを奪いかえし、長漢城歌を作ってその功績を記念した。」と述べている。

大星落営《だいせいらくえい》。『輿地勝覧』（巻三・漢城府・古跡・大星落営）は、「竜朔元年（唐の年号、六六一）春、高句麗と靺鞨《まつかつ》が、(1)「新羅の精兵はみな百済に行っているので内部は空である。攻撃できる。」として、兵を発して北漢山城を取り囲んだ。高句麗が西側に部隊を布陣し、靺鞨が東側に陣地を築いたところ、たちまち大星が賊営に落ち、また雷鳴がとどろいた。賊たちは恐れおののき、包囲を解いて遁走した。」と述べている。

神穴寺。三角山にある。『輿地勝覧』（巻三・漢城府・古跡・神穴寺）は、「高麗の顕宗は祝髪（剃髪）してこの寺に住んでいた。千秋太后(2)がしばしば人を送って殺そうとしたが、寺に老僧がおり、部屋の地面に穴を掘って王を匿した。ある日、王がたまたま渓水に題して、「一朝流出白雲峰、万里滄溟路自通、莫道潺湲岩下在、不多時日到竜宮」（ひとたび白雲峰を流れ出した水は、自ずから万里の海に流れ込む。密かに水の流れる道が岩の下にあり、遠からずして必ずや竜宮に到る。(3)」と詩を詠んだ。」と述べている。

面岳《めんがく》（白岳）。『輿地勝覧』（巻三・漢城府・古跡・面岳）は、「高麗の粛宗九年（一一〇四）、崔恩諏と尹瓘などが南京の地相を鑑定して都に戻り、王に「私どもが盧原駅、海村(4)、竜山などの地に赴いて山水を調査したところ、都を建てるのに適しておりませんでしたが、ただ三角山の面岳の南の地勢や水勢は古文と符合しております。（気の流れる）主幹の中心に壬坐《じんざ》丙向《へいこう》し、地勢に従って都を建てることをお願いするものであります。地勢に従い、東は大峰に、南は沙里に、西は岐峰に、北は面岳に至るまでを境界としていただきたいと存じます。」と申し上げた。」と述べている。

興仁寺址。興仁門内にある。『朝野輯要(5)』（巻二）は、「興仁門のところに興仁寺の舎利閣を創った。高さは五層。太祖が神徳の力を借りて創始した。燕山（君）の時に廃して司僕寺とした。」と述べている。

秋興亭趾。竜山江にある。『輿地勝覧』（巻三・漢城府・古跡・秋興亭）に李《り》崇仁《すうじん》(6)の記が載っている。

淡々亭。『輿地勝覧』（巻三・漢城府・古跡・淡々亭）は、「跡地は麻浦の北岸にあり、領議政の申叔舟の別荘である。(7)」と述べている。『通紀』（『列朝通紀』巻四）を調べてみると、「安平大君瑢《よう》。字《あざな》は清之《せいし》。南湖の上に淡々亭を作り、万巻の書物を所蔵した。文士を集め、灯火を点して夜通し語り合い、船に乗って月を愛でた。」と述べている。

双渓斎。『輿地勝覧』（巻三・漢城府・古跡・双渓斎）は、「跡地は成均館の泮水の東にある。参判（吏曹参判）の金紐《きんちゅう》[8]の旧居であり、姜希孟の賦がある。」と述べている。

貞陵址。今の西部皇華坊にあったので、（この地を）貞洞と称している。貞陵は神徳王后康氏[9]の陵である。洪武丁丑（太祖六年、一三九七）、我が太祖が命じて王后を城内のこの地に葬らせたが、太宗九年（一四〇九）に楊州の現在の貞陵に移葬した。

円覚寺址。中部慶幸坊にある。今はただ石塔と金乖崖守温《きんかいがいしゅおん》（金守温《きんしゅおん》）[10]の揮毫した石碑だけが残っている。

考えるに、この寺は旧名を興福寺と言う。太祖の時、曹渓宗[11]の本社（本山）となり、後に廃されて官庁の庁舎となっていたが、世祖朝の十年（一四六四）に復活して円覚寺と号した。（懸額は）姜希孟の書である。徐四佳（徐居正）の『筆苑雑記』[12]（下巻）は、「成文安公任（成任《せいにん》）[13]の揮毫した円覚寺碑がある。光陵（世祖）はこれをいたく賞賛した。」と述べている。『太平閑話《たいへいかんわ》』[14]は、「世祖の時に、金守温に命じて碑文を作成させ、碑石を納めた者には署令[15]や通賛[16]などの賛職[17]を授与した。崔という姓の者がおり、通賛となることができたので、人々はからかって石通賛《せきつうさん》と呼んだ。金某と婚約をしたが、金某は仲介者に「この家には大きな問題がある。」と言った。崔がこれを聞いて大いに怒ったところ、金が、「貴方が姓名を（石通賛と）変えれば単なる戯れ言となってしまいますよ。」と言ったので、崔は大笑いした。」〈引用ここまで〉と述べている。

中宗朝の七年（一五一二）、円覚寺を廃止し、その木材を燕山（君）の時に家を撤去された人々に分け与えた。その石塔は八面、高さ七十仞(18)で十四層《ママ》（十層(19)）をなしている。塔の上に彫りこんだ仏像は非常に技巧がすぐれている。石簷《せきえん》（石庇）の下にはそれぞれ小さな石額があり、楷書で「多宝会」や「霊山会」などの字が彫りこんである。柱の四隅にはすべて竜の形が刻んである。高麗の時、元の公主(20)が中国の工人に塔を造らせたと伝えられている。壬辰の兵乱の時、倭奴が鉄鉤を塔の上層に引っ掛けて倒したため、今でも地上に落ちたままである。塔の上の彫刻を子細に観察すると、まさに人が鈎で塔を引っ掛けている情景である。人が前もって画いておいたものなのに、すでにこのようになっているのは甚だ奇異なことである。石碑には亀趺《きふ》（亀形台座）がある。現在では人家の庭に入っているので、見物しようとする者はその家主に頼んで案内してもらわなければならない。そして、石碑を見物した人が出て来る時には、必ず亀の鼻の中に煙草を納めさせる。霊異をもって脅かしているのだが、その実は主人が煙草を吸いたいからである。また考えるに、この塔は、唐の尉遅敬徳《いちけいとく》(21)が軍を率いて高麗を攻めた時(22)に立てたものだとか、仙人の丁零威《ていれいい》が鶴に乗って帰来して作歌した華表柱（墓前の飾り柱）だとか言われているが、両説とも信をおくことができない。高麗の時に、元の公主が中国の工人に塔を造らせたという説が事実だと信じられる。『諸国記《ママ》(23)』（『海東諸国紀』「日本国紀」山陽道・播磨州・吉家）は、「世祖十二年（一四六六）、日本が使節を派遣して来賀(24)し、上院(25)寺に観音現像(26)があり、円覚寺に雨花舎(27)利の霊異があると言った。」と述べている。

また『輿地勝覧』（巻三・漢城・仏宇）を調べてみると、「興天寺。皇華坊にある。貞陵（太祖妃神徳王后康氏）が存命の時、その（住居の）東に寺を建てた。[28]」と述べている。禅宗である。『国朝宝鑑』（巻一八・中宗朝一）は、「中宗五年（一五一〇）、中学の儒生などが異端を排斥するのだと騒ぎ、都城内にある貞陵寺を焼き払った。王は初めこれを取調べるよう命じたが、すぐに「祖宗の時から儒生を優遇している。罪を問うな。」と命令した。」と述べている。

また『輿地勝覧』（巻三・漢城・仏宇）は、「興徳寺。東部燕喜坊にある。教宗《きょうしゅう》[29]である。」、「内仏堂。仁王山にある。」、「仁王寺。仁王山にある。」、「金剛窟。仁王寺の西にある。」、「福世菴。仁王山にある。世祖の時に創建された。」、「蔵義寺。彰義門外にある。新羅と百済が黄山の野[30]に戦い、長春郎と罷郎が戦死したので、太宗武烈王《たいそうぶれつおう》[31]が二人のためにこの寺を創設した。」、「演窟。昭格洞にある。」と述べている。考えるに、以上の寺刹は今すべて存在していない。我が朝は釈迦の教えを崇拝しないので、京城内の寺院はすべて取り潰し、僧徒が都城の中に入れないように禁令を出したからである。

白雲洞。仁王山の麓にある。枢府李念載《ママ》（李《り》念義《ねんぎ》[32]）の旧居に金守温、姜希孟、金宗直の詩がある。

大隠岩と万里瀬。ともに白岳山の麓にある。領議政の南袞の邸宅址の裏手である。朴挹翠誾《ぼくゆうすいぎん》（朴誾《ぼくぎん》[33]）が命名して題詩を作った。[34]

青鶴洞。木覓山にあり、もと右議政の李荇の書斎があった。大明の唐皐《とうこう》[35]に「李荇の書屋に題す」という詩があり、また大明の史道[36]の詩がある。

考えるに、白雲洞以下の諸処を『輿地勝覧』はすべて山川条に記載しているが、ここでは古跡条に移した[37]。

枕流堂。『輿地勝覧』（巻三・漢城府・楼亭・枕流堂）は、「漢江の北岸にある。経歴（義禁府従六品官）の李師準《りしじゅん》[38]の別荘である。」と述べているが、今は存在しない。

東岳詩壇。南山の下の墨洞[39]にある。むかし李東岳安訥《りとうがくあんとつ》（李安訥《りあんとつ》[40]）が家園麓[41]に壇を築き、文士たちと盛んに賦詩を作った。今に至るも遺墟があり、人は皆これを賞賛している。この壇の傍らに単弁[42]の紅梅の樹がある。中国から種を入手したものである。

一七　山川

三角山《さんかくさん》（北漢山）。『輿地勝覧』（巻三・漢城府・山川・三角山）は、「楊州との境にある。一名を華山と言う。新羅は負児岳《ふじがく》と称した。平康《へいこう》(1)の分水嶺から連峰が重なって起伏が延々と続き、西は楊州に至り、西南は道峰（山）となり、さらに三角山となる。まさに京城の鎮山である。高句麗の東明王《とうめいおう》(2)の子沸流温祚《ふつりゅうおんそ》(3)は南下して漢山に至り、負児岳に登って居すべき地を鑑定した。それがすなわちこの山である。」と述べている。

考えるに、三角山は高麗時代にしばしば崩落したので、石峰が削り取られて鋭くなっている。三峰にはそれぞれ名称がある。白雲台と称するものが最も登りにくく、一は国望と称し、一は仁寿と称する。(4)私は幼いころ、この山の下の寺院で学問に励んだ。詩があり、「三峰石黛秀崔嵬、引繞京城佳気来、澗戸沈々灯欲上、夕陽猶在白雲培」（三峰の石は黒く、嶮しく突き出ている。京城を取り巻いて夜の佳気がやってくる。水辺の家々に夜が迫り、灯りを点そうとしている。それでもまだ夕陽は白雲培を照らしている。）と、山が極めて高いことを詠んでいる。

白岳。都城の北にある。平地から聳え立っており、景福宮がその下にある。京城を取巻く山々の中でも、この山はとりわけ鋭く北に聳えている。建国の初め、宮殿を建てたのは、この山を鎮山とするのがよろしかったからである。

仁王山。白岳山の西にある。都城は山頂の絶険の処に接して築かれており、曲城と称している。

駝駱山《だらくさん》（駱山）。都城の東にある。かたちは緩やかで長く延びており、それほど高い峰はない。山の下の人家を東村と呼んでいる。

母岳。都城の西にあり、またの名を鞍峴と言う。烽燧《ほうすい》がある。東烽である。西方は高陽郡の所叱達山《しょしったつさん》に、南方は木覓山の第三峰に、西方は高陽の蜂峴に、南方は木覓山の第四峰にそれぞれ繋がっている。

考えるに、鞍峴は、仁廟朝の甲子（仁祖二年、一六二四）に、适変《かつへん》（李适の乱）で鄭錦南（鄭忠《ていちゅう》信《しん》）[5]が勝利したところである。夕刻にここでまず烽火を上げると、南山がこれに応じて烽火を上げる。また『芝峰類説』[6]（巻二・地理部・国都）を調べてみると、「漢都負児巌《ママ》（負児岩）には出去の状があると言われているので、山の名を母岳とする。南（峴の南側部分）を伐児《ばつじ》嶺《れい》と言うのは、まさに遮断をして逃亡させないからであり、西（峴の西側部分）を餅市《へいし》峴《けん》と言うのは、まさに餅をもって誘い留めるからである。命名には深意がある。洞[7]の入り口の名称を餅門[8]とするのもまたこの意味である。」と述べている。

沙峴《さけん》。慕華館[9]の西北にある。董越の『朝鮮賦』は、「北は千仞の谷に連なっている。その勢いは千人の軍勢を喰い止めることができようか。西には一筋の狭い道が見える。一騎を通すほど

（の幅）しかない。」という部分の註に、「弘済院から東に半里も行かないうちに天然の関門がある。北は三角山に接し、南は南山に接している。一騎を通すほど（の幅）しかなく、険しいことこの上ない。」〈引用ここまで〉と述べている。この峠は二つの山の間にあり、甚だ険しい。西路に赴く者は、この峴を越えざるを得ない[10]。中国人が見て表現することはこのようである。

緑礬峴《りよくばんけん》。沙峴の北にある。この峠の石壁からは今、自然銅を産出する。採取する者が鉄錐で壁を削ると、石の間に銀粒のような物があり、青く光る石が見える。病人がこれを服用すると神効がある。服用するには、削った粉を米粥に入れて飲み、その時に必ず黙禱すると治療に効果があると云う。この薬は骨折によろしいが、他病にもよろしい。これまた不思議なことである。

木覓山。すなわち都城の南山である。本名は引慶山《いんけいさん》であるが、一般に南山と呼んでいる。奔馬が鞍をはずしたような形である。山頂に烽燧を置き、東から西に至るまで合わせて五炬ある。東より、第一は咸鏡・江原の両道を担当し、楊州の峨嵋山烽から来る。第二は慶尚道を担当し、広州の天臨山烽から来る。第三は平安道の陸路を担当し、母岳の東烽から来る。第四は平安・黄海道の海路を担当し、母岳の西烽から来る。第五は忠清と全羅の両道を担当し、陽川の開花山烽から来る。

南山の西峰は岩石が険しく切り立ったところで、蚕頭と言う。眺望するのに最適である。考えるに、南山麓の鋳字洞は袋地であり、平らな広い草地がある。営門（軍営）の軍卒が武芸を訓練するところなので芸場と言う。俗に倭場と称するのは誤り(11)である。また調べてみると、南山下の三丫《さんあ》洞《どう》に「小壺天」と石刻がある。この洞窟の深いことは壺の中のようであり、また薬泉(12)があって多くの人々が遊びにやって来る。

『京都雑志』(巻二・端午)は、「都下の若者たちは端陽節(五月五日)に南山の麓で会い、角力(13)をする。そのやり方は、両人が相対して跪《ひざま》ずき、それぞれ右手で相手の腰をつかみ、つぎに左手で相手の右股をつかんで同時に立ち上がり、互いに持ち上げて相手を倒す。内掛けや外掛けがあり、力を出しつくす。中国人はこれを真似して高麗技と言っており、また撩跤《りょうこう》とも称している。」と述べている。

雪馬峴《せつばけん》。二つある。木覓山の南にあるものを大雪馬と言い、山の東にあるものを小雪馬と言う。

仮山《かさん》。都城の水口内(五間水門内側)、訓錬院の東北にある。一つは水《すい》(清渓川)の南にあり、一つは水の北にある。

蚕頭峰《さんとうほう》。俗に加乙頭と称する。盛り土をして山を作り、地気を蓄えている(14)。また竜頭峰とも呼んでいる。『明一統志』(15)が竜山と呼んでいるのは楊花渡の東岸にあるものである。皇明の詔使張瑾《ちょうきん》(16)《ママ》、邢順《きじゅん》(祁順)の詩および我が朝の姜希孟〈私淑斎〉、徐四佳居正(徐居正)、金佔畢斎《きんてんひつさい》(17)宗直(金宗直)、朴挹翠軒《ぼくゆうすいけん》(18)誾(朴誾)、南袞〈止亭〉(19)らの詩がある。

臥牛山。西江にあり、形は臥牛のようである。現在、広興倉がその傍らにある。

清渓川の川浚い（『濬川図』、1760年頃）

箭串坪《せんかんへい》。[20]『輿地勝覧』（巻三・漢城府・山川・箭串坪）は、「すなわち国（漢城）の東郊である。その地は平らで広く、水草が甚だ豊かであり、囲いをめぐらして国の馬を飼育している。周囲は三十四里。」とある。

考えるに、建国の初め、この地の牧馬は初め木柵を設け、後に石柵を設けた。『清江瑣《せいこうさ》語《ご》』[21]は、「箭串の木柵は畿邑（京畿道の邑）に輪番制で割り当て、邑の農地の広さに応じて順序を定めて毎年修理をさせており、弊害が非常に大きかった。尚成安公震（尚震）が司僕（司僕寺）提調の時に、代わりに布を納めさせ、それで労働者を募集した。石を川流に当て、柵を築いていないところは鉄索を設けて開閉することにした。こうして弊害はついに途絶した。時はすなわち明宗朝の十年[22]（一五五五）である。」〈引用ここまで〉と述べている。

正宗の時に拝峰鎮別将をこの地に置いた。当宁朝の初年（純祖元年、一八〇一）、壮勇営を廃止し、間もなく拝峰鎮も廃止して牧場を復活し、拝峰監牧官を置いた。その石柵は今もなお存在している。

開川。『輿地勝覧』（巻三・漢城府・山川・開川）は、「白岳、仁王、木覓山の諸川が合流して東に流れ、横に都城を貫き、三水口[23]に出て中梁浦に入る。」と述べている。

考えるに、我が国の河川はすべて西に流れて海に入る。しかし京城の開川は東に流れているので水勢が正を得ていると云われる。松京（開城）の川水もまた開川と名付けているのは、名称を移しただけであろう。近くは癸巳（英祖四十九年、一七七三）三月に、人員を募集して京城の川渠を浚渫し、深く掘り下げてみたところはじめて地表の標石が露出した。これは二回前の庚辰年（英祖三十六年、一七六〇）の標石であった。

漢江。『輿地勝覧』（巻三・漢城府・山川・漢江）は、「木覓山の南にある。古称は漢山河。新羅の時に北瀆となり、中祀を載《まつ》った。高麗は沙平渡と称した。俗に沙里津とも呼ぶ。その源流は江陵府の五台山から出て、忠州の西北に至り達川《たつせん》[24]と合流する。原州の西に至って安昌水と合流し、楊根《ようこん》の西に至って竜津《りゆうしん》と合流する。広州界に至って度迷津《どめいしん》となり、広津《こうしん》となり、三田渡《さんでんと》となり、豆毛浦となる。京城の南に至って漢江渡となり、ここから西に流れて露梁《ろりよう》[25]となり、竜山江となる。さらに西に流れて西江となり、衿川《きんせん》[26]の北に至って楊花渡となる。陽川《ようせん》[27]の北で孔岩津《こうがんしん》となり、交河《こうが》[28]の西に至って臨津と合流する。通津《つうしん》[29]の北に至って祖江《そこう》[30]となり、海に入る。」と述べている。

謹んで『四郡志』(31)を調べてみると、「漢江には源流が三ある。その一は、江原道江陵府五台山の于筒《うとう》より出る。その一は、淮陽府金剛山の万瀑洞より出る。その一は、忠清道報恩《ほうおん》県俗離山(32)の文蔵台より出る。五台山より出るものは、南に流れて旌善《せいぜん》郡、寧越府を過ぎ、忠清道永春《えいしゅん》県界に入り、西に流れて忠州に至る。俗離山より出るものは、槐山《かいさん》と延豊《えんほう》両県の間から流れ出て南方から合流し、西北に流れて京畿驪州《れいしゅう》界に入り、楊根郡に至る。金剛山より出るものは南に流れ、楊口《ようこう》県、狼川《ろうせん》県、春川《しゅんせん》府を過ぎ、京畿加平《かへい》郡界に至って合流する。ここより西南に流れ、広州界の西北から京都の南を迂回して西北に流れ、通津府の北、交河郡の南で臨津江が北より合流する。豊徳《ほうとく》府(33)の西に至って海に入る。」とあり、『漢書』(34)の註は「呑列県〈考えるに今の旌善郡である。〉の分黎山は列水の出るところであり、西は黏蟬《ねんぜん》〈音は提。考えるに今の豊徳府である。〉に至って海に入る。行程八百二十里である。」と述べている。すなわち我が国の大河はただ漢江があるのみで、三川が合流し、その源流は曲がりくねって八百里ばかりである。これが列水でなくて何であろう。また『山海経《せんがいきょう》』(35)は「貊国《はくこく》は漢水の東北にある。」と述べ、また「朝鮮は列陽にある。」の註で、「列水は名は列水《ママ》（洌水）、古くから漢水とも称していた。」と述べており、『史記』(36)の索隠(37)は「朝鮮に洌水がある。」と述べている。すなわち「列はまた洌とも表すのである。(38)」と述べている。

また考えるに、三南の漕船(39)は海路を通って祖江に至り、漢江に達する。ただ湖西左水站の漕船に積載する六邑〈忠州、陰城《いんじょう》、鎮川《ちんせん》、延豊、清安《せいあん》、槐山〉の税穀は、忠州の達川から京江に達する。高麗の李奎報《りけいほう》(40)の「祖江遂日潮汐詩《そこうちくじつちょうせきし》」(41)に、「三兎三竜水、三蛇一馬時、羊三猿亦二、月黒復如斯」(三日は卯の刻に、三日は辰の刻に水が満ちる。三日は巳の刻、一日は午の刻の時があり、未の刻が三日、申の刻もまた二日ある。新月になるとまたこれを繰り返す。)とある。祖江の近辺はみな干満の時を違えない(42)と言われている。

中梁浦《ちゆうりようほ》(中浪川)。都城の東十五里にあり、楊州より南に流れて漢江に入る。

立石浦。豆毛浦の上流にある。

桃天淵《とうてんえん》。箭串坪にある。

豆毛浦。都城の東南十里ほどのところにある。すなわち漢江の上流である。

『稗官雑記』(巻五)を調べてみると、「尹元衡《いんげんこう》(43)の妾蘭貞《らんてい》(鄭蘭貞《ていらんてい》)(44)は、数斛《こく》(石《せき》)を炊飯し、馬に乗せて豆毛浦などに赴いて魚に施すことが毎年二、三度もあった。この話を聞いて、人々は、こちらから奪ってあちらに与えるのが不平等なことは、烏や鳶《とび》とおけらや蟻の差よりもひどいではないかと思った。嘉靖乙丑(明宗二十年、一五六五)、豆毛浦の漁人が二匹の白い大魚をとらえた。大きさは船のようであり、これを朝廷に献上したところ、みな非常な大きさであると言った。成均館の一人の上舎生(45)が戯れに、「この魚は大きすぎて自分で餌をとることができず、相公(46)の施しを貪りに海より遠くやって来て、ついに人にとらえられてしまった。憐むべきである。」と言った。」と述べている。

露梁。都城の南十里にある。江を渡れば果川県である。正宗の時には、漢江を渡って行幸する(47)際、この渡し場に舟橋《しゆうきよう》を作った(48)。水上に水站の巨船を集めて江流を横断し、上には長い板を敷き、左右に欄干を設けて旗幟を並べ立てた。また渡し場の両岸には紅箭門を立て、舟師大将(49)が旗と太鼓で迎えた。川を渡ると、南岸に竜驤鳳翥亭《りゆうじようほうしやてい》がある。正宗の時に建てたものであり、華城に行幸するたびに、舟橋を渡った後、この亭で小休止した。また京営門（漢城の軍部隊）の習操場（演習場）が露梁の北にある。渡し場にいま旗竿を立てているところがこれである。教場の周囲は千二百歩である。

竜山江。都城の西南十里にある。すなわち高陽の富原《ふげん》県の地である(50)。慶尚、江原、忠清、京畿の上流の漕転(51)はすべてこの地に集まる。現在の『国典』（『大典通編』巻三・礼典・祭礼）では、再次祈雨祭(52)をこの地で行うことになっている。

『麗史』（『高麗史』巻八九・列伝五一・后妃二）を調べてみると、「忠粛《ちゆうしゆく》(53)王妃曹国長公主金童《そうこくちようこうしゆきんどう》(54)が王に従って漢陽の竜山に赴いた。」と述べている。すなわちこの地のことである。また陸応陽《りくおうよう》(55)の『広輿記』(56)を調べてみると、「竜山は国城の漢江の東にある。」と述べているが、これは誤り(57)である。

麻浦《まほ》。都城の西十里にある。すなわち竜山江の下流である。

西江。都城の西十五里にある。黄海、全羅、忠清、京畿より流れ下って来る漕船(58)はすべてこの江《こう》(59)に集まる。

楊花渡《ようかと》。都城の西十五里にある。すなわち西江の下流である。陽川や江華に行く者は必ずこ

麻浦の河港　奥に西江が見える（1900年）

の渡しを経由する。

考えるに、楊花渡には山河の素晴らしい景色があるので、皇明の時に朝鮮にやってきた詔使は、必ず多くの遊賦詩を製作した。天使の倪謙、高閏、陳鑑、祁順などの諸公の詩はすべて『輿地勝覧』（巻三・漢城府・山川・楊花渡）に掲載している。また尤悔《ゆうかい》菴《あん》（尤侗《ゆうとう》）[60]の「外国竹枝詞」に「楊花渡口杏花紅、八道歌謡東国風」（楊花の渡し場に杏の花が紅い。八道の歌謡は朝鮮風である。）の句がある。この渡しが中国で有名なことがわかる。ゆえに先君（柳得恭）に、かつて楊花渡の二絶句（『冷斎集』巻二）があり、「中国詞人尤展成、竹枝偏説此江名、明沙細草知何限、好是楊花渡口行」（中国の文人尤展成《ゆうてんせい》（尤侗）[61]は、竹枝詞でとりわけこの川の名を強調している。白沙と細い草はどこまで続くのか。楊花の渡し場を行くことはまことに素晴らしい。)、「江上峭峰碧兀々《ママ》(兀兀)、江間宿霧白濛々《ママ》(濛濛)、乱蟬一帯垂楊岸、柔櫓鳴帰罨画中」(漢江から見える山々は青く鋭くそそり立ち、江水の上にとどまる霧は白く煙る。しだれ柳の岸辺に蟬時雨。その中をしなやかな櫓の音が鳴り、絵の中に帰って行くようだ。)と詠んでいる。

また『遣閒雑録《けんかんざつろく》(62)』を調べてみると、「楊花渡の岸辺に喜雨亭がある。英陵(世宗)がかつて駕を駐《とど》め、「文廟(文宗)が東宮(王世子)として王の駕に従った時、安平大君瑢もまたこれに従った。ある夕べ、安平が成三問や任濬《にんしゅん》(63)と江を見ながら月を愛でていると、東宮が洞庭橘二盤を送り、盤の中に詩を書いて、皆にも書くように言った。安平は手ずから叙事と詩を書き、安堅《あんけん》(64)にこれを描かせた。徐居正などの名士諸公もまた加わってこれに唱和した。これ実に太平の勝事である」と言った。」と述べている。

三田渡《さんでんと》。広州境にあり、都城を距たること三十里である。漢江、露梁、三田渡、楊花渡、臨津渡にはおのおの津渡《しんと》別将《べっしょう》(65)がいる。

楮子《ちょし》島《とう》(66)。三田渡の西にあり、高麗の韓宗愈《かんそうゆ》(67)がここに別荘を置いた。我が朝の世宗大王は、貞《てい》懿《い》公主《こうしゅ》(68)に島を賜り、公主の子安貧世《あんひんせ》(69)〈貧世はその名である。〉に伝えた(70)。現在の『国典』(『大典通編』巻三・礼典・祭礼条)では、再次祈雨祭は必ずこの島で行うこととしている。

『輿地勝覧』(巻三・漢城府・山川・楮子島)を調べてみると、韓宗愈の二絶句を載せており、「十里平湖細雨過、一声長笛隔芦花、直将金鼎調羹手、還把漁竿下晩沙」(広々とした静かな湖水に霧雨が通り過ぎていく。一節の笛の音が芦花を通して聞こえてくる。すぐに釜に汁を煮立て、釣竿をもって暗くなった砂浜に下りる。）、「単衫短帽繞池塘、隔岸垂楊送晩涼、散歩帰来山月上、杖頭猶湿露荷香」（単衣《ひとえ》の上衣に短帽を着けて池を巡る。対岸の楊柳は夕方の涼気を送る。散歩して戻ると山の上に月が上り、まだ髷にしっとりとした蓮花の香りがする。）とある。また鄭麟趾の序がある。

仍火島《じょうかとう》(71)。西江の南にあり、家畜牧場がある。司畜署と典牧署から官員各一名ずつを派遣し、監督をしている。

栗島《りつとう》。麻浦の南にあり、薬草を蒔き、桑を植えている。

西池。敦義門の外、慕華館の傍らにある。『輿地勝覧』（巻三・漢城府・山川・西池）は、「旱魃の時に雨乞いをすると効験がある。」と述べている。

東池。城東の蓮洞(72)にある。

南池。崇礼門の外にある(73)。

考えるに、京城の諸池はすべて掌苑署に所属し、蓮の実を収穫して宮中に献上している。西池が最も広く、蓮の花が大変に見事である。池の畔には天然亭がある。崇礼門外の蓮池は今やひどく荒れ果てているが、かつての金安老の家の址だとの伝承がある。『文献備考』（巻二一・輿地考九・山川）は、「西池に盤松がある。高麗の王がかつて南京に行幸した時、ここに雨を避けた。」と述べている。また景慕宮の前に大池（宮池）があり、ここも蓮の花が見事である。池の畔には左右に立石があり、泮村と市廛の販売境界標識としている。

一八　附(1)　井戸と薬泉

桶井《とうせい》。京城の東、訓錬院にある。水の味は甘く清冽であり、冬温かく夏冷たい。旱魃にも涸れることがなく、長雨にも溢れることがない。水品は京城の第一である。初め、この井戸を掘ったところ、大きな柳の根の下に水脈があった。そこでその根を削って空洞として井戸にしたのである。重々しく、底のない巨大な桶を埋めたようなので桶井と言っている。その桶はいまだに井戸の底に残っており、永く朽ちないのもまた珍奇なことである。

尾井《びせい》。敦義門の外にある。水品は極めて佳いが、訓錬院の桶井があるので、第二となっている。水は溢れて流れ出し、ひどい旱魃にも涸れることがないので、俗に楚里井《そりせい》と呼んでいる。楚里とは、方言で尾の意味(2)である。水の味は甘く澄んでいる。染色に適しており、傍らには藍染をする人たちが多くの家を構えている。

星祭井。北部三清洞、旧昭格署の傍らにある。水が石の間から湧き出し、味は大変に佳い。むかし三清の醮祭に用いられていたので星祭井という名がある。

宜城尉《ぎじょうい》（南致元《なんちげん》(3)）井。駱山下の於義洞にある。『芝峰類説』（巻三・地理部・井）は、「城中の水の味は、於義洞の宜城尉の邸宅内の井水を第一とする。成廟（成宗）の時、その井戸を封じて利用を禁じ、汲んで王に進呈したので御井《ぎょせい》と称した。後に宜城（宜城尉）に賜ったので「賜井」の二字を井戸枠に刻んだ。今でも文字が残っている。先般、唐官（中国の官僚）の万経理（万世徳）や邢軍門（邢玠）は皆この井戸を第一とし、人を遣って毎日汲んで飲んだと云う。」と述べている。

彰義宮前に井戸があり、涸れれば豊年だと言われている。

銅井。中部典洞(4)傍らの銅井洞(5)にある。井戸枠の裏が銅貼りになっており、水を汲む時に鍾の音のような響きがする。かつての円覚寺の井戸であると言われている。

八松井。南山の下、南別営の西門の外にある。八松井と呼ばれるのは、もと尹八松《いんはちしょう》（尹煌《いんこう》）(6)の邸宅の井戸だったからだと言われている。

朴井。南山の下の会賢洞(7)にある。井戸は深くなく、俯いて瓢《ふくべ》で汲むことができる。（洞名が朴とあるのは）方言で瓢を朴と言う(8)からである。水の味もまた清冽で、茶や薬を煮出すのによろしい。

窟井。南部泥峴《でいけん》(9)にある。井戸がすこぶる深くて窟があるので名付けられた。李敏求《りびんきゅう》(10)の『東洲集』《ママ》（『東州集』）を調べてみると、「私が十三歳の辛丑（宣祖三十四年、一六〇一）に、泥峴の道端で遊んでいたところ、石の下から泉が湧き出るのを見つけ、里中(11)の子供を集めて掘り出した。行き交う人が汲んで用いること五十三年、蒼然として古井戸となっている。

今ここを通ると感慨があり、絶句一首を口ずさんだ。いわく「当年手鑿一泓新、歳月今過五十春、石甃涼波猶不滅、鑑中枯朽是何人」(あの年に自分で手掘りをしたそのままで、真新しい感じがする。あれから五十年も過ぎてしまったのだ。井戸枠に貼った瓦はまだ昔通りの冷風を送って来る。井戸の中をのぞくと、水面に年老いた顔が映っている。これはいったい誰であろうか。)」〈引用ここまで〉。東洲《ママ》(東州。李敏求)は芝峰(李睟光)の子であり、詩の才能で世に知られている。今この詩を見ると、この井戸は東洲が掘ったものであることがわかる。

許井。南山洞(12)にある。木覓神祀の時の古井戸であると言われるが、墓標や柱石人(13)を井戸枠としており、非常に疑わしい。正宗の時に、許姓の一人の台官がその傍らに住んでいたことに因んで許井と称したのである。

薬泉。(14)敦義門の外、慕華館の西にある。山谷の間に悪岩と呼ばれる岩があり、土の中から細泉が漏れ出している。腹痛や下痢の者が腹いっぱい飲むと効果がある。夏になると、瓢を持参して飲む者が一日中絶えることがない。また彰義門の外、漢北門(15)の傍らに、僧舎玉泉庵があり、崖壁の間から泉が湧き出ている。長患いの者がこれを飲むと神効があり、眼疾を洗っても治癒する。玉泉庵の仏像は崖石を削って造ってあり、海水観音と称している。薬泉が近くにあるので、泉を飲む都人が僧舎に接して居住している。必ずまず鹹物《かんぶつ》(16)を口に含んだ後、終日飲みつづけ、満腹になると効果が現れる。

一九　名勝

弼雲台《ひつうんだい》。(1)城内の仁王山の下にある。李鰲城《りごうじょう》(2)（李恒福）が若かりし日、弼雲台の下にある権都《ごんと》元帥《げんすい》（権慄《ごんりつ》(3)）の家に仮寓し、みずから西雲と号していた。現在、石壁に彫りこんである「弼雲台」の三字は鰲城の筆であると言う。台の傍らの人家は多くの花木を植えている。京城の人は、春の花見にはまず第一にこの地を挙げる。閭巷人《りよこうじん》（街の住民）は酒や詩賦を携えて毎日集まってくる。俗にその詩を称して「弼雲台風月」（弼雲台の自然）と言う。

弼雲台の傍らに六角峴(4)がある。仁王山の麓である。弼雲台と同じ名声がある。

桃花洞(5)。北岳の下にある。桃の花が多いのでこの名がある。先君子《せんくんし》（柳得恭）の詩（『冷斎集』巻二）に、「風々《ママ》（風風）雨雨碧渓浜、忙趁桃花洞裏春、洞裡桃花一千樹、人随蝶去蝶随人」（水辺の砂浜に風が吹き雨が降る。桃花洞の春は早く来る。桃花洞の桃の花木は数限りない。人が蝶を追い、蝶が人を追う。）とある。現在に至ってもこの洞に遊ぶ者は、この絶句を伝えて誦うのである。

また清軒がこの洞の清陰（金尚憲）の旧宅址にある。

幽蘭洞(6)。北岳の下にある。崖の石に「幽蘭洞」の三字が彫ってある。この洞は成聴松（成守《せいしゅ》琛《しん》）(7)がかって住んだところで、花を愛でるのによろしい。

花開洞。(8)北部安国坊にある。この地は奥まっているので酒を酌みながら詩などを詠むのによろしい。この洞には古く火器都監(9)があったので、後に転じて花開洞と称した(10)と言う。

洗心台。(11)仁王山の下にあり、毓祥宮の後ろである。石壁に「洗心台」の三字が彫ってある。春の花見によろしい。英廟朝の乙卯（英祖十一年、一七三五）、荘献世子が誕生した後、霊城君朴文秀がこの台に遊び、「君歌我嘯上東坮、李白桃紅満樹開、如此風光如此楽、毎年長酔太平杯」（貴方は歌い私は吟じながら東の台に上る。李《すもも》の花は白く桃の花は紅い。見渡す限りの満開。このような素晴らしい風景、このような楽しさ。毎年、長く酔おうではないか太平の杯で。）と詩を詠んだ。正宗朝の乙卯（正祖十九年、一七九五）、春塘台に賞花釣宴(12)を設けた。御製に霊城君の洗心台絶句の韻を用いたところ、宴に参席した諸臣はこれに続けて詩を作り、慶年(13)であることを知った。

水声洞。(14)仁王山の麓にある。谷は奥深く、渓谷の景観が素晴らしい。暑い時期に訪れるのに最もよろしい。この洞は匪懈堂《ひかいどう》（安平大君）の旧宅址とも言われる。麒麟橋という橋がある。

玉流洞。(15)仁王山の下にあり、渓谷の景観が素晴らしい。水が石壁の間から出ており、上に「玉流洞」の三字が彫ってある。前に渓谷があり、鸂瀬瀾《けいらいらん》と言う。閣があり、清暉閣と称する。いずれも金農岩《ママ》（金農巌《きんのうがん》、金昌協《きんしょうきょう》）(16)が命名したところである。

白蓮峰。三清洞にある。袋地で、北岳の麓である。石壁に「影月岩」の三字が彫ってある。金黄山《きんこうさん》（金逌根《きんゆうこん》）(17)の旧居を白蓮社と称する。

宋洞[18]。成均館の西麓にある。宋尤菴（宋時烈）旧居の地である。石壁に「曽朱壁立」（曽子と朱子が並び立つ。）の四字が彫ってあるが、これは先生の筆である。谷は奥深くて花木が多い。春に遊ぶ者が大変に多い。石壁の間に小さな青蛙がおり、長く去らないので、人々はみなこれを怪しんだ。むかし鄭修井景淳《ていしゅうせいけいじゅん》（鄭景淳《ていけいじゅん》）[19]が友人に送った「宋洞に遊ぶの詩」に、「徐兄二李応相逐、宋洞千桃不尽飛」（徐兄と二李の二人が仲良く追いかけ合い、宋洞の無数の桃の花は飛び尽くすことなし。）の句があり、人々に伝え誦まれている。

北寺洞[20]。恵化門の外にある。古く墨寺があったので、墨寺洞とも称する。また御営庁の北倉がここにあるので北屯とも称している。清渓の両岸の住民は桃を栽培して生業としており、晩春になると、遊客の車馬が山谷の間に音を響かせる。清々しい草葺きの家が多い。朴貞蕤斉家《ぼくていずいさいか》（朴斉家）[21]が「城市全図詩」に、「最憐城北屯辺俗、不種桃花以為恥」（最も愛すべきは城北の村の風俗。桃を植えねば恥とされる。）と詠っているところである。

山壇。南山の外にある。南壇の傍らの草地である。京師の風俗[22]で、毎年端陽節に、若くて壮健な者が集まり、この地で角力戯を行う。見物する庶民が大変に多い。

考えるに、角力戯とは東俗で、身分の低い若者たちが組み合って力を比べるもので、倒れた者を負けとし、倒れなかった者を勝ちとする。中国人が言うところの高麗技がこれである。

夢踏亭[23]。昌徳宮の西、訓局の北営内にある。泉石の景色が素晴らしい。粛宗がお出ましになった夢をご覧になったことがあるので、この名を賜った。また射亭（弓場）があり、君子亭（趙豊綾《ママ》（趙豊原《ちょうほうげん》）顕命《けんめい》（趙顕命《ちょうけんめい》）(24)の書額がある。〉と言う。

　洗剣亭。彰義門外の蕩春台の傍らにある。岩の上に亭を置いてあり、瀑流がその前を流れて行く。水が漲ると、都の人たちは必ず見物に出かけて来る。亭の前の盤石は、水に磨かれて滑らかで、清らかなこと練り絹のようである。街の子供たちがここで手習いをするので、石の上にはいつも墨の痕がついている。この瀑流に沿って上って行くと東嶺瀑布がある。

　天然亭。敦義門外の西池の畔にある。この亭はもと李海重《りかいじゅう》(25)の書斎であった。今は京畿監営の中営の庁舎になっている。池の蓮が見事で、都人は夏の蓮見物にはこの亭が第一だとしている。

　双檜亭《そうかいてい》。南山下の倉洞の前にある。岩の間に谷川が流れ、楓《かえで》や柏《ぶな》が多く、九秋(26)に遊び愛でるのによろしい。

　また七松亭が南山の麓にある。亭はなく、七松樹がある。土地が高いので眺望するのに適している。

　泉雨閣。南山の下にあり、南別営所属の官舎である。谷川を跨いで閣を建ててあり、夏の避暑に適している。石壁に「丫渓」(27)の二字が彫ってある。

　夾澗亭《きょうかんてい》。駱山の下にある。前は渓谷と滝に臨み、双渓李相公（李福源《りふくげん》）(28)が別荘を構えたところである。東村人《とうそんじん》が景色を愛でて遊ぶところである。

　浥清楼《ゆうせいろう》。竜山江にある。訓局に所属する別営の倉楼である。前は長江（漢江）に臨み、風景が非常に美しい。

考えるに、都城には八詠がある。『輿地勝覧』(巻三・漢城府・題詠)は、「畿甸山河、都城宮苑、列署星拱、諸坊碁布、東門教場、西江漕泊、南渡行人、北郊牧馬」(漢城周辺の自然、漢城城内の宮殿と庭園、立ち並ぶ多くの官庁、街区の広がり、東大門傍の訓錬院演習場、西江に停泊する漕運船、漢江を渡り南に行く旅人、北郊の牧場の馬)〈ならびに鄭道伝、権近、権遇の詩がある。〉と言う。また十詠があり、「蔵義尋僧、済川翫月、盤松送客、楊花踏雪、木覓賞花、箭橋尋芳、麻浦泛舟、興徳賞蓮、鍾街観灯、立石釣魚」(蔵義寺の僧侶訪問、済川亭の月見、盤松亭の客人歓送、楊花渡の雪見、南山の花見、箭串橋の花草見物、麻浦の船遊び、興徳寺池の蓮見物、釈迦生誕日の鍾路の懸灯見物、立石浦の魚釣り)〈ならびに鄭道伝、権近、権遇の詩がある。〉と言う。また南山の八詠は「雲横北闕、水漲南江、巌底幽花、嶺上長松、三春踏青、九日登高、陟巘観灯、沿渓濯桜」(雲が横たわる景福宮、水の漲る漢江、岩の合間のひそやかな花、山上の高い松の木、春三か月(一―三月)の若葉踏み、重陽の節句の山登り、山に登って眺める釈迦生誕日の提灯飾り、渓谷の桜見物)〈ならびに鄭以吾の詩がある。〉と言う。

『芝峰類説』(巻三・地理部・国都)は、「『輿地勝覧(東国輿地勝覧)』の漢都十詠は、「蔵義尋僧、興徳賞蓮、立石釣魚」と言っている。考えるに、蔵義寺はもと彰義門外にあり、興徳寺は東部燕喜坊にあって蓮池があったと言うが、いまだいつ廃止されたのか不明である。立石浦は豆毛浦の上流にある。」と述べている。

『京都雑志』(巻一・遊賞)は、「弼雲台の杏花、北屯の桃花、興仁門外の楊柳、天然亭の蓮花、三清洞蕩春台の水石には、景色を愛でて詩を詠む者が多く集まる。」と述べている。

蒼檜亭《そうかいてい》。西氷庫の江北にある。世祖が潜邸にいた時、常に遊びに出かけたところである。たまたまここで権擥《ごんらん》が出会い、一目で臣下と認められ、後についに功臣となった[30]。

二〇　各衕

〈1〉衕

各衕《どう》〈동《トン》。以下では街と同じ意味である[1]〉。

考えるに現在、京城の街々がみな洞《どう》と称しているのは、すなわち中国の衚衕《こどう》のことである。『農岩《ママ》雑識[2]』(『農巌雑識』。『農巌集』巻三四・雑識外篇)は、「中国が洞と称しているのは、すべて中空になって居住可能な岩穴を指している。我が国では京城の坊里まで洞と称しているが、これはおよそ意味をなさない。いつからこのような誤りが生じたのかわからない。」と述べている。また、『楊升菴集《ようしょうあんしゅう》』を調べてみると、「今の巷道(街区、路地)を胡洞《こどう》と名付け、あるいは吾衕《がどう》または吾衕《がどう》としている[3]。」と述べている。ならば我東が洞の字を用いているのは、すべて衕とすべきである。

〈2〉中部

里《り》門衕《もんどう》(里門洞[1])。また里門[2]内とも称している。仁廟朝(仁祖)の潜邸である。池があり、潜竜池と呼ばれている。堂内に英宗御筆の「潜竜池」の扁額を掲げている。

郷校衕（郷校洞）[3]。趙静菴（趙光祖）の旧居がある。前朝（高麗）の時、ここに漢陽郷校があった。

寿進衕（寿進洞）[4]。坊の名をそのまま衕の名としている。李牧隠（李穡）の影堂[5]があり、毎年、時祭[6]を行っており、子孫と儒生の参列する者が非常に多い。

詩琴衕（詩琴洞）[7]。水標橋の東数十歩のところにある。すなわちかつて金三淵《きんさんえん》（金昌翕《きんしょうきゅう》）[8]が士友[9]と会って詩琴会を行った地なので、このように名付けたのである。『芝峰類説』（巻一七・人事部・徴応）を調べてみると、「京城内外四十九坊の名はすべて鄭道伝が選定した。道伝は寿進坊にいた時に罪人として殺されたが、人々は前兆があったと言う。まさに音が同じ[10]だからだと言うのである。現在では寿重と改称[11]している。」〈引用ここまで〉と述べている。道伝の家は寿進坊にあり、今の中学はその書堂、今の済用監はその内舎、今の司僕寺は馬厩の址だと伝わっている。まことに道伝が土地の観相をよくして、繋馬《けいば》千駟《せんし》[12]の地を発見したからだと言われる。

内農圃《ないのうほ》[13]。昌徳宮の敦化門外の東側にある。圃田[14]があり、内官（宦官）が管理を行い、蔬菜を栽培して宮中へ献上している。

以上が中部である。

〈3〉東部

於義衙《おぎどう》（於義洞）。孝廟朝（孝宗）の潜邸があり、竜興宮と称する。楼名は朝陽楼である。朝廷に嘉礼がある時は常にこの宮殿で執り行う。また東側の対角の位置に夕陽楼と称する楼がある。これは麟平大君《りんぺいたいくん》(1)の宮殿であり、奉祀(2)の子孫が代々居住している。また申企斎光漢（申光漢）の旧居がこの衙の駝駱山の下にあり、名勝の地と讃えられている。現今の人々が申台と言って遊びに出かけるところである。石壁に彫りこんである「紅泉翠壁」の四字は姜豹菴《きょうひょうあん》（姜世晃）の筆である。また南将軍怡《なんしょうぐんい》（南怡《なんい》(3)）の家の址もこの衙にある。すなわち今の朴貞蕤《ぼくていずい》（朴斉家）宅である。庭に巨大な盤松があり、三十二本の柱で支えている。名を「御愛松」と言う。この松は英廟朝の丁亥（英祖四十三年、一七六七）に、趙江陵鎮世《ちょうこうりょうちんせい》（趙鎮世《ちょうちんせい》(4)）が植えたものであるが、松を植えたことで後世に名前を伝えられているのもまた一つの奇事である。正宗が、景慕宮に展拝(5)した後、文禧廟(6)の場所を見ようとして偶然にこの松の下を通りかかり、その美しさを褒めて「御愛松《ぎょあいしょう》」の名まで賜ったのである。人々はみなこれを名誉なことだとしている。

栢衙《はくどう》（栢洞(7)）。駱山の下にある。太宗の時の功臣朴訔《ぼくぎん》(8)の旧宅に栢林亭があったので、これに因んで栢衙と名付けられた。

宋衙（宋洞(9)）。尤菴（宋時烈）の旧宅がここにあった。石壁に尤菴の筆で「曽朱壁立」の四字が彫ってある。

館衙（館洞(10)）。成均館があるので称している。李月沙（李廷亀）の旧宅があり、奉祀の子孫が代々住んでいる。(11) 祀宇(12)の前に単葉の紅梅の樹がある。これは中国人が月沙に贈ったものを植えたものである。我が国の単弁紅梅はただこの一本のみ(13)であると言う。

南尚文《なんしょうぶん》(14)は宣廟の時の人である。官職は郡守に至った。旧居が駱山の下にあり、庭園の池と樹木の眺めが素晴らしい。皇明詔使の楊経理鎬（楊鎬）が駱峰（駱山）に遊んだ時、庭園を訪れ、大きな人物が松の下に立っているのを目にした。鬚眉ともに白く、容貌は尋常と異なり、古風の趣きがあった。一同に向かい、感激して「今日はからずも偉人を見た。」と述べ、門に「歯徳倶優達尊之閭」（年齢人徳ともに極めて優れている立派な方の地）と題をつけた。

弘徳田《こうとくでん》。駱山の下にある。孝宗が瀋館(15)にいた時、内人《ないじん》（女官）の弘徳《こうとく》が瀋陽に囚われており、沈葅《ちんしょ》（漬物）の腕前がよく、日々の食膳に供していた。孝宗が即位した後、弘徳もついに解放されて本国に帰ることになり、内人なのでまた沈葅を献上したところ、上《しょう》はこれを食べ、どこで作ったものか尋ねた。内人が事実を告げると、上は驚いてただちに弘徳を召し出し、あつく褒美をとらせようとしたところ、固辞して受け取ろうとしなかった。そこで上は駱山の下に幾《いく》頃《けい》かの農地を賜り、その労をねぎらった。この農地は今でも存在しており、名を弘徳田と言う。

『芝峰類説』（巻二・諸国部・国都）を調べてみると、「前朝の時、『道詵図《どうせんと》讖《しん》』(16)を用いて、漢陽に李《すもも》を植えて圧えとしたので(17)種李村と名付けられた。於義衕《ママ》（於義洞）は旧称を漢陽東村あるいは楊柳村と言い、市街地のなかでもっとも活気がある。」〈引用ここまで〉と述べている。現今の人もまた東村と言っているが、これはすでに高麗時代に始まるのである。

以上が東部である。

〈4〉南部

会賢衖（会賢洞）。南山の下にある。ここも坊の名を衖（洞）の名としている。鄭文翼公光弼（鄭光弼《ていこうひつ》）(1)の旧宅があり、今でも子孫が代々住んでいる。その家には銀杏の樹がある。仙人が、十二本の犀帯(2)をこの樹に掛ければ鄭氏の入閣する者が頗る多く出ると告げたが(3)、しかもなお残っている帯があると言われている。また鄭陽坡相公（鄭太和《ていたいわ》）(4)の旧宅がこの衖にある。かつて外舎は広さ一間《かん》の建物だけであったが、兄弟は議政に任命された時(5)もまだここに同居しており、狭苦しいとも思っていなかった。また内舎は金清陰（金尚憲）と仙源（金尚容）が誕生した建物(6)であり、人々は今でもこれを讃えて古いままで建て替えようとはしない。また鄭一蠹《ていいちと》汝昌《じょしょう》（鄭《てい》汝昌《じょしょう》）(7)の旧居址がこの衖にあり、子孫が毎年住民から家垈税《かたいぜい》(8)を取り立てている。また姜豹菴世晃《きょうひょうあんせいこう》（姜世晃）の旧宅がこの衖にある。土地が山麓にあり袋地である。李参奉匡呂《りさんぼうきょうりょ》（李匡呂《りきょうりょ》）(9)の詩に「嶺松千万万、宅巻無南山」（南山を埋める無数の松が邸宅を取り巻き南山が見えぬ。）とあるのがこれである。

在山楼。会賢衖（会賢洞）にある。袋地にあり、南山の麓に直結している。青城府院君金錫冑がこの地に生まれたと言われる。幼いころ、顔が虎に似ていたので、虎は山に居るのがふさわしいとして、邸宅の楼を在山と名付けた。垣根の外に一株の老松があるが、これは青城手植えのものである。また十九折の瀑布があり、その下に井戸がある。水味が非常に清冽である。井戸の東の石壁には「蒼壁」の二字が彫ってある。敷石の上に小さな洼《くぼみ》がある。硯池[10]である。光海君の外孫朴氏[11]が代々この衕に住んで祭祀を行っている。

松峴。達城尉翁主（貞慎翁主《ていしんおうしゅ》）[12]の邸宅がある。ここはもと我が家の第十代祖判書公《はんしょこう》（柳潜《りゅうせん》）[13]の旧宅であったが、三代下がって[14]翁主の邸宅となり、達城尉（徐景霌《じょけいしゅう》）[15]が東田から移転してきた。この話は野史[16]に見えている。

長興衕（長興洞）[17]。かつて長興庫があったところである。朴挹翠軒《ぼくゆうすいけん》誾（朴誾《ぼくぎん》）の旧宅址がある。また沈一松喜寿《しんいちしょうきじゅ》（沈喜寿《しんきじゅ》）[18]の旧宅もあり、手植えの松が一本、現在でも残っている。かつて故左相金光国《きんこうこく》[19]の邸宅であった。金相（金光国）が建物を構えたところ、贅沢であるとして弾劾された。しかしながら、今これを見ると甚だ質素で狭苦しいと言われる。

尚衕（尚洞）[20]。尚成安震（尚震）の旧宅があるので尚政丞衕《しょうせいじょうどう》（尚政丞洞）と称している。崇礼門内大路沿いにある。英宗が動駕してこの地にさしかかると、掖隷《えきれい》[21]が慣例として衕名を唱え、王は礼をしながら通り過ぎていく。

校書館衕（校書館洞）[22]。古く校書館がここにあったので、芸衕《うんどう》（芸洞《うんどう》）[23]とも呼んでいる。かつての林将軍慶業（林慶業《りんけいぎょう》）[24]の邸宅址である。芸館《うんかん》の附君堂の神像は林将軍であると言われている。正宗の時、我が家門は久しくこの衕に住んでいた。先君が古芸《こうん》[25]を堂号としたのはこのためである。

駝駱衕（駝駱洞(26)）。趙文康公《ママ》（趙文剛公《ぶんごうこう》）末生《まっせい》(27)（趙末生）の旧宅がある。すなわち神僧無学が宅地と定めた場所である。その後、趙氏の子孫は多くこの衕に居住した。南山の（気の）幹脈が直接、駱衕（駱洞）にあたるので、伏亀の形と称している。西は趙文康公《ママ》の邸宅、東は尹相国《いんしょうこく》蓍《き》東《とう》（尹蓍《いんき》東《とう》(28)）の邸宅である。それぞれが亀の左右の眼になっており、現在の拱北軒が尾になっていると言われる。

南山衕（南山洞）。南山の下にある。李《り》白江敬輿《はくこうけいよ》（李《り》敬輿《けいよ》(29)）の旧宅があり、奉祀の子孫が今も住んでいる。

扈《こ》衛庁衕《えいちょうどう》（扈衛庁洞(30)）。南衕（南山洞）と羅衕（羅洞）の間にある。もと扈衛庁(31)がここにあったのにちなんで名がつけられた。

鍾峴(32)。古く鍾を懸けた場所であったことにちなんで名付けられた。『秋官志』（第一編・律令）の按説は、「南峴に諫鼓《かんこ》を懸け、西橋《せいきょう》に謗木《ぼうもく》を設けた。今に至っても鍾峴・謗木橋(33)と伝えており、我が国が建国の初めに三代（夏殷周）の立派さにならったからだと知れる。」〈引用ここまで〉と述べている。尹善道《いんぜんどう》(34)の宅地内に礎石があり、「如山不動」（山のごとく動かず。）の四字が篆刻されている。許眉《きょび》叟《そう》（許穆(35)）の筆だとも言われている

考えるに、この峴がある山の脈は、南山から出て城中に突き出している。尹孤山（尹善道）はこれを燕巣形と言っている。峴に上中下の三称がある。東は苧衕（苧洞(36)）である。

羅衙（羅洞[37]）。もと羅大将弘佐（羅弘佐《らこうさ》[38]）が居住していたのにちなんで名付けられた。

倉衙（倉洞）。宣恵倉庫があるのにちなんで名付けられた。許眉叟（許穆）の旧宅がここにある。

鋳字衙（鋳字洞）。権擥の旧宅があり、後凋堂[39]と名付けられている。眉叟の筆である。無学に地相を鑑定して（宅地を）定めさせたが、その後、凋落した地だと言われている。

墨寺衙（墨寺洞）。李東岳安訥（李安訥）の旧宅があり、庭園に詩壇がある〈古跡の条にもある。〉。また趙豊原顕命（趙顕命）の帰鹿亭の遺址がある。豊原はかつて青い絹糸で亭の下に鹿を繋いでおいたが、これは共に鹿車[40]を挽いて郷里に帰るとの意味[41]である〈また古く許生《きょせい》[42]がこの衙に隠居していた。家は貧しかったが学問を好み、すこぶる業績が多い。朴燕岩（朴趾源）が伝記[43]を書いている。〉。

『芝峰類説』（巻二・諸国部・国都）を調べてみると、「墨寺衙《ママ》（墨寺洞）は古く墨寺があったところである。宋松亭は宋姓の人が住んでいたところであり、松亭がある。」と述べている。

筆衙（筆洞）。むかし南部がここにあったのにちなんで部衙（部洞）と称している。方言では筆と部の発音が似ているので[44]、訛って筆衙となったのである。この衙の第二巷（街区、路地）に尹美《いんび》村《そん》（尹宣挙《いんせんきょ》[45]）の旧宅がある。

南小衙（南小洞）。もと南小門[46]があったことにちなんで名付けられた。建国の初め、南亀《なんき》亭《てい》（南在《なんざい》[47]）の在家（別宅）がこの衙にあり、李《り》東皐浚慶《とうこうしゅんけい》（李浚慶《りしゅんけい》[48]）の家もここにあった。

南学衙（南学洞[49]）。南学がここにある。朴承宗《ぼくしょうそう》[50]の旧宅があり、挹白堂と称している。

青鶴衙《せいかくどう》（青鶴洞）。『輿地勝覧』（巻三・漢城府・山川・青鶴衙）に「もと右議政李荇の書斎があった。崖の石に「容斎李先生書舎遺址」[51]と彫ってある。」〈引用ここまで〉と述べている。今、朴挹翠軒（朴誾）の旧宅が筆衙奥の青鶴衙にあったと伝えられている。

生民衙（生民洞）。筆衙に隣接しており、朴翠《ママ》琴（朴酔琴《ぼくすいきん》）彭年（朴彭年《ぼくほうねん》）[52]の旧宅がある。庭に高く伸びた松があり、忠臣の直節[53]にたとえられている。

小公衙（小公洞）[54]。南別宮がある〈詳しくは宮室条を見よ。〉。太宗の公主[55]の邸宅があったので、小公衙と呼ばれている。

双里門衙（双里門洞）。もと双里門があったのにちなんで名付けられた。廃朝（光海君）の時の権力者たちが居住していた地だとも言われる。爾瞻《じせん》（李爾瞻《りじせん》）[56]はかつて双里と自称していた。しかし後にその地は廃れてしまい、士大夫が居住しない。『於于野談』は、「尹希《いんき》宏《こう》[57]は儒士である。人柄は素朴で雅趣があり、水石を愛し、双里門に居住する。南山の麓に岩を削って山となし、川を引いて池としていた。瀟洒で林泉に趣きがあり、長安（漢城）の士夫たちが鑑賞しに押しかけた。その友成択善《せいたくぜん》[58]が酒席の戯れ言で、「我が家に怪石がある。非常に巨大でひときわ高く聳《そそ》り立っており、魁偉である。貴君がもしこれを欲しくば、車馬を準備できたら差し上げよう。」と言った。希宏は大いに喜び、翌日、京兆（漢城府）に書面を提出して公用の車と牛を借り、明礼衙《ママ》（明礼洞）[59]にやった。成択善は笑いながら南山の蚕頭を指し、「これが我が家の怪石である。もし力があるのならどうぞ載せて帰られよ。」と言った。僕（召使い）はのぞき見ただけで車を走らせて帰ってしまった。この時、若き儒生金斗南《きんとなん》（金徳遠《きんとくえん》）(60)が石山を見物しに来たところ、門番が拒絶した。斗南はこれを慍《うら》み、筆を取り出して門に「君家名勝擅長安、日々来遊尽達官、山石豈能偏拒我、到門還愧着儒冠」（貴方の家は漢城で名勝の名をほしいままにしている。毎日、見物に来る者はすべて高位高官である。山の石がどうして私だけを拒否するのか。門に来て帰り、まだ官位についておらず学生の儒冠をかぶっていることを恥じる。）と題を書き付けた。」と述べている。

冶峴《やけん》。南山の東麓にある。琵琶亭があったが、今では亭の建物は残っておらず、松だけが立っている。眺望に適している。

蘭亭里門衕（蘭亭里門洞）(61)。南山の下にある。昔日の韓上党(62)（韓明澮）の旧宅であり、韓氏一族が多数居住していた。一門の韓氏たちとしばしば蘭亭修禊会《らんていしゅうけいかい》(63)を開いたのでこの名がある。今ではただ蘭衕（蘭洞）とだけ称している。

草廛衕《そうてんどう》（草廛洞）(64)すなわち椒井衕（椒井洞）である。いまこの衕（洞）の傍らに小さな巷があり、全周墨衕（全周墨洞）と呼ばれている。衕の中に井戸があり、田椒井と呼ばれている。全周墨とは方言で田椒井の訛り(65)であり、草廛もまた椒井の訛り(66)である。この井戸こそ、その明らかな証拠である。

竹廛衕（竹廛洞）(67)。

銅峴(68)。報恩緞衕（報恩緞洞）と相対している衚衕であり、また雲峴とも称される。方言で銅と雲が似ているから(69)である。体府庁衕（体府庁洞）は銅峴の中に含まれている。顕宗の時にこの衕（洞）に体察使府を設置した。

披蘭衕（披蘭洞）(70)。筆衕（筆洞）の中にある。もと披蘭寺があったので名付けられた。避乱衕（避乱洞）とも称しているのは誤り(71)である。

以上が南部である。

〈5〉西部

貞衕（貞洞）(1)。建国初期の貞陵の址地なので、今に至っても貞陵衕（貞陵洞）と称している。西学峴(2)右側の岡上の、いま人家の庭園の石壇のあるところが塋域《えいいき》（墓域）の址だと言われている。

御書閣衕《ぎょしょかくどう》（御書閣洞）(3)。小貞衕《しょうていどう》（小貞洞）(4)の中にある。崔相国奎瑞《さいしょうこくけいずい》（崔奎瑞《さいけいずい》）(5)の旧居である。戊申奮武功臣(6)であったが、顕彰されることを願わなかったので、英宗辛巳（英祖三十七年、一七六一）、とくに「一絲扶鼎《いっしふてい》」（筋を通すことで国家を助けた）の四字の御書を賜り、京第(7)に閣を建てさせた。

鶴橋(8)。西小門内にあり、確橋とも呼ばれる。むかし李退渓（李滉）がこの衕（洞）に居住しており、城内名勝の地と讃えていた。『竹窓閑話』(9)は、「李退渓の旧宅は京中の西小門衕《ママ》（西小門洞）にある。庭に檜の老木があり、高さは数十丈あった。兵火（壬辰倭乱）の後、都下の高い木が跡形もなく消え去ってしまった中で、この樹だけは残って緑豊かに空高く聳えていたが、辛亥（光海君三年、一六一一）の春、忽然として砕け折れてしまった。人々はみなこれを怪しんだが、その夏、鄭仁泓《ママ》（鄭仁弘《ていじんこう》）(10)が朴汝樑《ぼくじょりょう》(11)らをそそのかして上疏し、口を極めて退渓を中傷誹謗しつくした。檜折《かいせつ》の変はここにはじめてその結果を現したのである。」と述べている。

漏局衕（漏局洞）(12)。鶴橋の北にある。金沙渓長生《きんさけいちょうせい》（金長生《きんちょうせい》）(13)の旧宅があり、子孫は現在まで代々居住している。

太平衕（太平洞）(14)。もと太平館があった。この館は天使を接待するところであった。李鵞渓山《りがけいさん》海《かい》（李山海《りさんかい》）(15)と朴思庵淳《ぼくしあんじゅん》（朴淳《ぼくじゅん》）(16)の旧宅もこの衕にある。

報恩緞衕《ほうおんだんどう》（報恩緞洞）(17)。俗に美墻衕（美墻洞）と呼ばれているが、発音が訛《なま》って伝わった(18)からである。『通文館志』(19)（巻七・人物）は、「洪純彦《こうじゅんげん》(20)は若くして豪放で義気があった。かつて燕（北京）に赴く途中で通州(21)を通った際、一晩を青楼（遊女屋）に遊んだところ、一人の女がとりわけ美人なので、これと楽しもうと遣り手婆にとりもちを頼んだ。衣装の粗末なのを見てその訳を問うと、女は、「私の父母は浙江出身で、京師（北京）に仕官しましたが、不幸にして病に倒れて二人とも亡くなってしまいました。棺《ひつぎ》は宿に置いてあります。私一人では故郷に送り返して葬るにも資金がなく、しかたなく体を売っているのです。」と言い終わるや、泣き崩れてしまった。洪はこれを聞いて哀れに思い、葬儀の費用をたずねると、三百金（両）ほどかかると言う。そこで懐をはたいてくれてやり、ついに女には手もふれなかった。女が姓名を教えてくれと頼んだが、ついに言わなかったところ、女が、「貴方様がおっしゃらないのなら、私もこれを受け取るわけにはいきません。」と言うので、姓だけを告げて出てきた。仲間はその間抜けさを嗤った。女は後に礼部侍郎[22]石星[23]の継室（後妻）となった。侍郎はこの話を知ってその義を高く評価し、東使（朝鮮使節）が到着するたびに必ず、洪通官（通訳官）が来たかどうかを尋ねた。このころ本国は、宗系の弁誣[24]をするために送った十回余りの使者がみな目的を達することができなかった。万暦甲申（万暦十二年、宣祖十七年、一五八四）、公（洪純彦）が卞誣使（弁誣使）の黄芝《こうし》川廷彧《せんていいく》（黄廷彧《こうていいく》）[25]に随行して北京に到着すると、はるか朝陽門[26]の外に錦の幕が雲のように連なっているのを目にした。そこから一騎が疾駆して来て、洪判事が来たかと問い、礼部石侍郎が公の到着を聞いて夫人とともに迎えに出ていると述べた。突然、女奴（婢）十人余りに取り囲まれて夫人が帳の中から出て来るのが見えた。公は驚愕して逃げようとしたが、侍郎が言うには、「貴方が通州で恩を施されたことは妻から聞いています。貴方こそ誠に天下の義士です。いま幸いにお会いすることができたので、私の心は晴れ晴れとしています。」と。夫人がひれ伏して拝むので、公が平伏して固辞すると、侍郎は、「これは貴方の恩に報いるために拝んでいるのです。受けていただかないわけにはいきません。」と言う。夫人は、「貴方様の高い義のおかげで父母を葬ることができました。この感激は心にとどまり、忘れる日とてありませんでした。」と言うのであった。大宴会が行われ、夫人は盃をすすめた。侍郎が、東使が来訪したわけを尋ねるので、公が事実を答えたところ、侍郎が言うには、「貴方は心配する必要がありません。」と。会同館[27]に一か月あまりも逗留していたところ、使節の目的である要請が許され、とくに命令が下り、新しい『会典』[28]に記述が入った。[29]実に石公が行わせたものである。帰国の時になり、自宅に招いて大変に手厚く接待した。夫人は鈿函《でんかん》（螺鈿《らでん》の函）十個に五色の錦緞《きんだん》（絹布）十疋ずつを入れて、「これは私が手織りしたものです。公がいらっしゃるのをお待ちしておりました。これを公に差し上げたいと存じます。」と言うのだが、公は固辞して受け取らなかった。帰国の途中で鴨緑江まで来ると、抬杠軍《たいこうぐん》（運送人夫）が付いてきて、その緞を置いて去るのが見えた。錦の端にはことごとく「報恩」の二字が刺繍してあった。帰国するや、錦を買おうと人々が押しかけてきた。人々は公の住む衕《ママ》（洞）を報恩緞衕《ママ》（報恩緞洞）と称したと言う。壬辰（宣祖二十五年、一五九二）に倭奴が漢城に侵入すると、王の車駕は西に逃げ、天朝に救援を依頼した。その時、石公は兵部尚書[30]の職にあり、独り朝鮮の救援を力説し、かつは先ず兵器と火薬を下賜されんことを王に願い出た。吾東（朝鮮）が国を回復できたのは、すべて石公の力である。公（洪純彦）は光国に策して唐陵君に勲封された。[31]公の孫の孝孫《こうそん》（洪孝孫《こうこうそん》[32]）は粛川《しゆくせん》府使[33]となった。」と述べている。

以上が西部である。

〈6〉北部

大寺衕（大寺洞[1]）。すなわち塔寺衕（塔寺洞）である。もと円覚寺があり、今もなお石塔が残っている〈詳しくは古跡条を見よ。〉。申相国晩《しんしょうこくばん》（申晩《しんばん》(2)）の家がこの衙（洞）にあり、李栗谷（李珥）の旧宅だと言われている。

この衙（洞）から西に典医監衙（典医監洞、典洞）を越えると小巷があり、青石衙《せいせきどう》（青石洞(3)）と呼ばれている。かつて清城府院君金錫冑の邸宅があったのにちなんで名付けられた。石と城は発音が似ているからである(4)。『竹窓閑話』は、「李相国浣《りしょうこくかん》(5)（李浣《りかん》）は大寺衙《ママ》（大寺洞）に邸宅を構えた。建物が消滅してから二十年後、閔宗道《びんそうどう》(6)が居住していた。庭園には相国手植えの梨があった。閔家が入居してからはまったく実を結ばなかったが、甲戌(7)（粛宗二十年、一六九四）の後、庶孫(8)が帰ってきて住み始めると梨はまた実を結んだ(9)。」と述べている。

三清衙（三清洞）。北岳下の鎮長坊にある。かつて三清道観(10)がここにあったからだとも、山清く、水清く、人清いので三清としたのだとも言われている。川流と石壁があり、石壁には「三清洞門」の四字が彫ってある。李監司尚謙《りしょうけん》（李尚謙）(11)の筆である。尚謙は先祖代々この衙に住んでいたと言われている。また衙門の傍らに閔老峰《びんろうほう》(12)鼎重《ていじゅう》（閔鼎重《びんていじゅう》）の旧宅がある。この衙には掌苑署がある。成梅竹三問（成三問）の旧宅である。署の庭に成学士(13)手植えの松があり、三十年前まで切り株が残っていた。後に人が切り取って琴材としたが、その琴は今でも存在していると言われる。

八判衙（八判洞(14)）。三清衙（三清洞）の西にある。むかし八人の判書が居住していたから（名が付いた）と言われている。

桂生衕（桂生洞）。古く済生院があったので、済生衕（済生洞）と称していたが、後に転じて桂生衕となった。李東皐浚慶（李浚慶）の旧宅がある。

孟監司峴《もうかんしけん》。(15) 北山の下にあり、斎衕（斎洞）と境界を接している。かつて孟文貞公思誠（孟思誠）の旧宅があったので名付けられた。世宗の時の相臣（議政）である。『戊寅記聞』(16)は、「孟文貞公思誠、字は誠之、新昌人《しんしょうじん》(17)である。清廉で謙虚であり、端正で重厚であった。相府（議政府）にあっては率直な姿勢を保っていた。また生来音楽に造詣が深く、常に一本の笛を持ち歩き、三四声（節）を楽しんだ。門を閉ざして賓客に応接せず、稟事者（報告者）があれば、門を開けて応対する。夏は松の木陰に座り、冬は部屋の中に座って、蒲茵《ほいん》（座布団）の左右には何もおかない。稟事者が去ると、ただちに門を閉じる。稟事者が衕《ママ》（洞）の入り口に至り、笛の音が聞えれば公が在宅しているとわかるのである。」と述べている。

壮義衕（壮義洞）(18)。義通坊にある。毓祥宮の傍らに邸宅があり、養正斎と言う。仁元王后《じんげんおうごう》(19)誕生の地である。清風渓がこの衕（洞）にある。金仙源尚容（金尚容）の旧宅太古亭がある。仙源祠宇の額に「凜然堂」とある。渓のうえにも石刻があり、「大明日月、百世清風」の八字がある。すなわち、〈欠字〉(20)の筆である。大隠岩はもとの南袞《なんこん》の家の址である。岩の傍らに廊屋がある。宋亀峰翼弼《そうきほうよくひつ》（宋翼弼《そうよくひつ》）(21)が誕生したところである。廊屋は今でも残っており、人々は今も広く伝えている。この衕（洞）には鄭松江澈《ていしょうこうてつ》（鄭澈《ていてつ》）(22)と成聴松守琛（成守琛）の旧宅がある。衕（洞）内には水閣がある。そこで『玄湖瑣談《げんこさだん》』(23)は、「呉西坡道一《ごせいはどういつ》（呉道一《ごどういつ》）(24)は海州人である。忠貞公允謙（呉允謙《ごいんけん》）(25)の孫である。幼いころ、子供の一群を引き連れて壮衙《ママ》（壮洞）の水閣に遊んでいた時、高官たちが集まっており、呉の容貌を見て、誰の家の児であるかと問うので、「私は楸灘《しゅうたん》（呉允謙）の孫です。貴方たちは灘翁《たんおう》（呉允謙）を知らないのですか」と答える。一同はこれを奇異に思い、詩を作ることができるかと問うと、「一大白《いちだいはく》（大杯）を飲めばできます。」と答えたので、ただちに杯を挙げて勧められ、三字で韻を踏んでみよと言われた。これに応えて「楼頭酔臥呉挺一《ごていいつ》(26)、松下吟詩柳道三《りゅうどうさん》(27)」（楼の上に酔って呉挺一が寝ている。松の下で柳道三が詩を吟じている。）と詠んだ。一同が長者(28)の名を詩に用いたことをなじると、「呉挺一と柳道三で三字の韻を踏みました。どうして両方の名を使わないことができるでしょうか。」と答える。一同が悚然《しょうぜん》としていると、また一句を作り、「雲愁九疑月千古、水満三湘秋万里」（雲が九疑山(29)にかかることが心配だが、月は昔と変わらず明るい。水は三湘江(30)に満ち、万里の秋が広がっている。）と言う。趙松谷復陽《ちょうしょうこくふくよう》（趙復陽《ちょうふくよう》）(31)はこれを大いに奇としてついに東床の選(32)となった。」と述べている。

白雲衙（白雲洞）。仁王山の下にある。『輿地勝覧』（巻三・漢城府・山川・白雲洞）は、「枢府李念載《ママ》（李念義）の旧居である。」と述べている。月城尉(33)（金漢藎《きんかんじん》）宮がこの衙《ママ》（洞）にある。この宮には凌宵花があり、六、七月の間に開花する。朱黄色で蔓が老松に巻きついている。また北松峴の沈斗室相公（沈象奎《しんしょうけい》）(34)宅にも、一本の凌宵花がある。

院衙（院洞）。昌徳宮の曜金門（昌徳宮西門）の外にある。劉村隠希慶（劉希慶）の旧居がある。その庭園の後ろは昌徳宮の墻《かきね》の中に入っている。現在、内閣の後庭にある樅《もみ》の古木が希慶の植えたものであると言われる。

『涪渓記聞』を調べてみると、「都の中に洪継寛里がある。すなわち建国の初め、盲卜《もうぼく》（盲目の占い師）洪継寛が、占いをよくしたことで知られていたので、里の名称としたのである〈引用ここまで〉。(35)洪允成《こういんせい》(36)は若い時に落ちぶれて不遇であった。洪継寛に占いを頼んだところ、継寛は彼の高い評価が長きにわたることを見通し、跪ずいて「公は極めて貴い方であります。」と言い、さらに「某年某時、公は必ずや刑部の判（刑曹判書）となります。その時に某が獄に繋がれて死に瀕していいます。どうかこれを生かして下さい。」と言うのであった。允成は愕然として、「わかった。」と言うことができなかった。それから十年しないうちに、翊戴の功(37)をもって刑判に抜擢された。(38)ある日、囚人を取調べていると、囚人が「私は洪継寛の子です。」と言う。允成は悟ってこれを釈放した。」〈引用ここまで〉と述べている。

楼閣衕（楼閣洞）(39)。仁王山の下にある。燕山（君）の時に楼閣を造ったところなので、今でも街中の胥吏たちが多く住んでおり、士大夫は居住しない。また也足窩《やそくか》が社稷衕（社稷洞）の隣にある。街区の名称である。むかし也足窩と自号した者がここに住んでいたと言う。また今、北山の下の六角峴に人家があり、垣根が非常に長く、花木を多く植えている。人はこれを万里長城家と呼んでいる。

以上が北部である。

〈7〉城外

興仁門の外に柳夏亭《りゆうかてい》（柳寛）(1)の旧宅がある。『筆苑雑記』（上巻）を調べてみると、「夏亭柳政丞寛は、初名が観、字は敬夫、文化の人である。高麗の名臣公権《こうけん》（柳公権《りゆうこうけん》）(2)の六代孫である。世宗に仕え、清白(3)をもって世に知られていた。興仁門の外に卜宅(4)して草葺きの数間《すうかん》の家を構えて、雨が降れば傘を持って雨漏りを受け、夫人に「傘のない家ではこれもできないのだ。」と言っていた。時あたかも金輪寺に史局(5)を開設することになった。同寺は城内にあった。公は史書を編纂するに際して、軟帽(6)をかぶり、杖をついてわらじを履き、あるいは冠童(7)を従えて詩を吟じながら往来した。人はみなその雅量(8)に敬服した。(9)」とある。寺（金輪寺）はすでに廃されている。

枉尋里《おうじんり》(10)。興仁門の外十里にある。無学が京都に地相を観に来た時、誤ってこの地を尋ねてしまったので、その地を枉尋里と名付けたと言われる。この地の水田には住民が芹を植えて売っており、非常に美味である。

鍾岩(11)。興仁門外の遠くない地にある。その下の稲田が肥沃なので、世間では良田を褒める時には必ず鍾岩田と言っている。『寄斎雑記』(12)（巻一・歴朝旧聞上）は、「西平《せいへい》(13)韓文靖継禧《かんぶんせいけいき》（韓継《かんけい》禧《き》）(14)は政丞尚敬（韓尚敬《かんしようけい》）(15)の子《ママ》（孫）(16)、上党府院君明澮（韓明澮）の再従兄(17)である。一門の富貴なることは輝かしいばかりであったが、公だけは独り非常に質素な生活をして自らを持し、朝夕、野菜や屑米ばかり食べており、それが年老いてますます激しくなった。ある日、上党（韓明澮）の邸宅で一門の会合を開いたが、一座の者がみな「西平はすでに高齢になっているのに、暮らし向きは窮迫している。[18] 何とかしなければならない。」と言うと、上党は、「これは私の責任である。」と述べ、小童を呼んで紙と筆を持って来させ、一巻の文書を作った。同席している親族の名を列記した上で、まず公の清簡の徳を叙し、次に一門が公をお助けできなかったことの失策を述べ、最後に、わずかばかりの物で恥ずかしいが、という意味を記した。こうして、興仁門の外、鍾岩の下に十石《せき》の稲田[19]を献呈することにした。老いも若きもみな立ち上がって舞い、酩酊し、夜更けてから帰宅した。一門が誠実で情に厚いこと、その極致にあると言うべきである。」と述べている。

青坡。崇礼門の外にあり、ここにも芹を植えた水田が多い。崇礼門の題額は壬辰倭乱の時に紛失したが、後に青坡の地上に忽然として瑞気が上がるので、掘ってみたところ扁額が出てきた。これを戻して掲げたと伝えられている。

誦経峴《ずきょうけん》。崇礼門の外にあり、李漢陰《りかんいん》[20] 徳馨《とくけい》（李徳馨《りとくけい》）の旧宅がある。

紫燕岩[21]。崇礼門の外にある。孝子昭格署参奉[22]の李至南《りしなん》[23]家の旌閭があり、忠臣、孝子、孝女、節婦、烈女を一室の中に合せて八人も並べて綽楔《しゃくけい》[24]している。仁祖の時に、「孝子三世」との題額を賜与され、大門に掲げたので八紅門《はちこうもん》[25]と呼ばれている。

林塘《りんとう》[26]。崇礼門の外にある。すなわち鄭相公惟吉《ていしょうこういきつ》（鄭惟吉《ていいきつ》[27]）の旧宅である。

追慕衕（追慕洞[28]）。昭義門の外にある。すなわち車衕（車洞）である。仁顕王后閔氏《じんけんおうごうびんし》[29]が誕生した邸宅址であり、英宗辛巳（英祖三十七年、一七六一）に、「仁顕王后誕降旧基」（仁顕王后生誕の址）の八字を御筆して碑を立てた(30)。

車衙（車洞）には洪慕《こうぼ》堂履祥《どうりしょう》（洪履祥《こうりしょう》(31)）が代々居住してきた邸宅がある。奉祀の子孫が居住すること十三代にわたる。内屋（内舎）は四十間あり、甚だ広大である。いにしえの家屋様式は、すべて房が少なく、庁（板の間）が多くなっている。むかしは老人がはじめ温堗に居住し、若輩者は多く庁に居住していたからである。

薬田峴(32)。徐薬峰渚《じょやくほうせい》（徐渚《じょせい》(33)）の旧宅があり、今でも奉祀の子孫が代々住んでいる。ここにはいにしえの内局種薬の址があり、今でも地税(34)だけを徴収している。

鵝峴《がけん》(35)。李《り》陶菴綷《とうあんさい》（李《り》綷《さい》(36)）の旧宅があり、翠白堂と言う。帰楽堂の址が翠白堂の上にある。すなわち陶菴の叔父判書晩成《ばんせい》(37)（李《り》晩成《ばんせい》(38)）の旧宅である。

考えるに、かつて陶菴の子孫から、「堂の前に小池がある。公がかつて、一匹の竜が池で遊んでいる夢を見たことがある。小さくて小魚のような竜の子が後につき従い、池の中に溢れて数えることもできなかった。そこでその池を養竜池と命名した。庭に数頃の畑がある。公はまた、美玉が、碧の筍が生い茂るように畑に生じた夢を見たことがある。目覚めてこれを不思議に思い、ついに玉が生じた数間《かん》の土地に標識を立て、種玉田と名付けた。そのそばの畑は今でも種を植えて耕作を行っている。子孫が池浚《さら》いをすると、科挙合格の慶事があると言われている。」と聞いたことがある。

万里峴(39)。南大門の外にある。すなわち建国の初め、副提学（集賢殿副提学）の崔万里《さいまんり》(40)が居住していたところである。現今の人が広い地域を万里峴と称しているのは誤りである。

考えるに、この峴と阿峴（鵝峴）は西・南門（西大門と南大門）の外にある。『京都雑志』（巻二・歳時・上元）は、「上元には、万里峴の上で（三門外と[41]）阿峴の人が石を投げて闘い、三門外が勝てば畿内が豊作で、阿峴が勝てばその他の地域が豊作であると言われている。竜山や麻浦の悪少（悪童）が徒党を組んで阿峴に味方をする。戦いたけなわの時には、喊声《かんせい》が地を動かす。額が割れ臂が折れても悔やむことはない。北部と西部の役所はしばしばこれを禁止するのだが、城内の群衆も真似をして石を投げ合う。通行人はみな石を恐れて道を避ける。」と述べている。また、『唐書』《ママ》（『隋書』[42]）を調べてみると、高麗伝[43]（『隋書』巻八一・列伝四六・東夷・高麗伝）に、「毎年初め、浿水《はいすい》（大同江）の上に集まって遊びを行う。水石を投げて互いに追いかけあうこと再三にして終わる。」〈引用ここまで〉と述べている。これが東俗石戦[44]のはじめである。現在これを便戦と称しているが、この遊びはしだいに以前のような盛大さがなくなってきている。

雇馬庁衙《こばちょうどう》（雇馬庁洞[45]）。敦義門の外、畿営（京畿道監営）の傍らにある。顕宗の時、李華谷慶億《りかこくけいおく》（李慶億《りけいおく》[46]）が圻伯（京畿道観察使）に在任していた時[47]、六郵館[48]を創設して駅馬を置き、また雇馬法も創設した[49]。衕名はここに起源をもつと言われている。

金節斎宗瑞（金宗瑞）の旧宅が敦義門の外に、沈貞《しんてい》[50]の邸宅址が桃諸衕（桃諸洞[51]）にある。

西門外の円嶠《えんきよう》[52]の下に青城君沈徳符の旧宅がある。神僧無学が定めた地だと言われている。初めて場所を定めた時、「円嶠の下（北側）、青坡の上（南側）に、連綿として連なる広い土地がある。地相を鑑定して居宅を定めよ。」と言ったと言われている。
以上が城外である。

二一　市廛

〈1〉六矣廛

城内の鍾楼(1)、梨峴(2)、南大門外の七牌(3)と八牌(4)が大市(5)である。鍾楼の両脇には長廊が連なり、中に市人（商人）がいる。大きいもの（市廛）が六(6)ある。

線廛《せんてん》。立廛とも称し〈立ち並んで販売するからである。(7)〉、中国の錦緞を売っている〈十分役(8)〉。

綿紬廛《めんちゆうてん》。土産（朝鮮産）の綿紬(9)を売っている〈八分役〉。

綿布廛。俗に白木廛《はくもく》(10)とも称する。土産の綿布を売っている〈九分役〉。

布廛。土産の麻布を売っている〈五分役〉。

苧布廛《ちよふてん》。苧と黄苧《からむし》の布を売っている〈六分役〉。

青布廛。中国の三升布(11)と羊毛帽子を売っている〈三分役〉。

紙廛《してん》。各種の紙を売っている〈七分役〉。

内外魚物廛(12)。各種の乾魚を売っている(13)〈四分役。外廛が西小門の外にある。〉。

以上の各廛はすべて鍾街にあり、六矣廛《ろくいてん》(14)〈矣は俗に注非(15)と言う。〉とも称する。

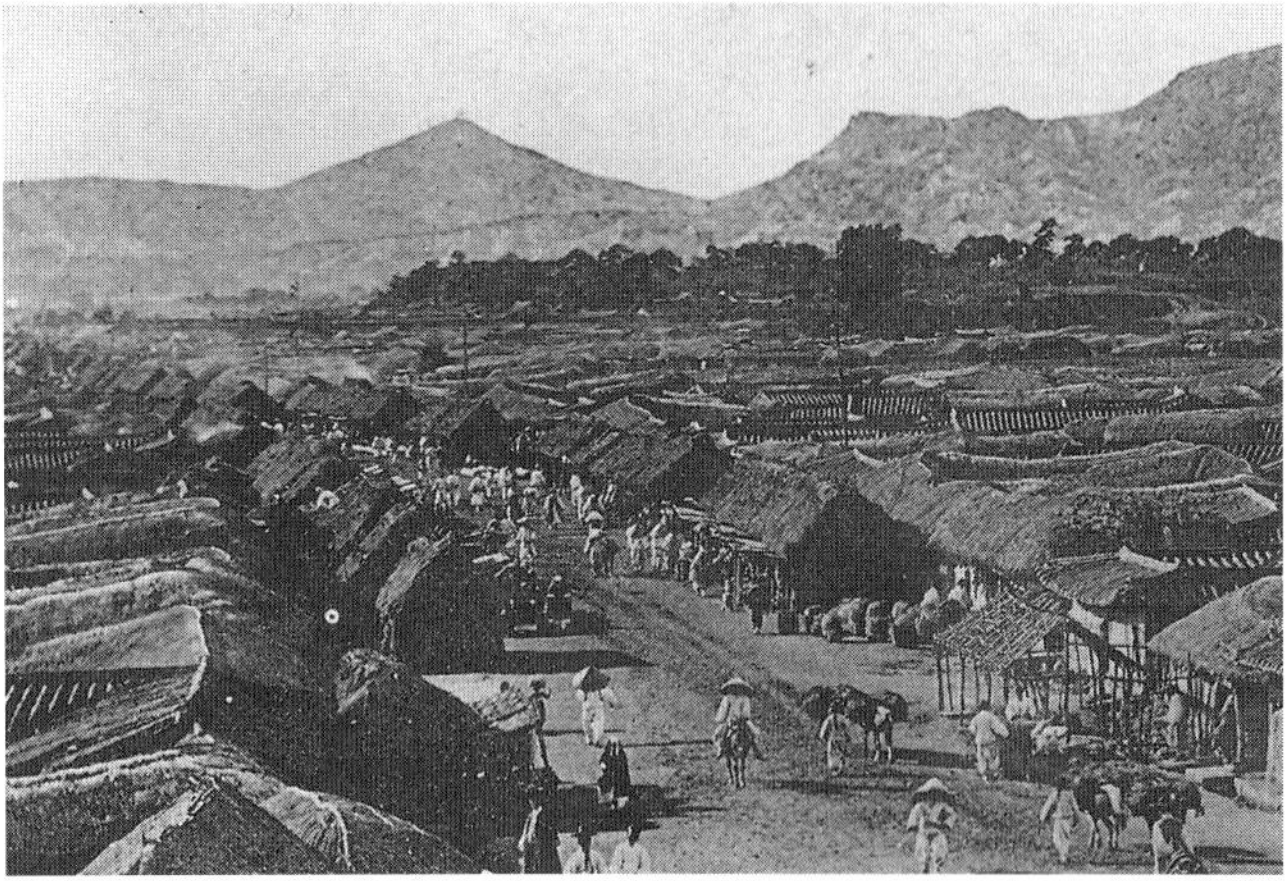

東大門から見下ろした鍾路　山麓の森は昌徳宮と昌慶宮（1895年）

〈2〉有分廛

烟草廛《えんそうてん》。俗に切草廛(1)と言う。西草(2)と各種の烟草（煙草）を売っている〈五分役〉。

床廛《しょうてん》。合わせて十三か所(3)ある。皮物、馬尾、黄蠟、郷絲（朝鮮産絹糸）および書籍や休紙(4)などの雑物を売っており、それらを床の上に並べているので床廛と言う。針子（縫い針）は東床廛だけが売っている(5)〈禁府望門前床廛は三分役、新床廛は二分役、東床廛と寿進坊床廛は一分役、布廛前床廛、鉄物橋床廛、筆洞床廛、南大門床廛、塩廛屛門床廛、貞洞床廛、銅峴床廛はすべて分役がない。〉。

米廛。合わせて五か所あり、各種の穀類(6)を売っている〈上・下米廛(7)はそれぞれ三分役、門外米廛(8)は二分役で、西江米廛と麻浦米廛はともに分役がない。〉。

雑穀廛。雑穀(9)を売っており、鉄物橋の西にある〈三分役〉。

生鮮廛。各種の魚鮮（鮮魚）を売っている。鍾楼の西にある〈三分役〉。

鍮器廛。鍮鋳（真鍮）の器類を売っている。魚物廛（内魚物廛）の裏にある〈二分役〉。

衣廛。各種の衣服(10)を売っている。鍾楼にある〈二分役〉。

鞋廛《あいてん》。(11)各種の皮鞋(12)を売っている。各所にあるが、油釘鞋(13)は鍾楼廛だけで売っている〈二分役〉。

綿花廛。核を抜いた木綿(14)を売っており、広通橋（大広通橋）の傍らにある〈二分役〉。

銀麴廛《ぎんきくてん》。酒造用の麴《こうじ》を売っており、白色をしているので銀麴と称している。(15)笠廛屏門にある〈二分役〉。

樺皮廛《ようひてん》。各種の彩色（染料）と中国の果実を売っている。物貨（商品）を樺皮（樺・桜の皮）で包むので樺皮廛と称しており、鍾楼街の東にある〈一分役〉。

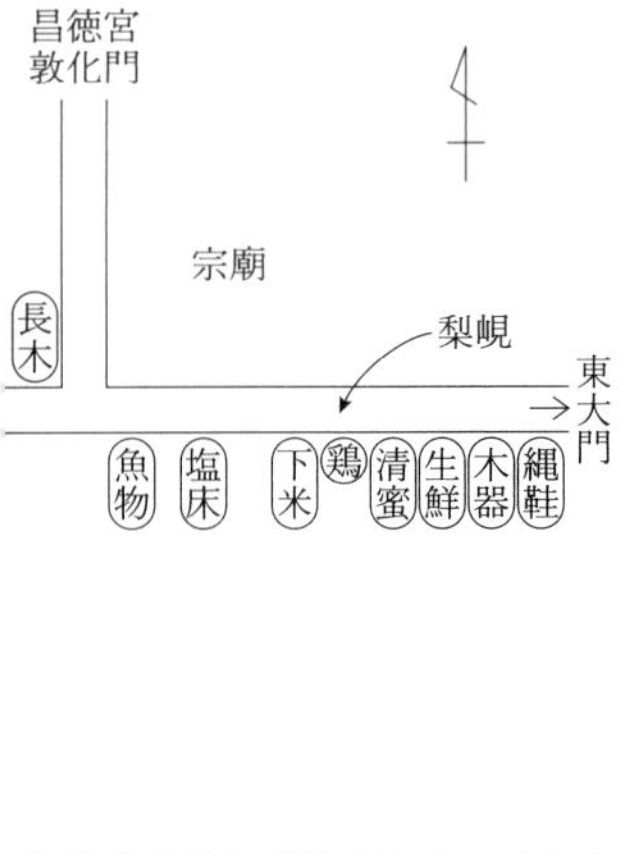

（鉦浩『青邱図』都城全図〔1834年〕を模式化してある）

真絲廛。各種の唐郷絲や纓帯《えいたい》(16)、組紃《そせん》(17)の類を売り、禁府（義禁府）の横にある〈一分役〉。

茵席廛《いんせきてん》。竜鬚席(18)や案息(19)などを売っている。寿進坊にある〈一分役〉。

髢髻廛《ていけいてん》。俗に月子廛とも称する。月子とは方言で髢《かもじ》(20)のことである。婦人の首飾りと髲髢《ひてい》(21)を売っている。内廛が広通橋《こうつうきょう》に、外廛が西小

鍾路周辺の市廛分布図

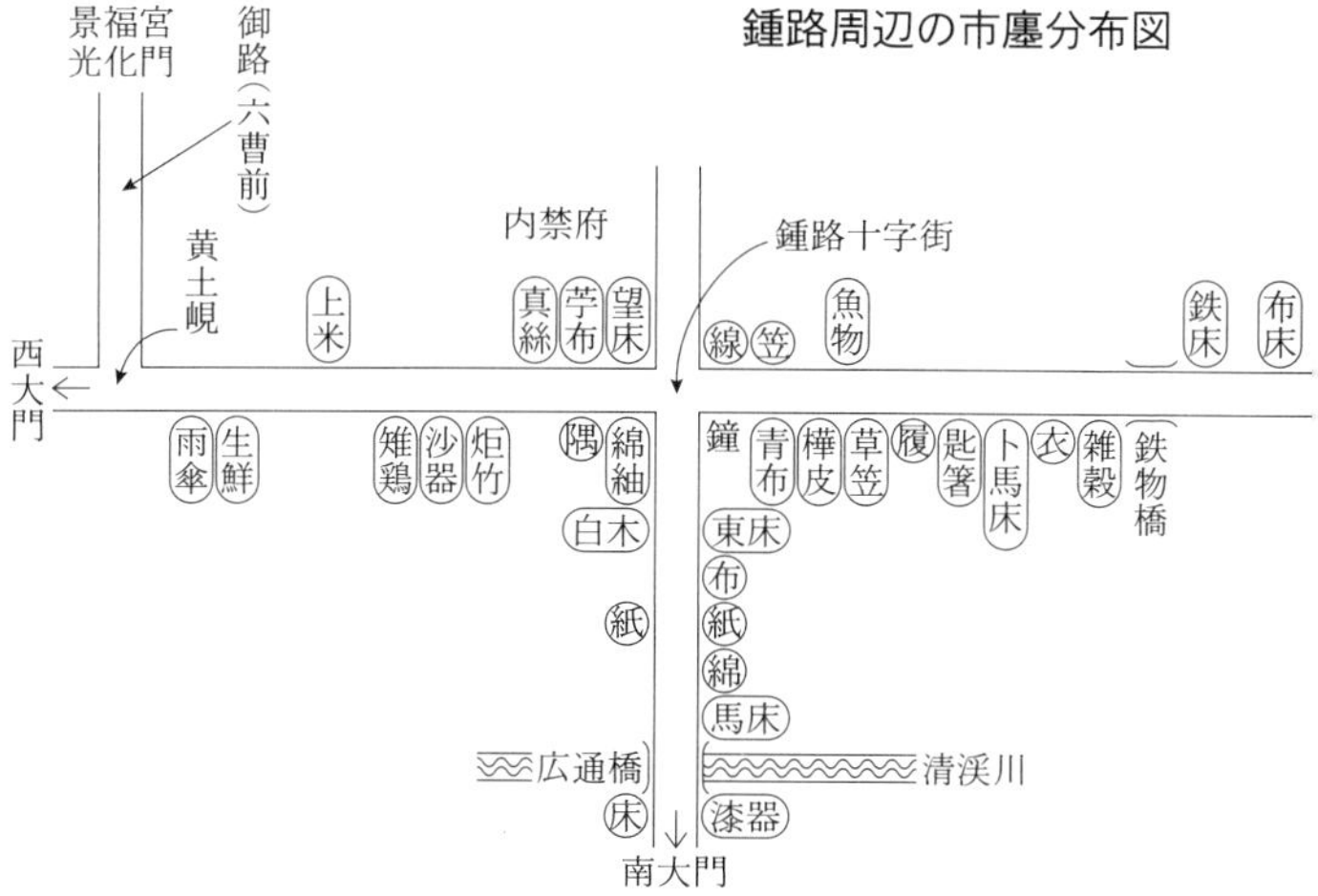

門外にある〈一分役〉。

清蜜廛。蜂蜜を売っている。俗に蜜を清とも言う。梨峴にある〈一分役〉。

京塩廛。西海の煮塩を売っており、京師に近いので京塩と言う。梨峴にある〈一分役〉。

内長木廛。材木を売っている。また外廛が城外の各所にある〈一分役〉。

煙竹廛。各種の煙竹《きせる》と煙盃《えんはい》（煙草盆）を売っており、各所にある〈一分役〉。

匙箸廛《しちょてん》。真鍮製の匙《さじ》と箸を売っている。内廛が鍾街に、外廛が西小門外にある〈一分役〉。

鉄物廛[22]。各種の鉄物を売っており、各所にある〈一分役〉。

馬廛。馬を売っているが、駄馬（荷運馬）ばかりで駿馬（乗用馬）は扱っていない。東大門内にある〈一分役〉。

考えるに、以上の各廛はすべて平市署の管

轄下にあり、分数を定めて国役(23)に応じている。十分から一分まであり、あわせて三十七廛(24)である。国役があると、十分廛は十分の役に応じ、一分廛は一分の役に応じる。宮城内外各官庁の修理や塗褙《とはい》(25)、あるいは縫造軍(26)などに、分数に応じて労働力を供出する。

〈3〉無分廛

また考えるに、建国の初め、景福宮の神武門外に市場を開き、前朝後市(1)の制度を守った。しかしながら位置が偏っていたため、この市場は開設されなかったと言われる。現在の緞、紬、紙、布の大廛はすべて鍾街の両側にあるが、市に行く者は明け方にまず梨峴と昭義門外に集まり、昼になると鍾街に集まる。東部の野菜と七牌の魚を漢城の食料として供給している。また南村では美酒(2)が、北村では美味な餅(3)が作られるので、「南酒北餅」と言いならわしている。果廛(4)。俗に隅廛と称する。初め要路の隅(5)に設置したので隅廛と呼ぶようになったのである。各種の果実を売っており、大廛は合せて六か所ある〈松峴、貞洞、典洞、門外、上、下である。〉。『京都雑志』（巻一・果瓜）は、「梨の佳いものを秋香と言い、海西の黄州《こうしゅう》(6)や鳳山《ほうざん》(7)などの地から運びこまれる。月華小円と言われる柿は畿内の南陽や安山などの地で産出され、橘《みかん》、柚《ゆず》、石榴《ざくろ》はみな南部地方の産出である。京城は鉢植えの石榴が盛んである。また毛のない桃を僧桃と言い、毛があって巨大で早生の紅色で美しいものを六月桃と言う。鬱陵島《うつりょうとう》(8)には大桃が多く、核を取って植え、これを鬱陵桃と言っている。」と述べている。

菜蔬廛《さいそてん》(9)。各種の菜蔬類を売っており、鍾楼と七牌にある。東門外の往十里と箭串坪の蘿蔔《らふく》(だいこん)、東大門内訓錬院の田菘菜《でんすうさい》(白菜)、南大門外青坡の芹、これらを第一とする。

外長木廛。大小の材木を売っており、城外にある。

貰物廛《せいぶつてん》(10)。婚礼や葬儀の道具や食器を貸し出しており、一件の貸出料は十銭にすぎない。各所にある。

雑廛。雨傘、簾箔(すだれ)、脂炬《しきょ》(11)など諸種の雑物(12)を売っており、恵政橋の傍らにある。

涼台廛。笠を作るための竹涼台(13)を売っており、西小門外にある。涼台は統営《とうえい》(14)のもっとも細い竹で編み上げたものを上物としている。

また新郎が冠る黄草笠(15)を売る黄草笠廛が鍾楼の傍らにある。

氈笠廛《せんりゅうてん》(16)。牛毛製の氈笠を売っている。内廛が有廛橋に、外廛が敦義門外にある。

網巾廛《もうきんてん》。髪の毛を押さえるための網巾《もうきん》(17)を売っている。廛人(市廛商人)は、朝は西小門外におり、昼間は鍾楼の傍らにいる。

刀子廛(18)。方物廛とも言い、小粧刀(19)および煙盒《えんごう》(20)や婦人が着ける金銀の指環や首釧《しゅたく》(21)などを売っている。市人は多く鍾街に座って露店を出している。

粉廛。肢粉《しふん》(22)を売っている。女賈《じょか》(23)が売るところであり、内廛が鍾街に、外廛が西小門外にある。

雑鉄廛。各種の鉄物(24)を売っており、各所にある。

漆木器廛《しつもくきてん》。各種の漆木器と欌(25)・櫃《ひつ》を売っており、欌廛とも言う。欌とは中国で言うところの竪櫃《たてびつ》である。欌は必ず三、四層をなしており、紋木（模様入り板）で作ったり、色紙を貼ったりする。広通橋にある。

また木器廛がある。木盆や杻《ちゆう》[26]、籠、箕、簀《すのこ》などを売っている。一が六曹前に、一が梨峴にあり、これを上・下廛と言っている。

磁器廛。磁器を売っており[27]、鍾街と南大門外にある。

また貰器廛がある。宴会で使用する器を貸し出しており、鍾街にある。

鐙廛《とうてん》。すなわち馬床廛である。鞍など馬用の道具を売っており、広通橋にある。

鞋底廛《あいていてん》。俗に昌廛と言う。牛皮の鞋底を売っており、笠廛洞にある。

縄鞋廛《じようあいてん》。生熟麻鞋（麻わらじ）と稿草鞋（稲わらじ）を売っており、各所にある。

箭鏃廛《せんぞくてん》。各種の箭《や》と鏃《やじり》を売っており、東大門内にある。

懸房《けんぼう》。屠殺した牛の肉を売る店である。肉を（梁《はり》に）懸けて売るので懸房と言う。城内外に合計二十三か所あり、すべて泮民に販売させて生業とさせている。税として肉を納めさせ、太学生（成均館学生）の食用としている。

生雉《せいち》廛《てん》。雉と乾雉（乾燥雉肉）を売っており、生鮮廛屏門にある。

鶏廛。広通橋にある。鶏卵廛もその傍らにある。

猪肉[28]廛。各所にあり、大祥[29]があるとこの廛人が方相氏[30]となる。

白糖廛。飴糖[31]を売っており、各所にある。子供たちも荷盤[32]をもって売り歩く。

佐《さ》飯廛《はんてん》[33]。醢魚《かいぎょ》（しおざかな）や塩醯《えんけい》[34]などの惣菜を売っており、各所[35]にある。

種子廛。各種蔬菜の種を売っており、南大門外にある。

醢廛《かいてん》。醢（しおから）を売っており、各所にある。

藁草廛《こうそうてん》。屋根葺き用の藁や籬笆子《りはし》（笆子）を売っている。

草物廛《そうぶつてん》。麻、葛、縄、管《ママ》（菅[36]）、薊《けい》[37][38]、笆の類を売っており、西小門外にある。

その他荊杷廛《けいはてん》[39]がある。

考えるに、以上の各廛はすべて分定された国役がない。

〈4〉その他

薬を販売する局（薬局）。みな銅峴にあり、路の左右に並んでいる。各所に散在している薬局は門の傍らに必ず「神農遺業、万病回春」（神農の遺業、万病回復す。）と書き付けてあり、街路に面した窓には必ず芦箔（すだれ）を垂らしている。

また染靛局《せんてんきょく》[1]が各所にある。門外の壁に靛（藍）で掌痕を付けて標識としている。朴貞蕤《ぼくていずい》（朴斉家）の「城市全図詩《じょうしぜんずし》」に、「葦簾中人頗似閒、坐称川芎与白芷、易知難忘染靛局、満壁靛花榻掌指」（葦で編んだ簾の中（薬局）にいる人はすこぶる閑のように見える。ただ座って川芎《せんきゅう》[2]だ白芷《びゃくし》[3]だと言っているだけだ。わかりやすくて忘れ難いのは染靛局だ。壁一面に靛で手の平や指の痕を付けてある。）とある一節がこれである。

中宗朝の十三年（一五一八）、中朝の例にならって城内に書肆を設けた。昭格署の鍮器《ちゅうき》と廃寺の鍾で活字を鋳造し、公用私用を問わず書物を印刷した。書物は大変に立派である。しかしながら、城内に大書肆がない[4]という大きな欠陥がある。

また京で用いる柴薪（たき木）は、京江を上り下りする柴商（たき木商人）が船で運び、江干[5]のところに置いておくと、漢城の住民が毎日担いで行き、売って生活の資としている。また近《きん》圻《き》（漢城近辺）の住民は牛馬に積んで漢城に運びこみ、販売する[6]。一駄の価は百銭前後を出ない程度である。

漢京識略巻の一　註

一　漢京識略序

（1）長安とその周辺の漢代遺跡に関する記録。六巻。南北朝時代以降に成立したとみられている。

（2）後漢の学者張衡（七八―一三九年）の著書。長安を描いた『西京賦』と洛陽を描いた『東京賦』を合わせた呼称。

（3）北宋の官僚・学者。一〇一九―七九年。編著書に『長安志』のほか、『唐書』、『唐大詔令集』、『春明退朝録』などがある。

（4）唐代の長安に関する著述。本文二十巻、図三巻。

（5）生没年未詳。十二世紀、北宋から南宋にかけて活躍した学者。

（6）一一四七年刊。十巻。北宋の都開封の繁栄を回想した書物。

（7）一五九二―一六七六年。明末清初の官僚・学者。

（8）明代の北京の状況を記録した書物。七十巻。建置、形勝、城池、畿甸、城坊、宮闕、壇廟、官署、名所、寺廟など、一四門に分けて記述している。

（9）一六二九―一七〇九年。竹垞は号。清代初期の学者。

（10）朱彝《しゅい》尊《そん》の著書。四十二巻。清代初期の北京を記録した著作。

（11）清代中期、十八世紀後半の学者。

（12）『日下旧聞』を基礎として北京を記録した著作。一七八八年刊。本文十六巻、図一巻。

（13）朝鮮のこと。中国から見て東側にあるという意味で、朝鮮はこのほか吾東、海東、東国などと自称した。

（14）朝鮮半島の古代国家。朝鮮半島東南部の慶州を中心として建国した。神話上は紀元前五七年に建国したとされるが、国家的存在が確かめられるのは四世紀半ばころで、五〇三年に国号を新羅とした。六六〇年に高句麗、六六八年に百済を滅亡させて朝鮮半島唯一の国家となった。九三五年に高麗に吸収された。

(15) 朝鮮半島の中世国家。後三国時代の戦乱を勝ち抜き、九一八年に王建（八七七―九四三年）が建国し、九三五年に新羅を、九三六年に後百済を併合して朝鮮半島における唯一の国家となった。朝鮮半島中西部の開京（現開城）を都とした。一三九二年に高麗第三十四代国王恭譲王（在位一三八九―九二年）が李成桂（朝鮮太祖）に王位を譲って滅亡した。

(16) 北宋の官僚・学者。一一二三年（宋の宣和五年）に高麗に派遣された。

(17) 『宣和奉使高麗図経』の略。四十巻。図は失われて文章しか残っていない。徐競が、一一二三年に宋皇帝徽宗の派遣した国信使の路允迪《ろいんてき》に随行して高麗を訪れた際の観察記録。開京に関する記録としては最も詳しく、高麗にはこれに匹敵する記録がない。

(18) 一四三〇―一五〇二年。明代の官僚・学者。一四八八年（朝鮮の成宗十九年、明の弘治元年）に明の孝宗の詔をもって朝鮮に派遣された。

(19) 董越《とうえつ》が四十日間にわたって朝鮮に滞在した時の見聞録。

(20) 邑の別称。道の下の地方行政区画。時期によって若干の変動はあるが、おおむね三三五前後が存在した。序列があり、序列に応じた品階をもつ守令（長官）、すなわち府尹（従二品）、牧使（正三品）、大都護府使（正三品）、都護府使（従三品）、郡守（従四品）、県令（従五品）、県監（従六品）が派遣された。

(21) 邑の地誌。公的なもの（公撰邑誌）と私的なもの（私撰邑誌）がある。多くは『新増東国輿地勝覧』を範型として作成された。公的なものは邑で作成し、邑の歴史・人文・自然などに関する情報を集積し、守令が支配し行政する際の資料とされた。また政府や道が命令して一斉に作成させたり、邑で作成したものを政府が全国邑誌としてまとめたものもある。私的なものには、士族が自分たちの正統性を根拠づけるために作成されたものが多い。

（22）　輦轂は国王の乗り物。輿。「輦轂の下」で宮廷のある地を意味し、漢城を指す。

（23）　漢城の別称。漢城にはこのほか、漢京、漢陽、長安、京都、京兆、京師などの別称があった。一九一〇年の日本による植民地化により、「京城」が正式な行政名称と定められた。

（24）　奎章閣の検書官として活動していたことを言う。詳しくは解説参照。

（25）　正式名称は『東国輿地勝覧』。五十巻。成宗の命により、盧思慎《ろししん》、徐居正等が編纂した朝鮮全国地誌。成宗十二年（一四八一）に完成し、中宗二十五年（一五三〇）に増補して『新増東国輿地勝覧』五十五巻として刊行された。本書で言う『輿地勝覧』は、下文に、中宗二十五年に完成したものとあるように、原『東国輿地勝覧』ではなく、『新増東国輿地勝覧』である。『東国輿地勝覧』、『新増東国輿地勝覧』は各邑で作成された邑誌の範型となった。

（26）　漢城を指す。行政区画として五部に分けられていたことを言う。

（27）　実際は二巻である。

（28）　天球を天の北極を中心に三区域に分けた三垣の一つである紫微垣《しびえん》のこと。北極星周囲の区画。

（29）　中国において天の赤道を二十八に不均等に区分した区域。二十八宿。全体は東西南北の四象に区分される。

（30）　一三九二年の朝鮮王朝開創から本書成立まで四五〇年ちかい。

（31）　金城湯池の略。金城は金属で築いた城、池は熱湯をたぎらせた池で、非常に堅固な備えを意味する。

（32）　『新増東国輿地勝覧』（巻一・京都上）の国都記述は董越の『朝鮮賦』から始まる。この部分の原文には「新増」と付されており、本書執筆にあたり、『新増東国輿地勝覧』を利用したことが明確である。

(33) 朝鮮王朝第十一代国王。一四八八―一五四四年。在位一五〇六―四四年。成宗の第二子。朴元宗らが武力で異母兄の燕山君を追放した中宗反正《はんせい》と呼ばれるクーデタで擁立された。本訳註では国王名はこの中宗のように、死後に付与された廟号で表した（凡例参照）。このほか、中国皇帝から付与された諡号があったが、朝鮮王朝は秘していた。

(34) 『新増東国輿地勝覧』の完成のことである。

(35) 太陰太陽暦の春三か月（一―三月）の中央の月で二月のこと。朝鮮では、孝宗四年（一六五三）から、アダム・シャール（湯若望）が作成した中国の公式暦である時憲暦を使用している。

(36) 下旬。澣は十日間の意味。

(37) 筆者柳本芸のこと。詳しくは解説参照。

二　天文

(1) おおぐま座ζ星。ミザール。

(2) 中国河北省地方の古名。ここでは天の四象のうち東方青竜を指す。

(3) 二十八宿の一つ。箕宿とも言う。東方第七宿で、いて座の四星（α、β、γ、δ）。

(4) 二十八宿の一つ。尾宿とも言う。東方第六宿で、さそり座のμ星を中心とする区域。

(5) 『東国文献備考』の略。古代から朝鮮王朝時代までの公式制度史。英祖四十六年（一七七〇）の第一次版完成後、数次にわたって改訂増補され、一九〇八年に『増補文献備考』二五〇巻が刊行された。象緯、輿地、礼、楽、兵、刑、田賦、市糴、選挙、財用、戸口、学校、職官等の項目に分かれている。本訳註では参照原本として『増補文献備考』を用いた。

(6) 高麗時代の漢城の名称。忠烈王の時に漢陽府になり、一三九四年（太祖三年）に開京から遷都し、翌年に漢城と改称されたが、漢陽はその後も現代に至るまで雅称、別称として使用されてきた。

（7）漢城中心部で実際に計測した値である（金正浩『大東地志』巻二八・本朝各道極高）。

（8）朝鮮王朝第十九代国王。一六六一―一七二〇年。在位一六七四―一七二〇年。顕宗の第一子。景宗と英祖の父。在位中は、老論《ろうろん》、少論《しょうろん》、南人《なんじん》、北人《ほくじん》の「四色《ししょく》」と呼ばれる両班官僚や士大夫の四つの党派が熾烈な主導権争いを展開し、頻繁な政権交代と政治弾圧があった。

（9）一六六四―一七三五年。清の官僚・政治家。乾隆帝の側近として活躍し、烏喇《うら》摠管《そうかん》として朝鮮との間で白頭山周辺の国境を定めて定界碑を立てた。

（10）元王朝の正史。二一〇巻。明代初期に編纂され、一三六九年に完成した。

（11）元代に郭守敬《かくしゅけい》（一二三一―一三一六年）らによって作成された太陰太陽暦。朝鮮の『七政算内篇外篇』（一四四二年）にも大きな影響を与えた。

（12）高麗の都開京の緯度（『元史』巻四八・志一・天文一・四海測験）を「三八度少」としている。現代の計測では北緯三七度五八分一四秒。

（13）三八度四分の一の意味で、一度を一〇〇分とする中国式では三八度二五分になる。

（14）中国式では一周が三六五度二四分余りである。

（15）正確には三七度四二分余りとなる。

（16）一七〇八―六三年。清代の学者。

（17）清の乾隆年間（一七三六―九五年）に編纂された中国全土の河川水路誌。二十八巻。イエズス会宣教師によって作成された『皇輿全覧図』を基礎として河川水路を記述する。

（18）江原道沿海部の邑。守令は都護府使（従三品）。以下、各邑の守令の官位官職は、本書完成から三十五年後の一八六五年に公布された

『大典会通』（巻一・吏典）による。
(19)　漢城西方にある島。
(20)　柳馨遠《りゅうけいえん》の号。
(21)　一六二二―七三年。朝鮮時代中期の学者。本貫は文化。柳寛の九代孫。朝鮮実学の祖の一人と言われる。官界に入らず、農村に居住して農民と交わりながら学問研鑽に励み、制度改革を提案した。死後、正祖の命で著書『磻渓随録』が出版された。
(22)　この文は原典不明。斗は北方第一宿の斗宿のことで、いて座φ星を中心とする区域。

三　沿革

(1)　漢の楽浪郡設置（前一〇八年）以前に朝鮮半島にあったとされる檀君朝鮮、箕氏朝鮮、衛氏朝鮮の総称。
(2)　四世紀中ごろから六六〇年まで朝鮮半島にあった古代国家。ソウル周辺を根拠地として建国したが、五世紀後半に高句麗に圧迫されて南下し、はじめ公州、後に扶余を首都とした。六六〇年に新羅と唐の連合軍に敗れて滅亡した。
(3)　百済第十三代国王。在位三四六―三七五年。以下、百済と新羅の王代は『三国史記』の記述による神話時代からの代数で示す。『三国史記』は高麗第十七代国王仁宗の勅命によって作成された古代朝鮮三国（新羅・高句麗・百済）の正史。五十巻。一一四五年完成。
(4)　『高麗史』巻五六・地理志一・南京留守官楊州に、近肖古王が即位二十五年（三七〇）に南漢山より都を移したとされている。
(5)　百済第二十一代国王。在位四五五―四七五年。四七五年に高句麗の長寿王の攻撃によって戦死し、息子の文周王が南方の熊津（現公州）で百済を再興した。
(6)　朝鮮半島から中国東北地方を支配領域とした古代国家。紀元前一世紀後半―六六八年。四七二年に鴨緑江北側の集安（中国吉林省）から朝鮮半島北部の平壌に遷都した。朝鮮半島の覇権を握ったが、六六八年に新羅と唐の連合軍の攻撃によって滅亡した。

（7）高句麗第二十代国王。在位四一三—四九一年。集安から平壌に遷都した。

（8）新羅第二十四代国王。在位五四〇—五七六年。漢城周辺にまで支配領域を広げ、南は伽倻諸国を併合し、北は咸鏡道地方の磨天嶺まで支配した。

（9）新羅第三十五代国王。在位七四二—七六五年。

（10）高麗第六代国王。在位九八一—九九七年。

（11）黄海道南部沿海部の邑。黄州と合わせて黄海道の名称が作られた。守令は牧使。

（12）高麗第八代国王。在位一〇〇九—三一年。

（13）高麗王朝では、邑ごとに州・府・郡・県などのランクがあった。国家に対する功績、叛逆、政治的経済的重要度、王室との関係などにより、ランクが昇降した。

（14）高麗第十一代国王。在位一〇四六—八三年。

（15）一〇六六年（文宗二十一年）のことである。新羅の古都慶州（東京）、高句麗の古都平壌（西京）と合わせて三京と呼ばれた。

（16）高麗第十五代国王。在位一〇九五—一一〇五年。

（17）生没年未詳。高麗末期の術者。陰陽占巫を業とした。

（18）新羅末期の仏教僧侶の道詵（八二七—八九八年）が著したと言われる風水地理学書。現存は確認されていない。『道詵図讖《どうせんとしん》』などさまざまな名称がある。

（19）高麗第二十五代国王。在位一二七四—一三〇八年。

（20）朝鮮王朝初代国王。諱は初め李成桂、即位後は李旦《りたん》。本訳註では李成桂で統一した。一三三五—一四〇八年。在位一三九二—九八年。本貫は全州。李子春《りししゅん》の第二子。先祖は新羅王朝に仕え、全羅道全州から咸鏡道に移住したとされている。彼自身は元の直轄領双城総管府（咸鏡道地域）の土着勢力で、倭寇や紅巾賊討伐の武功により高麗王朝の中で台頭した。一三八八年（禑王十四年）、遼東地方の明勢力討伐遠征途上、中朝国境鴨緑江の中洲威化島で全軍を反転し（威化島回軍と呼ぶ）、鄭道伝《ていどうでん》らと連携して高麗の権力を掌握した。一三九二年（太祖元年）、恭譲王に禅譲させて高麗王の地位に即く。一三九三年（太祖二年）、明初代皇帝太祖洪武帝（在位一三六八―九八年）から新国号朝鮮の裁可を得たが、国王への冊封《さくほう》は認められず、権知《ごんち》朝鮮国事の地位にとどめられた。同年、開京から漢陽に遷都して漢城と改称した。

(21) 漢城東隣の邑。守令は牧使。

(22) 朝鮮の一里は約四百メートル。

(23) 漢城南隣の邑。守令は県監。

(24) 漢城西北隣の邑。守令は郡守。

(25) 朝鮮国王の勅命で編纂された高麗時代の正史。一三九巻。朝鮮王朝内部の政治的対立により、数度の大幅な改変を経て、一四五一年（文宗元年）に鄭麟趾《ていりんし》らによって最終版が完成した。姉妹書として、金宗瑞、鄭麟趾らが編纂した編年体の『高麗史節要』三十五巻（一四五二年完成）がある。

(26) 高麗第三十一代国王。在位一三五一―七四年。

(27) 一三〇一―八二年。高麗時代末期の僧侶。法名は普愚。

(28) 予言説。讖緯、図讖とも呼ばれる。

(29) 『高麗史』巻一〇六・列伝一八・尹諧。

(30) 『高麗史』巻三九・世家三九・恭愍王二・五年（一三五五）七月壬午。

(31) 王室の祖先を祀る施設。宗廟とも称した。成宗十一年（九八二）に完成した。

(32) 北岳山。標高三四二メートル。三角山（北漢山）の南方にあり、麓に景福宮が位置する。露出する花崗岩が白く見えることからこの名がある。別称は亥山《がいさん》。

(33)『高麗史』巻三九・世家巻三九・恭愍王二・九年（一三五九）七月および十一月条。

(34) 朝鮮時代の編年体の歴史書。二十八巻。英祖代の文臣金載久《きんさいきゅう》（生没年未詳）の著。朝鮮王朝開創から英祖代までの歴史を政治家の立場から描いている。

(35) ？—一一一一年。高麗時代前期の軍人。北方の女真勢力攻撃に功績をあげ、朝鮮半島最北端地域に九城を設置した。

(36) 北漢山。華山、漢山とも言う。景福宮の背後（北側）にあり、主峰の白雲台（普賢峰）は標高八三六メートル。

(37) 風水地理でいう、白頭山から流れて来る中心的な気脈。

(38) 壬（北北西）の位置に場所を定めること。

(39) 李は、発音が吏と通じて裁判官や獄吏、また理と通じて治める、規律という意味をもつ。李姓の者が権力をもつことの正しさを強調しており、朝鮮王朝成立後に成立した説話であろう。『東国輿地備攷』（巻一・国都）は、『道詵図讖』が「王に代わる者は李であり、漢陽に都を置くべきであるという論があった。そこで高麗王朝は漢陽に李《すもも》を植え、木が茂ったらただちに切り倒して、その話を抑えた。ここに至ってその効果が現れたのである。」と述べていると伝えている。

(40) 竜と鳳凰を描いた帳。立派な君主と聖人を象徴する。

(41) 鶏竜山。標高八四五メートル。忠清道にあり、風水地理上の吉地とされる。

(42) 義興三軍府、承枢府、司平府などの従二品官。

(43) 一三四六—一四三三年。後に柳寛と改名。本貫は文化。号は夏亭。柳馨遠の九代祖。高麗末期朝鮮初期の文臣。議政府右議政に昇った。文集に『夏亭集』がある。

(44) 開城の別称。松岳山の下に開けたのでこの名があり、松京とも呼ばれた。高麗王朝の首都当時は開京と称した。

(45)　国王のこと。以下、この意味の場合は「しょう」と読む。

(46)　一三四二—九八年。本貫は奉化《ほうか》。号は三峰《さんぽう》。李穡《りしょく》の門人。恭愍王を擁立して佐命功臣号を、また朝鮮王朝開創に尽力し、開国功臣号を授与されて文武の要職を兼ねた実力者。『朝鮮経国典』や『経世文鑑』で朝鮮王朝の基本理念や国家的枠組みを定め、士大夫中心の政治を主張し、李芳遠（後の太宗）に殺された。著書に仏教を排斥する『仏氏雑弁』、文集に『三峰集』がある。

(47)　一三五四—九八年。本貫は義寧《ぎねい》。高麗末期朝鮮初期の文臣。朝鮮王朝開創に対する功績で開国功臣号を授与され、参賛門下府事兼判尚瑞司事などの要職を歴任した。李芳遠に殺された。太宗配享功臣。

(48)　一三六二—一四三一年。本貫は星州。号は亨斎。高麗末期朝鮮初期の文臣。朝鮮王朝開創に対する功績で開国功臣号を、また李芳遠の国王擁立に対する功績で佐命功臣号を授与された。議政府領議政に昇り、星山府院君に封じられた。

(49)　朝鮮王朝の前の王朝すなわち高麗のこと。

(50)　風水地理学で、竜脈が流れてくる祖山と、気の出る「穴《けつ》」の間にある山。

(51)　壬坐丙向と同じ。壬の位置に場を定め、丙（南南東）を向くこと。

(52)　沈徳符の封君号。

(53)　一三二八—一四〇一年。本貫は青松。号は芦堂、虚堂。高麗末期朝鮮初期の文臣。李成桂を推戴して青城伯に封じられ、議政府左議政に昇り、開国功臣号を授与された。漢城建設の最高責任者。

(54)　一五五二—一六一五年。本貫は清州。久庵は号。朝鮮時代中期、宣祖・光海君代の文臣。戸曹参議などを歴任した。著書に『東国地理誌』など、文集に『久庵集』がある。

(55)　古代からの朝鮮半島の地理的情報をまとめ

た地理書。全一巻。
（56）木覓山《もくべきさん》の下の土地のことで、漢城を指す。木覓山は現在の南山。標高二六二メートル。
（57）日の吉凶を占う者。
（58）生没年未詳。『東国地理誌』原文では「文義」となっている。
（59）高麗王朝の中枢官庁である中書門下省の正二品官。
（60）一〇三六―一一一五年。高麗時代前期の文臣。門下侍郎平章事などを歴任した。
（61）高麗時代に軍事部門を統括した密直司の正三品官。
（62）原文では「止此」（ここに止まる）とあって引用が終わることを示す。
（63）他史料でこの語の使用を確認できない。
（64）서야벌《ソヤボル》。서울《ソウル》の語源。

四　形勝

（1）朝鮮半島中部山岳地帯から流下し、漢城南方を流れる川。朝鮮半島最大の大河。全長四九四キロ。
（2）朝鮮半島の脊梁山脈である大白山脈中の、京畿道と江原道の境界地域。
（3）他の地に比べれば百倍の地力があるところ。
（4）臨津江。京畿道地方を流れ、漢城の北方で黄海に注ぐ川。長さ約二五四キロ。
（5）京畿道の邑。漢城から北上して平壌・義州に向かう街道沿いにある。守令は牧使。
（6）漢城に西北接する京畿道高陽郡内にあり、中国使節が漢城に入る前の休息所として客館（碧蹄館《へきていかん》）が置かれた。
（7）北方から漢城に入る関門の地。洪済とも書く。中国使臣が漢城に入る前の休息所として客館（弘済院）が置かれた。

(8) 邑や聚落の後方にあり、風水の気脈が通じている山。

(9) 漢城城壁西側にある母岳（鞍山）と仁王山の間の峠道。沙峴《さけん》。現母岳재《チェ》。

(10) ?—一四七九年。明の官僚・学者。一四五〇年に明第七代皇帝景宗景泰帝の即位を知らせる使節として朝鮮を訪れた。

(11) 漢城城壁内中央部を流れる川。北西部の山から流下して景福宮前方で東折し、中浪川と合流して漢江に注ぐ。

(12) 朝鮮時代中期、明宗・宣祖代の文臣車天輅《しゃてんらく》（一五五六—一六一五年）の詩文集。車天輅は車軾の子。本貫は延安。号は五山。弘文館校理などを歴任した。一五九〇年（宣祖二十三年）に黄允吉《こういんきつ》（一五三六—?）を正使として豊臣秀吉の動静をうかがう通信使一行の一員として日本に派遣された。

(13) 全国のこと。八路とも言う。朝鮮は時代によって名称を異にするが、咸鏡道（咸吉道、永安道）、平安道、黄海道（豊海道、豊延道）、江原道（江陵道）、京畿道、忠清道（忠公道、清公道、公清道、公洪道、洪忠道、忠洪道）、全羅道（全南道、光南道）、慶尚道の八道に分かれていた。

(14) 道の長官である観察使（従二品）の別称。監司とも言う。

(15) 一三二七—一四〇五年。仏教僧侶。無学は号、法名は自超。李成桂の師で王師と呼ばれた。

(16) 以下、「王は師の礼をもって」までの間は原文が大幅に省略されている。

(17) 漢城の西部にある山。標高三三八メートル。尾根筋に漢城の城壁が築かれている。

(18) 一五九二—九三年（宣祖二十五—二十六年）に豊臣秀吉の命令によって行われた日本軍の朝鮮侵略。朝鮮では壬辰倭乱、日本では文禄の役と言う。本訳註では壬辰倭乱と称する。一五九七—九八年（宣祖三十—三十一年）の日本軍の再攻撃（丁酉再乱、慶長の役）を含めて壬辰倭乱、あるいは壬辰戦争と称することもある。

（19）日本のこと。侮蔑的な意味合いがある呼称。

五　城郭

（1）本文の数値は『新増東国輿地勝覧』（巻一・京都上・城郭・京城）によっている。『東国輿地備攷』（巻一・城郭条）は「周尺で量ると八万九九六一〇尺」とする。六尺一歩で換算すると、九九七五歩は五万九八五〇尺となり、『太祖実録』（巻九・五年〔一三九四年〕一月戊辰）の五万九五〇〇尺とほぼ一致する。周尺（一尺二〇・八一センチ）の八万九九六一〇尺は一万八六四七・八四メートル、営造尺（一尺三一・二四センチ）の五万九五〇〇尺は一万八五八七・八メートルで、両者ほぼ一致し、現在の実測値ともほぼ一致する。

（2）営造尺。約一二メートル。これは最高部分の高さである。『新増東国輿地勝覧』（巻一・京都上・城郭・京城）には四十尺二寸とある。

（3）上の註（1）のように、実長は約一八・六キロなので、正しくは四十六―四十七里になる。

（4）この数値の典拠は不明。

（5）数え年で十六―五十九歳の良民男子。

（6）『太祖実録』（巻九・五年一月戊辰）には「十一万八千七十人余」とある。

（7）高麗王朝末朝鮮王朝初期に国家財政を統括した官庁である三司の長官。従一品。

（8）朝鮮王朝第四代国王。一三九七―一四五〇年。在位一四一八―五〇年。太宗の第三子。集賢殿に有能な若手官僚を集め、職務を免除して学問研鑽に励ませる賜暇読書制を整備した。文化事業に注力し、『訓民正音』（正音、諺文、ハングル）を完成させ、『三綱行実』、『東国正韻』、『竜飛御天歌』などの編纂を推進した。

（9）東西南北の四方にそれぞれ大門と小門を建てた。

（10）東側が低いという漢城の風水的欠陥を補う

ため、本来の名称である「興仁」に「之」一字を加えた。門額は二字二行になっている。
(11) 南孝温《なんこうおん》（一四五四―九二年）の著。一巻。金宗直などの詩や逸話を集めた。南孝温は朝鮮時代前期、成宗代の文臣。号は秋江、杏雨、最楽堂、碧沙。金宗直の門人。「六臣伝」（文集『秋江集』所収）を著し、端宗復位謀議で獄死したり処刑されたりした、成三問《せいさんもん》ら六人を忠臣の鏡と讃え、死六臣の名を広めた。
(12) 崇礼門の門額は、景福宮に正対する火体の山である冠岳山を圧さえるために縦書きとしたと言われる（『右捕盗庁謄録』第二四冊・己巳〔一八六九年〕・南門外居民白活）。
(13) 朝鮮王朝第三代国王。一三六七―一四二二年。在位一四〇〇―一八年。諱は李芳遠。李成桂の第五子。朝鮮王朝開創に中心的な役割を果たした。王子の間で繰り広げられた二度にわたる抗争（王子の乱）を勝ち抜き、兄弟たちや鄭道伝を排除して王位に即いて集権的国家運営体制の基礎を築いた。一四〇一年（太宗元年）、明の永楽帝から朝鮮国王に冊封された。
(14) 王位継承権をもつ王子。正式には王世子。東宮、春宮、弐極などとも呼ばれた。
(15) 一三九四―一四六二年。太宗の第一子。王世子に冊封されたが、性格と品位に問題があるとして廃位され、同母弟の忠寧大君《ちゆうねいたいくん》（後の世宗）が王位を継承した。
(16) 朝鮮王朝第十五代国王。一五七五―一六四一年。在位一六〇八―二三年。宣祖の第二子。母は後宮恭嬪金氏で庶子。豊臣秀吉軍の侵略時、宣祖と苦難を共にした。日本と国交を回復し、後金と明の間で中立的な外交政策をとった。後に生まれた嫡子永昌大君《えいしようたいくん》とその母仁穆王后《じんぼくおうごう》を謀殺したことなどを罪状として、一六二三年（光海君十五年、仁祖即位年）、仁祖《じんそ》反正《はんせい》と呼ばれる、西人派によるクーデタで王位を追放された。死後、廃王として宗廟に祀られず、また廟号は付与されずに国王の庶子の称号である

「君」とされた。

(17) 漢城城外西郊の地名。現竜山区青坡洞一―三街一帯。

(18) 北大門。閉鎖されていることが多かった。

(19) 朝鮮王朝第九代国王。一四五七―九四年。在位一四六九―九四年。世祖の長男懿敬世子（徳宗に追尊）の子。睿宗《えいそう》の甥。領議政韓確《かんかく》の外孫。妃は上党君韓明澮《かんめいかい》の娘。世祖妃貞熹《ていき》大妃や韓明澮らによって睿宗の後を受けて国王に擁立された。金宗直らの学者を登用し、世祖の事業を継承して『経国大典』、『新増東国輿地勝覧』、『東国通鑑』などの編纂を推進した。

(20) 正宮昌徳宮の離宮。昌徳宮と隣接している。面積約〇・二ヘクタール。

(21) 通称北小門。また紫霞門とも呼ばれる。北大門の代わりに北方の出入り口として使われた。現鍾路区青雲洞所在。

(22) 俗称水口門。死者を城外に運び出す時の搬出口として使われた。

(23) 城壁の上に築いた防御攻撃用の施設。

(24) 軍営。常設の軍部隊のこと。

(25) 朝鮮王朝第二十一代国王。英祖。一六九四―一七七六年。在位一七二四―七六年。粛宗の第二子。廟号ははじめ英宗とされたが、本書成立半世紀後の一八九〇年（高宗二十七年）に英祖に追尊された。在位期間は歴代国王中で最長。党派間の争いを収拾して王権の強化を図るべく、公平人事を行う蕩平策を推進した。老論派の讒言を容れて王位継承権者思悼世子（後の荘献世子、荘宗、荘祖に追尊）を死に追いやり、王位は孫（正祖）に継がせた。

(26) 壬辰倭乱の際に臨時設置され、後に常設化した軍部隊。官員の定数は、都提調（正一品）が一名、提調（正二品。戸曹判書と兵曹判書が兼任）が二名、大将（従二品）、中軍（従二品）が各一名ずつ、別将（正三品）、千摠（正三品）が各二名ずつ、局別将（正三品）が三名、把摠《はそう》（従四品）が六名、従事官（従六品）が四名、哨官（従九品）が三十四名。

以下、本訳註における官庁官員の定数と品階は、守令の官位官職と同じく、一八六五年に編纂された『大典会通』（巻一・吏典および巻四・兵典）の規定による。

（27）現中区奨忠洞《しょうちゅうどう》一・二街一帯。奨忠壇公園の北方。

（28）一六八二年（粛宗八年）、王宮護衛と漢城防衛のために設置された軍部隊。官員の定数は、都提調、提調、大将、中軍、別将が各一名ずつ、千摠が四名、騎士将（正三品）が三名、把摠が五名、外方兼把摠が十二名、従事官が二名、哨官が四十一名。ほかに品階をもたない教錬官が十二名、旗牌官が十名、別武士が三十名、軍官が五名、別軍官が十名、勧武軍官が五十名、騎士が一五〇名、別騎衛が三十二名。

（29）北漢山南方の峰。標高二三六メートル。北漢山からの気脈が流れているとされる。

（30）一六二三年（仁祖元年）、国王護衛のために設置された軍部隊。官員の定数は、都提調、提調、大将、中軍、別将が各一名ずつ、千摠が五名、別後部千摠が一名、騎士将が三名、把摠が五名、外方兼把摠が十名、従事官が二名、哨官が四十一名。ほかに品階をもたない教錬官が十二名、旗牌官が十一名、別武士が三十名、軍官が三十八名、別軍官が十名、勧武軍官が五十名、駕前別抄が五十二名、騎士が一五〇名。

（31）英祖二十二年（一七四二）に作成された漢城防備に関する細目集。

（32）一六九七—一七五六年。本貫は林川。号は道川、芦江。朝鮮時代中期、英祖代の文臣。西人の少論派。司憲府大司憲などを歴任した。文集に『道川集』がある。

（33）土を盛って人工的に造った山。高さ約一〇メートル。漢城では五間水門の内側、訓錬院の東北にあり、清渓川を挟んで南北両側に築造されて気を蓄える役割をもった。

（34）柳本芸の父柳得恭の著書。漢城の年中行事などの風俗を描写している。制作は十八世紀後半とみられる。

(35) 大刀の一種。薙刀状で偃月刀とも言う。柄の長さ六尺四寸、刃の長さ二尺八寸。

(36) 朴文秀の封君号。

(37) 一六九一—一七五六年。本貫は高霊《こうれい》。号は耆隠。朝鮮時代後期、英祖代の文臣。西人の少論派。議政府右参賛などを歴任し、霊城君に封じられた。

(38) 漢城と宮城の門を守備する武官。従九品。

(39) 漢陽を指す。『高麗史』原文では「南京」になっている。

(40) 漢江の渡し場・河港である漢江渡近辺の地名。『新増東国輿地勝覧』(巻三・漢城府・古跡・漢江)に「俗称沙里津」とある。

(41) 駝駱山、駱山。漢城城壁東端、東大門と恵化門の間の丘陵。漢城内四山の一つ。標高一二六メートル。

(42) 鞍山、母岳。漢城城壁外西側の丘陵。標高二五〇メートル。

(43) 景福宮。北闕とも言う。これに対して昌徳宮を東闕、慶熙宮を西闕とも言った。面積約四三ヘクタール。太祖三年(一三九四)から、宣祖二十五年(一五九二)の日本軍侵入時に焼失するまでの朝鮮王朝の正宮。戦乱終結後、正宮は再建された昌徳宮に移り、景福宮址はほとんど空き地となっていたが、一八六五年(高宗二年)、高宗《こうそう》の父興宣大院君《こうせんたいいんくん》李昰応《りかおう》によって再建され、一八六八年から正宮に復したが、後に王の御所は慶運宮(現徳寿宮)、昌徳宮と移動した。

(44) 一七二五—九九年。朝鮮時代後期、英祖・正祖代の文臣。知敦寧府事などを歴任した。書画に名声が高い。

(45) 十九世紀後半の議政府領議政の李裕元《りゆうげん》(一八一四—八八年)は、揮毫者を芸文館大提学などを歴任した洪啓禧《こうけいき》(一七〇三—七一年)とする(『林下筆記』巻三〇・春明逸史六・旧光化門条）。
(46)　鄭泰斉《ていたいせい》（一六一二―六九年）の著書。一巻。宣祖―仁祖代を中心とした歴史逸話などを集めた。鄭泰斉は、本貫は東萊《とうらい》、号は菊堂など。朝鮮時代中期、仁祖―顕宗代の文臣。吏曹参議などを歴任した。
(47)　万暦は明の年号（一五七三―一六二〇年）。国王が明皇帝の冊封を受けていた時には、公式には明の年号を用いていた。
(48)　一五四二―一六〇七年。西厓は号。本貫は豊山。朝鮮時代中期、宣祖・光海君代の文臣。李滉の門人。南人。議政府領議政に昇り、豊原府院君に封じられた。壬辰倭乱時に宣祖を輔弼した。著書に『懲毖録《ちようひろく》』、文集に『西厓集』がある。
(49)　一五九二年（宣祖二十五年、文禄元年）に始まる日本軍の侵入。壬辰倭乱のこと。

六　宮闕

(1)　宮城、王宮。

1　景福宮

(1)　国王が元日に朝廷で臣下から受ける挨拶の儀礼。
(2)　『朝鮮賦』の原文ではこの後、割註で「国にもと銀珠が無く、丹をもってこれに代えている。桐油もまた無い。」としている。
(3)　『朝鮮賦』原文ではこの後、割註で「瓦葺きの門や宮殿はみな丸瓦を用いていることは中国の官庁の瓦と同じである。」としている。
(4)　オウム貝。南太平洋からオーストラリア近海に生息する巻き貝。
(5)　割註中に《　》で囲んだのは、『朝鮮賦』原文で割註になっている部分である。各写本は（　）で、ソ歴本のみが「　」で囲んでいる。

（6）瓦や瓶の焼成に用いたアルミニウムとナトリウムの硅酸塩製の釉薬。

（7）慶祝時や中国使節来訪時に国王主催の宴会を催した楼閣。四十八本の高い石柱の上に立っている。

（8）天文観測、日時計、水時計によって時間を計測した官庁。朝鮮では一日を十二等分して子から亥までの刻で表す定時法と、夜間に日の入りから日の出までを五更に分ける不定時法が並行して用いられていた。

（9）天文観測用の機器。簡平儀など諸種があった。

（10）標準時計である自撃漏（水時計）を設置した建物。

（11）天文観測施設。石造。営造尺で縦三十一尺、横三十二尺、高さ三十二尺で、階段を入れた全長四十七尺。内部に書雲観の官員が入って天文観測を行った。

（12）一三八五―一四四〇年。本貫は安東。朝鮮時代前期、太宗・世宗代の文臣。承政院左承旨などを歴任した。簡儀台、報漏閣、欽敬閣、玉漏器の建設や設置に尽力し、時刻報知システムを構築した。

（13）後ろにある御霊屋《みたまや》。

（14）家屋の規模を計測する単位で、柱四本に囲まれた広さ。また建物の正面側面などの柱間の数も表す。文昭殿の場合、正面五間、側面一間であり、広さは五×一で五間になる。公定では、木尺（営造尺）七尺（約二・二メートル）で一間とされる（『京兆府誌』戸房）が、実際には八尺（約二・五メートル）程度のものが多い。

（15）太祖の二世と四世で定宗と世宗。定宗は太祖の子、世宗は孫（太宗の子）。

（16）太祖の三世と五世で太宗と文宗。太宗は太祖の子、文宗は曽孫（世宗の子）。

（17）毎月一日（朔日、新月）と十五日（望日、満月）に行う祭祀。

（18）春夏秋冬の四季に行われる大祭。

(19)　一四三八―五七年。朝鮮王朝第九代国王成宗の父。睿宗《えいそう》の弟で、睿宗の世子（懿敬世子）だったが、睿宗より早世した。死後、息子の成宗が王位に即いたため、徳宗に追尊された。

(20)　一四七五年（成宗六年）、明の憲宗から諡号として懐簡を認められた。

(21)　朝鮮王朝歴代の国王および国王追尊者夫妻の位牌を祭る施設。太廟とも言う。『周礼』（天完・考工記・匠人）の「左祖右社」に則って景福宮の左側（東）に設けられた。鍾路沿いにある。正殿には現在、国王十九柱と王后三十柱の位牌が奉安されている。国王夫妻の位牌は正殿に祀られるが、後継の位牌が入ると、功績の高い国王夫妻以外のものは順次、隣接する永寧殿に移された。ユネスコ世界文化遺産。

(22)　徳宗ははじめ、宗廟の正殿の睿宗の室に合祀された。

(23)　国政の模範になるような歴代国王の事蹟を、王の廟号をつけて『粛廟宝鑑』などと称したもののの集成。世祖の時に第一回編纂が行われ、幾度も増補された。最終版は一九〇九年（隆熙三年）に編纂された。柳本芸の参照したのは一七八二年（正祖六年）版であろう。

(24)　朝鮮王朝第十四代国王。一五五二―一六〇八年。在位一五六七―一六〇八年。廟号ははじめ宣宗《せんそう》だったが、光海君九年（一六一七）に「中興の大業」ありとして宣祖に追尊された。中宗の第九子徳興大院君《とくこうたいいんくん》の第三子。継子なく死去した明宗の後を受けて即位した。儒学に深く傾倒して李滉《りこう》や李珥《りじ》らを重用し、趙光祖の名誉回復を行った。士大夫官僚の間では、東人（後に南人と北人に分裂）と西人の党派間争いが始まった。日本軍の攻撃（壬辰倭乱）により、王朝廃滅の危機に至ったが、明の援軍などで乗り切り、戦争被害の回復に尽力した。

(25)　徐文重の著書。『朝野記聞』とも書く。三十巻。制度と政治的事件について記述し、漢文版とハングル版がある。ただしこの部分の原典は『国朝宝鑑』（巻六・世宗朝二）の誤り。

(26) 議政府の正二品官。

(27) 一三六九―一四三九年。本貫は河陽。号は敬菴。朝鮮時代初期、太祖―世宗代の文臣。議政府左議政に昇った。文集に『敬菴先生文集』がある。

(28) 朝鮮国王は中国皇帝の冊封を受けていたため、尊称は殿下である。高宗が大韓帝国成立を宣言して中国の冊封から離脱した一八九七年（光武元年）以降、陛下を使用した。

(29) 有能な若手官僚に学問研究に励ませることを目的として、一四二〇年（世宗二年）から一四五六年（世祖二年）まで存在した官庁。官員の定数は時期によって変動し、十名から三十二名。所属官員は学士と称し、多くが高官に昇った。出身者たちは『高麗史』、『訓民正音』、『竜飛御天歌』、『経国大典』などの編纂を主導した。

(30) 優秀な学者。

(31) 一四二〇―八八年。四佳は号。本貫は大丘。権近《ごんきん》の婿娘、崔恒《さいこう》の義父。朝鮮時代前期、世宗―成宗代の文臣。芸文館大提学などを歴任し、達城君に封じられた。『経国大典』編纂を主導した。著書に『筆苑雑記』、文集に『四佳集』がある。

(32) 正史に載らない逸話や故事などを収集した著書。二巻。一四八七年（成宗十八年）完成。

(33) 一四七一年（成宗二年）の使節。『成宗実録』（巻一三・二年十一月二日庚子）に「琉球国王尚徳が僧侶端西堂を派遣してきた。」とある。

(34) 官僚を取り仕切る大臣。

(35) 領議政のこと。右議政を右相、左議政を左相と言った。

(36) 一四〇二―八七年。本貫は東萊《とうらい》。朝鮮時代前期、世宗―成宗代の文臣。成宗配享功臣。議政府領議政に昇り、蓬原府院君に封じられた。

(37) 成均館の従三品官。大司成（正三品）に次ぐ官職。

(38) 生没年未詳。本貫は全義。朝鮮時代前期、

世祖―成宗代の文臣。司諫院司諫などを歴任した。

(39)　一四〇四―七七年。本貫は平海。朝鮮時代前期、端宗―成宗代の文臣。議政府左賛成などを歴任した。

(40)　漢城以外の出身者。丘従直の出身地は不明。

(41)　科挙の文科。文官の選抜試験。

(42)　丘従直《きゅうじゅうちょく》は世宗二十六年（一四四四）の科挙文科に合格した（『国朝文科榜目』）。ただし、『五山説林』原文では「若くして校書館に勤務した」とだけあって、文科合格についてはふれていない。また、「分校書館」までの文が大幅に省略されている。

(43)　丘従直は、科挙文科合格直後に分校書館に配属されており、成宗代には知中枢府事（正二品）の職にあった。『五山説林』は、この翌日、成宗が丘従直を司諫院大司諫（従二品）に任命したとし、官僚としては正一品に昇り、享年を七十九歳としているが、正しくは、最高位正二品（吏曹判書）、享年七十四歳である（『成宗実録』巻八五・八年〔一四七七〕十月丁酉条）。

(44)　簡便な輿。

(45)　古典籍などの印刷と刊行、官印の製造などを担当した。別称は芸閣《うんかく》、芸館《うんかん》、校書監、外閣、内書、秘書、典書。奎章閣が開設されると、その附属官署に位置づけられた（『大典通編』巻一、吏典・奎章閣・外閣条）。官員の定数は、判校（正三品）、校理（正五品）、兼校理が各一名ずつ、博士（正七品）、著作（正八品）、正字（正九品）、副正字（従九品）が各二名ずつ。

(46)　休日に宿直すること。

(47)　空闕衛将の略。国王が居住しない景福宮、慶熙宮（旧慶徳宮）、昌慶宮の警備を担当した武官職。国王が慶熙宮に居住した時は昌徳宮を担当した。観象監などの堂上官で離任後に新官職が決まるまで一時的に任命して禄俸を支給するための名目的官職（散職）である逓児職。

(48)　宮中に置かれた宿直所。

(49)「先君」は亡父のこと。ここでは著者柳本芸の亡父柳得恭を指す。
(50) 日本人に対する蔑称。
(51) みつち。想像上の動物。水中に棲息し、蛇に似た形で四肢をもち、毒気を吐いて人を害するとされる一種の竜。
(52) 礼服を着ける時に用いる玉を連ねた首飾り。
(53) 一七三七―一八〇五年。燕岩は号で、燕巌の誤り。本貫は潘南。朝鮮時代後期の文臣。漢城中心部で近隣に居住していた柳得恭らと交流した。北京に派遣されて『熱河日記』、『北学議』を著し、朝鮮の状況を批判して中国にならった改革を主張した。洪大容らとともに北学派と呼ばれる。『許生伝』、『両班伝』などの小説で社会批判を行った。文集に『燕巌集』がある。
(54) 一七四一―九三年。青荘は号青荘館の略。号は他に雅亭、炯庵、嬰処、東方一士、信天翁。本貫は全州。正祖代の文臣。一七七九年（正祖三年）に、士族子弟でありながら、官界で差別されていた庶孽《しょげつ》（非嫡出子、妾の子、庶子、およびその子孫。解説参照）中の有能人士として、柳得恭、朴斉家、徐理修ら三人とともに新設された奎章閣の検書官に選任され（『正祖実録』巻七・三年三月辛亥）、各種編纂事業や所蔵図書の整理にあたった。朴趾源、洪大容ら北学派と呼ばれる人士と交流した。死後、正祖はその死を悼み、『雅亭遺稿』を刊行した。文集に『青荘館全書』がある。
(55) 現鍾路区三清洞。
(56) 漢城の東北方、楊州との境界にある山。標高七四〇メートル。
(57) この数値の根拠不明。一七六八年（英祖四十四年）の調査では、三万八七七〇戸（『英祖実録』）巻一一一・四十四年十二月甲申）、一七七一年（英祖四十七年）の調査では、三万八四九七戸（『英祖実録』巻一一七、四十七年十二月丙申）であった。
(58) 行政の司令部的な役割を果たした六つの官

庁である、吏曹、戸曹、兵曹、礼曹、刑曹、工曹の総称。主な職務は、吏曹が文官人事、戸曹が財政、礼曹が儀礼・外交・教育、兵曹が武官人事・軍政統括、刑曹が法律・奴婢、工曹が建設・交通。各曹は、長官である判書以下少数の官員で構成されており、実務を担当する多くの官署が別途、設置されていた。

(59) 景福宮から流れ出る細流。光化門西側の鮒魚橋から出て清渓川に合流する。

(60) 円覚寺の塔。大理石でできているので白く見えた。

(61) 「春城遊記」原文には「徐汝五」とある。詳細不明。

(62) 想像上の水獣である海駝《かいだ》。火災や疫病神を防ぐと言われる。

(63) 中部会賢坊小公主洞にあった別宮。太宗の第二女慶貞公主が結婚する前に居住したため小公主宅と呼ばれた。慶貞公主の夫(太宗の駙馬)趙大臨が邸宅としたと言われる。宣祖が日本軍撤退後の漢城に戻ってきた時、この建物で明の軍人や官僚の接見を行ったことから、南別宮と呼ばれるようになった。一八九七年に大韓帝国の祭天施設である圜丘壇《かんきゅうだん》が建てられた。現在、中区小公洞の朝鮮ホテル敷地。

(64) 中国宋代(北宋・南宋)の正史。四九六巻。元王朝末期に編纂し、一三四五年に完成した。

(65) 史官が硯石の墨を溜める窪み。

(66) 石造の日時計。

(67) 日本名「ハス」。ハス科の多年生水生草。

(68) 日本名「オニバス」。スイレン科の一年生水生草。

(69) 日本名「カギクルマバナルコユリ」。ユリ科の多年生草。根茎を生薬原料として用いる。

(70) 一七六七年、英祖は「丁亥親蚕」と書いた碑石を勤政殿の北に立て、碑石の裏にその経緯を記させた(『英祖実録』巻一一四・四十三年一月丁亥条)。

(71) 宮中に納入するために宦官が野菜を栽培し

た農園。
(72) 組織の前任者名簿。「先生」は前任者、「案」は箇条書きした文書の意。
(73) 一四九一―一五七〇年。湖陰は号。本貫は東萊。朝鮮時代中期、中宗―明宗代の文臣。芸文館大提学などを歴任した。著書に『湖陰雑稿』がある。
(74) 正面七間、側面五間。
(75) 柳成竜の文集。『西厓集』とも言う。二十七巻。
(76) 朝鮮王朝第八代国王。一四五〇―六九年。在位一四六八―六九年。世祖の第二子。異母兄徳宗が早世したため、世祖の後を継いで王位に即いた。子がなかったため、王位は徳宗の第二子（成宗）が継いだ。
(77) 追尊と同じ。王位に即かなかった者に、死後、王または王后の称号を与えること。
(78) 徳宗が兄、睿宗が弟。
(79) 一三一五―六〇年。太祖李成桂の父。太祖によってはじめ桓宗、後に桓祖に追尊された。高麗末期に東北面（咸鏡道地方）の土着勢力として元の双城摠管府に仕えていたが、恭愍王の反元政策に協力し、高麗王朝の中で大きな勢力となった。
(80) 国王や貴人が死亡すること。
(81) 正廟があるうえに重ねて立てた廟。
(82) 元旦や上元などの特別な節日（名日、名節）に行う死者に対する略礼。
(83) 精進料理の食材。精進料理は素饌と言う。
(84) 成均館の孔子廟。孔子以外に、中国や朝鮮の名賢（著名な儒者）を祭る。
(85) 海へ濁りを流す大河。
(86) 一五五三年（明宗八年）九月の景福宮大火。この時、欽敬閣のほか、康寧殿と思政殿が焼け落ちた（『明宗実録』巻一五・八年九月丁巳）。
(87) 朝鮮王朝第十三代国王。一五三四―六七年。在位一五四五―六七年。中宗の第二子で仁宗の異母弟。仁宗の死を受けて即位した。

(88) 李晬光《りさいこう》が編纂した類書。二十巻。類書は一種の百科事典。各種事項を幅広く収集し、分野別分類や音韻順に並べ、典拠をあげて説明している。

(89) 王命の出納を担当し、国王の秘書的役割をした官庁。別称は銀台、喉院。官員の定数は、都承旨、左承旨、右承旨、左副承旨、右副承旨、同副承旨が各一名ずつ（以上すべて正三品）、注書（正七品）が二名、事変仮注書（正七品）が一名。逐日記録『承政院日記』がある。

(90) ?—一四四四年。本貫は白川《はくせん》。号は耕隠。朝鮮時代初期、太宗・世宗代の文臣。吏曹参判などを歴任した。

(91) 一三九八—一四五〇年。本貫は全州。号は檜軒、聾巌。朝鮮時代初期、世宗代の文臣。吏曹参判などを歴任した。

(92) 国王文書の作成、国王の顧問、宮中の書籍管理を職掌とした官庁。芸文館と並び、学者として評価が高い官員を所属させた。別称は玉堂、玉署、瀛閣、瑞書院、清燕閣。官員の定数は、領事（正一品。領議政が兼任）、大提学（正二品）、提学（従二品）、副提学（正三品）、直提学（正三品。都承旨が兼任）、典翰（従三品）、応教（正四品）、副応教（従四品）が各一名ずつ、校理、副校理（従五品）、修撰（正六品）、副修撰（従六品）が各二名ずつ、博士、著作が各一名ずつ、正字が二名。

(93) 国王の官印などを所管した官庁。別称は知印房、政房、箚子房《さつしぼう》、符宝郎。官員の定数は、正（正三品。都承旨が兼任）、直長（従七品）、副直長（正八品）が各一名ずつ。

(94) 政治記録を作成した官庁。別称は史館。官員の定数は、領事（領議政が兼任）が一名、監事（正一品。左右議政が兼任）、知事（正二品）、同知事（従二品）が各二名ずつ、修撰官（正三品）、編修官（正三品—従四品）、記注官（正従五品）、記事官（正六品—正九品）については定数がなく、奎章閣の直提学以下の官員が品階に従って兼任した。

(95) 国王の文章を作成した官庁。別称は文翰署、翰林院、元鳳省、詞林苑。弘文館と並び、学問的評価の高い官員を所属させた。官員の定数は、領事（領議政が兼任）、大提学、提学、直提学、応教（弘文館の直提学以下校理以上の官員が兼任）が各一名ずつ、奉教（正七品）、待教（正八品）が各二名ずつ、検閲（正九品）が四名。

(96) 外交文書を所管した官庁。別称は槐院。官員の定数は、判校、参校（従三品）、校勘（従四品）、校理、校検（正六品）が各二名ずつ、博士、著作、正字、副正字が各一名ずつ。

(97) 生没年未詳。本貫は延安。号は夢菴、楊原。朝鮮時代前期、世祖―成宗代の文臣。吏曹参判などを歴任した。

(98) 一四二二―八四年。本貫は陽城《ようじょう》。号は三灘。朝鮮時代前期、世宗―成宗代の文臣。議政府左参賛などを歴任した。

(99) 国王と宮廷に対する食事の提供を所管した官庁。別称は尚食司、膳厨院、司膳。官員の定数は、正、僉正《せんせい》（従四品）が各一名ずつ、主簿（従六品）が三名、直長が二名、奉事（従八品）が三名。

(100) 国王の医薬を担当した官庁。別称は尚医、堂医、奉医、薬院、薬房、薬局。官員の定数は、正、僉正、判官（従五品）、主簿、直長が各一名ずつ、奉事、副奉事（正九品）が各二名ずつ、参奉（従九品）が一名。

(101) 天文、暦、時刻などを所管した官庁。別称は書雲監、雲監、漏刻典、太卜監、太史局、司天台、観候署。官員の定数は、領事（領議政が兼任）、正、僉正、判官、主簿、天文学教授（従六品）が各一名ずつ、天文学兼教授が三名、命課学兼教授が一名、直長、奉事が各二名ずつ、副奉事、天文学訓導、地理学訓導、命課学訓導（以上いずれも正九品）が各一名ずつ、参奉が二名。

(102) 国王の衣服や宮中の財宝を所管した官庁。

別称は尚方、掌服、中尚、供造。官員の定数は、正、僉正、主簿、別提（従六品）、直長が各一名ずつ。

(103) 国王用の車馬を所管した官庁。別称は乗府、司馭、太僕。

(104) 儀式等で使用する天幕を所管した官庁。別称は尚舎局、司設署。官員の定数は、別提が二名、別検（従八品）が一名。

(105) 宮殿の修理を所管した官庁。本書作成時にはすでに廃止されていた。

(106) 正式名称は五衛都摠府。朝鮮王朝の最高軍令機関。官員の定数は、都摠官（正二品）、副都摠（従二品）が各五名ずつ、経歴（従四品）、都事（従五品）が各六名ずつ。

(107) 内侍府。宦官の官庁。

(108) 一四三一―九二年。本貫は善山《ぜんさん》。号は佔畢斎《てんひつさい》。金叔滋《きんじしゆく》の子。朝鮮時代前期、世祖―成宗代の文臣。工曹参判などを歴任した。鄭夢周の学問を継承して李滉らに伝えた。門人に鄭汝昌《ていじよしよう》、金宏弼《きんこうひつ》、金馹孫《きんにつそん》、南孝温などがおり、後世に大きな影響を与えた。著書に『青丘風雅』、文集に『佔畢斎集』がある。

(109) 承政院、承文院、校書館、内司僕寺、内班院の「記」は、『新増東国輿地勝覧』巻二・京都下・文職公署の当該官庁条の註に、また都摠府の「記」は同書同巻・武職公署・都摠府条に記載されている。

(110) 『宣祖修正実録』（巻二六・二十五年四月癸卯条）の記事によると、宣祖の車駕が漢城から脱出しようとするや、民衆が宮城や官庁になだれ込んで略奪を始め、公奴婢名簿を管理する掌隷院と刑曹に放火し、略奪の証拠隠滅のために景福宮、昌徳宮、昌慶宮に放火して焼失させた。この時、弘文館所蔵の書籍、春秋館所蔵の『朝鮮王朝実録』内史庫本、『高麗史』編纂時の資料、『承政院日記』原本なども焼失した。

2　昌徳宮

(1)　太宗五年（一四〇五）、正宮である景福宮の離宮として建設された。面積約五五ヘクタール。壬辰倭乱時と仁祖反正（一六二三年）時に焼失したが、再建後は、慶徳宮（旧慶熙宮）とともに、興宣大院君による景福宮再建時（一八六五年）まで正宮として使用された。ユネスコ世界文化遺産。

(2)　夜二更に夜間通行禁止を知らせるために、鍾路の鍾閣で二十八回打つ鐘。この鐘声とともに漢城城壁の門を閉鎖する。更は夜間の時刻。日出前と日没後のそれぞれ三十六分間ずつを除き、夜間を五等分して一―五更とし、各更を五等分して一―五点とする。不定時法であり、季節によって時刻が異なる。

(3)　五更三点。鐘を三十三回打ち鳴らして夜間通行禁止を解除し、漢城城壁の門を開放した。

(4)　『列朝通紀』の誤り。安鼎福《あんていふく》（一七一二―九一年）の著。二十八巻。朝鮮王朝開創から英祖四十一年（一七六五）までの歴史を文献から採取したもの。一八〇〇年（正祖二十四年）完成。安鼎福は朝鮮時代後期、英祖・正祖代の文臣。号は順庵。李翼の門人。文集に『順庵集』がある。

(5)　一四二一―八四年。本貫は昌寧《しょうねい》。号は逸斎、安斎。成俔の兄。朝鮮時代前期、世宗―成宗代の文臣。議政府左参賛などを歴任した。

(6)　掌隷院判決事。掌隷院の長官。従二品。

(7)　一四四三―一五二七年。本貫は居昌《きょしょう》。朝鮮時代中期、成宗代の文臣。通礼院左通礼などを歴任した。名筆家で王羲之の書をよくした。

(8)　一七〇四年（粛宗三十年）、壬辰倭乱時に援軍を派遣した明朝第十四代皇帝神宗万暦帝《しんそうばんれきてい》（在位一五七二―一六二〇年）の恩を追慕するために作った祭壇。別称は皇壇。後に、明初代皇帝太祖洪武帝《たいそこうぶてい》と最後の皇帝毅宗崇禎帝《きそうすうていてい》も合祀した。

(9)　詳細不明。

(10) 文班と武班で、両班のこと。文官と武官を指し、文武官僚を意味する。高麗時代初期に唐・宋にならった官僚制度として整備され、朝鮮王朝が引き継ぎ発展させた。朝鮮時代後期には、両班の意味が拡大して士族に対する尊称となった（朴趾源『燕巌集』「両班伝」）。

(11) 東に文班、西に武班が、品階順に整列するために、正一品から従九品までの品階を刻んだ標石（品階石）が並んでいる。このため文班は東班、武班は西班とも呼ばれた。景福宮勤政殿、昌慶宮仁政殿、慶熙宮（慶徳宮）崇政殿のそれぞれ正面広場にもあった。

(12) 朝廷で官僚が国王に謁見する儀式。

(13) 当宁《とうちょ》とも言う。現任の国王。ここでは純祖を指す。純祖は朝鮮王朝第二十三代国王。一七九〇―一八三四年。在位一八〇一―三四年。正祖の第二子。王妃父の金祖淳が国舅として実権を握り、安東金氏一族らによる政権独占（世道政治、勢道政治）を行った。一八三〇―三四年は、息子の孝明世子（後に翼宗《よくそう》に追尊）が代理聴政を行った。廟号ははじめ純宗《じゅんそう》だったが、一八五七年（哲宗八年）、純祖に追尊された。

(14) 一七五九―一八一六年。竹石は号。本貫は達城《たつじょう》（大丘）。朝鮮時代後期、正祖・純祖代の文臣。西人の老論派。高祖父と祖父が領議政、曽祖父が左議政、父が大提学。芸文館大提学などを歴任した。

(15) 生没年未詳。本貫は慶州。号は北岳。朝鮮時代中期、宣祖代の文臣。内贍寺主簿などを歴任した。名筆家として知られ、一五九〇年（宣祖二十三年）に通信使一行の写字官として日本に派遣された。

(16) 一四三三―八九年。本貫は東莱。号は虚白堂。朝鮮時代前期、世祖―成宗代の文臣。戸曹判書などを歴任した。名筆家として知られ、鋳字所が製作した金属活字乙酉《いつゆう》字の字母を書いた。

(17) 王に直訴することを知らせるための太鼓。宋の登聞鼓にならって一四〇一年（太宗元年）

に設置された。朝鮮時代中期以降、用いられることは稀になった。
(18) 簡易なもの。
(19) 国王の起居する宮殿。
(20) 朝鮮王朝第二十二代国王。正祖。一七五二―一八〇〇年。在位一七七六―一八〇〇年。号は弘斎。当初の廟号は正宗だったが、一八九九年（高宗三十六年）に正祖に追尊された。英祖の第二子思悼《しとう》世子の第一子。英祖の政策を受け継いで蕩平策を推進し、党派争いを押さえて王権強化を図った。奎章閣を開設して学術基盤を造成した。文集に『弘斎全書』がある。水原に両親の墓所顕隆園を造営し、近傍に華城（水原城、ユネスコ世界文化遺産）を建設した。
(21) 国王が作製した文や詩。
(22) 国王の書。御書と同じ。
(23) 国王に対する中国古典などの講義。高麗時代に始まり、朝鮮時代に入ると重要度が増してほぼ毎日行われた。講義を行う侍講官と侍読官は弘文館官員が兼任した。
(24) 参賛官以下の官員に対して国王が講義を行うこと。
(25) 国王が臣下を公式に呼び出すこと。
(26) 前王の妃で生存している者のことで、ここでは正祖妃孝懿王后を指す。
(27) 王世子に対する中国古典などの講義。
(28) 国王の肖像画。御真、睟容《すいよう》とも言う。
(29) 明清朝における王室の祖先を祭る施設。宮中に置かれた。
(30) 朝鮮王朝第十七代国王。一六一九―五九年。在位一六四九―五九年。仁祖の第二子。即位前は鳳林大君《ほうりんたいくん》。清軍の侵略（丙子胡乱）の際、人質として瀋陽に八年間幽閉された。北京に進攻する北伐を計画したが果たせなかった。大同法で財政安定化を図った。
(31) 王大妃。前王の妃で生存している者のことで、ここでは仁祖妃荘烈王后を指す。
(32) 囲いの低い塀。

（33）一七七六年、正祖が設立した学術機関。後に政策立案機関の性格ももった。ここでは、その研究所・図書館としての宙合楼を指している。別称は内閣。官員定数は、提学（従一品―従二品）、直提学（従二品―正三品堂上官）が各二名ずつ、直閣（正三品堂下官―従六品）、待教（正七品―正九品）が各一名ずつ。また庶孼《しょげつ》から選抜された検書官四名があり、五品の軍官職を付与した。

（34）板の間。庁とも言う。

（35）正面六間、側面二間。

（36）王族に尊号を与える頌徳文を長方形の板に彫りこんで綴ったもの。王、王妃、王大妃、大王大妃は玉で、王世子、王世子嬪は竹で作られ、それぞれ玉冊、竹冊と言った。

（37）床暖房（オンドル）のある部屋。一般に出入り口以外は土壁で囲んで寒気を防ぐ。

（38）虫干し。併せて蔵書調査が行われ、調査記録『曝曬形止案《ばくさいけいしあん》』が作成された。

（39）今上国王。ここでは本書完成時に在位していた純祖のこと。

（40）四季の最初の月。孟春は一月、孟夏は四月、孟秋は七月、孟冬は十月。

（41）提学、直提学、直閣、待教。

（42）一七一三―九一年。豹菴は号。本貫は晋州。朝鮮時代後期、英祖・正祖代の画家。西洋の遠近法を学び、南宗画《なんしゅうが》の朝鮮化を行い、真景山水画、風俗画、人物画などが盛行する基礎を作った。画集『豹菴帖』（二巻二十六幅）などの作品を残した。

（43）国王が描いた絵画。

（44）王が臨終に際して王子や臣下に残す言葉。遺命、遺訓などとも言う。顧命を受けると「顧命之臣」として政権の中で重きをなしたが、顧命を残したのは世祖、仁祖、仁宗、英祖、正祖の五王のみである。

（45）国王の遺言。

（46）国王の秘密命令。

(47) 璿源譜の略。朝鮮王朝王家一族の系譜書。
(48) 氏族の系譜書。族譜。始祖から始まる男系系譜をまとめたもの。氏族（宗族）全体をまとめた大同譜と、氏族の分節である派（門中）ごとの派譜がある。
(49) 国王が手本とするために編纂した書物。
(50) 国王などに関する記録。
(51) 国王の印鑑。
(52) 中国書籍。正祖は中国に派遣する外交使節（燕行使《えんこうし》）に北京で中国古典籍を大量に購入させた。
(53) 周敦頤《しゅうとんい》の人柄を「光風霽月」と形容した黄《こう》庭堅《ていけん》の言葉（『宋史』巻四二七・列伝一八六・道学一・周敦頤）に由来する。
(54) 丹で彩色して絹帆を立てた船。
(55) 漢城の西北郊に置かれた離宮。現西大門区延禧洞一帯。
(56) 前職が県令の者。県令は県の守令（従五品）。
(57) 詳細不明。
(58) 税額を決める基準となった土地計量単位。十把《は》で一束《そく》、十束で一負《ふ》、百負で一結《けつ》。田畑を肥沃度によって一等から六等に分けて測量（量田と言う）する。朝鮮時代後期における一結の面積は、一等田で約一ヘクタール、六等田で約四ヘクタール。民間では、畑では牛一頭（または二頭）牽き鋤で耕やす時間を基準とした日耕《にっこう》、水田では種籾播種量を基準とした斗落《とらく》を土地計量単位として用いていた。
(59) 奎章閣の沿革や制度などを記述した書籍。二巻。一七八四年（正祖八年）刊行。
(60) 宋の竜図閣と天章閣。竜図閣は宋第二代皇帝太宗の、天章閣は第三代皇帝真宗の文書や書などを保管した。
(61) 一四一七―六八年。朝鮮王朝第七代国王。在位一四五五―六八年。世宗の第二子。文宗の弟。即位前は首陽大君《しゅようたいくん》。文宗の子で幼年の甥魯《ろ》山君《ざんくん》（端宗）の側近を排除して行政・軍事両面の実権を掌握し、禅譲させて王位に即いた。復位謀議を口実として魯山君を賜死に処したことで、後世、悪評価された。国王が政務を統括する六曹直啓制を復活して国王権力を拡大し、中央集権の基礎を堅固なものにした。

(62) 西班（武班）官庁で最高位に位置づけられる中枢府の正二品官職。定数は六名。中枢府は、無任所の堂上官を次の官職に就くまでの間所属させた官庁で、職務はない。

(63) 一四一五―八二年。本貫は南原。号は訥斎、松坡。朝鮮時代前期、世宗―成宗代の文臣。弘文館大提学などを歴任し、南原君に封じられた。著書に『海東姓氏録』など、文集に『訥斎集』がある。

(64) 高麗時代に王室の系譜書を保管した官庁。

(65) 国王の真筆。

(66) 国王の印章。

(67) 国王の墨。

(68) 小子（徳のない者。君子の対極）を教え諭すこと。

(69) 『古今図書集成』の略。一万巻。一六九八年に清の康熙帝の命令で編纂が開始され、雍正帝の一七二五年に完成した類書。六四部が印刷された。武英殿で作製された袖珍版が朝鮮にもたらされた。

(70) 一万巻を改装して五〇二〇冊とした（『五洲衍文長箋散稿』巻四・図書集成弁証説）。

(71) 進賀兼謝恩使（正使李溵《りいん》、副使徐浩修）が購入してきた。『四庫全書』も購入しようとしたが、まだ完成していなかった（『正祖実録』巻三・正祖元年二月庚申）。

(72) 清朝の王宮紫禁城内の建物。刻書処を設置して書物の印刷を行った。

(73) 五〇二函の誤り（『正祖実録』巻三・正祖元年二月庚申）。

(74) 芸文館官員の最高位。正二品。別称は文衡。必ず他官庁官職の兼任である。官制上は、議政府の三議政が兼任する領事が最高位になるが、大提学は学問識見の卓越した人物が任命されるものとして、高い評価を得た。
(75)　原文では中宗二十三年の記述と成宗六年の記述の順序が逆になっている。

3　昌慶宮

(1)　世宗即位年（一四一八年）に、高麗時代の離宮跡に、生前退位して上王となった太宗のために建設した宮殿を、成宗が三宮のために拡張したものだが、本文では創建の経緯が脱落している。壬辰倭乱以後、正宮となった昌徳宮の離宮として使用された。
(2)　一四一八—八三年。貞熹王后《ていきおうごう》。坡平は本貫。端宗からの政権簒奪にあたって世祖を後押しした。睿宗が在位一年二か月で死亡するや、徳宗の第二子者乙山大君《しゃおつさんたいくん》（後の成宗）を即位させ、王が成人するまで七年にわたって代理聴政した。
(3)　一四三七—一五〇四年。昭恵王后《しょうけいおうごう》。本貫は清州。早世した夫懿敬世子（徳宗）との子者乙山大君が王位に即いたため、王后号を授与され、後に仁粋王大妃さらに同王大妃になった。中国の『烈女伝』などを参考にして、女子教育のための教訓書『内訓』を編纂した。
(4)　韓確の封君号。
(5)　一四〇三—五六年。本貫は清州。号は簡易斎。朝鮮時代前期、太宗—世祖代の文臣。世祖配享功臣。娘二人が明の第三代皇帝成宗永楽帝と第五代皇帝宣宗宣徳帝の後宮に入った。明に派遣され、世祖の王位就任承認と金銀朝貢の免除交渉に成功した。議政府左議政に昇り、西原府院君に封じられた。
(6)　？—一四九八年。安順王后。清州は本貫。韓伯倫の娘。睿宗の妃。
(7)　韓伯倫の封君号。
(8)　一四二七—七四年。本貫は清州。朝鮮時代前期、世宗—成宗代の文臣。娘が睿宗妃（安順王后）となった。議政府右議政に昇り、清川府院君に封じられた。

（9）　該当部分不明。
（10）『宮闕志』（昌慶宮志）に、「正宗元年丁酉（一七七七年）、通化門の北麓に月覲門を建てた。」とある。
（11）　科挙試験。ここでは武科試験。
（12）　科挙武科試験における武術の披露。
（13）　科挙の首席合格者に与えられる称号「状元」にちなんで名付けられた。
（14）　宮中の天幕などを所管する官庁。
（15）　竜鬚草。日本名「リュウノヒゲ、ジャノヒゲ、コヒゲ」。イグサ科の多年草。イグサより葉が細い。
（16）　一六〇七―八九年。尤庵は号。本貫は恩津。朝鮮時代中期、孝宗―粛宗代の文臣。孝宗配享功臣。金長生、金集の門人。西人老論派の領袖、畿湖学派の重鎮。議政府左議政に昇るが、粛宗の後継者問題で罪に問われて流配され、賜死に処された。著書に『朱子大全箚疑《さつぎ》』など、全集に『宋子大全』、文集に『尤菴集』がある。
（17）　国王の代理聴政をしている時の王世子。ここでは孝明世子（後の翼宗）を指す。
（18）　王世子に代理聴政をさせている時の国王。ここでは純祖を指す。
（19）　純祖に与えられた尊号は淵徳顕道景仁純禧。
（20）　正祖代に作成された人物評伝。七十四巻。朝鮮太祖代から粛宗代までの人物を、相臣、国戚、卿宰、燕山時罹禍人、己卯党籍人、倭乱時立節人などに分けて二千人以上を記載している。墓誌銘、墓碣銘、文集などを資料として用いている。
（21）　一五一七―七五年。本貫は延安。号は頤斎。朝鮮時代中期、中宗―宣祖代の文臣。車天輅の父。平海郡守などを歴任した。徐敬徳《じょけいとく》（一四八九―一五四六年）の門人。
（22）　一五五九―一六二三年。本貫は高興《こうこう》。号は於于堂、艮斎、默好子。朝鮮時代中期、宣祖・光海君代の文臣。北人の大北派。司諫院大司諫などを歴任した。著書に『於于野談』、文集に

『於于集』がある。

(23)　一三二〇年―?。本貫は延安。号は思平、雲巌。高麗時代末期の文臣。朝鮮王朝開創後、高麗に忠誠を尽くして隠遁した。鄭道伝や河崙《かろん》を庶孽だと非難したため、河崙の刺客によって一族もろとも殺害された。

(24)　諫議大夫。高麗時代の中書門下省の正四品官。

(25)　黄海道中央部の邑。守令は都護府使。

(26)　元の要請に応じて遼東半島の明軍を攻撃するという議論。

(27)　太祖の諡号。

(28)　定宗の諡号。

(29)　高麗時代の官職名。詳細不明。

(30)　生没年未詳。高麗時代末期の官僚。『高麗史』(巻一三二・列伝四五・叛逆六・辛旽)に内書舎人として現れる。反逆者とされた辛旽と近かった。

(31)　反逆者金鱗が生き永らえていることを、高麗王朝の臣下として批判している。

(32)　漢城城内西部地域。現鍾路区玉仁洞・新橋洞・青雲洞周辺。

(33)　曺伸《そうしん》(生没年未詳)が歴史的逸話や外国に関する情報をまとめた随筆的著書。五巻。さまざまな版本があり、『稗林』収録のものが最も内容豊富。

(34)　朝鮮王朝第十代国王。一四六七―一五〇六年。在位一四九四―一五〇六年。成宗の第一子。朝鮮王朝最悪の暴君と言われる。即位後、母の廃妃尹氏が父成宗によって殺されていたことを知って暴虐が始まったとされる。儒教倫理に背き、士大夫・両班を二度にわたって迫害した(戊午士禍、甲子士禍)。クーデタ(中宗反正)で王位から放逐され、異母弟中宗が擁立された。死後、廃王とされて宗廟に祀られず、祖宗の廟号もつけられず、国王の庶子の称号である「君」とされた。

(35)　『稗林』と『寒皐観外史』所収の『謏聞瑣

録』（二）には同文があるが、『大東野乗』のものには該当部分がない。

(36) 前漢の皇帝が農業を楽しんだこと。

(37) 皇帝が農事を楽しむための農地。

(38) 前漢の皇帝の居所。長安（西安）にあった。

(39) 農事に励むようにとの国王の諭し。

(40) 「宣賜春塘稲」（『冷斎集』巻三）。

4　慶熙宮

(1) 別称は西闕。昌徳宮の離宮として建設された。仁祖反正と李适の乱によって昌徳宮と昌慶宮がほとんど焼失したため、仁祖が御所とした。昌徳宮再建後も、景福宮が再建されるまでは、各代の国王が両宮を交互に正宮として使用した。

(2) 元宗。章陵は葬られた陵の名称。生前の呼称は定遠君《ていえんくん》。一五八〇—一六二〇年。光海君の異母弟。仁祖の父。光海君在位中に死亡したため、息子仁祖が即位後、王位に即かなかった王父に対する称号である大院君号を追尊されて定遠大院君とされ、後に元宗に追尊された。

(3) 元宗の諡号は「敬徳」で、「慶徳」と同音경덕《キョンドク》。

(4) 詳細不明。

(5) 仁宣大妃の諡号。

(6) 一六一八—七四年。孝宗妃仁宣王后。顕宗の母。右議政張維の娘。本貫は徳水。孝宗の死後、慈懿仁宣大妃に封じられた。

(7) 前漢の時に、太后のために長楽宮の中に長信宮を置いたという故事（『漢書』巻七二・列伝四二・王貢両龔鮑）。

(8) 天体観測器。天球儀、渾儀、渾儀器、璇璣《せんき》玉衡《ぎょくこう》とも言う。朝鮮では一四三三年（世宗十五年）に、王命によって李蕆《りてん》・蔣英実らがはじめて製作した。

(9) 英祖が自ら製作した記文。

(10) 定遠君。上文では章陵と表記されている。

(11) 陰陽占巫を業とする者。術数家とも言う。『光海君日記』（巻一一六・九年〔一六一七〕六月甲辰条）は術者の名前を金駟竜《きんじつりゅう》としている。

（12）元宗の邸宅があった地名。慶熙宮の地。

（13）朝鮮王朝第十六代国王。一五九五―一六四九年。在位一六二三―四九年。宣祖の第五子定遠君（元宗）の第一子。西人派のクーデタ（仁祖反正）で異母兄光海君を追放して王位に即く。一六二七年（仁祖五年、丁卯胡乱）と一六三六年（仁祖十四年、丙子胡乱）の二回、後金（清）の侵略を受けた。一六三七年、清皇帝太宗ホンタイジへの服属を誓って冊封を受け、清朝に朝貢等の使節（燕行使）を送ることになった。

（14）反正は、誤ったものを正しい秩序に回復すること。朝鮮王朝開創期から多用されてきた語だが、朝鮮近世政治史では、悖徳《ぼうとく》の国王を武力によって倒したクーデタ事件を指し、燕山君を倒した中宗反正（一五〇九年）と、光海君を倒した仁祖反正（一六二三年）に対して用いられる。

（15）一七六五―一八三二年。楓皐《ふうこう》は号、院閤は尊称。本貫は安東。朝鮮時代後期、正祖・純祖代の文臣。正祖配享功臣。西人の老論派。安東金氏世道（勢道）政治の中心人物。弘文館芸文館大提学などを歴任した。娘が純祖妃となったため永安府院君に封じられ、国舅として政界を牛耳った。文集に『楓皐集』がある。

（16）一七七六―一八四六年。判書は就任官職にちなむ呼称。本貫は豊壌。号は石厓、尚絅。朝鮮時代後期、純祖・憲宗代の文臣。西人の老論派。純祖配享功臣。吏曹判書などを歴任した。娘が憲宗妃となったため国舅となり、豊恩府院君に封じられ、豊壌趙氏一門を率いて権勢を振るった。

七　壇壝

（1）『周礼』（天官・考工記）の規定に従って、王宮（景福宮）の右側（西）に設置された。

（2）社壇。土地の神を祭る祭壇。

（3）稷壇。穀物の神を祭る祭壇。
（4）五行説による、中央が黄色、東が青色、南が赤色、西が白色、北が黒色のこと。
（5）中央にあたる上部は黄色の土を用いていること。
（6）中国の道教の地母神で、土地を統括する神。
（7）伝説上の周王朝の姫姓の祖先で、農業の神。
（8）中央の位置。
（9）四季の真ん中の月。仲春は二月、仲夏は五月、仲秋は八月、仲冬は十一月。
（10）月の最初の戌の日。
（11）冬至から三回目の未の日。
（12）月の最初の辛の日。
（13）豊作を祈る祭り。祈年祭、祈豊祭とも言う。
（14）国家が公式に行う祭祀に関する規定。大祀、中祀、小祀の三区分がある。
（15）城邑や集落を守る神の祭壇。
（16）青坡駅洞の松林の中（『東国輿地備攷』巻一・壇廟・風雲雷雨山川城隍壇）。
（17）全羅道と慶尚道に跨がる山塊。主峰の天王峰は標高一九一五メートル。
（18）全羅道山間部、智異山麓の邑。守令は都護府使。
（19）開城の鎮山。標高四八八メートル。
（20）京畿道北部の邑。高麗時代には王都で開京と呼ばれた。守令は京官（中央政府官僚）の留守（従二品）。
（21）定平の鎮山。標高一五七メートル。
（22）咸鏡道南部沿海部の邑。守令は都護府使。
（23）江原道北東部沿海部の邑。守令は都護府使。
（24）全羅道南部平野部の邑。守令は牧使。
（25）黄海道西部沿海部の邑。守令は都護府使。
（26）錦江の河港、渡し場。公州地域における錦江の呼称でもあった。
（27）忠清道中部、錦江沿岸の邑。百済の古都。守令は牧使。
（28）洛東江の河港、渡し場。
（29）慶尚道、洛東江最下流の左岸邑。守令は郡守。

(30)　漢江右岸の河港、渡し場。漢城から南部地方に向かう陸路の要衝。西江、竜山江と合わせて三江と呼ばれた。漢江鎮が置かれた。現竜山区漢南洞。

(31)　長湍の西部を流れる臨津江の渡し場。

(32)　京畿道北部内陸部の邑。守令は都護府使。

(33)　平壌の西側を流れる川。

(34)　平安道の中心地。平安道観察使の官署である監営があった。高句麗の古都。守令は府尹。

(35)　義州の西北にある大河。朝鮮と中国の国境をなしている。長さ約七九〇キロ。

(36)　平安道北部の邑。中国との国境に位置する。漢城と北京を結ぶ要衝で、鴨緑江の渡し場があった。守令は府尹。

(37)　慶源の東北にある川。朝鮮と中国との国境をなしている。長さ約五九一キロ。

(38)　咸鏡道最北部、中国と国境を接する豆満江沿岸の邑。守令は都護府使。

(39)　神農。人間にはじめて農耕を教えたとされる中国の神。

(40)　普院東洞（『東国輿地備攷』巻一・壇廟・先農壇）。現東大門区祭基洞。

(41)　君主が自ら農耕を行う儀式。

(42)　二十四節気の三番目。啓蟄とも書く。暖かくなり、冬眠していた虫が這い出してくる時期を意味する。時憲暦で太陽黄経三四五度になる日で、太陽暦で三月六日ごろ。

(43)　人間に初めて養蚕を教えたとされる中国の神。

(44)　恵化門の外（『東国輿地備攷』巻一・壇廟・先蚕壇）。

(45)　季は最後の意味で、季春は春の最後の月で三月。季夏は六月、季秋は九月、季冬は十二月。

(46)　中国の神話上の存在である黄帝の元妃。人々に養蚕を教えた神とされる。

(47)　雨乞いの祭り。『礼記』月令参照。

(48)　『東国輿地備攷』（巻一・祠廟）は「東郊」

としている。
(49) 春の神。木を司る。
(50) 火を司る神。
(51) 秋の神。
(52) 冬の神。水・雨を司る。
(53) 穀物栽培を司る星。
(54) 天球を四区域に分けた四象（青竜・朱雀・白虎・玄武）のうち東方青竜のこと。
(55) 蒼竜星の東角にある星。おとめ座α星。
(56) 老人南極星の略。恒星の中でシリウス（天狼星）に次いで二番目に明るいカノープス（りゅうこつ座α星）。高度が低く赤みがかって見えるので、中国の伝説では寿老人の星とされる。
(57) 天駟星《てんしせい》の異称。天馬を司る神。二十八宿の東方第七宿房宿の中心となる四つの星（さそり座π、ρ、δ、β星）。
(58) 中国で最初に馬を飼育したとされる人。
(59) 初めて馬に乗った人を祀る社《やしろ》。
(60) 馬に禍を与える神。
(61) 箭串牧場の中（『東国輿地備攷』巻一・壇廟）。
(62) 軍隊の行軍時に地方駐屯地で行う戦さ祭り。
(63) 国王親臨のもとに行われる軍隊の演習。
(64) 冬の神。
(65) 東氷庫氷室の東（『東国輿地備攷』巻一・壇廟・司寒壇）。
(66) 『東国輿地備攷』巻一・壇廟には所在地の記載がない。おそらく、写本作成時に刀削した際に「在」一字だけが残ってしまったのであろう。
(67) 江原道にある山。標高一二八八メートル。
(68) 江原道中部内陸部の邑。江陵と合わせて江原道の名称の基となった。守令は牧使。
(69) 鶏竜山。忠清道中南部にある風水上の要地。標高八四五メートル。
(70) 慶尚道と忠清道にまたがる山。標高六八九メートル。慶尚道から漢城に出る峠道が通っている。

(71) 忠清道北部山間部の邑。守令は郡守。
(72) 神仏山。蔚山の西方約二五キロにある山。標高一二〇九メートル。
(73) 慶尚道東部沿海部の邑。守令は都護府使。
(74) 慶尚道と忠清道の境界にある山。標高一一〇六メートル。
(75) 慶尚道北部山間部の邑。守令は県監。
(76) 羅州の鎮山。標高四五〇メートル。
(77) 長湍邑北方にある山。標高七六四メートル。
(78) 海州邑城北にある山。首陽山。標高九四五メートル。
(79) 積城にある山。標高六七五メートル。
(80) 京畿道中央山間部、臨津江左岸の邑。守令は県監。
(81) 淮陽の鎮山。標高五〇四メートル。
(82) 江原道山間部最北の邑。守令は都護府使。
(83) 南漢江と達川の合流点。楊津溟所とも書く。
(84) 忠清道中部の邑。清州と合わせて忠清道の名称が作られた。守令は牧使。
(85) 楊州にあった漢江の河港、渡し場。広津、度迷津とも呼ばれた。
(86) 長淵にある岬。「串」は朝鮮語곶《コッ》（突き出たところ）の宛字。
(87) 黄海道沿海部の邑。守令は県監。
(88) 長連にある岬。
(89) 黄海道沿海部の邑。守令は県監。
(90) 平安道を流れる川。一名薩水。長さ約二一七キロ。
(91) 平安道中部、清川江左岸の邑。守令は牧使。
(92) 大同江の渡し場。一名麻屯津《まとんしん》。
(93) 淮陽の渡し場。
(94) 竜興江の源流。永興の西にある（『新増東国輿地勝覧』巻四八・咸鏡道・永興大都護府・山川）。
(95) 咸鏡道南部沿海部の邑。李成桂の父李子春の出身地。守令は大都護府使。
(96) 漢江鎮の北（上流）にあることを言っている。

（97）疫病や悪鬼。
（98）彰義門外の蔵義寺洞（『東国輿地備攷』巻一・壇廟）。
（99）二十四節気の一つで、春分から十五日目。
（100）中元の日。道教の三元（上元、中元、下元）による。
（101）孟冬の朔日。冬が始まる日。
（102）一五九三年（宣祖二十六年）に開設された。同年、平壌にも開設された（『増補文献備考』巻六三・礼考一〇・諸壇三・愍忠壇）。
（103）壬辰倭乱の際に行った明の朝鮮救援出兵。

八　廟殿宮

（1）この数値は、『新増東国輿地勝覧』（巻一・京都上・壇廟・宗廟）の記述を引き写したものであり、本書成立時の実体と異なる。『東国輿地備攷』（巻一・壇廟・宗廟）によれば、宗廟は、一三九四年（太祖三年）に七間《かん》で創建され、一五四六年（明宗元年）に三間が増築されたが、壬辰倭乱時に焼失して光海君元年（一六〇九）に十一間で再建され、一七二六年（英祖二年）に増築して一五間となり、一八三六年（憲宗二年）にさらに増築して十七間となった。したがって本書成立時点では十五間である。その後、増築して本訳註作成時点では十九間になっている。
（2）春の司命と戸、夏の竈《そう》、秋の国門と泰厲、冬の国行、季夏の中霤《ちゆうりゆう》。
（3）国王を輔弼した功績者に授与された称号。国政変動があった時の功績者に授与された勳封功臣（勳号功臣）と、顕著な功績を挙げた者に授与された配享功臣がある。勳封功臣は、自らの功績による親功臣（正功臣）と従属的な功績による原従功臣があり、朝鮮王朝開創の開国功臣から、一七二八年（英祖四年）の李麟佐乱鎮圧の奮武功臣まで二十九回の授与があった。親功臣は各回数名から数十名、原従功臣はその数倍から数十倍に上った。配享功臣は、国王の死後、宗廟の功臣堂に位牌を祀られた。

(4) 現在、九十二柱の位牌を収蔵している。

(5) 宗廟正殿から移された国王夫妻の位牌を祭る施設。現在、国王十七柱、王后十九柱が祭られている。

(6) 宗廟正殿から移動してきた位牌。

(7) ?―一二七四年。太祖李成桂の高祖父。穆祖。

(8) 定宗の位牌を奉安する空間がなかったので、礼曹はこの時、「宋王朝が僖、順、翼、宣の四祖を別廟で奉祀する例にならって、担当者に別に祧廟を立てて奉祀されたい。」と上言した(『世宗実録』巻一二・三年七月戊寅)。

(9) 太祖の四祖である穆祖《ぼくそ》、翼祖、度祖、桓祖四人の位牌を永寧殿に移動した。

(10) 一四四二―七七年。世祖の第二女。母は貞熹王后尹氏。

(11) 一四八七―一五五七年。世祖の弟臨瀛大君《りんえいたいくん》の外孫。中宗王后となったが、父慎守勤《しんしゅきん》が中宗反正勢力に殺害された後、王后位を剥奪された。

(12) 一五五三―七七年。宣祖の後宮。金海金氏。光海君と臨海君《りんかいくん》の母。一六一三年(光海君五年)、恭聖王后《きょうせいおうごう》に追尊されたが、光海君の失脚(仁祖反正)により恭嬪に戻された。

(13) 軸装した肖像画。影堂に祀られることが多い。

(14) 冬至から一〇五日目。四月五、六日ころ。元日、端午、秋夕とならぶ四大名節(伝統祭日)の一つ。

(15) 現中区南大門路二・三街内。

(16) 国王が即位前に居住していた私邸。王位に即く予定がなかった太祖、世祖、中宗、仁祖、宣祖、孝宗、英祖、哲宗、高宗の私邸。

(17) 仁嬪金氏の尊号。

(18) 一五五五―一六一三年。宣祖の後宮。本貫は水原。

(19) 粛宗の後宮で英祖の生母である淑嬪崔氏《しゅくひんさいし》を

祀る施設として創建された。後に淑嬪廟、毓祥廟と改称し、毓祥宮に昇格した。

(20)　和敬は諡号、徽徳安純綏福は尊号。

(21)　一六七〇―一七一八年。粛宗の後宮。本貫は海州。

(22)　一七三五―六二年。英祖の第二子。正祖の父。母は英祖の後宮靖嬪李氏《せいひんりし》で庶出。嫡出の孝《こう》章世子《しょうせいし》（一七一九―二八年。母は貞純王后）が早世したため王世子となる。一七四九年（英祖二十五年）から英祖の代理聴政を行ったが、一七六二年（英祖三十八年）、老論派の讒言により英祖から櫃に押し込められて死亡し、諡号思悼世子を授与された。正祖即位後、荘献世子、荘宗《しょうそう》、荘祖《しょうそ》と順次、追尊され、国王に即かなかったが、宗廟の永寧殿に祀られた。

(23)　四季の中央の月（仲月）の朔日《ついたち》。

(24)　一五五一―六三年。明宗の第一子。王世子に封じられたが、明宗在位中に死去したため王位に即くことはなかった。王位は、明宗の弟仁宗が継いだ。

(25)　一六一二―四五年。仁祖の第一子。仁祖二年（一六二五年）に王世子に封じられたが、仁祖在位中に死去したため王位に即くことはなかった。弟鳳林大君（孝宗）らとともに、清に人質として連行され、九年間、瀋陽に囚われていた。

(26)　位牌を移すこと。

(27)　一七五〇―五一年。荘献世子（思悼世子）の第一子。英祖によって王世孫に封じられたが、生後半年余りで夭折した。一七五九年（英祖三十五年）に同母弟の正祖が王世孫となった。

(28)　英廟は英祖のこと。正祖代に編纂され、『国朝宝鑑』の一部となった。

(29)　一七八二―八六年。正祖の第一子。王世子に封じられたが、正祖在位中に死亡したため、王位は異母弟の純祖が継承した。

(30)　靖嬪李氏の諡号。

(31)　生没年未詳。英祖の後宮。真宗の生母。

(32)　一七一九―二八年。英祖の第一子で、荘献世子（思悼世子）の兄。王世子となったが、英祖在任中に死亡した。後に正祖の養父とされ、正祖即位後、真宗に追尊された。
(33)　大嬪張氏の諡号。
(34)　一六五九―一七〇一年。もと禧嬪《きひん》と呼ばれたが、死後、大嬪に追尊された。本貫は仁同。粛宗の後宮で景宗の生母。下級官吏一族の出身。実子（景宗）が王世子に封じられたため粛宗妃に昇格した。西人政権から後宮に降格され、粛宗妃仁顕王后を呪殺したとの讒訴により処刑された。
(35)　朝鮮王朝第二十代国王。一六八八―一七二四年。在位一七二〇―二四年。粛宗の第一子。母は粛宗の後宮禧嬪張氏で庶出。
(36)　『承政院日記』（正祖十三年一月十一日）に宣禧宮の呼称に関する議論と正祖の参詣記事が出てくるので、宣禧宮の創立はその前年の正祖十二年（一七八八）だと推測される。
(37)　一六九六―一七六四年。英祖の後宮。本貫は全義。
(38)　一七七〇―一八二二年。正祖の後宮。純祖と淑善翁主の生母。本貫は潘南。
(39)　原文のまま。柳本芸が原本を執筆した時は諡号が純宗であったから、原本からの書写年代が、純祖に追尊された一八五七年（哲宗八年）以降であることがわかる（「解説」参照）。
(40)　慶祝の儀礼。民間では、成人式にあたる冠礼。国家では、国王即位、王・王妃・上王・王大妃・大王大妃・亡国王・亡王妃への尊号付与、王世子・王世孫の冊封、国王への元日の朝賀、宮中宴会の儀礼などがある。
(41)　一四二四―八八年。仁祖の継妃。本貫は楊州。仁祖死亡後は慈懿大妃、孝宗死亡後は慈懿大王大妃。
(42)　一四六六―一五二五年。睿宗の第二子。李世祖妃貞熹王后《ていきおうごう》や韓明澮らの反対により睿宗から王位を継承できなかった。

(43)　まだ儀嬪、内命婦、外命婦に封じられていないこと。
(44)　成人後、宮殿に移ることなく、私邸に居住すること。
(45)　国王の嫡出男子に与えられた称号。
(46)　国王の庶出男子。称号は君が与えられた。
(47)　公主と翁主。国王の娘。公主は王后から生まれた嫡出女子。翁主は後宮から生まれた庶出女子。
(48)　一四五四―八八年。世祖の第一子徳宗の第一子。成宗の兄。世祖妃貞熹王后や韓明澮らの反対により睿宗から王位を継承することができなかった。
(49)　各写本は、「月山大君第」の五字を、（　）または「　」で囲んでいる。意味不明。著者がこの説に疑問を呈しているようにも見えるが、月山大君第が後に慶運宮になったことは間違いない（『承政院日記』英祖四十五年十月二十九日）。
(50)　日本軍の攻撃を避けて逃避行をしていた宣祖が漢城に戻ってきたこと。
(51)　一五八四―一六三二年。宣祖妃。永昌大君の生母。光海君が即位すると、王后の地位を剥奪され、永昌大君は殺害された。仁祖反正後、復権して仁穆大王大妃となった。
(52)　英宗すなわち英祖。
(53)　各写本はいずれも「有（欠）御筆三朝皆御四字」を（　）または「　」で囲んでいる。意味不明。
(54)　『新増東国輿地勝覧』（巻一・京都上・壇廟・孝思廟）原文に「廃止」という表現はない。
(55)　成大本とソ大本は、本文の「後廃」と「為奉常寺」との間に「恐是衍文」として、「後廃」の二字が衍入したものとしているが、韓電本は頭部欄外に「後廃以下恐是衍文」とし、傍点を打って「後」から次項の「蓮花坊」までを衍文としている。孝思廟は後に孝思殿と改名し、中宗の時に廃止され、建物は宗簿寺となっており

（『東国輿地備攷』巻一・革廃公署・宗簿寺）、「奉常寺となっている」とあるのは誤りであり、また韓電本が「蓮花坊」まで衍文とするのも誤りである。韓電本はこの文を柳本芸の原文ではなく、後世の註記と解しており、これ自体が誤りである。ソ歴本にはこの文そのものが欠けている。

九　祠廟

〈1〉神祀

（1）道教で災厄を除くために行う星祭り。天皇太一や五星列宿を祭る。

（2）校書館に所属し、国家が祭祀を行う時に使用する香と祭文を所管する官署。

（3）北漢山の主峰。白雲台。標高八三六メートル。

（4）風水上の気が漢城に流れこむ中心の脈。

（5）神に行事を開始する理由を告げる祭り。

〈2〉文廟

（1）孔子を祭る施設。漢城では成均館の敷地内にあり、地方では、邑ごとに政府が作った儒学教育機関である郷校の敷地内にある。

（2）一五四三—一六〇五年。本貫は三和。号は石峰、清沙。韓石峰《かんせきほう》の名で知られる。朝鮮時代中期、宣祖代の文臣。名筆家として名高く、写字官として奎章閣や承文院の文書の浄書を担当した。

（3）朝鮮王朝第二代国王。一三五七—一四一九年。在位一三九八—一四〇〇年。諱は李《り》芳果《ほうか》、即位後は李《り》曔《けい》。李成桂の第二子。弟李《り》芳遠《ほうえん》（後の太宗）が第一次王子の乱で勝利した後、第二代国王に擁立された。第二次王子の乱の後、李芳遠に譲位して上王となった。死後、諡号の恭靖大王と呼ばれていたが、一六八一年（粛宗七年）になって廟号定宗を追尊された。

（4）一三六九—一四三〇年。本貫は密陽。号は春亭。朝鮮時代初期、太宗・世宗代の文臣。李《り》

穡《しょく》、権近の門人。芸文館大提学などを歴任した。著書に『春亭集』がある。

(5)　一五六四―一六三五年。本貫は延安。号は月沙、保晩堂、癡菴、秋崖、習静。朝鮮時代中期、宣祖―仁祖代の文臣。李石亨の玄孫。尹根《いんこん》寿《じゅ》の門人。北人。議政府左議政に昇った。朝鮮時代中期屈指の名文家として知られ、文集に『月沙集』がある。

(6)　舎奠祭とも書く。学校において山川、廟社、先聖、先師を祭る儀式。

(7)　月の最初の丁の日。

(8)　位版を覆う木の櫝。基本的に黒色だが、まれに朱色のものもある。

(9)　中央にあるものの意で、ここでは孔子の位牌を指す。

(10)　以下、薛聡から金麟厚まで十六名の朝鮮人の氏名の前に付いている某某候公は、すべて諡号である。

(11)　六五五年―?。新羅の学者。新羅十賢、新羅三文章家の一人。

(12)　八五七年―?。新羅の学者。新羅十賢、新羅三文章家の一人。唐の科挙に合格して官僚となった。帰国後は仏門に入り、後進を育成して高麗政府に送り込んだ。著書に『桂苑筆耕』がある。

(13)　一二四三―一三〇六年。本貫は興州（順興）。高麗時代後期の文臣。本名安珦《あんきょう》。「珦」が高麗文宗の諱と同じため「裕」と呼ばれた。号は朱子の晦庵《かいあん》にならって晦軒。『朱子全書』を高麗にもたらし、儒学の祖として士大夫から尊崇された。位牌を祭る紹修書院は、李滉の要請で明宗直筆の懸額が贈られ、朝鮮初の賜額書院となった。

(14)　一三三七―九二年。本貫は迎日。号は圃隠《ほいん》。高麗末期の文臣。門下評理などを歴任して壁上三韓三重大臣になった。中国の『大明律』や『朱子家礼』により法秩序と社会倫理の確立を目指した。李成桂推戴に反対して李芳遠に殺された。文集に『圃隠集』がある。

(15) 一四五四―一五〇四年。本貫は瑞興。号は寒暄堂、蓑翁《さいおう》。朝鮮時代前期、成宗・燕山君代の文臣。刑曹佐郎などを歴任した。金宗直の門人。趙光祖の師。燕山君と対立して処刑された。鄭汝昌や李滉らとともに五賢として文廟に従祀される。文集に『寒暄箚録』がある。

(16) 一四五〇―一五〇四年。本貫は河東。号は一蠹《いちと》。朝鮮時代中期、成宗・燕山君代の文臣。金宗直の門人。燕山君と対立して処刑された。文廟に従祀される。著書に『一蠹遺集』がある。

(17) 一四八二―一五一九年。本貫は漢陽。号は静菴。朝鮮時代中期、中宗代の文臣。金宏弼の門人。李滉や李珥らに影響を与えた。中宗に信頼され、性理学に優れた若手を登用して道学的政治を進めたが、過激な改革が重臣たちの反発を受け、中宗の信頼も失って流配後、賜死に処された。『朱子家礼』や『呂氏郷約』を普及させて性理学者輩出の基盤を造成した。文集に『静菴集』がある。

(18) 一四九一―一五五三年。本貫は驪興《れいこう》。号は晦斎。朝鮮時代中期、中宗―明宗代の文臣。明宗配享功臣。議政府左賛成などを歴任した。尹元衡によって流配刑に処され、配地で死去した。文集に『晦斎集』がある。

(19) 一五〇一―七〇年。本貫は真宝。号は退渓、退陶、陶叟。一般に李《り》退渓《たいけい》として知られる。朝鮮時代中期、中宗―宣祖代の文臣。宣祖配享功臣。李珥と並ぶ朝鮮性理学の巨頭。後進は嶺南学派として、李珥の学を継承する畿湖学派と二大学派を形成した。早く官僚を辞して故郷礼安に戻り、学業に専念して弟子を育成した。晩年に宣祖の要請で弘文館大提学となり、『聖学十図』で君主の心構えを説いた。理気二元論により理気互発論の李珥と学説を異にしたが、相互に高く評価していた。著書に『退渓全書』など、文集に『退渓集』がある。

(20) 一五三六―八四年。本貫は徳水。号は栗谷《りっこく》、石潭、愚斎。一般に李栗谷として知られる。朝鮮時代中期、中宗―宣祖代の文臣。宣祖配享功臣。李滉と並ぶ朝鮮儒学の巨頭。母は朝鮮時代最高の女性画家といわれる申師任堂《しんしにんどう》（一五〇四―五一年）。弘文館芸文館大提学などを歴任した。李滉の理気二元論に対して理気互発論を唱え、説を異にしたが、終生、李滉に対して深い敬意を抱いていた。著書に『聖学輯要』、『撃蒙要訣』、『栗谷全書《りつこく》』など、文集に『栗谷集』がある。

(21)　一五三五―九八年。本貫は昌寧。号は牛渓、默庵。朝鮮時代中期、明宗・宣祖の文臣。司憲府大司憲などを歴任した。李珥の死後、西人派の領袖となり、李珥の文集『栗谷集』を編纂した。文集に『牛渓集』がある。

(22)　一五四八―一六三一年。本貫は光山。号は沙渓。朝鮮時代中期、宣祖・光海君代の文臣。宋翼弼、李珥の門人。西人。壬辰倭乱前後の政府重鎮だが、早く官界を退いて後進の指導にあたり、宋時烈などを育成した。著書に『家礼輯覧』、文集に『沙渓先生全書』がある。

(23)　一六〇六―七二年。本貫は恩津。号は同春堂。朝鮮時代後期、仁祖・顕宗代の文臣。金長生の門人。西人の老論派。議政府右参賛などを歴任した。宋時烈と並んで両宋と称される。文集に『同春堂集』がある。

(24)　一六三一―九五年。本貫は潘南。号は南渓、玄石。朝鮮時代中期、粛宗代の文臣。申欽の外孫。金尚憲、金集の門人。西人少論派の領袖。議政府左議政に昇った。著書に『伊洛淵源続録』など、文集に『南渓集』がある。

(25)　一五一〇―六〇年。本貫は蔚山《うっさん》。号は河西、湛斎。朝鮮時代中期、中宗―明宗代の文臣。世子（後の仁宗）教育を担当した。文集に『河西集』がある。

(26)　高宗二十年（一八八三）に、さらに趙憲と金集の二人が従祀された。

(27)　牛、羊、豕（豚）の三牲を合わせた料理。

(28)　羊と豕の二牲を合わせた料理。

（29）明の章潢《しょうこう》（一五二七―一六〇八年）が編纂した類書。

（30）大司成と司成。

（31）?―一四八九年。本貫は広州。朝鮮時代前期、世祖―成宗代の文臣。成均館大司成などを歴任した。

（32）肉を焼いて祭祀の供物とする。

（33）「廟」は文廟、「学」は成均館。両者は同じ敷地内にある。

（34）子張は字。孔子の弟子。紀元前五〇三年―?。

（35）孔子の門人のうち十人の賢人（『論語』先進編）。顔回、閔子《びんし》騫《けん》、冉伯牛《ぜんはくぎゅう》、仲弓、宰我、子貢、冉有、子路、子游、子夏。南宋の咸淳三年（一二六七）、顔回、曾子、子思、孟子を四聖として特別扱いし、顔回に代えて子張を十哲に加えた。朝鮮でもこれにならって子張を加えたのである。

（36）文学をもって王に仕える臣下。

（37）成均館の別称。もとは、魯国の泮川の畔に桓公が建てた宮殿で、弓術を教えていたことから学校の意味に転じた。

（38）成均館を取り囲んで流れる東西二本の小川。

（39）一五六二―一六三八年。本貫は全州。号は梨川。朝鮮時代中期、宣祖―仁祖代の文臣。議政府領議政に昇った。

（40）一五六一―一六三七年。仙源は号。本貫は安東。朝鮮時代中期、宣祖―仁祖代の文臣。金尚憲の兄。李珥の門人。西人。吏曹判書などを歴任した。文集に『仙源遺稿』がある。

（41）月沙は李廷亀の号。

（42）正使が李《り》光庭《こうてい》（一五五二―一六二九年）、副使が権憘《ごんき》（一五四七―一六二四年）。

（43）正式名称は『皇明太学志』。一二巻。明朝の最高学府国子監の制度書。

〈3〉**関王廟**

（1）現中区南大門路五街。

（2）一五四三―一六〇七年。『宣祖実録』などではしばしば陳寅と書かれる。明の将軍。一五九八年（宣祖三十一年）、全羅道の戦いで明水軍を率いて朝鮮水軍の李舜臣と連携し、露梁の戦いで明軍総司令官として朝鮮軍と共同作戦を展開して勝利した。
（3）現鍾路区崇仁洞。
（4）巡撫のこと。明清代の地方長官。明代には、一つの省あるいはその一部の民政・軍事を統括した。
（5）明の将軍。蔚山戦で日本軍に敗北して更迭された楊鎬に代わって朝鮮救援軍の司令官となった。
（6）？―二二〇年。中国後漢末期の将軍。劉備に仕えて功績を挙げた。漢寿亭侯は後漢から贈られた封号。後世、神格化され関帝（関聖帝君・関帝聖君）として信仰対象となった。
（7）関羽の息子。？―二二〇年。
（8）『三国志演義』に関羽の部下として登場する架空の人物。
（9）？―二二二年。後漢末から三国時代の政治家。『三国志演義』では関羽の部下。
（10）生没年未詳。後漢代の武将。『三国志演義』では関羽の部下。
（11）申欽の文集。申欽（一五六六―一六二八年）は朝鮮時代中期、宣祖―仁祖代の文臣。議政府領議政に昇った。
（12）弘文館の正四品官。
（13）明の総合法典。『大唐六典』にならって作成された。勅命で作成され、正徳四年（一五〇九）に刊行された『正徳会典』一八〇巻と、それを補訂して万暦四年（一五七六）に刊行された『万暦会典』二二八巻の二種がある。申欽の弘文館応教就任は宣祖三十一年（万暦二十六年、一五九八）のことなので（『宣祖実録』巻九九・三一年四月甲申）、この『大明会典』は後者を指す。
（14）香木の名。一名降真香。

(15) 物を供えて祭ること。
(16) 万暦帝の命令。
(17) 詳細不明。
(18) 平頂冠。上部が平らな冠。平天冠と同じ。
(19) 関羽が所有した名馬の名。
(20) 柄に青竜の模様が刻まれている薙刀様の中国の刀。
(21) 二十四節気の一つ。太陰太陽暦では九月ごろ、太陽暦では十月二十三日ごろ。
(22) 正二品以上の武臣。
(23) 明の官僚。壬辰倭乱の時に、二度にわたって朝鮮救援軍に従軍した。
(24) 全羅道南部沿海部の邑。守令は県監。
(25) 康津湾口にある島。
(26) 明の軍人。はじめ安東の関帝廟に祭られたが、後に西岳の東台に移された。
(27) 慶尚道、洛東江中流部の邑。守令は大都護府使。
(28) 明の軍人。はじめ星州邑東門外の関帝廟に祭られたが、後に南亭に移された。
(29) 慶尚道中西部山間部の邑。守令は牧使。
(30) 全羅道中部山間部の邑。守令は都護府使。
(31) 壇、廟、園、陵、宮殿などで清掃を担当した人。
(32) 武官が衣服の上に着ける衿が直線状の上着。
(33) 重要儀式で錯誤がないように進行順序を書いた書類。儀式次第書。笏は公式行事の際に官僚が持った象牙や木の板で、もと、儀式時にその裏に覚えを書いていたのが後に独立した儀式次第書となったため笏記《こっき》と呼ばれる。

〈4〉 宣武祠

(1) 現中区南大門路四街内。
(2) 六部の一つ兵部の長官。正一品。
(3) 一五四〇―一六一二年。明の官僚。朝鮮救援軍司令官。
(4) 李廷亀がこの年、奏請使として明に派遣された。

（5）?―一六二九年。明の将軍。朝鮮救援軍司令官。蔚山戦の敗北で万世徳に交代させられた。

（6）壬辰倭乱時に死亡した明の朝鮮救援軍戦没者。

（7）軍隊の中に立てる大旗。牛尾または雉の尾羽で飾る。

（8）纛の祭り。

〈5〉大君祀

（1）一五三〇―五九年。宣祖の父。中宗の第九子。明宗の在位中に死亡したが、息子宣祖が即位したため、国王の父として大院君号を追尊された。

（2）九。原本が誤字を刀削した後に記入を忘れたものと思われる（「解説」参照）。

（3）現鍾路区社稷洞。

（4）正妻から生まれた長男とその長子孫。正妻の子を嫡子、妾の子を庶子と称した。

（5）本来、封君は当人一代限りで王子や功臣などを君に封じたものだが、これを子孫に伝えることとされた者。

（6）子孫が位牌を守り、祭祀を行うこと。

（7）日本名「ノウゼンカズラ」。ノウゼンカズラ科のつる性落葉木。

（8）奉祀をしている子孫。

（9）生没年未詳。文臣。

（10）初めて官員になる時に就く官職。

（11）英祖自身は臣下に対して、「（李趾光は）譲寧大君の子孫であるのか」（『承政院日記』英祖三十七年六月十五月）、「譲寧大君の奉祀孫は誰であるか」（『承政院日記』英祖四十九年十二月二日）などと尋ねており、このような事実があったかについては疑問がある。

（12）正祖三年（一七七九）に就任した（『承政院日記』正祖三年三月二十四日）。

一〇　苑囿

（1）国王が所有する大規模な庭園。

（2）一四〇九―七四年。本貫は朔寧《さくねい》。号は太虚亭など。徐居正の娘婿。朝鮮時代前期、世宗―成宗代の文臣。議政府領議政に昇り、寧城府院君に封じられた。『訓民正音』の編纂に参画した。

（3）一四四〇―七〇年。世祖の同母弟広平大君（一四二五―四四年）の子。世祖政権に協力した。

（4）一四三七―九〇年。世祖の同母弟臨瀛大君《りんえいたいくん》（一四二〇―六九年）の子。

（5）石碑を保護するための建物。

（6）ソウル大学医学部付属病院敷地の西側斜面。現鍾路区蓮建洞。

（7）著者は李廷馨《りていけい》（一五四九―一六〇七年）。四巻。東閣は李廷馨の号。別名『本朝璿源実録』。朝鮮王朝開創期―宣祖代の重要人物の業績を、政治的事件を中心に記述する。李廷馨は本貫は慶州、号は東閣のほか知退堂。明宗・宣祖代の文臣。司憲府大司憲などを歴任した。

（8）門番。「軍」は肉体労働者を意味する朝鮮固有語군《クン》の宛字。

（9）詳細不明。

（10）江原道中部山間部の邑。守令は都護府使。

（11）郷校の学生。

（12）科挙文科大科合格者名簿である『国朝榜目』に辛貴元の名は出てこない。

（13）この話は『東閣雜記』に記載されていない。柳本芸が典拠を誤記したものと思われるが、なお未見の原典の存在は否定できない。

一一　宮室

（1）大きな家屋。楼閣と同じ。

〈1〉鍾閣

（1）漢城一の大路鍾路と、南大門から北上してくる大路（崇仁門内大路）が交わる三叉路の東南角にある。

（2）鍾閣西側の鍾路沿いの街区に対する通称（『東国輿地備攷』巻二・漢城府・市街）。

（3）一三五二―一四〇九年。本貫は安東。号は陽村。高麗末期朝鮮初期の文臣。李成桂に協力し、朝鮮王朝開創に対する功績で花山君に封じられた。司憲府大司憲などを歴任し、中央集権化の制度的基礎固めを行った。著書『入学図説』や『五経浅見録』などで李滉らに影響を与えた。文集に『陽村集』がある。

（4）一四一七―七五年。本貫は高霊。号は保閑斎、希賢堂。妻は尹子雲の妹。朝鮮時代前期、世宗―成宗代の文臣。議政府領議政に昇り、高霊府院君に封じられた。『訓民正音』創製事業に参画した。成宗配享功臣。一四四二年（世宗二十四年）、通信使一行の書状官として日本に赴き、一四七一年に『海東諸国紀』を著して日本や琉球の情報を伝えた。文集に『保閑斎集』がある。

（5）漢城中心部の鍾路沿い（現タプコル公園）にあった仏教寺院。曹渓宗の本山であったが、燕山君によって廃止され、妓生養成所である妓房とされた。梵鐘ははじめ崇礼門に移されたが、後に鍾閣に移された。跡地には十層石塔と大円覚寺碑が残っている。

（6）一四八一―一五三七年。本貫は延安。号は竜泉、希楽堂、退斎。朝鮮時代中期、中宗代の文臣。議政府左議政に昇った。趙光祖の失脚後、中宗政権の重鎮として権勢を振るったが中宗妃文定王后の廃位計画が発覚して賜死に処された。著書に『竜泉談寂記』がある。

（7）雅亭は号。

（8）一四一六―七八年。本貫は茂松。号は楽閑斎。妹婿が申叔舟。朝鮮時代前期、世宗―成宗代の文臣。議政府領議政に昇り、茂松府院君に封じられた。

（9）日本名「モチノキ」。ニシキギ目モチノキ科の常緑高木。

（10）一五三八―八九年。承旨は就任した官職にちなむ呼称。本貫は晋州。号は蘭谷。朝鮮時代中期、宣祖代の文臣。承政院左副承旨などを歴任した。

（11）正言は司諫院の正六品官。姜緒は宣祖九年（一五七六）二月に正言に任命されている（『宣祖修正実録』巻一〇・九年二月乙丑）。

（12）司諫院官員の前導をする下級吏員。

（13）葬儀の時に香炉を入れて担ぐ亭子型の器具。

（14）世祖。王陵である光陵の一字をとって称することで敬意を表した（『承政院日記』仁祖十年五月十八日）。同じく世宗は英廟と称された。

（15）王妃。ここでは世祖妃の貞熹王后を指す。

（16）国王と王妃の美称。尊号、美号と同じ。世祖の徽号は承天体道烈文英武、貞熹王后の徽号は慈聖欽仁景徳宣烈明淑徽懿。

（17）『承政院日記』英祖二十四年五月八日条に記事がある。

〈2〉勅使接待館

（1）明の官僚。正使陳鑑一行の一員として朝鮮に派遣されて来た時は太常寺博士であった。

（2）一四一五年―？。明の官僚。世祖三年（一四五七）に正使として朝鮮に派遣された。

（3）明の官僚。世祖六年（一四六〇）に朝鮮に派遣された。

（4）明の官僚。世祖十年（一四六四）に朝鮮に派遣された。

（5）明の官僚。世祖五年（一四五九）に朝鮮に派遣された。

（6）北部国境地帯に居住していた女真人に対する呼称。侮蔑的な意味合いがある。

（7）明の官僚。絵画と書で名高い。世祖十年（一四六四）に朝鮮に派遣された。

（8）陵、廟、宮殿、官庁などの前方に立てる紅色の門。上部に箭形の装飾を施す。

(9)「丙午」の誤り。宣祖三十九丙午年(一六〇六)。『宣祖実録』(巻二〇〇・三十九年六月庚子条)に「迎恩門」と改称した旨の記述がある。

(10) 一四九八—一五五七年。明の官僚。中宗三十四年(一五三九)、副使として朝鮮に派遣された。

(11)「詔」は君主が天下を対象として布告する言葉・文書、「勅」はそのうち臣下を対象としたもの。冊封を受けている朝鮮国王は中国皇帝の臣下となるので「勅」を用いなければならないとした。

(12) ?—一六二四年。明の官僚。宣祖三十九年(一六〇六)、朝鮮に派遣されて来た。

(13) 清の兵部侍郎鎮国将軍宗室。英祖十一年(一七三五)に朝鮮に派遣された。

(14) 国王の娘(公主・翁主)と結婚した者。

(15) 一三八七—一四三〇年。本貫は平壌。朝鮮時代初期、太宗・世宗代の文臣。開国功臣趙浚の息子。太宗の娘慶貞公主と結婚して平壌府院君に封じられ、権勢を振るった。

(16) 柳成竜の著書。壬辰倭乱終結後、戦争の惨状を描いて後世の戒めとした。

(17) 一五四九—九八年。明の武将。提督は軍司令官だったことにちなむ呼称。朝鮮移民の子孫。壬辰倭乱時に朝鮮救援軍に参加し、平壌城を占拠していた小西行長軍を撤退させた。

(18) 太宗の第二女慶貞公主が結婚する前に王宮を離れて居住した住宅。

(19)『東史約』。李源益(一七九二—一八五四年)が古代から朝鮮顕宗代までの歴史をまとめた著書。二十四巻。李源益は憲宗代の文臣で、刑賞参判などを歴任した。

(20) 本来は、六月と十二月の成績評価の際に官員が所属官庁の長官に面謁すること。ここでは、新任の官員が議政府に伺候することを意味している。

(21) 矢を扇型に並べた装飾。
(22) 四方の土地までの距離。

〈3〉亭子

(1) 明の官僚。成宗十九年（一四八八）に正使董越の副使として朝鮮に派遣されて来た時は工科右給事中であった。
(2) 孝宗代は十年までしかない。『国朝宝鑑』孝宗代（『孝宗宝鑑』）や『孝宗実録』に該当記事を確認することができない。
(3) 現広津区紫陽洞所在。
(4) 漢城城壁外東で、清渓川と中浪川が合流して漢江に流入する近辺。一般には現城東区杏堂洞・沙斤洞一帯のことだが、ここでは広く漢城城外東方の漢江沿岸地域を指称している。
(5) 太宗は一四一八年（太宗十八年）に第三子の世宗に王位を譲って上王となり、その上に君臨した。在位二年で太宗に位を譲って上王となっていた定宗は太上王となった。
(6) 『新増東国輿地勝覧』巻三・漢城府・楼亭・楽天亭条の割註。
(7) 一三七五―一四四〇年。本貫は文化。朝鮮時代初期の文臣。京畿道都観察使などを歴任した。
(8) 『新増東国輿地勝覧』巻三・漢城府・楼亭・華陽亭条の割註。なお、韓電本と成大本は、この後に意味不明の「別行」という二文字を入れている。書写原本に入っていた「改行せよ」とのメモを誤って本文に紛れ込ませたものである（「解説」参照）。
(9) 漢江の河港・渡船場。楊花津とも言う。西江の下流。現麻浦区合井洞。
(10) 一三九六―一四八六年。太宗の第二子。
(11) 『新増東国輿地勝覧』巻三・漢城府・楼亭・望遠亭条所収。
(12) 『新増東国輿地勝覧』巻三・漢城府・楼亭・望遠亭条所収。
(13) 漢江の河港、渡し場。漢江、竜山江と合わせて三江と呼ばれた。西湖とも言った。倉川が漢江に流入する付近。現麻浦区西江大橋一帯。

(14)　一四二四―八三年。本貫は晋州。号は私淑斎、菊塢など。姜希顔の弟。朝鮮時代前期、世祖―成宗代の文臣。議政府左賛成などを歴任し、晋山君に封じられた。文集に『私淑斎集』がある。

(15)　現城東区玉水洞。

(16)『増補文献備考』では宣祖四十一年（一六〇八）と改め、割註で「光海君戊申」（宣祖四十一年）としている。

(17)　漢江の河港、渡し場。竜湖とも言われた。漢江、西江と合わせて三江と呼ばれた漢江の重要な河港、渡し場の一つ。現竜山区二村洞。

(18)「湖」は水辺のこと。浦、江などと同じ。

(19)　原義は本を読むことで、ここでは勉学研究すること。

(20)　一四四九―一五一五年。本貫は仁川。号は懶斎《らんさい》。朝鮮時代前期、成宗―中宗代の文臣。成均館大司成などを歴任した。燕山君代には下野して弾圧を避けた。文集に『懶斎集』がある。

(21)　一四四四―一五〇五年。本貫は陽川。号は頤軒。朝鮮時代前期、成宗・燕山君代の文臣。許琮の弟。議政府左議政に昇った。燕山君に弾圧された人々の救命に奔走した。

(22)　一四五八―一五〇一年。本貫は安東。権擥の子。朝鮮時代前期、成宗・燕山君時代の文臣。戸曹参判などを歴任した。文集に『権忠愍公集』がある。

(23)　一四五四―一五〇三年。本貫は昌寧。号は梅渓。朝鮮時代前期、成宗・燕山君代の文臣。戸曹参判などを歴任した。一四九八年（燕山君四年）、北京への派遣途上、金宗直の詩稿を編纂した罪により流配刑に処され配地で死去した。文集に『梅渓集』がある。

(24)　一四四五―九四年。本貫は高霊。号は濡渓《らいけい》。朝鮮時代前期、成宗・燕山君代の文臣。金宗直の門人。弘文館校理などを歴任した。文集に

『濡渓集』がある。
(25) 一四三九—一五〇四年。本貫は中和。号は大峰。朝鮮時代中期、成宗・燕山君代の文臣。司諫院大司諫などを歴任した。文集に『大峰集』がある。
(26) 賜暇読書のこと。集賢殿に所属する官員の中から優秀な若手を選抜して休暇を与え、学業に専念させた制度。一四二〇年（世宗二年）に世宗が創設した。休暇期間は一—数か月以上で上限はない。毎年、数名から十数名程度を選抜した。
(27) 一四六六—一五〇九年。本貫は延安。号は一斎、仙洞。朝鮮時代中期、成宗・燕山君代の文臣。議政府右賛成などを歴任した。中宗反正に参画して延昌府院君に封じられた。
(28) 風水による土地鑑定を行った。
(29) 『新増東国輿地勝覧』の原文を適宜、省略して構成している。
(30) 芸文館・弘文館・成均館の官員。
(31) 金安老の著書。一巻。鄭夢周など、高麗末期朝鮮前期の人物逸話などを集めた。
(32) 優秀な学者。
(33) 文筆・学問の専門家。
(34) 一三九六—一四七八年。本貫は河東。号は学易斎。朝鮮時代前期、世宗—成宗代の文臣。鄭道伝と権遇の門人。議政府左議政に昇り、河東府院君に封じられた。『竜飛御天歌』、『訓民正音』、『高麗史』、『高麗史節要』などの編纂に中心的役割を果たした。文集に『学易斎集』がある。
(35) 一四〇五—五六年。本貫は全州。朝鮮時代前期、世宗—世祖代の文臣。議政府左議政に昇り、甑城《しんじょう》府院君に封じられた。
(36) 一四〇四—五九年。本貫は韓山。号は居養斎。李穡の子。権近の娘婿。朝鮮時代前期、世宗—世祖代の文臣。戸曹判書などを歴任した。
(37) 一三八四—一四六四年。本貫は耽津《たんしん》。号は皐隠《こういん》。朝鮮時代前期、世宗—世祖代の文臣。吏

曹判書などを歴任した。文集に『皐隠先生遺稿』がある。

(38) ?―一四五五年。本貫は金海。号は拙斎。朝鮮時代初期、太宗・世宗代の文臣。礼曹判書などを歴任した。簡儀台、自撃漏、欽敬閣の建設に尽力した。

(39) 一三八三―一四六二年。本貫は慶州。号は帰山。朝鮮時代前期、世宗―世祖代の文臣。芸文館提学などを歴任した。

(40) 一三七九―一四六四年。本貫は義城《ぎじょう》。朝鮮時代前期、世宗―世祖代の文臣。芸文館提学などを歴任した。

(41) 一四一六―六五年。本貫は安東。号は所閑堂。権近の孫。朝鮮時代前期、世祖代の文臣。世祖配享功臣。議政府領議政に昇り、吉昌府院君に封じられた。文集に『所閑堂集』がある。

(42) 一四一五―七七年。本貫は延安。号は樗軒《ちょけん》。李廷亀の高祖父。朝鮮時代前期、世宗―世祖代の文臣。金泮の門人。知成均館事などを歴任し、延城府院君に封じられた。文集に『樗軒集』がある。

(43) 一四〇五―七五年。本貫は咸従《かんじゅう》。号は亀川。朝鮮時代前期、世宗―睿宗代の文臣。吏曹判書などを歴任した。

(44) 一四〇三―六三年。本貫は豊川《ぼうせん》。号は松斎。朝鮮時代前期、世宗―世祖代の文臣。戸曹参判などを歴任した。

(45) 一四二七―六五年。本貫は広州。朝鮮時代前期、世宗―世祖代の文臣。刑曹判書などを歴任した。

(46) 一四〇六―六九年。本貫は光山。朝鮮時代前期、世宗―世祖代の文臣。工曹判書などを歴任した。一四四〇年（世宗二十二年）に通信使一行の書状官として日本に赴いた。

(47) 一四二七―九八年。本貫は交河。号は葆真《ほしん》斎《さい》、天隠堂。朝鮮時代前期、世祖―燕山君代の文臣。議政府領議政に昇り、宣城府院君に封じられた。

(48) 一四二三―八二年。本貫は清州。朝鮮時代前期、世宗―成宗代の文臣。議政府左賛成などを歴任し、西平君に封じられた。世祖死亡の前日、大宝（国王の印鑑）と袞冕《こんべん》（国王の正服）を跡継ぎの世子（睿宗）に伝達した。

(49) 一四二八―九二年。本貫は南陽。号は休休堂。朝鮮時代前期、世祖―成宗代の文臣。成宗配享功臣。議政府左議政に昇り、益城府院君に封じられた。

(50) 一四三四―八六年。本貫は韓山。号は松菊斎、蘇隠。李季甸の子。朝鮮時代前期、世祖―成宗代の文臣。議政府左参賛などを歴任した。

(51) 一四一九―八〇年。本貫は陽城。朝鮮時代前期、世宗―成宗代の文臣。刑曹判書などを歴任した。

(52) 一四一七―六四年。本貫は晋州。号は仁斎。姜希孟の兄。朝鮮時代前期、世宗―世祖代の文臣。戸曹参議などを歴任した。『訓民正音』の解例（解説）や全国地図の製作に参画した。

(53) 『大東野乗』、『稗林』、『寒皐観外史』所収の『竜泉談寂記』には該当する文章がない。

(54) 『仁祖実録』（巻一・元年三月癸卯）に記事がある。

(55) 韓明澮の封君号上党君の略。

(56) 一四一五―八七年。本貫は清州。号は狎鷗亭、四友堂。朝鮮時代前期、世祖―成宗代の文臣。成宗配享功臣。睿宗妃と成宗妃の父。議政府領議政に昇り、上党府院君に封じられた。世祖政権の重鎮。世祖の遺命で睿宗代の国政を総括した。

(57) 韓明澮は、世祖の権力掌握に対する功績で靖難功臣、世祖推戴の功績で佐翼功臣、南怡の乱平定の功績で翊戴功臣、成宗推戴の功績で佐理功臣、という四つの功臣号を授与されている。

(58) 一〇〇八―七五年。忠献は諡号。中国北宋代の政治家。仁宗・英宗・神宗三代の宰相。宋代屈指の名門出身で、子孫から高位高官を輩出した。朱熹が『三朝名臣言行録』で高く評価している。

〈4〉尼院

(1) 現鍾路区崇仁洞の崇仁公園。

(2) 現鍾路区崇仁洞一帯。

(3) 一四四〇―一五二一年。端宗の妃。端宗廃位により王妃から夫人に降格された。一六九八年(粛宗二十四年)、端宗の名誉回復に伴って王妃の地位を復し、定順王后の称号を得た。

(4) 朝鮮王朝第六代国王。魯山君《ろざんくん》。一四四一―五七年。在位一四五二―五五年。世祖によって廃王とされ、死後は魯山君と呼ばれたが、一六九八年(粛宗二十四年)に復権して廟号端宗を追尊され、宗廟に祀られた。世祖に譲位して上王とされたが、王位復帰を図ったとして魯山君に降格されて江原道寧越に流配され、さらに庶人に落とされた後、殺害された。悲劇の王とされる。

(5) 寧越が漢城の東方にあったため、魯山君を偲ぶ定順王后は東方を眺めていた。

(6) 詳細不明。『成宗実録』(巻二二八・二十年五月十一日条)の史臣評語の中に成均館儒生として出てくる。

(7) 一六〇七―六四年。本貫は杞渓。朝鮮時代後期、仁祖代の文臣。号は市南。金長生の門人。西人の老論派。司憲府大司憲などを歴任した。丙子胡乱では主戦論を主張し、清との和議成立後に流配された。文集に『市南集』がある。

(8) 上呈する文。申し文。

(9) 一六〇二―七三年。本貫は東莱。号は陽坡。鄭光弼《ていこうひつ》の五代孫。朝鮮時代後期、仁祖―顕宗代の文臣。顕宗配享功臣。議政府領議政に昇った。日記に『陽坡年紀』、文集に『陽坡集』がある。

(10) 七九四年に創建された見性寺を、一四九八年に宣陵(成宗陵)を築造した際に奉恩寺と改称し、国王や王世子の位牌を奉安した。現江南区三成洞所在。

(11) 景福宮に西接し、現鍾路区通義洞、昌成洞、孝子洞にまたがる街区。

〈5〉士夫家

（1）忠臣・孝子・烈女など、儒教の倫理道徳の体現者として国家から認定された人物を顕彰（旌表と言う）するため、住居や集落入り口に立てられた門。紅色に塗られた。

（2）一五八二―一六六四年。牧斎は号。明末清初の文臣。

（3）門の上に設けられた一対の望楼。

（4）内舎と外舎。内舎は邸宅の奥にある女性の居住棟で、内棟《アンチェ》とも言う。外舎は邸宅の表側にある男性の居住棟で、舎郎棟《サランチェ》とも言う。内舎と外舎の間は建物・塀などでふさがれ、特定の人物以外の男性は出入りを禁じられていた。

（5）五本の梁で屋根を支える奥行き二間の家屋。梁は上二本下三本の二層構造。

（6）六間の広さの木造家屋。正面三間、側面二間になる。

（7）中央口と左右の脇口のうち、中央口の屋根が左右口よりも一段と高く作られた門。「聳え立つ門」、「高設三門」とも言い、権威の存在を象徴する。

（8）家内の下働きをする人。奴婢や下人たち。

（9）一般人、庶民。士大夫などにあたる大民に対する語。

（10）脇口がなく、中央口の屋根が高くない小型の門。

（11）年中行事。ここでは新年を指す。

（12）長さは一丈余で図画署の画員が描く（洪錫謨『東国歳時記』正月・元日）。

（13）節旄《せつぼう》のこと。天子から下賜される旗で、旄（からうし、ヤク）の毛を先端に付け、鳥の羽を飾る。

（14）官員が着る深紅色の上衣。

（15）烏紗帽とも言う。官僚がかぶる黒色の帽子。

（16）外大門の三門のうち中央の門。

（17）宋代の制度などをまとめた著述。三巻。

(18)　道教の神。中元葛将軍葛文慶。
(19)　道教の神。下元周将軍周文剛。
(20)　中国古代の礼書。理想的な官制を描いた行政典で『周官』とも呼ばれ、『儀礼』・『礼記』と合わせて「三礼」と言われる。
(21)　「王が行動する時に車に乗るための石を洗う」の意味。
(22)　儒教の古典。五経の一つで中国最古の詩集。
(23)　「小さな石があること」の意味。
(24)　楊慎の文集。楊慎は明の官僚。升庵はその号。一四八八―一五五九年。
(25)　原文では「今の上馬台は古の乗石である」となっている。
(26)　実務担当の上級胥吏。議政府と中枢府に所属し、各官庁に配属されて主として二品以上の高官の執務を補助した。守令取才試験で守令になることができた。
(27)　宰相と同じ。二品以上の高官。
(28)　国王に扈従して世話する官僚。
(29)　軺軒《しょうけん》。従二品以上の高官が外出する際に乗る一輪車。長柄で前後二人が支える。
(30)　朝鮮語では、樅を노송나무（老松の木）と言う。
(31)　油紙。黄色の厚紙に油を塗ってある。オンドルの床などに貼った。
(32)　庚申の夜には人間の体内にいると考えられた虫が寿命を司る神に罪悪を告げては早死にさせるという道教の三尸説に基づき、この日にさまざまな行事を行ってこれを避けようとする庚申信仰の影響が見られる。
(33)　太公望呂尚《たいこうぼうりょしょう》。一般に太公望として知られる。紀元前十一世紀ごろの人物。伝説的な軍師であり、中国や朝鮮では魔術的な力をもつ者として信仰対象になった。
(34)　五行相克説による。庚と申は五行で「金」に当たり、白板の「木」に克つ。

一二　王宮内の各官庁

（1）原本目次には「宮闕内各司」とあるが、本文はこの見出しがなく、昌徳宮・昌慶宮・慶熙宮三宮内の各官庁という小見出しだけが立てられている。

1　昌徳宮内の各官庁

〈1〉承政院

（1）六人の承旨が、吏、戸、礼、兵、刑、工の六房に分かれて職務を分担した。承旨は、承政院の都承旨、左承旨、右承旨、左副承旨、右副承旨、同副承旨の総称。

（2）唐で皇帝の秘書役を担当していた官庁。承政院をなぞらえている。

（3）一六四七―一七〇三年。本貫は全州。李《り》晬《さい》光《こう》の曽孫。朝鮮時代後期、粛宗代の文臣。南人。議政府右参賛などを歴任した。

（4）政庁と同じ。執務室。

（5）「啓」字を彫刻した懸板。

（6）一六三四―一七〇九年。朝鮮時代中期、粛宗代の文臣。号は夢漁亭。本貫は大丘。西人。議政府領議政に昇った。著書に『朝野記聞』がある。

（7）芸文館と弘文館の官員が春秋館の官職を兼任すること。

（8）一七〇九―七九年。本貫は林川《りんせん》。号は老圃。朝鮮時代後期、英祖・正祖代の文臣。西人の老論派。議政府右参賛などを歴任した。文集に『老圃集』がある。

（9）君主の行動や言動の記録。

（10）一七〇二―六九年。本貫は迎日《げいじつ》。号は止堂、玉壺子。朝鮮時代後期、英祖代の文臣。司諫院大司諫などを歴任した。文集に『止堂集』がある。

（11）春秋館の五品官。公式記録編纂の任に当たるので、芸文館の検閲とともに史官と言われた。

(12)『朝鮮王朝実録』編纂の資料として史官が毎日作成した記録。毎年末に「時政記」と称して国王に提出した。実録編纂作業終了後は「洗草」と称して文字を洗い流した。

(13)『増補文献備考』（巻二一八・職官考五・承政院）にあるように、「以下」が正しい。

(14)七品以下の官員。

(15)新たに科挙に合格した者。

(16)朝鮮時代後期国政の最高機関。別称は備局、廟堂、籌司《ちゅうし》。一五一〇年（中宗五年）、慶尚道沿岸部の開港場三浦《さんぽ》（富山浦《ふざんぽ》、薺浦《せいほ》、塩浦《えんぽ》）居住の日本人が起こした反乱（三浦の乱）に対処するために臨時機構として開設した。女真人との争いも担当し、一五五五年（明宗十年）に、防備策定機関として常設化した。壬辰倭乱後の復興過程で、国政全般に関する協議を行う機関となり、朝鮮時代後期には権力中心となった。議政府議政、六曹判書、訓錬大将など文武の高官が出席して国政論議を行った。記録として『備辺司謄録』が残る。

(17)国事犯的な重大犯罪の取調べ記録。事件発生時には、義禁府が管轄して臨時に鞫庁を設置し、取調べと裁判を行った。

(18)九五四―一〇〇一年。北宋の官僚・学者。

(19)申欽の著書。朝鮮と中国の人物や文学作品に対する紹介と批評をまとめたもの。

(20)一五五六―一六一八年。白沙は号。号はほかに弼雲、東岡。本貫は慶州。朝鮮時代中期、宣祖・光海君代の文臣。北人。議政府領議政に昇り、鰲城府院君《ごうじょうふいんくん》に封じられた。光海君政権中枢と対立して流配刑に処され配地で死去した。著書に『魯史零言』、文集に『白沙集』がある。

(21)朝鮮王朝第十二代国王。一五一五―四五年。在位一五四四―四五年。中宗の嫡長子。中宗を嗣いで王位に即いたが、在位八か月で病死し、代わって異母弟明宗が即位した。死後、母章敬王后の兄尹任《いんにん》らの大尹派と、明宗の母文定王后の弟尹元衡らの小尹派が争い、敗れた尹任が賜死に処される、一般に「乙巳士禍《いっししか》」と称される政治的弾圧事件が起きた。

(22) 官庁が重要度の低い事柄を国王に上奏する時の文書。

(23) 『承政院日記』。承政院の逐日執務記録。仁祖元年（一六二三）―高宗三十一年（一八九四）分の三〇四五冊が現存する。国王秘書役の承政院が作成し、国王の動静や命令、官庁や会議の報告、上訴などを記録した。

(24) 一五六三―一六二八年。李睟光とも書く。芝峰は号。本貫は全州。朝鮮時代中期、宣祖―仁祖代の文臣。議政府左参賛などを歴任した。著書に類書『芝峰類説』、文集に『芝峰集』がある。

(25) 辺境防備に当たる僉使（従三品の僉節制使と従四品の同僉節制使）と万戸（従四品）。

(26) 国王に拝謁して挨拶すること。

(27) 国王が民のために諭し文を下すこと。

(28) 李睟光は、一五九四年（宣祖二十七年）以降、何度も承政院の承旨（同副承旨、左承旨、都承旨）に就任しており、時期を特定することはできない。

(29) 守令が赴任する際に国王に別れを述べること。

(30) 守令として実行すべき七つの事柄。

(31) 軍隊に関する事柄。

(32) 『世宗実録』の編纂にあたっては『承政院日記』が使用されており（『文宗実録』巻一二・二年二月丙戌）、後文にあるように、世宗代には「日記」の作成が始まっていた。

(33) 春秋館で史官が作成する記録。毎年作成して国王に提出し、実録作成の際の基本資料とした。

(34) 史官が記録すること。

(35) 春秋館の修撰官以下の官職を兼任すること。承政院のほか、弘文館、議政府、芸文館、世子侍講院、宗簿寺、六曹、奎章閣の官員が兼任した。

（36）毎月朔日に試験を行ったのでこの名がある（『銀台便攷《ぎんだいべんこう》』巻七・礼房攷・朔書）。
（37）人材を選んで国王に上奏すること。
（38）通訓大夫。正三品堂下官の官位。
（39）大篆ははじめて作られた篆字、小篆は秦代に大篆を簡略化したものと言われる。
（40）篆書の一種で、九畳篆のこと。篆刻に用いられる。

〈2〉　奎章閣

（1）君主が特別に下賜すること。内下とも言う。
（2）矢を壺に投げ、入った数を競う遊戯。二人で青と紅の矢をもって争う。
（3）大型の琴。
（4）下部が丸く膨らんだ飲酒用の器。
（5）雨量計。鋳鉄製。一四四〇年（世宗二十二年）ころ考案された。全邑に配置し、毎月、降水量を量って戸曹に報告させ、農事状況を把握した。十七世紀前半にいったん途絶したが、一七七〇年（英祖四十六年）に復活し、二十世紀初まで使用された。
（6）一七三七―八四年。本貫は東萊。号は澈斎。朝鮮時代後期、正祖代の文臣。吏曹参判などを歴任し、沈念祖とともに奎章閣の活動を支えた。
（7）一七四五―一八〇〇年。本貫は温陽。朝鮮時代後期、正祖代の文臣。議政府左参賛などを歴任した。
（8）一七五二―一八二〇年。本貫は延安。号は屐園《きえん》、屐翁《きおう》。朝鮮時代後期、正祖・純祖代の文臣。李喆輔《りてつほ》の孫。吏曹判書などを歴任した。文集に『屐園遺稿』がある。
（9）以下の引用文は、『奎章閣志』原文（巻一・建置条および巻二・教習条）から摘記して再編成したものである。
（10）英祖三十六年（一七六〇）から隆熙四年（一九一〇）までの朝鮮国王の動静記録。二三二九冊。王世子時期に正祖が自己を反省するために作成した『尊賢閣日記』が基礎となる。奎章閣閣員が執筆し、国王が加除修正を行った。『承政院日記』、『備辺司謄録』と並ぶ朝鮮政府の公式同時代記録。
(11) 奎章閣の毎日の執務記録。
(12) 特別な任務のために臨時に任命される官職。
(13) 従三品以下従六品以上の官員。
(14) 正七品以下従九品以上の官員。参下と同じ。
(15) 国王臨席のもとに文章を作成すること。
(16) 各官庁に所属する下級吏員。別陪、駆従、使令とも言う。皂は黒を意味し、別陪は黒帯を着け、駆従は黒衣を着るので皂隷と呼ばれた。
(17) 黒色で頭頂部が尖った頭巾。
(18) 官僚を先導する官吏。朱衣を着ていた。
(19) 翰林学士以上の官員が中書省と尚書省に赴く際、朱衣の院吏二人が並んで先導した。
(20) 国王が宮城から外出する際、衛兵が守護する車駕の前後左右に随行すること。
(21) 一七八二年、王室関連書籍保管のため江華島に外奎章閣を開設したので、旧来の奎章閣を内奎章閣と称した。
(22) 科挙試験。ここでは文科試験。
(23) 集合して待機すること。
(24) 一七三〇―九六年。本貫は杞渓。号は則止軒。朝鮮時代後期、英祖・正祖代の文臣。正祖配享功臣。議政府左議政に昇った。蕩平策に反対して済州島に流配された。文集に『燕石』がある。
(25) 国王に文書を上呈すること。
(26) 国王のお考え。
(27) 宝文閣。宋第四代皇帝仁宗の文書や書などを保管した建物。
(28) 王室の系譜を抄録した冊子。
(29) 粛宗三十八年（一七一二）に五衛都摠府都摠管に就任した（『承政院日記』粛宗三十八年二月二十七日）。
(30) 『承政院日記』の粛宗代を指す。
(31) 仁祖反正と李适の乱によって昌徳宮と昌慶宮の大部分が焼失してしまったため、仁祖は、当時、慶運宮と呼ばれた慶熙宮で即位した。昌徳宮の再建後も、正祖と憲宗の即位式を行うなど、正宮的な位置にあった。

(32) これ以下の正祖の回答は、前半部が大幅に省略されている。

(33)『承政院日記』(正祖五年三月十日)にほぼ同文がある。本文の典拠であろう。

(34) 臣下の亡父のことで、ここでは柳得恭。

(35) 一五四五―一六三六年。村隠は号。本貫は江華。朝鮮時代中期、宣祖―仁祖代の文臣。下層に育ったが、学識と徳行をもって登用されて通政大夫(正三品堂上官)に昇った。漢詩集に『枕流台詩帖』、文集に『村隠集』がある。

(36) 一七五〇―一八〇五年。本貫は密陽。朝鮮時代後期、正祖・純祖代の武臣。号は楚亭、貞《てい》蕤《ずい》など。北京に派遣されて清朝治下の中国を観察し、『北学議』を著して清にならった改革を主張した。庶孼の俊才で、柳得恭らとともに、新設された奎章閣の検書官に登用された。科挙武科に壮元及第(首席合格)した。著書に『貞蕤詩稿』など、文集に『貞蕤集』がある。

(37) 国王が物忌みをする建物。

(38)「邸下」は、小朝と同じで王世子のこと。ここでは孝明世子(後の翼宗)を指す。

(39) 物忌みのために泊まること。

(40) 中国古代の魯国を中心とした春秋時代に関する編年体の歴史書。五経の一つ。

(41) 周尺。高さ約三一センチ、直径約一五センチ。

(42) 松都(開城)と江都(江華)。

(43) 天を祭る時に使用する玉《ぎょく》。圭は、上が尖り下が四角な玉。璧は、円形で中央に穴があいている玉。

(44) 一七三四―八三年。本貫は青松。号は涵斎。朝鮮時代後期、英祖・正祖代の文臣。吏曹参議などを歴任し、鄭志倹とともに奎章閣を支えた。この時、沈念祖が一直提学、鄭志倹が二直提学であった。

(45) 君主から命令を拝する時、手を頭の上に上げ、ひれ伏して額を地につける礼。
(46) 戊の歳。著雍は戊の異称。正祖二年戊戌（一七七八年）。
(47) 一七四二―一八〇六年。本貫は徳水。号は静修斎。正祖・純祖代の文臣。議政府領議政に昇った。
(48) 歩みを進める時に奏する楽曲。
(49) 学識・人格ともに優れ、徳のある人物。小人の対極。
(50) 黄海道の別称。
(51) 黄海道南部海岸部の邑。守令は都護府使。
(52) 上級官庁から下級官庁への連絡文書。
(53) 一六九一―一七七五年。本貫は延安。号は止庵。朝鮮時代後期、英祖代の文臣。李晩秀の祖父。議政府左賛成などを歴任した。文集に『止庵集』がある。
(54) 李晩秀の号。

〈3〉司饔院

(1) 食事や宴の用意をすること。
(2) 京畿道広州一帯にあった、官営の陶磁器窯群を管理した官署。宮廷や官庁に陶磁器を供給していた。
(3) 漢城の南の邑。漢城を守る南の要衝なので、守令は京官の留守。
(4) 漁業権をもっている漁場。
(5) 漢城一帯における漢江の呼称。多くの渡し場と港がある。
(6) 幸州。高陽郡の漢江沿岸にある地名。杏と幸の発音はともに행《ヘン》。
(7) 京畿道沿海部の邑。漢城の南にある。守令は郡守。
(8) 日本名「タウナギ」。淡水魚。
(9) 日本名「サッパ」。岡山県地方の呼称であるママカリでも知られる。海水魚。
(10) 吏曹は、『周礼』で国政を預かるとされる天官になぞらえられる。

〈4〉尚衣院

（1）国王の衣服。襨は朝鮮独自の文字。

（2）一六三三―八七年。本貫は光山。号は瑞石、静観斎。金長生の曽孫。娘が粛宗妃。朝鮮時代中期、粛宗代の文臣。宋時烈の門人。西人の老論派。弘文館大提学などを歴任し、光城府院君に封じられた。文集に『瑞石集』がある。

（3）一六六一―一七二一年。本貫は慶州。号は寿谷、洗心斎。朝鮮時代後期、粛宗代の文臣。朴世堂の門人。西人。五衛都摠府都摠管などを歴任した。娘が粛宗継妃となったため慶恩府院君に封じられた。文集に『寿谷集』がある。

（4）国王・王妃・王世子・王世子嬪の礼服。

（5）九章冕服と同じ。貴人が礼服として着用する冠と衣服。両袖に竜、華虫、宗彝《そうい》、背中に山、火、下裳に藻、粉米、黼（白と黒の模様）、黻（青と黒の模様）の模様を描いた。

（6）玉珮。天子が付ける首飾り。玉を紐で連ね、歩く時に音がして天子の行動がわかる。

（7）珠と翡翠。転じて女性の髪飾りを意味する。

（8）雉の尾羽七本を立てた冠。

（9）明代に、位をもつ女性が礼服着用時に首から胸部に掛けた首飾り。

（10）金の飾り。明では二―五品の女性が着用した。

（11）玉珪とも書く。瑞玉の一種。

（12）小祀を執り行う時に着用する衣服と冠。衣服に模様が施されていない。

（13）模様を描いた衣服。

（14）五色の羽毛を持つキジの雛。

（15）宗廟で先祖の祭りを行う時に用いる酒器。

（16）淡紅色の下衣。冕服の際に着用した。

（17）帛などで作られ、革帯の上に着けた大きな帯。

（18）墨だけで色彩を用いない模様を描いた下衣。

（19）大帯に付ける一対の玉飾り。

（20）紅色の綬。綬は官職を表す印を身につけるのに用いた組紐。

(21) 白色の綾絹。
(22) 首に掛けた白羅製の飾り。円形で下に四角の飾りが付いている。
(23) 淡紅色の絹布製膝掛け。
(24) 緋色の練り絹製足袋。
(25) 底を何重にも貼り合わせた緋色の靴。
(26) 中国皇帝から朝鮮国王に与えた冊封状。本来の意味は、官吏の任命や封爵を賜与する時に与えた辞令。
(27) 冕の一種。通天冠の上に冕を加えたもの。廟祭に用いる。
(28) 薄絹製の上着。
(29) 天子や諸王の冠。
(30) 国王・王世子が政務をとる時に着用した冠。二段で上に小角二つがある。
(31) 天子が政務をとる時に着用した服。竜の刺繡が施してある。
(32) 尚衣院に所属して裁縫を職務とした婢。
(33) 朝鮮半島南部にある忠清道、全羅道、慶尚道の総称。朝鮮で最も生産力の高い地域。
(34) 江原道の別称。
(35) 官妓。邑に所属し、守令の身の回りの世話や宴会等の接待をした女性。
(36) 市廛に所属する商人。市廛は、漢城において平市署から「物種」と称する指定物品の専売を認可された商人組合。政府に対して諸種の義務を負う代わりに、非組合員による専売商品の販売（乱廛と言った）を禁止統制する権利を与えられていた。

〈5〉賓庁・台庁・政庁・香室

(1) 司憲府と司諫院の官員たち。
(2) オンドル。朝鮮半島独特の床暖房。床下に石や煉瓦などで作った煙道を回し、専門の焚き口または厨房の煮炊き用竈などから発生した熱気を送る。
(3) 臣下が国王を面と向かって厳しく諫めること。

（4）板の間の家屋。暖房がない。
（5）文官人事を担当した吏曹の官員。これ対して武官人事を担当した兵曹の官員は西銓官と称した。
（6）兵曹における武官の人事。吏曹における文官の人事は吏批と称した。
（7）一四九三―一五六四年。政丞は領議政に就任したことにちなむ呼称。本貫は木川。号は泛《はん》虚斎《きょさい》、松峴、嚮日堂。朝鮮時代中期、中宗・明宗代の文臣。明宗政権を主導し、議政府領議政に昇った。文集に『泛虚斎集』がある。

〈6〉弘文館

（1）「経」は儒教の教義を説いた古典である経書、「史」は歴史・地理に関する書物。
（2）奉教（正七品）、待教（正八品）が各二名ずつ、検閲（正九品）が四名。
（3）一六五八―一七一六年。本貫は光山。号は竹泉。朝鮮時代中期、粛宗代の文臣。粛宗妃（仁敬王后）の兄。宋時烈の門人。西人の老論派。吏曹判書などを歴任した。文集に『竹泉集』がある。
（4）『新増東国輿地勝覧』（巻二・京都上・文職公署・弘文館）は弘文館の所在地として、昌徳宮の承政院の西、都摠府の南、昌慶宮の承政院の東の三か所をあげている。
（5）官僚の統制と政治の総括を権限とした朝鮮時代の最高官庁。別称は政府、都堂、廟堂、黄閣。一四〇〇年（定宗二年）に李芳遠（後の太宗）が、高麗王朝で官僚の権力基盤となっていた都評議使司を改編し、官僚を王権に従属させるために設置した。官員の定数は、領議政、左議政、右議政（以上正一品）、左賛成、右賛成（以上従一品）、左参賛、右参賛（以上正二品）が各一名ずつ、舎人（正四品）が二名、検詳（正五品）が一名、公事官（従六品）が十一名、司録（正八品）が一名。議政の序列は、領議政、左議政、右議政の順。常時三議政すべてが在籍したわけではなく、欠員のある時もあった。壬辰倭乱後、実権は備辺司に移った。
(6)『新増東国輿地勝覧』(巻二・京都上・文職公署・議政府)は、議政府の所在地として光化門の南側の左と昌徳宮仁政殿の西側の二か所をあげている。
(7) 国王のお諭し。
(8) 官庁に所属して実務を担当する下吏。衙前、胥吏、員役とも言われた。世襲が多かった。
(9) 瀛は弘文館の別号である瀛閣《えいかく》の略。
(10) 印鑑。元は蔵書印だったため「図書」と呼ばれる。私的な性格をもっているが、政府が実用目的で使用する印鑑も含まれるため、現代的な意味で完全な私印とは言えない。その他に、朝鮮が通交貿易を許可する証明として日本の対馬島主や西国地方の有力者に渡した銅印も指称する。
(11) 粛宗は高麗第十五代国王である。
(12) 原典は、『国朝宝鑑』(巻一二・世祖朝三)。
(13)『経国大典』巻一・吏典・芸文館条に規定がある。
(14)「梁誠之が」からここまでの文章は、『増補文献備考』(巻二二一・職官考八・館閣二・弘文館)の二か所をつなぎ合わせている。ただし『増補文献備考』原文には、燕山君甲子はただ「燕山」とだけあって年紀は記されておらず、柳本芸が補充したものと思われる。また「中宗初」は「中宗即位初」となっている。『国朝宝鑑』(巻一二・世祖朝三)には「書籍を管理させた」までが記載されている。
(15) 一七二二―一八〇二年。本貫は南原。号は无極。朝鮮時代後期、英祖・正祖代の文臣。兵曹参議などを歴任した。文集に『无極集』がある。
(16) 一五八七―一六三八年。本貫は徳水。号は谿谷、黙所。朝鮮時代中期、宣祖―仁祖代の文臣。西人。孝宗妃(仁宣王后)の父。金長生の門人。議政府右議政に昇り、新豊府院君に封じられた。李廷亀、申欽、李植と合わせて朝鮮時代文学四大家の一人に数えられる。文集に『谿谷集』がある。

(17)　生没年未詳。本貫は咸従。号は也足堂、曳尾。朝鮮時代中期、中宗―明宗代の文臣。左議政魚世謙の孫だが、庶孼だったため、官員としては、中国との外交文書に用いられた特殊漢文「吏文《りぶん》」の専門職である吏文学官にとどまる。編書に『吏文』、『攷事撮要』など、著書に『稗官雑記』がある。

(18)　弘文館と芸文館の正二品官。ここでは弘文館大提学を指す。別称は、弘文館大提学が主文、芸文館大提学が文衡、また両者を通じて太学士。上に議政が兼任する正一品官の領事があるが、実質的に大提学が両館の最高位の官職であった。

(19)　本来の意味は科挙合格者の順位。ここでは弘文館官員の成績評価のことを言う。

(20)　一四七一―一五二七年。本貫は宜寧。号は止亭、知足堂。朝鮮時代中期、燕山君・中宗代の文臣。金宗直の門人。議政府領議政に昇った。趙光祖を粛清し、沈貞とともに「袞貞《こんてい》」と併称され、反対派から小人《しょうじん》（徳のない人物。君子の対極）の代表とされた。著書に『柳子光伝』、文集に『止亭集』がある。

(21)　一四七八―一五三四年。本貫は徳水。号は容斎など。朝鮮時代中期、燕山君・中宗代の文臣。議政府左議政に昇った。燕山君に流配され、中宗反正後、趙光祖らと対立した。趙光祖失脚後、官界復帰したが、金安老と衝突し、流配されて配地で死去した。文集に『容斎集』がある。

(22)　宮廷の会議の際に朝堂に上がることができない官僚。官位が正三品の通訓大夫・彰善大夫・正順大夫以下の官僚。正三品通政大夫以上の、朝堂に上がることのできる官僚は堂上官と言った。

(23)　白粉を塗布した木札。一般には堂下官のもつ牌のこと。

(24)　紅色をした牌。一般には科挙合格者の姓名・等級を書いた紅色の証書を指す。

（25）中国産の綿布。色は青色・紺色だけではなく、淡黄色などがあり、堅牢だとの定評があった。

〈7〉芸文館

（1）勤守古風（一生懸命に古来のやり方を守る）の誤り（『東国輿地備攷』巻一・文職公署・芸文館条）。

（2）六曹のうち官僚人事を掌る官庁。文官なら吏曹、武官なら兵曹。ここでは吏曹を指す。

（3）貝殻で鸚鵡のくちばしの形に作った杯。

（4）オウム貝。巻き貝状の平貝で、殻の黒い部分がオウムの嘴に似ている。

（5）鍮研（真鍮製の硯）を担当する少年。

（6）通常の儀式で用いる袖の長い礼服。

〈8〉春秋館

（1）経筵の場で国王に経籍を講義し、内容を論ずること。

（2）「実録印出庁題名録序」（李廷亀『月沙集』巻三九・序上）。

（3）湖南平野の西南部にある全羅道の中心邑。全羅道監営が置かれていた。守令は府尹で全羅道観察使が兼任した。

（4）慶基殿。李成桂祖先の出身地とされる全州にある。全州史庫が置かれ、『朝鮮王朝実録』が保管されていた。史庫の中で唯一、豊臣秀吉軍の戦火を免れ、全州史庫本『朝鮮王朝実録』は後に内蔵山史庫に移された。戦乱終結後、全州史庫本を元にして仁宗代以前の『朝鮮王朝実録』が復元されたおかげで、朝鮮時代以前期の政府公式記録が現在まで伝わることとなった。

（5）日本軍の攻撃から逃れた国王宣祖が、漢城に戻ってきたこと。

（6）『朝鮮王朝実録』を編纂する際に臨時に設置された官庁である実録庁。

（7）活字印刷で、完成版が三部、校正版が一部。

一六〇六年（宣祖三十九年）に完成した。草稿は手書きで、初草、中草、正草という三段階の校正と修正補訂を経て、正草本を基に印刷が行われた。『実録』は初め手書きで四部を作成したが、一四七三年（成宗四年）からすべて活字印刷になった。草稿は文字を洗い流して溶解したが、太白山史庫本には『光海君日記』の中草本が残っている。一六五三年（孝宗四年）完成の『仁祖実録』から五部を活字印刷することになった。『朝鮮王朝実録』は太祖から哲宗までの総一八九三巻。廃王とされた魯山君（端宗）、燕山君、光海君三王代のものは「実録」ではなく『魯山君日記』など「日記」とされている。これに続いて、日本の植民地時代に『高宗実録』と『純宗実録』が編纂された。

（8）平安道中部山間部の邑。守令は大都護府使。

（9）平安道寧辺周辺の山。標高一九〇九メートル。

（10）江原道中西部海岸部の邑。守令は大都護府使。

（11）江陵の西方にある山。標高一五六三メートル。

（12）江原道から慶尚道にまたがる山。標高一五六七メートル。

（13）全州史庫に保管され、壬辰倭乱による亡失を免れたもの。内蔵山に移した後、江華島の史庫に保管されていたが、丙子胡乱の際に多くが失われた。

（14）火災や盗難などにより、多くが失われ、完本として残るのは鼎足山と太白山の両史庫本だけである。なお、大意には影響がないが、原文の相当部分が省略されている。

（15）漢城外に置かれた史庫。これに対して春秋館の史庫を内史庫と言い、蔵本を内史庫本という。

（16）江華島中央部にある山城。山中の伝灯寺横に史庫が置かれた。江華島内の摩尼山史庫が火災で焼失した代わりに建設し、一六六〇年（顕宗元年）から使用を開始した。
（17）慶尚道北部山間部の邑。守令は県監。
（18）全羅道北部山間部の邑。守令は都護府使。
（19）茂朱の赤裳山（標高一〇二九メートル）にある山城。
（20）定期的に事を行うと定められた年。子、卯、午、酉の年。

〈9〉内医院・尚瑞院・典設司・排設房

（1）承文院などの官職で、現職または前職の議政を任命する。別称は都相。
（2）都提調に次ぐ官職。別称は提挙。
（3）板敷き広間。
（4）古代中国の伝説上の三皇五帝の一人で、人間に農耕を教えたとされる神。農業、医薬、音楽、交易などの祖神。先農とも言う。
（5）現存する掲額には「調和」とある。著者の誤りである。
（6）生没年未詳。本貫は原州。書をもって世に知られ、多くの宮殿の扁額を揮毫した。
（7）宮廷女性の医療を担当した内医院医女と、一般女性の医療を担当した恵民署医女があった。男女の直接的接触が忌避されていたため、非士族の女性に医学教育を施して女性の治療に当たらせた。妓生や婢のように賤視される傾向があった。
（8）国王の官印。御璽、玉璽、宝璽と同じ。
（9）王命で行動する時の証明用牌。
（10）節斧鉞の略。節は割り符、鉞（斧鉞）はまさかりで、行政や軍事を統括する観察使、留守、大将、兵馬節度使、水軍統制使などが象徴として携帯した。
（11）官員の間で使用されていたのは、清の年号（雍正）が刻まれたものであった（『承政院日記』英祖二十年八月二十二日）。
（12）英祖四十五年（一七六九）、保管数を確認した英祖に対して、尚瑞院の官員は「七百七箇」と答えている（『承政院日記』英祖四十五年十二月四日)。

(13) 夜間の城門出入許可証となる符。

(14) 掖庭署。宮中で雑用を担当する掖隷を所管する官署。

〈10〉内兵曹

(1) 景福宮正門の光化門前の御路（通称六曹前）にあった。

(2) 堂官と郎官で上司と部下のこと。ここでは、堂官は堂上官、郎官は堂下官を指す。

(3) 国王が行幸すること。駕（輿）に乗って王宮外に出る。

(4) 国王が行幸する時に、通行を禁止して清めた道。

(5) 五衛都摠府の従二品官。王宮における宿直の責任者。

(6) 全国を、義興衛（中衛）、竜驤衛（左衛）、虎賁衛（右衛）、忠佐衛（前衛）、忠武衛（後衛）の五軍に分けた軍隊編成。

(7) 国王が居住する便殿の前門。

(8) 烽火兵。烽燧は、火と煙による通信を行う軍事用の緊急情報伝達施設。各地の山頂に設置され、漢城の木覓山（南山）を中心にして、全国ネットワークが構成されていた。

〈11〉宣伝官庁

(1) 官員の定数は、宣伝官（正三品―従九品）が二十五名、文臣兼（従六品）が二名、武臣兼（従六品または従九品）が五十名。

(2) 高麗時代には八加《バルガ》赤《チ》と書かれた。宣伝官庁の下員。もとはモンゴル語。「八加」は倉庫、「赤」は賜物を守る者の意味。

(3) 朝鮮語の発音で、赤《적チョク》が治《치チ》となること。

(4) 国王が行幸したり戦争に出陣する時に演奏する軍楽隊。

(5) 黄色の細草で編んだ笠。本来は幼くして加冠した者がかぶった。

(6) 一五八四―一六四七年。沢堂は号。本貫は徳水。李荇の玄孫。朝鮮時代後期、仁祖代の文臣。西人。吏曹判書などを歴任した。申欽、李廷亀、張維と合わせて朝鮮時代文学四大家の一人に数えられる。編書に『野史初本』など、文集に『沢堂集』がある。

(7) 柳夢寅《りゅうむいん》が編纂した説話集。原本の多くが失われた。巷談、街説を多く収録し、日本軍侵入後の世相をよく伝える。

(8) 柳肇生の封君号。

(9) 生没年未詳。本貫は全州。朝鮮時代中期、宣祖・光海君時代の武臣。五衛都摠府副摠管などを歴任し、完原君に封じられた。

(10) 『西遊記』の玄奘三蔵一行や朝鮮の土俗神。

(11) 管見の限り、『於于野談《おうやだん》』でこの逸話は確認できなかった。

〈12〉 扈衛庁

(1) 官員の定数は、大将(正一品)が一名、別将が三名。その他品階をもたない、軍官三五〇名と所任軍官三名、堂上別付料軍官一名が所属した。

(2) 中央と外方で、全国のこと。

(3) 科挙(文科、武科、雑科)の合格者。ここでは武科合格者を指している。

(4) 『備辺司謄録』。備辺司の逐日会議記録。光海君九年(一六一七)から高宗二十九年(一八九二)までの二七三冊が現存するが、初期の部分には亡失が多い。政治、軍事、民事全般の重要事に関する議論の記録。『日省録』、『承政院日記』と並ぶ朝鮮王朝の公的同時代記録。

(5) 一五九三―一六六二年。本貫は青松。号は晩沙。朝鮮時代中期、仁祖―顕宗代の文臣。西人の領袖。議政府領議政に昇った。孝宗の娘淑明公主の義父。孝宗の死後、院相として国政を総括した。西人と南人の仲裁をはかった。著書に『晩沙稿』がある。

(6) 一五九六―一六六四年。本貫は迎日。号は陶村。鄭夢周の九代孫。朝鮮時代後期、仁祖―

顕宗代の文臣。議政府右議政に昇った。著書に『銀台日記』がある。

（7）一五九五―一六七一年。本貫は全州。号は白軒。王族徳泉君李厚生《りこうせい》の六代孫。金長生の門人。朝鮮時代中期、仁祖―顕宗代の文臣。西人。議政府領議政に昇った。丙子胡乱後、清太宗ホンタイジの徳を讃えて服属を誓う『大清皇帝功徳碑』（通称三田渡碑）を起草させられた。編書に『長陵誌状』、文集に『白軒集』がある。

（8）一五八一―一六六〇年。本貫は延安。号は釣巌。李貴の子。朝鮮時代中期、仁祖代の文臣。成渾、金長生、李恒福の門人。南人。議政府領議政に昇り、延陽府院君に封じられた。

（9）一五九三―一六六四年。本貫は原州。号は灘叟、灘翁。朝鮮時代後期、仁祖―顕宗代の文臣。西人。仁祖反正の中心人物。議政府左議政に昇り、原平院君に封じられた。大同法に反対した。

（10）顕宗即位年のことだが、この年の『備辺司謄録』は伝存しない。『顕宗改修実録』（巻二・即位年十一月庚午）にこれとほぼ同じ記事が出ている。

2　昌慶宮内の各官庁

（1）官員の定数は、師（正一品。領議政）、傅《ふ》（正一品。議政）、弐師（従一品。賛成）、左・右賓客（正二品）、左・右副賓客（従二品）、賛善、輔徳、兼輔徳（以上正三品）、進善、弼善（以上正四品）、文学、兼文学（以上正五品）、司書、兼司書（以上正六品）、説書、兼説書、諮議（以上正七品）が各一名ずつ。

（2）一八〇九―三〇年。純祖の第一子。母は金祖淳の娘純元王后《じゅんげんおうごう》。妻は趙万永の娘。純祖の代理として執政（代理聴政）したが三年後に死去した。死後、長男憲宗《けんそう》が即位したため翼宗に追尊され、宗廟の永寧殿に祀られた。

（3）王世子の書。

（4）世子翊衛司《よくえいし》の略。官員の定数は、左翊衛、

右翊衛（以上正五品）、左司禦、右司禦（以上従五品）、左翊賛、右翊賛（以上正六品）、左衛率、右衛率（以上従六品）、左副率、右副率（以上正七品）、左侍直、右侍直（以上正八品）、左洗馬、右洗馬（以上正九品）が各一名ずつ。

（5）　朝鮮王朝初期の軍事中枢機関。軍事力を掌握するため太祖が創設し、軍令と軍政を総括した。略称三軍府。軍事力が国王の下に集中した太宗代初期に解体された。

（6）　禁軍と同じ。竜虎衛に所属する内禁衛、兼司僕、羽林衛の騎馬兵士。

（7）　一六五七年に八壮士にちなんで設置された王の親兵。

（8）　孝宗は、鳳林大君と称した世子時代に清の人質として瀋陽に幽閉された。

（9）　この八人はいずれも詳細不明。

（10）　名目だけの官職を保有し、実際の職務がない者。

（11）　観象監の時刻管理担当官員。

（12）　国王行幸出発合図の太鼓。

（13）　「奎」は奎章閣の略、「瀛」は弘文館の別称瀛閣の略。

（14）　金属活字の鋳造所。代表的な金属活字である銅活字は、銅を主成分とし、亜鉛、鉛、錫、鉄を加えた合金。活字には、ほかに鉄活字と木活字がある。

（15）　正しくは木活字。生々字《せいせいじ》と整理字を混同している。

（16）　清の『康熙字典』を字本として、一七九二年（正祖十六年）に黄楊木《いぬつげ》（モチノキ科の常緑低木）で作成した木活字。この活字を母型として銅活字である整理字が鋳造された。下文では、この生々字と整理字を混同して記述している。

（17）　?—一四一九年。李成桂の父李子春の庶子義安大君李和（?—一四〇八年）の子。

（18）　明永楽十七年（一四一九）に道徳を説くために成祖永楽帝の勅命で編纂された書物。十巻。明の翰林学士が書いた原本を木版印刷した。

(19)　経筵庁が所蔵する『孝順事実』、『為善陰隲《いぜんいんしつ》書《しょ》』、『論語』の字に、晋陽大君《しんようたいくん》（後の首陽大君、世祖）が書いたものを補充して字本とした。晋の衛夫人字体と似ているので名付けられた。甲寅字とも呼ぶ。

(20)　世子侍講院の正二品官。左賓客と右賓客が各一名ずつ。

(21)　一七一六―八七年。本貫は達城（大丘）。朝鮮時代後期、英祖・正祖代の文臣。正祖が号保晩斎を賜与した。奎章閣の初代提学に就任し、芸文館大提学などを歴任した。著書に『保晩斎叢書』、『攷事新書』など、文集に『保晩斎集』がある。

(22)　甲寅字を字本として二回目の鋳造になるので、再鋳甲寅字とも言う。

(23)　平安道観察使の別称。監司は観察使の別称で、道の長官。従二品。

(24)　甲寅字を字本として五回目の鋳造になるので、五鋳甲寅字とも言う。

(25)　一七三六―九九年。本貫は達城（大丘）。徐命膺の息子。朝鮮時代後期、英祖・正祖代の文臣。西人の少論派。吏曹判書などを歴任した。正祖に信頼されて奎章閣直提学に任命され、正祖の文集『弘斎全書』の基礎となる『御製春邸録』の編纂を主管した。

(26)　一六三六―一七一五年。号は安素堂。本貫は清州。朝鮮時代後期、顕宗・粛宗代の文臣。西人。名筆家として知られる。

(27)　韓構字とも言う。

(28)　朝鮮王朝草創期から正祖代初期までに、王名で作成された、玉冊文、頒教文、賜額文、箋、表、奏文、咨文、国書などを集成した書籍。四十巻。柳得恭らが監督して金属活字で印刷した。一七八七年（正祖十一年）に正祖の序文をつけて奎章閣から刊行した。

(29)　『園幸乙卯整理儀軌』。五巻、附巻五巻。荘献世子（思悼世子）妃恵慶宮洪氏の還暦宴の記録。一七九七年（正祖二十一年）完成。儀軌は、

王室の冠婚葬祭や国家的事業の際の公式記録で、後世の軌範とするため作成された。文字と図で構成される。
(30)　これは整理字の字本となった木活字である。これを母型にして新たに鋳造されたのが整理字である。
(31)　『弘斎全書』。一八四巻。正祖の文集。『御製春邸録』をもとにして一八〇一年（純祖元年）に完成し、三年後に刊行された。
(32)　『五倫行実図』。五巻。正祖の命で、君臣、父子、夫婦の道を説く『三綱行実図』と、長幼の序、朋友の義を説く『二倫行実図』を合わせた書物。文章と挿絵で構成され、孝子、忠臣、烈女の実例を挙げて守るべき倫理と行動を説明する。ハングルのものもあり、漢文を読めない人々にも儒学倫理を広めるために活用された。
(33)　宋の陸游《りくゆう》の詩を集成して韻字別に分類して配列した書物。三巻。『陸律分韻』とも言う。
(34)　一四一八—五三年。世宗の第三子で世祖の弟。端宗復位謀議に連座して世祖から賜死に処された。
(35)　唐代の文学者・政治家韓愈《かんゆ》（七六八—八二四年）の文集。四十巻。
(36)　衛夫人字の誤称である。
(37)　衛鑠《えいしゃく》（二七二—三四九年）。中国南北朝時代東晋の女性書家。
(38)　生没年未詳。中国南北朝時代東晋の詩人。
(39)　中国南北朝時代東晋の書家。書聖と称される。
(40)　朝鮮語では「魏」、「為」、「衛」三字の発音が同じ위《ウィ》。
(41)　大学・中庸・孟子・論語の「四書」と、詩経・易経・書経の「三経」。
(42)　これで筆者の生年が正祖元年（一七七七）だと確認できる（「解説」参照）。

3　慶熙宮内の各官庁

(1)　王世孫。国王の孫のうち王位継承権をもつ者。ここでは正祖を指す。
（2）祖父の英祖と孫の正祖。
（3）一六六四―一七二六年。本貫は竜仁《りゅうじん》。朝鮮時代後期、粛宗代の文臣。西人の少論派。司憲府大司憲などを歴任した。
（4）貞淳王后の父金漢耉《きんかんこう》。一七二三―六九年。本貫は慶州。西人の老論派。娘が英祖妃となったため鰲興府院君に封じられ、御営大将などを歴任した。
（5）春坊と桂坊。春坊は世子侍講院の、桂坊は世子翊衛司のそれぞれ別称。

漢京識略巻の二　註

一三　宮城外の各官庁

〈1〉耆老所

(1) 官員定数は、守直官二名で、承文院と成均館の参外官（参下官）を任命した。別称は耆社、耆所。

(2) 六十年、六十歳。旬は十年の意味。

(3) 粛宗四十五年（一七一九）、朝廷では、粛宗の病が篤いため早めに耆老所に入れるべきだとする世子（後の景宗）の意見を妥当だとした（『粛宗実録』巻六三・四十五年一月癸未）。粛宗はこの翌年に死亡している。

(4) 英祖は、すでに五十一歳にして他人の百歳ほどの状態である、あるいは、もしこれから八年間待たされれば八十歳になったと同様であるなどとさまざまに強弁し、せめて粛宗と同じ五十九歳まで待つべきだなどの反対意見を押さえこんで強行入所した（『承政院日記』英祖二十年八月二十六日）。

(5) 請願などに対する判決、判定。当該文書の余白に記入した。

(6) 文官の宰相。宰相は従二品以上の官員。御宰とも言う。

(7) 正二品官である判書、判尹、参議を指す。

(8) 国王と王妃の徳を讃える称号。美号、徽号と同じ。粛宗の尊号は顕義光倫睿聖英烈。

(9) 机と杖で、栄誉の象徴。

(10) 『増補文献備考』（巻二一五・職官考二・耆社）には、「英祖二十年（甲子、一七四四）」とあり、これが正しい（『英祖実録』巻六〇・二十年九月癸未）。この時、臣下たちは、太祖、仁祖、英祖の三人を「三聖」として特別視することにした（『承政院日記』英祖二十年十月七日）。

(11) 魚叔権《ぎょしゅくけん》の著書。六巻。朝鮮時代前期の政界逸話や巷説、明、日本、琉球の政治や風俗、士大夫の言行などを収集した随筆集。吏文学官という稗官（下級官僚）だったため、書名に「稗官」と付けた。多くの野史叢書に収録されているが、『寒皐観外史』以外は四巻までしか収録していない。

（12）『稗官雑記』原文も「訓練院」と誤る。兵士の技量評価、訓練、兵書講習を所管した。太祖元年（一三九二）に訓錬観として創設し、一四四六年（世祖十二年）に訓錬院と改めた。官員の定数は、知事（他官兼任）が一名、都正（一名は他官兼任）が二名、正が一名、副正が二名、僉正が十二名、判官が十八名、主簿が三十八名、参軍（正七品）、奉事が各二名ずつ。

（13）一四五三—一五二八年。本貫は横城。朝鮮時代前期、成宗—中宗代の文臣。議政府右参賛などを歴任した。南袞らとともに趙光祖らを弾圧した。

（14）一四五七—一五三三年。本貫は漢陽。号は敦厚斎。趙光祖の叔父。朝鮮時代中期、成宗—中宗代の文臣。議政府左参賛などを歴任した。

（15）一四五七—一五三五年。本貫は広州。朝鮮時代前期、成宗—中宗代の文臣。議政府左参賛などを歴任した。

（16）一四五六—一五二七年。本貫は豊川。朝鮮時代前期、成宗—中宗代の文臣。工曹判書などを歴任した。

（17）一四五四—一五二九年。本貫は星州。朝鮮時代前期、成宗—中宗代の文臣。戸曹判書などを歴任した。

（18）一四五四—一五二七年。本貫は羅州。号は月軒。朝鮮時代前期、成宗—中宗代の文臣。司憲府大司憲などを歴任した。文集に『月軒集』がある。

（19）一四五五—一五二八年。本貫は固城。朝鮮時代中期、成宗—中宗代の文臣。同知敦寧府事などを歴任した。

（20）権近らが耆英会を組織したという故事。

（21）『耆《き》社慶会録《しゃけいかいろく》』巻五（一七八七年）に各時代の「耆老会図」が掲載されている。

(22)　官庁で行政実務を担当した下級官吏。吏属、胥吏《しょり》、衙前《がぜん》などと呼ばれた。
(23)　この話を確認できるのは、『寒皐観外史』所収の『稗官雑記』巻五のみである。しかし、本『稗官雑記』原文の該当部分は、本書が引用するところと幾つかの大きな違いがあり、柳本芸が参照したものは別本だと思われるが詳細不明。
(24)　一七八五年に作成された朝鮮王朝の基本法典。『経国大典』の法令に「原」、『続大典』の増補部分に「続」、『大典通編』で増補改定された部分に「増」を付けて区別し、廃止法令は「今廃」としている。『続大典』が『経国大典』からの改訂部分だけを記載したのに対して、本書は原法令全体を掲載しており、『経国大典』以後の変遷をたどることができる。朝鮮王朝は一八六五年に本書を増補して最後の法典『大典会通』を編纂した。
(25)　実際の地位や職責をもつ官職。形式的に官位だけを付与する散職に対する用語。
(26)　祖先が高位高官であったことなどによって官僚となった者、またはそのようになること。蔭叙、蔭官、蔭補、蔭職、蔭任と言う。
(27)　科挙武科試の合格者。
(28)　国王に上奏すること。
(29)　耆老所の官職。定数は二名。承政院、成均館の参外官が兼任した。

〈2〉　宗親府

(1)　官員の定数は、正、典籤（正四品）、典簿（正五品）、主簿、直長、参奉が各一名ずつ。
(2)　王族のこと。宗親と同じ。国王と八親等以内にある者。

〈3〉　議政府

(1)　領議政、左議政、右議政の三議政。
(2)　舎人が執務する庁舎。舎人は議政府の正四品官。

（3）議政府の従一品官。
（4）洛邑。中国古代国家周の都。現河南省洛陽市。
（5）太師・太溥・太保と少師・少溥・少保。

〈4〉忠勲府・忠翊府

（1）別称は功臣都監。官員の定数は、経歴と都事が各一名ずつ。
（2）本書における忠勲府の沿革は誤っている。『朝鮮王朝実録』によれば、忠勲府の前身は太祖元年（一三九二）に創設された功臣都監であり、それが世宗十六年（一四三四）に忠勲司と改称され、端宗二年（一四五四）に忠勲府に昇格した。
（3）『経国大典』（巻一・吏典・忠勲府）によると、親功臣の場合、領議政など一品職に就いた者などが対象とされた。恩恵として与えられた特権。
（4）府から司への昇格は端宗二年（一四五四）のことであり（『端宗実録』巻一〇・二年一月丁卯）、世祖五年昇格説の根拠は不明である。『増補文献備考』（巻二一七、職官考四・忠勲府）では「世祖の時に司を府に昇格させた」とあるが年紀は記されていない。本書の説は、この記述にひかれたものと思われる。
（5）議政府と忠勲府。忠勲府が顕彰する「君」は正一品で、議政府三議政と同格である。
（6）本来は、国王に随従して功績を挙げた者に授与された称号、およびその称号を受けた者のことだが、実際には親功臣の子、婿、随従者たちが大部分であった。受領者は親功臣より多く、時に数千名に及んだ。
（7）忠翊府《ちゆうよくふ》は、朝鮮王朝創始時に開設された後、兵曹と忠勲府の間で所属が何度も移動し、最終的に粛宗二十七年（一七〇一）に忠勲府に併合された。

〈5〉儀賓府・敦寧府
（1）別称は駙馬府。官員の定数は、都事が一名。
（2）以下の文では、翁主と婚姻した者の官位である「尉」に関する記述が欠落している。
（3）公主の配偶者に与えられた官位（正二品）。
（4）王世子と王妃との間に生まれた女性に与えられた官位（正二品）。
（5）郡主の配偶者に与えられた官位（正三品）。
（6）王世子と後宮との間に生まれた女性に与えられた官位（正三品）。
（7）県主の配偶者に与えられた官位（正三品）。
（8）官員の定数は、領事、判事、知事、同知事、都正、判官、主簿、直長、奉事、参奉が各一名ずつ。
（9）国王の親族。
（10）王妃の親族。
（11）北漢山にある山城。百済時代に築かれた城跡を活用して、粛宗三十七年（一七一一）に整備された。南漢山城とともに漢城を防御し、戦時には避難所となった。
（12）王室の男系一族。
（13）寸は親等を数える単位。九寸は九親等のこと。
（14）姓が異なり、異なる男系血縁に属する者。配偶者の男系一族。
（15）姓が同じで、同じ男系血縁に属する者。
（16）王世子の妃。内命婦正一品。
（17）金時譲（一五八一―一六四三年）の著書。一巻。歴史逸話集。『涪渓紀聞』とも書く。金時譲は、本貫は安東、号は荷潭。朝鮮時代中期、光海君・仁祖代の文臣。兵曹判書などを歴任した。著書は、他に『荷潭破寂録』など、文集に『荷潭集』がある。
（18）一三九三―一四二一年。駙馬は国王の娘（公主・翁主）の配偶者に与えられた称号。本貫は安東。義勇衛節制使などを歴任し、吉昌君に封じられた。
（19）太宗の第三女慶安公主。

（20）生没年未詳。朝鮮時代前期、世宗―成宗代の文臣。同知敦寧府事になった。
（21）一四一三―八〇年。朝鮮時代前期、世宗―成宗代の武臣。知中枢府事になった。

〈6〉備辺司

（1）備辺司の最高官職。現職または前職の議政府三議政が兼任した。
（2）時任（現職）と原任（前職）の議政府議政。
（3）一五六九―一六三五年。本貫は潘南。号は寄斎、梧窓、鳳洲。朝鮮時代中期、宣祖―仁祖代の文臣。判義禁府事などを歴任し、錦渓君に封じられた。著書に『寄斎雑記』がある。
（4）世話役の堂上官。備辺司では、就任者のうち最も高位の者。
（5）国王のもとに参上して重要政務の報告を行うこと。
（6）備辺司に勤務する武官。

〈7〉宣恵庁・均役庁

（1）一六〇八年（光海君即位年）、京畿道に大同法が施行される際に設立された財政官庁。一八九四年（高宗三十一年）まで存続した。道ごとに設置された大同庁に、物価調整と飢饉救済用穀物を主管する常平庁、災害救済用穀物を主管する賑恤庁《しんじゅっちょう》、均役法の軍布・結作米・魚塩船税を主管する均役庁を順次吸収して成立し、政府歳入の大部分を所管した。官員の定数は、都提調（議政が兼任）、提調（従二品以上。一名は戸曹判書が兼任）が各三名ずつ、郎庁（従六品）が五名。
（2）大同法によって税として徴収される米、布（綿、麻）、銅銭。
（3）邑ごとの貢物（貢納品）の種類、数量、納入先（官庁）名を記した帳簿。
（4）貢物を指定官庁まで直接に納入することが邑住民の義務とされていた。
（5）一五四七―一六三四年。本貫は全州。号は梧里。太宗の五代孫。朝鮮時代中期、宣祖—仁祖代の文臣。仁祖配享功臣。議政府領議政に昇り、完平府院君に封じられた。文集に『梧里先生文集』がある。

（6）十七世紀以降、南部五道で実施された税法。運用に行き詰まっていた現物納入制の貢納を、農地一結当たり白米十二斗納入（地域により大豆・銭で換算）と地税化して宣恵庁が主管するように改革し、財政の健全化と一本化を図った。官庁の物品調達が、指定された認可調達業者である貢人に貨幣（米、布、銅銭）を貢価（代価）として支払って購入させる方式に変わったため、貨幣経済・流通経済を活発化した。農地を基準として賦課したので地主の抵抗が強く、完全実施までに一世紀を要した。

（7）民間人の所有する農地。

（8）貢納品を漢城で調達すること。

（9）一六〇八年（光海君即位年）、京畿道で全国最初に大同法が実施された。

（10）一五八〇—一六五八年。本貫は清風。号は潜谷、晦静堂。朝鮮時代後期、光海君—孝宗代の文臣。西人。議政府左議政に昇った。大同法施行などの改革を推進した。文集に『潜谷遺稿《せんこくいこう》』がある。

（11）忠清道の別称。

（12）全羅道の別称。

（13）一六一六—七一年。本貫は清風。号は帰渓、帰川。金堉の息子。朝鮮時代中期、仁祖—顕宗代の文臣。西人。顕宗配享功臣。議政府領議政に昇った。大同法施行を推進した。文集に『帰渓遺稿』がある。

（14）一六二二—八〇年。本貫は広州。号は帰巌。朝鮮時代中期、仁祖—粛宗代の文臣。鄭逑《ていきゅう》の門人。南人。吏曹判書などを歴任した。文集に『帰巌文集』がある。

（15）慶尚道の別称。

（16）黄海道観察使の別称。

（17）一六五三—一七一〇年。本貫は全州。号は天遊斎。朝鮮時代中期、孝宗―粛宗代の文臣。南九万の門人。西人の少論派。承政院承旨などを歴任した。

(18) 黄海道はこの時、大同法に類似した詳定法が実施された。

(19) 京畿道の別称。

(20) 田は畑、畓は水田を意味する。畓は漢字を組み合わせた朝鮮独特の文字（朝鮮国字）。

(21) この米は籾米。平石《へいせき》と全石《ぜんせき》があり、平石なら十五斗で一石、全石なら二十斗で一石。籾の場合は全石で量目を決めた。十升で一斗、十合で一升、十厘で一合。平石一石《せき》は日本の京枡一石《こく》の二分の一強である。

(22) 農地測量。邑ごとに実施され、測量結果は量案（量田台帳）にまとめて租税賦課の基礎とした。二十年ごとに実施と規定されていたが、長期間行われないことも多かった。

(23) 江原道の大関嶺以東地域。

(24) 朝鮮時代後期に黄海道、咸鏡道、江原道で、大同法の代わりに実施された税制度。土地生産性など地域の実状に合わせて税を賦課した。

(25) 「主人」は担当者、世話人の意味。京貢主人は、邑と契約を結び、漢城において貢納物を購入し、邑住民に代わって指定官庁に納入し、手数料を徴収した業者。

(26) 大同法で徴収した米のうち、政府官庁に納入せず地方に留め置いて地方官庁の財源としたもの。

(27) 均役法を実施するために設置された官庁。官員はすべて他官庁の兼任で、専任はいなかった。均役法は、一般良民に賦課していた兵役の代価の布（軍布）徴収不調の解決策として実施された税制で、大同法とならぶ国家財源確保策。軍布を一人年間一疋に半減して徴収しやすくする一方、本文記載の諸税の他に、凶作対策用備蓄米を売却した代金をもって財政補塡した。

(28) 現中区忠武路二街・三街、筆洞、墨井洞にまたがる街区。現在、確認されている唯一の漢城内の洞誌である『薫陶坊鋳字洞志』（一六二一年、権信編）が残っているが、関係する士大夫に関する記述が中心で、一般住民や街の様子についてはほとんどふれられていない。

（29）非士族および蔭叙に該当しない者の子弟のうち、特定の賦役を負担していない者を選抜した軍官職。一七五二年（英祖二十八年）から平安・咸鏡両道以外で実施された。有事には軍人として召集し、平時には布（綿、麻）一匹を徴収して財政補塡に利用した。

（30）隠結と余結。隠結は、量田の際に土地所有者が隠蔽して量案に記載させず税米を納めない農地。余結は、量田の際に郷吏などが量案に記載せず政府へ税米を納めない農地。

（31）「両」は貨幣単位。銅銭（葉銭、常平通宝）一枚が一分、十分で一銭、十銭で一両。

（32）政府が量田によって把握している農地。

（33）常平賑恤庁の略。飢饉・飢民救済を所管した官庁。賑恤庁と常平庁が一六二六年（仁祖四年）に合併し、宣恵庁に附属した。

〈8〉濬川司

（1）官員の定数は、都提調（正一品、議政）が三名、提調（従二品以上、兵曹判書など）が六名、都庁（正三品堂上官、御営庁などの千摠）が一名、郎庁（正七品、参軍）が三名で、すべて兼任である。

（2）石造で五つのアーチ型水口が開かれた橋。

（3）東関王廟（東廟）の南にあった橋。現鍾路区黄鶴洞・崇仁洞地内。

（4）北漢山を水源とし、楊州郡から漢城府に流入した川。

（5）？—一四五三年。初名は李善老《りぜんろう》。本貫は江興。朝鮮時代初期、世宗—端宗代の文臣。世祖に対立し、処刑された。

（6）風水で気が出てくるとされる「穴《けつ》」の前方の土地。

（7）「緡」は貨幣単位で「両」と同じ。万緡は実数の一万両ではなく、大量の資金の意味。

(8) 王位継承権をもった王孫。ここでは正祖のこと。正祖は英祖三十五年(一七五九)に王世孫に冊封された。

(9) 南大門から鍾路に向かう大路が清渓川を渡る橋。大広通橋、広橋とも言う。

(10) 一七六〇年(英祖三十六年)に行われた清渓川の浚渫事業の具体的内容と、事業を担当した濬川司《しゅんせんし》の業務内容の記録。

(11) 漢城の五坊に編成された地域住民。

(12) 「包」は計量単位で「石《せき》」と同じ。引用の原文には「米二千三百余石」とある。

(13) 四山は漢城周囲を囲む四方の山。内四山と外四山がある。ここでは、北の白岳山、南の木覓山、西の仁王山、東の駝駱山の内四山を指し、尾根筋に城壁が建設された。

(14) 四山における松の伐採を取締った官員(従九品)。松の伐採禁止を松禁と言い、牛を殺して食べることを禁止する牛禁、飲酒を禁止する酒禁とあわせて三禁と称した。

(15) 『濬川事実』に附属されている『濬川司節目』の記載を略記している。

〈9〉義禁府

(1) 国事犯的な重罪の取締りを担当した官庁。別称は、金吾衛、王府、義勇、巡軍。官員の定数は、堂上官が判事、知事、同知事を合わせて四名、堂下官が経歴と都事(従六品または従八品)を合わせて十名で、すべて他官庁の官員が兼務した。

(2) 国王の命令によって行われる重罪人の取調べ。

(3) 司憲府の従六品官。

(4) 生没年未詳。本貫は迎日。号は雲谷。鄭夢周の孫。朝鮮時代前期、世宗―世祖代の文臣。司憲府監察などを歴任した。端宗復位謀議関係者の無罪を訴えたため、乱言罪で流配刑に処された。

（5）犯罪者の財産を没収すること。
（6）義禁府の従六品または従八品の官員。
（7）都事のうち従八品の者。
（8）一六二四年（仁祖二年）に起きた李适を中心とする反乱。李适（一五八七―一六二四年）は朝鮮時代中期、宣祖―仁祖代の武臣。中宗反正功績者の一人。反正の中心人物金瑬《きんりゅう》（一五七一―一六四八）と不和を生じ、反乱を起こして漢城を占領したが、政府軍に鎮圧された。
（9）司憲府、司諫院、弘文館の総称。王室、政府、官僚に対する批評や批判を職掌とした。司憲府は官僚の監察・弾劾と政治全般に対する批判、司諫院は国王に対する諫言や政治全般に対する批判・指導を職掌としており、両者を合わせて台諫あるいは言論両司と呼んだ。弘文館は宮中の書籍や文書を所管し、経筵で国王の学問的政治的顧問役を果たした。
（10）同文が『増補文献備考』（巻二一七・職官考四・義禁府）にある。典拠記載を忘れたものと思われる。
（11）義禁府等に配置された警備吏員。司憲府では所由と称し、兵曹、刑曹、五衛都摠府、典獄署では喝道と称した。
（12）頂が尖った頭巾。
（13）義禁府の官員（従六品または従八品）。静粛を保つことを職務とする。
（14）邑の長官。邑の格により、府尹（従二品）、牧使（正三品）、大都護府使（正三品）、都護府使（従三品）、郡守（従四品）、県令（従五品）、県監（従六品）の七種類があった。

〈10〉中枢府
（1）別称は西枢、鴻臚、中枢院。無任所の堂上官が所属し、特別の職掌はなかった。官員の定数は、領事が一名、判事が二名、知事が六名、同知事、僉知事（正三品）が各八名ずつ、経歴が一名、都事が三名。
（2）官職を退任して次の配属先が決まっていな

い官僚。

（3）都承旨、左右承旨、左右副承旨をまとめた表記（『太祖実録』巻一・元年七月二十八日）。『増補文献備考』巻二一八・職官考五・承政院条の記事によっている。

〈11〉吏曹

（1）別称は天官、東銓、典理、文部、選部。官員の定数は、判書（正二品）、参判（従二品）、参議（正三品）が各一名ずつ、正郎（正五品）、佐郎（正六品）が各二名ずつ。

（2）宗親・文官・雑職の任命と賞勲、科挙合格者の合格証書などの作成。

（3）宗親・宰相・功臣の賞勲や諡号などの策定。

（4）文官の成績や啇前の勤務状況などの管理。

〈12〉戸曹

（1）別称は度支、地官、地部、倉部、民官、民部、版図。官員の定数は、判書、参判、参議が各一名ずつ、正郎、佐郎が各三名ずつ、算（筭）学教授、別提が各二名ずつ、兼教授、算士（従七品）、計士（従八品）、算学訓導、会士（従九品）が各一名ずつ。

（2）戸数と人口数。

（3）貢物と賦税。貢物は官庁に納付する地域特産物、賦税は全国一律に賦課する税。

（4）田は農地、粮は穀粮のことで、合わせて農地に賦課される租税を指す。

（5）食物と貨幣の意味で、財政・経済の管理と運営。

（6）戸口、土地、租税、漕運などの管理と運営。

（7）官庁経費の出納や貯蔵穀物などの管理。

（8）中国使節および倭館における接待費用の管理。

（9）すべての写本で、「前例房」から「銀色」までの七つの係の名が（　）や「　」で囲まれている。典拠とした大典類の見出しの形式にならったものと思われる。

(10)　献上する特産品。
(11)　使臣行次の略。清に派遣する使節（燕行使）一行。
(12)　国王に贈る地域特産物。
(13)　特別に購入する物。貿は購入の意。
(14)　正節（正月）、冬至、聖節（中国皇帝の誕生日）、千秋節（中国皇太子の誕生日）に中国へ派遣される祝賀使節。
(15)　毎年十月に中国に派遣される使節（冬至使、燕行使）がもっていった朝貢品。
(16)　接待物品を支給すること。
(17)　一六〇九年（光海君元年）。この年、劉用は冊封使として朝鮮に来た（『光海君日記（中草本）』巻七・元年五月癸巳）。
(18)　一五六一―一六一三年。本貫は広州。号は漢陰など。李山海の娘婿。朝鮮時代中期、宣祖・光海君代の文臣。南人。議政府領議政に昇った。文集に『漢陰文稿』がある。
(19)　飲食物を提供すること。

〈13〉礼曹

(1)　別称は春官、南宮、儀吏、礼部。官員の定数は、判書、参判、参議が各一名ずつ、正郎、佐郎が各三名ずつ。
(2)　中国の朝廷における皇帝謁見の会合。
(3)　官印、公印。私印的な性格の強い「図書」と区別される印鑑。
(4)　表は表文で国王に上呈する文、箋は箋文で国に吉凶がある時に作成する文。
(5)　稽制司の後半部分が完全に脱落しているうえに、全属司の所管事項が非常に不正確である。『経国大典』、『大典通編』、『大典会通』とも巻一・吏典・六曹条で、礼曹稽制司の職務を「儀式、制度、朝会、経筵、史官、学校、科挙、印信、表箋、冊命、天文、漏刻、国忌、廟諱、喪葬等事」、典享司の職務を「宴享、祭祀、牲豆（犠牲肉の器）、飲膳、医薬等」、典客司の職務を「（中国）使臣・倭人・野人迎接（接待）、外方（外国からの）朝貢、宴会設営、賜与（恩賜品の授与）等事」と規定している。
（6）義興三軍府。ここではその庁舎を指している。義興三軍府は、太宗代に私兵を廃止して軍事力を政府に一元化するために置かれた軍事官庁。
（7）三年ごとに行われた科挙の定期試験。式年試。子、卯、午、酉の年に行われた。この他、王室の慶事などを理由とする各種の別試があり、時代が下がるにつれてその回数が増え、文科の最終試験大科の合格者数は式年試をはるかに凌いだ。

〈14〉兵曹
（1）別称は夏官、兵官、西銓、騎省、軍簿、軍部、摠部。官員の定数は、判書、参判、参議、参知（正三品）が各一名ずつ、正郎、佐郎が各四名ずつ。
（2）公的な駅伝制度。全国に約五百か所の駅を設置し、官僚の公的旅行の世話、公的連絡の伝達などを遂行した。
（3）城門の施錠管理。
（4）色は係のこと。以下の文では七色しかあげられていない。新設された結束色を乗輿司の後身としており、正しい後身である「馬色」を挙げていない。これを修正すると八色になる（『大典会通』巻一・吏典・兵曹）。
（5）内吹として動員される代わりに徴収される布（綿、麻）。内吹は軍隊で用いる螺形をした楽器を吹く軍卒で、吹螺赤と称した。
（6）官庁に所属して実務を担当した下吏。衙前、胥吏、吏胥とも言われた。
（7）軍役を免除する代償に徴収した布（綿、麻）。軍布とも言う。本来は、良民男子が軍務につかない代わりに軍用経費を布で負担した制度。壬辰倭乱後、訓錬都監の傭兵経費捻出を名目として徴収し、多くを財政補塡に使用した。はじめ一名年間一匹（米十二斗または銭四両）だったが、一七五一年（英祖二十七年）、軍役法によって半減された。

（8）労力提供を免除する代償として徴収する布（綿、麻）。

（9）契は組合のこと。軍契は、軍部隊などから指定を受けて物資を調達する業者の組合。

（10）貢物の代価。各官庁が宣恵庁から配分された大同米・布・銭で支給された。貢物は、官庁が指定した貢人と呼ばれる調達業者に納入させ、必需品に充てられた。

（11）良民成人男子で兵士徴収簿（軍籍）から漏れた者。

（12）郷校で行われた試験に落第した者。

（13）嫡長子以外の男性子孫。

（14）奴婢が賤民身分から解放されて良民となること。

（15）賤民（奴）は本来、軍役などの役務負担対象者ではなかったが、英祖代には、束伍軍などの役務を負担させられる者も出てきた。

（16）校生と院生。校生は郷校の学生、院生は書院の学生。

〈15〉刑曹

（1）別称は秋官、李官、理方、義刑、典法、刑官、讞部、理部。官員の定数は、判書、参判、参議が各一名ずつ、正郎、佐郎が各三名ずつ、律学教授が一名、別提が二名、明律（従七品）が一名、審律（従八品）が二名、律学訓導、兼教授が各一名ずつ。

（2）死刑判決の慎重審査。

（3）死罪の場合に、慎重を期して行った第三回目の審判。

（4）法律適合性の審査。

（5）監獄における罪人取扱い妥当性の審査。

（6）中国周王朝が用いた石。軽微な罪を犯した者を座らせて改悛させた。

（7）浮浪民の不満をおさめること。

（8）中国周王朝が用いた石。形が肺に似ている。

民衆がその上に立って政府や王に対して意見を述べた。
（9）貧民の不満を聞き入れること。
（10）刑曹と義禁府所管事項の事例集。一七八一年（正祖五年）、刑曹判書の命令により、刑曹佐郎の朴一源《ぼくいちげん》が刑曹の歴史、法令、判例、慣例などをまとめたものを、正祖の命で義禁府所管事項を増補して一七九一年（正祖十五年）に刊行した。
（11）『文献備考』（『増補文献備考』巻二一八・職官考五・刑曹）の誤りである。
（12）『刑曹謄録』。原本の現存は確認できない。
（13）堂上官と郎官（正郎と佐郎）。
（14）瑕疵を咎めること。
（15）捕盗庁。漢城の警察官庁。左捕盗庁と右捕盗庁があり、交代で夜間に城内を巡回して盗賊を取締った。官員の定数は、両捕盗庁とも、大将一名、従事官三名の他、官品をもたない部将四名、無料部将二十六名、加設部将十二名。
（16）捕盗庁の軍官職。品階はもっていなかった。
（17）法典類に該当文言を確認することができない。
（18）修城禁火司。漢城の城郭修理と防火を担当した官署として建国初期に開設されたが、後に廃止されて刑曹に吸収された。『六典条例』（巻二二四・職官考一一・修城禁火司）によると、禁火は漢城府に、修城は兵曹に移管された。
（19）漢城の夜間巡回警備を担当した官署。『六典条例』（巻二二六・職官考一三・巡庁）によると、官員の定員は、堂上（従一品以上の文臣）が定員なし、巡将（堂上官の文臣）、監軍（宣伝官などが兼任）が左右各一名ずつで、宣伝官、兵曹、五衛都摠府から毎日選抜して派遣した兼務職。左右それぞれ軍士十一名ずつがいた。
（20）中央官庁に所属して事務的職務や文書保管などを担当した下級官僚。各官庁に数名から数十名が所属していた。官品はもたない。三六〇〇日の勤務後は特別試験（取才と言う）により、守令や察訪などの地方官に就任することのできる資格が与えられた。

(21)　一四八四―一五五五年。企斎は号、文簡は諡号。公は尊称。本貫は高霊。号は駱峰など。申叔舟の孫。朝鮮時代中期、中宗―明宗代の文臣。趙光祖の政治改革に参画して失脚したが、後に復帰して議政府右参賛などを歴任し、霊城君に封じられた。文集に『企斎集』がある。

(22)　申光漢は一五四三年（中宗三十八年）二月四日から六月四日までの四か月間、刑曹判書に在任した（『中宗実録』巻一〇〇・三十八年二月戊寅・六月丁丑）。

(23)　一四九六―一五五一年。本貫は陽川。号は東崖。朝鮮時代中期、中宗代の文臣。金安国の門人。戸曹判書などを歴任し、陽川君に封じられた。尹元衡失脚後、流配されて配地で死去した。

〈16〉工曹

(1)　官員の定数は、判書、参判、参議が各一名ずつ、正郎、佐郎が各三名ずつ。

(2)　工芸。「陶」は陶磁器製造、「冶」は金属加工のこと。

(3)　光化門から見て、右（西側）に礼曹、兵曹、刑曹、工曹、左（東側）に吏曹、戸曹の順に並んでいた。

〈17〉漢城府

(1)　官員の定数は、判尹（正二品）、左尹（従二品）、右尹（従二品）、庶尹（従四品）、判官が各一名ずつ、主簿が二名ずつ。

(2)　三年ごとに全国一律で実施された戸籍調査の台帳。帳籍、大帳などとも言う。本籍主義ではなく現住主義で、原則として、調査時に居住している住民を記載したもので、住民登録簿にちかい。住民の申告を台帳にとりまとめ、各邑で正本四部を作成し、漢城府、戸曹（後に江華府)、道監営、邑衙門に各一部ずつ保管した。漢城府の敷地には、戸籍台帳を検査するための戸籍庁と戸籍庫が設置されていた（『京兆府誌』）。

(3) 政府公認の専売権をもった商人組合。商人集団が平市署に申請し、政府に対する労力提供などの負担を条件として「物種」と称する特定物品の専売権が認可された。「字内」と称する専売権認定地域の中で非組合員が物種を販売すると、「乱廛」（市廛の権益侵害）と称して懲罰する権利が与えられて営業権が保護された。一四一二年（太宗十二年）、官庁や官人を対象として鍾路の両側に政府が設置した行廊で営業が始まり、後に南大門路から城内外各所に開設され、顧客も一般民に広がった。基本的に常設店舗をもっていた。

(4) 「逋」は脱税、「欠」は官庁物品の横領。逋欠はそれらを回収すること。

(5) 日中の城内警備巡回。

(6) 死亡または紛失した牛馬。

(7) 烙印と契券。牛馬に烙印を押して烙券（証明書）を発行すること。牛馬が死亡・紛失した時に確認を行う。牛馬は農業で重要な動力となっていたため、漢城府が管理した。

(8) 京兆は漢城府長官である漢城府尹の意味。

(9) 一六一六—八〇年。本貫は晋州。号は野堂。朝鮮時代後期、仁祖—粛宗代の武臣。南人。刑曹判書などを歴任した。文臣から排斥されたが、孝宗と粛宗に重用された。文集に『野堂遺稿』がある。

(10) 高麗末期から朝鮮初期にかけて存在した行政区画名称。京畿道のうち漢城から見て左方（東側）にある地域。京畿右道に対する名称。はじめ高麗の制度を踏襲して、漢江北側を左道、南側を右道としたが、一四一三年（太宗十三年）に両道を合併して京畿道とした。

(11) この数字の根拠は不明。朝鮮政府の公的統計によると、確認できる中で、日本軍侵入以前で年代的に最もちかい数字は、一四五四年（端宗二年）に完成した『世宗実録』（巻一四八・地理志・京都漢城府）の「五部戸一万七〇一五、城底十里（城壁から十里以内）戸一七七九」の合計一万八七九四戸である。八万戸という記録は発見できない。

（12）　仁祖十八年（一六四〇）で一万二四九〇戸（『仁祖実録』巻四一・十八年十二月丙午）。

（13）　この数字は、全国の戸籍調査から算出された。一八二八年（純祖二十八年）の全国の戸口は、一五六万三二一六戸・六六四万四四八二人だったが、漢城の戸口数は不明（『純祖実録』巻三〇・二十八年十二月乙未）。半世紀ほど前の一七八九年（正祖十三年）に行われた戸籍調査の統計『戸口総数』は、全国戸口の一七五万二八三七戸・七四〇万三六〇六人に対して、漢城五部は四万三九二九戸・人口一八万九一五三人とする。

〈18〉　司憲府

（1）　別称は栢府、霜台、烏台、御史台、監察司。官員の定数は、大司憲（従二品）、執義（従三品）が各一名ずつ、掌令（正四品）、持平（正五品）が各二名ずつ、監察（正六品）が三十五名。

（2）　守令などとして地方に赴任していること。

（3）　堂下官で初仕の者の任命手続きが終了していないこと。司憲府・司諫院で審査して署名した後、吏曹が告身（辞令書）を発給した。

（4）　王命によって召還された時、病気や事故などの正当な事由によって出仕せず、王が臣下を呼び出すために送付した召牌を提出しないこと。

（5）　言官（司憲府と司諫院の官員）の責務。司憲府の職責は「現在の政治の批判、官僚の監察、風俗の矯正、冤罪の回復、不正腐敗の防止」（『経国大典』巻一・吏典・司憲府）、司諫院の職責は「国王に対する諫言と批判」（『経国大典』巻一・吏典・司諫院）。

（6）　正式には殿中侍御史。高麗時代初期（九九五年）に政治批判、風俗矯正、糾察弾劾を職務として開設された司憲台の官員（正六品）。

（7）宮城の門の上で司憲府の官員が官僚たちを監察する所。

（8）朱色の土で染めた薄紅色。これに対して蘇木で染めた鮮紅色を木紅と言う。

（9）衿の円い公服で、黒色、青色、紅色などがある。ここでは、書吏が着用する薄紅色のものを指す。監察は、この服装によって質素なことを強調した。

（10）南行とも言う。門蔭などによって官職に就いた者。官員としては、文武両班のいずれかに属した。

（11）さまざまな禁止事項の取締り。

（12）弘文館の正九品官。

（13）詳細不明。

（14）絹糸を縦糸、綿糸を横糸として織った布。

（15）東大門と西大門を結ぶ鍾路と、南大門から北上して来る崇礼門内大路（現南大門路）の交差点（三叉路）周辺。漢城の中心街。鍾路は黄土峴で景福宮正門の光化門前の御路（六曹前）と、宗廟の東側で昌徳宮正門の敦化門に進入する道と交わる。広場的性格をもった御路を除けば、漢城で最も広い道路。法律で「大路の巾（営造尺）五十六尺、中路十六尺、小路十一尺」（『経国大典』巻六・工典・橋路）と規定されているが、大路は鍾路だけであった。

（16）司憲府に所属して犯罪の取締りを行った下級官吏。『増補文献備考』には、「憲府の禁乱吏」とある。

（17）『増補文献備考』原文には、「李晬光が言うには」とあり、『芝峰類説』（巻三・君道部・法禁条）に同内容の文がある。

（18）紫色の派手な裾付きの服。

（19）一三六四―一四四四年。本貫は同福。高麗末期朝鮮初期の文臣。議政府右参賛などを歴任した。世宗十三年（一四三一）に大司憲に就任している（『世宗実録』巻五四・十三年十月己亥）。

（20）司憲府の従三品官。

（21）苧の布で作った服。苧は日本名「カラムシ」。イラクサ目イラクサ科の多年生植物。茎の皮から衣類、紙、漁網などに利用できる靭皮繊維が取れる。

（22）唐草模様をつけた皮靴。

〈19〉司諫院

（1）別称は司諫、薇院。官員の定数は、大司諫（正三品）、司諫（従三品）、献納（正五品）が各一名ずつ、正言（正六品）が二名。

（2）玉で造った獬豸《かいち》。獬豸は監獄を司る想像上の神獣。

（3）主君を諫めること。

（4）翌日の邸報に記載される内容を当日の昼間にあらかじめ報せる文書。

（5）詳細不明。

（6）平服。木綿や麻の生成り布で作った服。官僚としての地位に応じた色彩・装飾を施していない。

（7）景福宮の前を南北に通る漢城で最も広い道路。両側に六曹を初めとする諸官庁が立ち並んでおり、広場の性格をもった。通称は六曹前。

（8）光化門から右側（西側）に礼曹、中枢府、司憲府、兵曹、刑曹、工曹、掌隷院、左側（東側）に議政府、吏曹、漢城府、戸曹、耆老所、巡庁という順で並んでいた。

〈20〉成均館

（1）朝鮮王朝における儒学教育の最高機関。別称は太学、国学、国子。官員の定数は、知事（大提学が兼任）が一名、同知事が二名、大司成が一名、祭酒（以上正三品）、司成（従三品）が各一名ずつ、司芸が二名、司業（以上正四品）が一名、直講（正五品）が四名、典籍（正六品）が十三名、博士、学正（以上正八品）、学録（正九品）、学諭（従九品）が各三名ずつ。

（2）成均館の官員が書いた時政記録を保管する官庁。
（3）合わせて四学と言った。邑ごとに置かれた郷校に相当する。
（4）成均館や郷校に置かれた講義所。
（5）朱熹《しゅき》。一一三〇―一二〇〇年。朱子は尊称。号は晦庵、晦翁、雲谷老人、滄洲病叟、遯翁、考亭、紫陽先生、紫陽夫子。南宋の学者。その学（朱子学、性理学）が高麗末期に安珦（安裕）らによって朝鮮にもたらされ、李穡、鄭夢周らが拡大基盤を造成した。
（6）白鹿洞書院。中国江西省所在。中国四大書院の一つで、朱熹が講義を行った。
（7）科挙小科の生員試と進士試の合格者。成均館に入学する資格をもつ。生員試は経学、進士試は詞賦を試験した。
（8）『朝鮮賦』原文は「身を斎に寄せる」とし、割註で〈南中東西四学より升《のぼ》る者を升学と言い〉、〈生員進士が上斎に居り、升学が下斎に居る〉と説明している。
（9）顕宗代に癸亥年はない。『宮闕志』（都城志）は、闢入斎と一両斎は景宗四年（甲辰、一七二四）に建てられたとするが、闢入斎と一両斎は顕宗代（年代不明）に尼院の建物を移設して建てられ（『承政院日記』景宗三年六月十九日）、景宗三年（癸卯、一七二三）に修理再建の議論があった（『承政院日記』景宗三年十一月二十一日）ので、景宗四年は両者を修理再建した年と推測される。
（10）士大夫が身に付けるべき六つの基礎教養。礼儀、音楽、弓矢、馬術、書道、数学。
（11）季節の変わり目に行事を行う祭日。人日（一月七日）、端午（五月五日）、七夕（七月七日）、重陽（九月九日）。
（12）この試験を節日製または節製と言った。
（13）円点に到達する点数には時代による変遷がある。
（14）成均館寄宿生の役員（斎任）中の首職。郷校にも同様の役職があった。

(15)『論語』先進編に出てくる孔子の言葉。

(16)正当性をもった条理。

(17)成均館の学生が何らかの不平不満のために一斉に退去すること。

(18)守令が行う講義を受講し、試験に合格した者。

(19)成均館の大司成が行う製述（賦、表、箋の中から一つを作成）と四書三経の試験に合格した者。

(20)生員試、進士試、科挙文科初試に合格すること。

(21)文成は安裕の諡号。

(22)成均館周辺の街区。村名は成均館の別称泮宮に由来する。成均館正門の左右にあり、東泮村と西泮村の二集落に分かれていた。一三九八年（太祖七年）に成均館が開設された時、開京の成均館周辺居民を移住させて形成させた。

(23)泮村の住民。泮人、館人とも言い、賤視されることが多かった。半年交替で、成均館の営繕、官員の世話、学生の食事提供などに使役された。成均館文廟の祭亨で使用した犠牲牛の肉を独占的に販売する懸房《けんぼう》を営んでいた。

(24)泮村の中にあり、科挙を受験するために地方から上京した儒生が宿泊する家の責任者。館主人と同じ。

(25)包厨とも言う。漢城全体で二十三か所あった。

(26)成均館の正三品官。上に正二品の知事一名と従二品の同知事二名がいるが、実質的に成均館の長官。

(27)一六二八―九二年。本貫は驪興。号は老峰。朝鮮時代後期、孝宗―粛宗代の文臣。宋時烈の門人。西人の老論派。議政府左議政に昇った。一六八九年（粛宗十五年）、南人政権に流配刑に処され、配地で死去した。著書に『老峰筵中説話』など、文集に『老峰集』がある。

(28)北宋時代の学者程顥《ていこう》（明道）と程頤《ていい》（伊

川）の兄弟。

(29)『近思録』巻一四・聖賢気象。

(30) 太陰太陽暦で、月と太陽の運行によって生じる年間約十一日の差を調整し、季節と暦を一致させるためにおよそ十九年に七回挿入される月。閏月は、通例の月の翌月とする。この年の閏月は四月。閏月のある年は一年が十三か月になる。

(31) 四本一揃いの矢。

(32) 一五四四―九二年。文烈は諡号。本貫は白川。号は重峰。朝鮮時代中期、宣祖代の文臣。李珥と成渾の門人。報恩県監などを歴任した。壬辰倭乱の際、義兵として戦死した。文集に『重峰集』がある。

(33) 中国に派遣された燕行使の一員で、特別な問題について中国政府に問い質すことを使命とした。

(34) 北京の明朝廷に赴いたこと。趙憲は一五七四年（宣祖七年）に質正官として北京に派遣された。

(35) 裾の付いた服。

(36) 一六四一―一七二一年。本貫は安東。号は寒水斎。朝鮮時代後期、顕宗・粛宗代の文臣。宋浚吉と宋時烈の門人。西人の老論派。司憲府大司憲などを歴任した。宋時烈の学を継承し、畿湖学派の総帥となった。著書に『三書輯疑』など、文集に『寒水斎集』がある。

(37) 後の粛宗。顕宗の第一子で、一六六七年（顕宗八年）に王世子に冊封された。

(38) 閔鼎重《びんていじゅう》は一六六九年（顕宗十年）に冬至使（燕行使）の正使として清に派遣された。

(39) 黒布で作った儒生用の頭巾。民字巾とも言う。

(40) 一六九一―一七三七年。本貫は林川。号は肯斎。朝鮮時代後期、英祖代の文臣。西人の老論派。司憲府大司憲などを歴任した。党派間の争いを激化させたと言われる。

(41) 一六八三―一七六七年。本貫は坡平。号は屛渓など。朝鮮時代後期、英祖代の文臣。権尚夏の門人。西人の老論派。工曹判書などを歴任した。

(42) 朝鮮政府が各邑に一か所ずつ設置した儒学教育機関。良身分の男子が入学できた。朝鮮時代前期には科挙合格者を輩出したが、中期以降、書院にとって代わられた。漢城には別に四学が置かれた。

(43) 科挙文科の小科合格者が合格証書を授与される際に着用する礼帽。

(44) 絹糸製で巾の細い帯。

(45) 司馬試（生員・進士の試験）の合格者発表で名前を読み上げられた者がはじめて着用すること。

(46) 中国明朝初代皇帝太祖洪武帝代の元号（一三六八—九八年）。

(47) 退渓は李滉の号。

(48) 官庁等で使役される下働きの人。

(49) 儒教道徳の体現者として、国王から旌表された人を顕彰するために建てる建物。

(50) ？—一六八六年。本貫は寿城。号は梅陰。朝鮮時代後期、仁祖—粛宗代の文臣。世子侍講院輔徳などを歴任した。丙子胡乱の際に成均館文廟の位牌や祭器を守った。栄州《えいしゅう》の泗渓書院に祀られる。

(51) 五聖は儒教における五人の聖人で、孔子、顔子、曽子、子思、孟子。文廟に祀られている。

(52) 行幸時における国王の臨時御所。

(53) 漢城の東南方、広州にある山城。標高五〇〇メートル前後。周囲約八キロ。北漢山城とともに漢城の防衛拠点であり、緊急時の逃げ城。ユネスコ世界文化遺産。

(54) その地域に旗を立てて功績を顕彰した。

(55) 逃亡生活を終え、漢城に帰還したこと。

(56) 忠臣、孝子、烈女などが政府によって認定された時に旌門を建てて顕彰を行うこと。

(57) 度量や品性に欠け、徳のない人物。君子の対極。

（58）成均館入り口の泮水に掛けられた橋。泮水橋とも言う。
（59）正祖が『論語』の一節からとった章句を揮毫して石刻し、蕩平の固い意志を示した石碑。成均館入り口に立てられた。蕩平とは『尚書』洪範九疇第五条皇極説の「無偏無党、王道蕩蕩、無党無偏、王道平平」を典拠とする「蕩蕩平平」の略で、不偏不党の意。党派間の争いを終息させることを宣言し、各派から有能な人物を登用しようとした。
（60）領中枢府事の略だが、領経筵事の略である「領事」の誤り。この時、左議政であった韓明澮が、文武堂上官で所任の無い者の職とされる領中枢府事を兼任することはない。
（61）各道に所属する従六品の官員。訓導を配下として道内の教育を行う。定員は道や時期によって異なるが、おおむね数名程度。
（62）校書館の前身。

〈21〉承文院

（1）王宮の中。禁裏とも言う。この王宮は景福宮。
（2）外交のこと。「事大」は大国に事《つか》えることで、具体的な対象は中国。「交隣」は対等の隣国と外交関係を結ぶことで、具体的な対象は日本、琉球など。
（3）科挙文科合格者を採用する際に、承文院、成均館、校書館に分属配置すること。
（4）権威の高い官庁。
（5）中国の胥吏が公文書に用いた特殊文体の漢文。朝鮮では、中国との間で取り交わす外交文書に用いられた。
（6）交隣関係にあった日本との間で取り交わした外交文書。朝鮮は国王名で幕府将軍宛てに、日本は幕府将軍名で朝鮮国王宛てに国書（国王名で発行する外交文書）を作成し、それぞれ朝鮮国王印（印面「為政以徳」）と日本国王印（印面「徳有隣」）を捺した。

（7）誥命《こうめい》と勅書。誥命は中国皇帝が国王に発行した任命書、勅書は中国皇帝の命令書。

（8）翰林と注書。史官のこと。翰林は検閲の別称で芸文館の正九品官、注書は承文院の正七品官。

（9）日本名「ノロ鹿」。朝鮮半島からユーラシア大陸に分布する小型の鹿。名称は朝鮮名「노《ノ》루《ル》」に由来する。

（10）高霊は封君号高霊府院君にちなむ呼称。

（11）『芝峰類説』原文にある二つの記事をまとめている。原文はこの後に、「あるいは高霊の地でこの鐘が製作されたからかも知れないと言われている。」との異説を紹介している。

（12）法律では「吏文学官三名。すべて蔭の者を任命する。勤務期間四十五か月で配置転換する。」（『大典会通』巻一・吏典・承文院）と規定されている。

（13）『続大典』（巻一・吏典・承文院）に「写字官四十名。本業の人を任命する。」とある。『続大典』編纂時（一七四六年）までに制度が変わったものとみられる。

（14）一五三九年（中宗三十四年）には吏曹佐郎の金魯《きんろ》が写字官となっている（『中宗実録』巻九一・三十四年八月戊辰）。

（15）生没年未詳。本貫は慶州。号は北岳。朝鮮時代中期、宣祖代の文臣。内贍寺主簿などを歴任した。同時代の韓濩《かんかく》（韓石峰）に並び立つ名筆家。一五九〇年（宣祖二十三年）に通信使の書状官として日本に派遣された。

（16）李海竜が一六〇一年（宣祖三十四年）に東班（武班）の実職に昇進したことは確認できる（『宣祖実録』巻一三五・三十四年三月乙卯）が、韓濩については不明である。

（17）中国との往復外交文書である咨文を書く紙。

（18）一五二六―九〇年。弇州《えんしゅう》は号。中国明代後期の官僚・学者。

（19）実際には鼬《いたち》の毛。

〈22〉通礼院・奉常寺・宗簿寺

（1）官員の定数は、左通礼、右通礼（以上正三品）、相礼、翊礼（以上従三品）、賛儀（正五品）が各一名ずつ、引儀（従六品）、兼引儀、仮引儀（以上従九品）が各三名ずつであり、本文の説明は正確さを欠いている。

（2）国王への拝謁。

（3）儀式次第である笏記を読み上げること。

（4）引儀と兼引儀各六名ずつが、国王御前儀礼の際、東西に並んで各種の発声を担当した。

（5）別称は典祀署、太常寺、典儀寺。官員の定数は、正、僉正、判官が各一名ずつ、主簿が二名、直長、奉事、副奉事、参奉が各一名ずつ。

（6）諡号の検討。国王と王妃の諡号は臨時に設置される諡号都監で作成したが、それ以外の者の諡号は、①親族が吏曹の考功司に申請、②礼曹で業績を検討して三つの候補を提示、③弘文館で検討、④吏曹が国王に上奏、⑤国王が候補のうち一つを裁可、⑥司憲府と司諫院が審査、という手順を経て決定した。

（7）成重淹の誤りと思われるが、詳細不明。

（8）一四三三―一八〇年。本貫は陽川。朝鮮時代前期、世祖―成宗代の文臣。弘文館副提学などを歴任した。文集に『逍遥斎集』がある。

（9）『新増東国輿地勝覧』巻二・京都下・文職公署・奉常寺条の註に載っている。

（10）典農里（現東大門区典農洞）の地（『東国輿地備攷』巻二、漢城府・田野・東籍田）。

（11）開城の邑誌『松都誌』（一八〇二年）が「府の東二十四里」（巻四、官廨・西籍田）にあり、『林下筆記』（巻一六、文献指掌編六・東西籍田）が「典農という村」があるとする。開城郡東面白田里籍田里（五万分一地形図「開城」、一九一八年）。

（12）臨時の特別祭祀。

（13）神に供するため稷を盛ったもの。

（14）稲、黍、稷、粱、麦、菽《まめ》。

（15）その年の新穀を神位に供えること。

(16) 祭祀用乾し肉。
(17) 慶尚道東部の邑。守令は県監。
(18) 王室の族譜。璿源譜と同じ。
(19) 宗簿寺に判事はいない。長官職である「正」すなわち宗簿寺正。
(20) 主君の側に仕える臣。近臣、近侍。
(21) 春秋館編修官を兼任したこと。
(22) 司憲府と司諫院の官員。言論（政治・社会などの論議・論評）を職務とした。
(23)『正祖実録』（巻一一・五年三月丁酉）に同文があり、正祖はこれに続けて「卿らはよく協議して対処せよ。」と指示を下している。
(24) 生没年未詳。本貫は茂松。号は厖軒。朝鮮時代前期、世祖代の文臣。宗簿寺正などを歴任した。

〈23〉校書館

(1) 正三品以下従六品以上で、定数一名。
(2) 正七品以下正九品以上で、定数一名。
(3) 粛宗代に鋳造された校書館印書体字。
(4) 原文と印面の照合を担当する雑職。雑職は官品をもたない下級職員。校正工。
(5) 活字を篁笥型の保管具である樴に保管することを担当する雑職。保管員。
(6) 活字を印面に構成することを担当する雑職。植字工。
(7) 書籍の印刷を担当する雑職。印刷工。
(8) 活字原型の木刻を担当する雑職。刻字工。

〈24〉掌隷院・司僕寺・軍器寺・内資寺・内贍寺・司導寺・礼賓寺・司贍寺

(1) 奴婢の所有権に関する訴訟。
(2) 官員の定数は、正、僉正、判官が各一名ずつ、主簿が二名。
(3) 兼司僕が五十名ある。
(4) 官員の定数は、正、副正、僉正が各一名ずつ、判官、主簿が各二名ずつ、直長、奉事、副奉事、参奉が各一名ずつ。

(5)　一三四七—一四三四年。本貫は晋州。号は郊隠。高麗末期朝鮮初期の文臣。芸文館大提学などを歴任した。著書に『火薬庫記』、文集に『郊隠集』がある。

(6)　一三八〇—一四四三年。君は尊称。本貫は永州。朝鮮時代初期の武臣。中枢院副使などを歴任した。父崔茂宣《さいもせん》の遺稿『火薬修錬法』で火薬製造法を学び、火車を製造した。

(7)　先君は亡父のこと。一三二五—九五年。本貫は永州。高麗末期の武官。朝鮮における火薬と火器の製造・利用の創始者。遺稿『火薬修錬法』によって息子崔海山にその方法を伝えた。死後、議政府右政丞の職と永城府院君の号が追贈された。

(8)　火薬製造法。

(9)　原文では「火偏に甬」。朝鮮独自の文字で、音は「筒」と同じ통《トン》。

(10)　金得培《きんとくばい》、安祐《あんゆう》、李芳実《りほうじつ》の三武将（『世宗実録』巻一五〇・地理志・慶尚道・尚州牧）。

(11)　忠清道西部海岸部。現忠清南道舒川郡の海岸部一帯。朝鮮半島西海岸部水路の要衝で、水軍拠点として舒川浦営が置かれ、漕倉が設置されて地方から漢城に税米を輸送する拠点ともなった。

(12)　官員の定数は、主簿、直長、奉事が各一名ずつ。

(13)　官員の定数は、主簿、直長、奉事が各一名ずつ。

(14)　魚や肉類を用いない簡単な食事。

(15)　ところてん。朝鮮語우무《ウム》の宛字。

(16)　粟粥の汁。甘い酸味を帯びている。

(17)　官員の定数は、僉正、主簿、奉事が各一名ずつ。

(18)　官員の定数は、主簿、直長、奉事が各一名ずつ。

(19)　この話の出典は『謏聞瑣録』ではなく『東閣雑記』（二）である。

(20)　一三六三—一四五二年。翼成は諡号。公は尊称。本貫長水。号は厖村《ぼうそん》。朝鮮時代初期、太祖―世宗代の文臣。世宗配享功臣。議政府左議政に昇る。朝鮮時代最長の二十四年間議政府に在籍した。文集に『厖村集』がある。

（21）　相公、相臣の略。議政府の三議政のこと。

（22）　一三八三―一四五三年。本貫は順天《じゅんてん》。号は節斎。朝鮮時代初期、太宗・世宗代の文臣。議政府左議政に昇り、文宗の遺命を受けた顧命大臣として端宗政権の運営中心となったが、首陽大君に殺された。鄭麟趾らとともに『高麗史』、『高麗史節要』を編纂し、高麗から朝鮮への政治変動を意味づけた。

（23）　金宗瑞は工曹判書に就任したことがない。就任したことのある礼曹判書か刑曹判書の誤り。

（24）　一四七四―一五四〇年。相は右議政であったことにちなむ尊称。本貫は光山。号は憂亭。朝鮮時代前期、燕山君・中宗代の文臣。議政府右議政に昇り、光城府院君に封じられた。文集に『憂亭集』がある。

（25）　楮《こうぞ》を原料として作られた紙幣。高麗時代末期から朝鮮時代初期にかけて使用された。布帛《ふはく》尺《しゃく》（朝鮮前期の公定尺では一尺が約四七センチ。本書と同時期では約四九センチ）で縦一尺六寸横一尺四寸。はじめ一張が常五升布一匹と等価で米二斗に当たったが、朝鮮太祖の時に一張で米一升と価値が下落した。官僚に給与として配布したが、民間では使用されなかった。

（26）　所有者（上典）宅以外の場所に居を構えている奴婢（下典）。所有者宅に同居する奴婢は率居奴婢と言った。公奴婢の場合は、所属官庁外に居を構えている者。

（27）　公奴婢が労働力提供の代わりとして官庁に納入した布（綿、麻）。奴は年に一疋半、婢は一疋と定められていたが、一七七四年（英祖五十年）に廃止された。

〈25〉　軍資監・済用監・繕工監・司宰監

（1）　官員の定数は、正、判官が各一名ずつ。

（2）『芝峰類説』原文は「平時」としており、年代は書いていない。
（3）『芝峰類説』原文ではこの後、「今では倉庫の穀物は一万石に満たない。」と指摘している。
（4）官員の定数は、判官が一名、主簿が二名、奉事、副奉事が各一名ずつ。
（5）薬用の朝鮮人蔘。セリ目ウコギ科の多年草で、根を薬剤として用いる。
（6）白または無地染めの綾織りの絹布。
（7）貨幣として用いられた綿布または麻布。公定では、布帛尺三十尺で一匹としたが、品質などの条件によって長さは一定しなかった。貨幣としては他に銅銭や米が用いられた。
（8）亡父のこと。著者の父柳得恭を指す。
（9）「済用監留都次韻」（『冷斎集』巻五・古今体詩）。
（10）柳得恭は、正祖八年（一七八四年）に済用監主簿に就任して一年ほど勤務した後、各地の守令などを経て、正祖十四年（一七九〇）にふたたび済用監に判官として任用され、半年ほど勤務している。ここでは、後者のことを述べている。検書官を兼務するとなっているが、本人の気持ちでは奎章閣が本務で、済用監は兼務であった。
（11）小説・物語風の歴史書。野史、野乗とも言う。
（12）辛は十干で数えて八番目にあたる。
（13）柳得恭が就任した済用監判官は従五品職。
（14）官員の定数は、判官、主簿、奉事、副奉事が各一名ずつ。
（15）夏に宮中で使用する氷を所管する官庁。
（16）漢江の中洲。『新増東国輿地勝覧』（巻一一・京畿道・高陽郡・山川）に「鴨嶋は郡の南十五里にある。周囲は二十二里。葭と藡が生えている。」とある。現京畿道高陽市一山東区長項洞芦苫一帯。
（17）芦や萩を縦横一五〇センチほどに編んで作った囲い。籬笆子と同じ。鶏などを飼うのに用いた。

(18) 官員の定数は、僉正、主簿、直長、奉事が各一名ずつ。

〈26〉 掌楽院・観象監・典医監・司訳院

(1) 官員の定数は、正、僉正が各一名ずつ、主簿が二名、直長が一名。

(2) 一四三九―一五〇四年。本貫は昌寧。成任の弟。号は虚白堂、慵斎、浮休子、菊塢。朝鮮時代前期、世祖・燕山君代の文臣。弘文館大提学などを歴任した。編著に『楽学軌範《がくがくきはん》』、著書に『慵斎叢話』、文集に『虚白堂集』がある。

(3) 朝鮮固有の音楽と中国の音楽。

(4) 一三六〇―一四三八年。本貫は新昌《しんしょう》。号は東浦、古仏。高麗末期朝鮮初期、太宗・世宗代の文臣。議政府左議政に昇った。音楽に明るく、楽工の指導をした。

(5) 一三七八―一四五八年。本貫は密陽。号は蘭渓。朝鮮時代前期、世宗代の文臣。芸文館大提学などを歴任した。世宗の命により音楽を研究し、理論と楽器製作や演奏の発展に寄与した。文集に『蘭渓先生遺稿』がある。

(6) 花模様が施されて角の出ていない帽子。幞頭は科挙合格者が被る帽子。

(7) 演奏の開始と終了の時に打つ木製打楽器。六板の堅い木を連ねてある。

(8) 水時計による時刻計測。

(9) 世祖の誤り（世祖十二年、一四四六。『世祖実録』巻三八・世祖十二年一月戊午）。

(10) 授時暦を基礎として作成された朝鮮の暦。世宗二十六年（一四四四）完成。七政は、暦日、太陽、月、中星、交食、五星（木星、火星、土星、金星、水星）、四余星の七項のこと。授時暦は、現行太陽暦とほぼ同じく一年の長さを三六五・二四二五日としている。内篇は朝鮮の実状を反映しており、外篇はアラビアの回回暦の理論を補充した。

(11) 明代における授時暦の呼称。朝鮮は明の冊封を受けていた時には明の公定暦を使用した。

(12) 一五九二—一六六六年。アダム・シャール。ドイツ生まれのイエズス会宣教師。明朝と清朝に仕えた。徐光啓と協力して授時暦を改訂した新暦を製作した。

(13) 湯若望の作成した太陰太陽暦。清代の公定暦として、一六五三年から現行太陽暦に代わる一九一一年まで使用された。朝鮮は清の冊封国なので清の公定暦を使用した。

(14) 生没年未詳。高麗時代末期の文臣。父富原《ふげん》君偰遜《くんせつそん》は回鶻《かいこつ》（ウィグル）人で元朝に仕えていたが、一三五八年（恭愍王七年）、紅巾軍を避け、恭愍王に従って高麗に来た。

(15) 官員の定数は、正、僉正、判官、主簿、医学教授が各一名ずつ、直長が二名、奉事が一名、副奉事が二名、医学訓導が一名、参奉が二名。

(16) 一〇一九—八三年。高麗第十一代国王文宗。在位一〇四六—八三年。

(17) 宣和癸卯（宣和五年、一一二三）の誤り。宣和は北宋第八代皇帝徽宗の年号（一一一九—二五年）だが、戊戌は重和元年（一一一八）の干支。宣和年間に戊戌年はない。

(18) 中国人。詳細不明。

(19) 中国ではじめて製塩を行ったとされる人物。

(20) 海水を釜で煮詰めて製造された塩。

(21) 官員の定数は、正、僉正、判官、主簿が各一名ずつ、漢学教授が四名、直長が一名、奉事、副奉事が各二名ずつ、漢学訓導が四名、蒙学訓導、倭学訓導、参奉が各二名ずつ。

(22) 中国語、女真（清）語、モンゴル語、日本語。

(23) 教科書。各言語ごとの教科書と学習成果の評価方法については、『通文館志』（巻二・勧奨・禄取才）に載っている。

(24) このほかに、倭学（日本語）の教科書として、『捷解新語』、『伊路波』、『消息』、『書格』、『老乞大』、『童子教』、『庭訓往来』、『応永記』など、清学（女真語）の教科書として、『千字』、

『天兵書』、『小児論』、『三歳児』、『自侍衛』、『去化』などが用いられた（『通文館志』巻二・勧奨・禄取才）。

(25) 一五九五―一六五八年。本貫は金海。朝鮮時代後期、光海君―孝宗代の文臣。司僕寺正などを歴任した。語学力に優れ、礼曹佐郎のときに司訳院の漢語教授を兼任した。

(26) 外国語の少人数会話教育をした機関。偶語は対話のこと。粛宗二十三年（一六九七）に司訳院の中に開設された（『林下筆記』巻二四・文献指掌編一四・偶語庁）。

(27) 中国人。杭州の長江辺の住民。一六三六年（仁祖十三年）に黄海道殷栗《いんりつ》に漂着した（『通文館志』巻八・故事）。鄭先甲とともに、司訳院が編纂した『訳語類解』（一六九〇年刊）の校閲を行った。

(28) 中国人。詳細不明。『承政院日記』では鄭善甲とも表記されている。

(29) 『通文館志』（巻八・故事）にさらに詳しい記事があり、蒙語、清語、倭語の各訓長の名称などがわかる。

〈27〉 広興倉・宗学・済生院・修城禁火司・内需司

(1) 官員の定数は、守（正四品）、令（従五品）が各一名ずつ。

(2) 官僚の俸給米。一―十八科の十八段階に分け、四孟朔に支給した。

(3) 一三四六―一四〇五年。本貫は平壌。号は吁斎《うさい》。息子趙大臨の妻は李芳遠（太宗）の第二女慶貞公主。高麗末朝鮮初期の文臣。朝鮮王朝開創の功績で開国功臣号を、李芳遠を支持して定社功臣号を授与された。議政府領議政に昇って平壌府院君に封じられた。文集に『吁斎集』がある。

(4) 恵民署の前身。高麗時代中期以降、一般民衆の疾病治療にあたった官庁。

(5) 朝鮮産の薬材。中国産の薬材に対する呼称。

（6）景福宮と昌徳宮に挟まれた丘陵地帯で、現鍾路区桂洞・嘉会洞にまたがる街区。

（7）済제《チエ》と桂계《キエ》は音が転化する。

（8）官員の定数は、典需（正五品）が一名、別坐（正従五品）が二名、副典需（従六品）が一名、別提（正従六品）が二名、典会（従七品）、典穀（従八品）が各一名ずつ、典貨（従九品）が二名。

〈28〉昭格署・社稷署・宗廟署

（1）道教の三神。玉清元始天尊、上清霊宝道君、太清太上老君。

（2）道教の星祭り。

（3）一五一八年（中宗十三年）、趙光祖らの主張により廃止された。

（4）中宗はすでに一五二五年（中宗二十年）に、宗廟における山川の祭りを昭格署でも催行するよう命じている（『中宗実録』巻五二・二〇年一月甲戌）。

（5）中宗は昭格署の来歴が久しいことをもって廃止に反対していたが。これを淫祠として非難する趙光祖を中心とする司諫院、司憲府、弘文館の官僚たちに領議政鄭光弼ら三議政や六曹判書等が加わった要請に、しぶしぶ承諾をした（『中宗実録』巻三四・一三年九月戊戌・己亥）。

（6）成俔《せいけん》が人物評やさまざまな逸話などを集めた著書。一巻。

（7）祭りを行う際、心身を清浄にするために行う物忌み。

（8）道士。これ以下、原文で「道教の経文を読み」までの間にある「頭に逍遥冠をかぶり、斑爛黒衣を着ける。磬を二十四回鳴らした後、二人が」とある文章が脱落している。

（9）『慵斎叢話』の原文を若干省略している。

（10）『承政院日記』（顕宗二年六月十三日）に同様の記述がある。

（11）官員の定数は、令が二名、直長、副奉事が各一名ずつ。

(12) 米豆などを蒸すために用いる土器。
(13) 穀物の豊作を祈る国の祭祀。一月の最初の辛の日に行われる。
(14) 官員の定数は、令が二名、直長、副奉事が各一名ずつ。
(15) 平面形の日時計。平面に引いた節候線と時刻線で時刻を測定する。
(16) 銅製半球形の日時計。内部に引いた節候線と時刻線で時刻を測定する。

〈29〉 司醞署・平市署・義盈庫・長興庫・氷庫・掌苑署・司圃署

(1) 一七四六年に編纂された『続大典』(巻一・吏典・京官職・従五品衙門・司醞署)に、昭格署とともに「現在では廃止されている。」とあるので、廃止時期は十八世紀前半以前のことと考えられる。
(2) 官員の定数は、令、主簿、直長が各一名ずつ。
(3) 官員の定数は、主簿、直長、奉事が各一名ずつ。
(4) 官員の定数は、主簿が二名、奉事が一名。
(5) 官員の定数は、別提、別検(以上正従八品)が各二名ずつ。
(6) 官員の定数は、別提が二名、奉事が一名。
(7) 政府所属の花樹や果樹の育成所。
(8) 漢城府東方の江華島にある邑。
(9) 京畿道南西部海岸部の邑。
(10) 京畿道中西部、漢城西側の邑。現仁川広域市中区内。
(11) 一四一八—五六年。梅竹は号梅竹軒の略。本貫は昌寧。朝鮮時代前期、世宗—世祖代の文臣。承政院左副承旨などを歴任した。『訓民正音』作成に尽力した。端宗の復位謀議を図ったとして世祖に処刑された。南孝温が「六臣伝」で「死六臣」の一人としたため、後に忠臣の代表という評価が定着した。文集に『梅竹軒集』がある。

（12）官員の定数は、別提が二名、直長が一名。

〈30〉養賢庫・典牲署・司畜署・造紙署・恵民署・図画署・典獄署・活人署・瓦署・帰厚署

（1）官員の定数は、主簿、直長、奉事が各一名ずつ。

（2）中央地方の官庁で吏員たちが置いた神祠。府君堂、附君祀、符君祠とも書く。十月一日に祭祀を行った。崔瑩を祀ることが多かったが、ここでは林慶業を祀っている。

（3）一三一六―八八年。高麗王朝末期の権力者。清廉潔白でならしたと伝えられる。李成桂によって斬首刑に処された。

（4）従一品判中枢府事まで昇進した。

（5）一四三〇―一五〇〇年。本貫は咸従。号は西川。魚孝瞻の子。朴訔の娘婿。朝鮮時代中期、世祖―燕山君代の文臣。議政府左議政に昇り、咸従府院君に封じられた。

（6）官員の定数は、判官、直長、副奉事が各一名ずつ。

（7）祭祀の際に生け贄として使用する動物。

（8）一六七一―一七五一年。槎川は号。本貫は韓山。朝鮮時代後期、英祖代の文臣。漢城右尹などを歴任した。金昌翕《きんしょうきゅう》の門人。漢詩集『槎川詩抄』がある。

（9）官員の定数は、別提（従六品）が三名。

（10）官員の定数は、主簿、医学教授、直長、奉事、医学訓導が各一名ずつ、参奉が四名。

（11）官妓のこと。妓生、妓女と言った。邑衙に所属し、守令の世話、医薬、裁縫、宴席の歌舞音曲、客人の接待などを行った女性。

（12）官員の定数は、善画（従六品）、善絵（従七品）、画史（従八品）が各一名、絵史（従九品）が二名。官品のない篆字官が二名、画員が三十名。

（13）官員の定数は、主簿が一名、参奉が二名。

（14）囚人が衰弱して死なないと言われていた『東国輿地備攷』巻一・京都・文職公署・典獄

署）。
（15）官員の定数は、別提、参奉が各二名ずつ。
（16）巫堂とも言う。神と俗世界をつなぐ人。「巫」は女性、「覡」は男性。
（17）官員の定数は、別提が二名。
（18）『新増東国輿地勝覧』原文では「好賢坊」。「会賢坊」は本書成立時点での呼称。

〈31〉四学・五部

（1）官員の定数は、各学ごとに、教授、訓導が各一名ずつ。
（2）成均館大司成が主管して四学の学生だけを対象として行う試験。
（3）官員の定数は、各部ごとに、令、都事が各一名ずつ。
（4）街区や集落の入り口に建てられた門。一四六五年（世祖十一年）にはじめて漢城で建てられ、後に全国に広がった。
（5）以下、各部の庁舎所在坊を示している。
（6）以下に記載されている五部の所属坊数および合計四十九の坊名はすべて『新増東国輿地勝覧』（巻二・京都下・文職公署）所載のものであり、本書成立時のものとは異なる。本書成立時には、中部が八坊、東部が七坊、南部が十一坊、西部が九坊、北部が十二坊で、合計四十七坊、うち城壁外が十二坊であった（『戸口総数』および『六典条例』）。かつて城壁外には三坊しかなかったが、十五世紀から十八世紀にかけて、漢城の坊システム適用範囲が城壁外に大きく広がるとともに、城壁内の坊は相当数が統合ないし改称された。本書成立当時、坊の中は三四〇の契に分かれ、さらにその中に洞があった。洞の総数は不明。
（7）本書成立時点では、東部所属の坊は、城内が蓮花・景慕宮・崇教・建徳・昌善、城外が崇信・仁昌の合計七であった。
（8）本書成立時点では、南部所属の坊は、城内が明哲・薫陶・楽善・広通・明礼・大平・会賢・誠明、城外が屯之・豆毛・漢江の合計十一であった。
(9)本書成立時点では、西部所属の坊は、城内が養生・仁達・積善・余慶・皇華、城外が盤石・盤松・竜山・西江の合計九であった。
(10)本書成立時点では、北部所属の坊は、城内が順化・安国・嘉会・義通・観光・鎮長・陽徳・俊秀・広化、城外が常平・延禧・延恩の合計十二坊であった。
(11)漢城の城壁から十里以内。
(12)『大明律直解』巻一八・刑律・盗賊・盗園陵樹木条のこと。朝鮮王朝ではとくに律（刑法）を制定せず、明律をそのまま適用していた。「直解」とは、漢字で朝鮮語を表す吏読《りとう》を用いて漢文を朝鮮語で解釈すること。『大明律直解』は一三九五年（太祖四年）刊。
(13)現城北区水踰洞内にあった街区。普賢峰の登り口。
(14)現城北区水踰洞と弥阿洞の間の峠。
(15)現城北区上月谷洞・月谷洞一帯。
(16)現城北区長位洞一帯。
(17)現蘆原区月渓洞辺の中浪川の橋。
(18)現中梁区中浪橋周辺の中浪川。
(19)清渓川と中浪川の合流地点の南側（現城東区沙斤洞）に、一四二〇年（世宗二年）に建設された石橋。この下流で中浪川は漢江に流入する。
(20)現城東区鷹峰洞内の集落。
(21)現恩平区駅村洞内の小丘。
(22)現西大門区北加佐洞内にあった街区。
(23)現麻浦区望遠洞内の渡し場。
(24)現麻浦区城山洞一帯。
(25)現麻浦区望遠洞内の漢江辺。
(26)現麻浦区麻浦洞一帯。
(27)現恩平区仏光洞内の峠。
(28)現恩平区仏光洞内。
(29)現恩平区大棗洞一帯。
(30)現恩平区新寺洞。『輿地大全図』中の「都

城図」（一七二〇年代）に「両川合流処」の表記がある。

〈32〉長生殿・内侍府

（1）官員はすべて議政府の議政および戸曹、礼曹、工曹の判書と郎官の兼任で、専任はいなかった。

（2）世宗九年（一四二七）は丁未、壬子は十四年（一四三二）である。世宗十年に長生殿の名がある（『世宗実録』巻四二・十年十月丙戌）ので世宗九年丁未が正しい。

（3）長生殿に保管されている棺材。東園は長生殿のこと。

（4）『海東名臣録』。編著者未詳。六巻。新羅末期から朝鮮時代後期までの名臣人物録。

（5）一三九〇—一四七五年。本貫は晋州。号は整庵。朝鮮時代前期、世宗—成宗代の文臣。知中枢院事などを歴任した。一四六三年（世祖九年）に梁誠之とともに『東国地図』を製作した。楷書と篆書に優れ、璽宝と官印の印面作製をした。

（6）国王の棺を作るのに適した良質の松の木。金剛松。

（7）官員はすべて宦官で、定数は合計一四〇名。

（8）国王の食事や食器の検査。

（9）宮城内に居住していた宦官（内班）に対して、宮城外に居住していた文武両班を指す。

（10）『新増東国輿地勝覧』の原文を大幅に略記している。

〈33〉訓錬都監・粮餉庁

（1）特別な任務遂行のため臨時に設置される官庁。

（2）武器。狼筅と同じ。長さ数メートルの大竹の先に刃を付けたもの。

（3）『柳西厓集』（巻六・書状）に、「再び兵士を訓練し、かつ浙江の兵器にならって大量の火器を製造して今後に備えんことを乞う」と題する宣祖宛て書状の内容が記載されている。
（4）一五三三―一六〇一年。本貫は海平《かいへい》。号は梧陰。朝鮮時代中期、明宗・宣祖代の文臣。海平府院君尹根寿（一五三七―一六一六）の兄。李滉の門人。議政府領議政に昇り、海原府院君に封じられた。文集に『梧陰遺稿』がある。
（5）官員の定数は、都提調（議政が兼任）が一名、提調（戸曹判書、兵曹判書、訓錬大将が兼任）が三名、郎庁が一名。
（6）収穫物に賦課する田税の収税権を授与した。
（7）旗竿の頂点に羽毛を着け、飾り金具でつり下げる旗。

〈34〉禁衛営・御営庁・竜虎営・摠戎庁・経理庁・守禦庁・訓錬院

（1）一六三八年（仁祖十六年）一月に兵曹判書に任命され、二年以上在任した。
（2）「哨」は部隊の単位。一哨は約百名。
（3）一六一二―七一年。本貫は南陽。号は梨川。朝鮮時代後期、仁祖―顕宗代の文臣。議政府右議政に昇った。
（4）軍役に服する者の生計を助けるために設けられた軍保の一種。良民成年男子のうち、徴兵免除の代償として布（綿、麻）を徴収された。布は軍隊の運営費に充当された。
（5）一六三四―八四年。本貫は清風。号は息庵。金佐明の息子。西人。朝鮮時代中期、顕宗・粛宗代の文臣。粛宗配享功臣。議政府右議政に昇り、清城府院君に封じられた。西人の老論派。南人勢力に対する苛烈な処分が西人の間に老論派と少論派の分裂を生じる原因となった。著書に『海東辞賦』、文集に『息庵集』がある。
（6）一五五七―一六三三年。延平府院君は李貴の封君号。本貫は延安。李時白の父。朝鮮時代中期、宣祖―仁祖代の文臣。西人。李珥、成渾の門人。仁祖反正主導者の一人。仁祖配享功臣。議政府左賛成などを歴任し、延平府院君に封じられた。

（7）一六二七年（仁祖五年）、後金の攻撃から逃れるため漢城を脱出した仁祖に付き従ったこと。

（8）忠清道中部地方の邑。

（9）山中に居住して狩猟や薬草採取などを業としていた人。

（10）摠戎庁《そうじゅうちょう》の長官（従二品）。

（11）一五八〇―一六三七年。本貫は全州。号は月峰。太宗第二子孝寧大君の七代孫。朝鮮時代中期、光海君・仁祖代の武臣。西人。仁祖配享功臣。武科出身者として初めての兵曹判書となり、完豊君に封じられた。仁祖反正主導勢力。著書に『火砲式諺解』と『馬経諺解』がある。

（12）一五七八―一六五八年。本貫は綾城《りょうじょう》。号は柳浦。仁祖の外従孫。朝鮮時代中期、光海君―孝宗代の武臣。西人。金長生の門人。議政府左議政に昇り、綾川府院君に封じられた。仁祖反正主導勢力。

（13）一六〇二―七四年。本貫は慶州。朝鮮時代中期、仁祖―顕宗代の武臣。咸鏡南道兵馬節度使などを歴任した。文臣が反発する中、議政府領議政に昇った。

（14）徴兵免除の代償として布（綿、麻）を納める者。

（15）ここまでの御営庁に関する記述はほぼ『増補文献備考』（巻二二六、職官考一三・御営庁）と同じである。

（16）官員の定数は、別将が一名、将が六名。他に品階をもたない堂上軍官が十六名、教錬官が一四名、別付料軍官が一二〇名。

（17）昌徳宮曜金門の西方で、現鍾路区苑西洞の一部の街区。

（18）『経国大典』以降の法令を集成して補訂した法典。六巻。一七四六年（英祖二十二年）完成。『大典続録』（一四九二年）、『大典後続録』（一五四三年）、『受教輯録』（一六九八年）、『典録通考』（一七〇七年）、『新補受教輯録』（一七三九年）、『増補典録通考』（一七四六年）などの

法令集を基礎として、『経国大典』からの改訂部分だけをまとめた。

(19)『続大典』（巻四・兵典・禁軍庁）に、「『経国大典』編纂後、兼司僕、内禁衛、羽林衛を合わせて一つとした。」とある。

(20) 官員の定数は、使（従二品）、中軍が各一名ずつ、千摠が二名、鎮営将（正三品）が三名、把摠が二名、哨官（従九品）が十名。他に品階をもたない教錬官が十五名、旗牌官が二名、軍官が十名、本庁軍官が三名、別付料軍官が二名、監官が二名、水門武将が一名、閑良軍官が一五〇名。北漢山城に、管城将（正三品）が一名、把摠が一名、哨官が六名、教錬官が四名、旗牌官が五名、守堞軍官摠が二名、軍器監官が一名、所任軍官が三名、別付料軍官が二十名、城門武将が三名。

(21) 李曙の封君号。

(22) 京畿道南部の邑。守令は留守（正二品）。漢城を守る南の要衝のため、守令は京官職とし、中央官庁とした。正祖が父荘献世子夫妻を追悼するため、旧来の水原邑の地に墓所顕隆園を建造し、現在地に邑城である華城（現水原城）を新造した。

(23) 夜間の警備巡回と軍事訓練。

(24) 現鍾路区社稷洞一帯。

(25) 慶熙宮武徳門の外にあった軍部隊。御営庁に所属し、慶熙宮の警備にあたった。

(26) 景福宮北東側丘陵上の街区で、現鍾路区三清洞一帯。

(27) 一六五八―一七一六年。本貫は光山《こうざん》。金万基の息子。粛宗妃仁敬王后の弟。号は竹泉。朝鮮時代後期、粛宗代の文臣。宋時烈の門人。西人の老論派。議政府左参賛などを歴任した。文集に『竹泉集』がある。

(28) 弘智門、漢北門とも言う。現鍾路区弘智洞所在。内部を蕩春台城と称する。

(29) 翼のように城門から左右に伸びた城壁。

(30) 京畿道陸軍の長官（従二品）。別称は京畿兵使。京畿道観察使が兼任した。

(31) 官員の定数は、使、中軍が各一名ずつ、鎮営将が三名、別将が二名、把摠が二名。他に品階をもたない哨官が二十六名、教錬官が十七名、旗牌官が十九名、別軍官が九名、守堞軍官が六十一名。

(32) 一四二七—五六年。本貫は昌寧。号は真逸斎。朝鮮時代前期、端宗・世祖代の文臣。弘文館修撰などを歴任した。文集に『真逸斎集』がある。

(33)『新増東国輿地勝覧』巻二・京都下・武職公署・訓錬院条所載「射庁記」。

〈35〉捕盗庁・巡庁・軍職庁・衛将所

(1) 捕盗庁の創設は記録がなく不明であるが、一四七〇年に「捕盗将」の存在が確認される(『成宗実録』巻五・元年五月己卯)ので、十五世紀後半と推測される。

(2) 両捕盗庁が一更交代で担当した。

(3) 部将のうち実際に出動する者。

(4) 犯人逮捕権限をもっていることの証として、捕盗庁の他、義禁府、吏曹、兵曹、漢城府で犯罪取締りを行う官員が携行する符。

(5) 柳馨遠の著書。土地、科挙、官僚、軍事などの制度改革などを論じている。洪啓禧の提案を受け、正祖の命により、芸文館で印刷して史庫に保管するとともに、官僚たちにも頒布された。

(6)『続大典』から記載されるようになった。

(7) 人材を選んで国王に上奏すること。

(8) 点呼を受け、警邏時に携行して監軍であることを示す監軍牌を受け取ること。

(9) 夜間に漢城を警邏する臨時職。

(10) 候補者を出して選抜すること。

(11) 他に、左右巡庁ごとに、書員が一名、使令が二名、軍士が十名ずついる。

(12) 武班の散職。名目的な官職を与え、実際の職務はない。五衛に属する上護軍、大護軍、護

軍、副護軍、司直、司果、司正、司猛、司勇。
（13）昌徳宮の正門。宮城の西南隅にある。
（14）五衛の将。正三品。文臣が就任した。
（15）国王が弓の試射をすること。
（16）王室の儀式の際に貴重品を運ぶのに用いた花模様を描いた肩輿。

〈36〉壮勇営・能麼児庁・典艦司・典涓司・架閣庫

（1）正二品官である判書、判尹、参賛の総称。
（2）捕盗大将、竜虎別将、都監中軍、禁衛中軍、御営中軍の総称。
（3）兵馬節度使と水軍節度使。各道の陸軍と水軍の長官。
（4）兵馬節度使の副官。
（5）別付料軍官の略。別枠で料米を給与した。摠戎庁と竜虎営の軍官職。はじめ平安道と咸鏡道から選抜した。
（6）訓錬都監における科挙武科合格者の官職定員。
（7）武芸別監。宿営の武士や訓錬都監所属軍人から、武芸に練達した者を選抜した。
（8）すごろく。双六とも書く。木製の室内遊具器。サイコロで出た目に従って木製の馬を動かし、先に宮殿に着いたほうが勝つ。
（9）軍学書。明の戚継光の著書『紀効新書』から軍隊の訓練方法に関する部分を要約したもの。編者不明。一七八七年（正祖十一年）に壮勇営が刊行し、軍隊訓練の基本書として使用された。文と図版で構成され、諺解《げんかい》（ハングルによる解説）が付されている。
（10）なぜ孝宗時創建説を主張できるのか、理由が示されていない。『朝鮮王朝実録』における能麼児庁の初見は仁祖七年六月二日条（『仁祖実録』巻二〇・七年六月乙卯）である。
（11）漢城（京）と地方（外）で、全国のこと。
（12）漢城まで税穀を円滑に輸送するため、水路上の要所に設けた停泊所。水先案内船を配備した。

（13）『新増東国輿地勝覧』巻二・京都下・文職公署・典艦司条所収。

（14）『増補文献備考』の原文を大幅に省略してまとめている。

（15）『経国大典』（巻六・工典・舟車条）に、営造尺で、「海船は、長さ四十二尺・幅十八尺九寸以上を大船、長さ三十三尺六寸・幅十三尺六寸以上を中船、長さ十八尺九寸・幅六尺三寸以上を小船とし、川船は、長さ五十尺・幅十尺三寸以上を大船、長さ四十六尺・幅九尺以上を中船、長さ四十一尺・幅八尺以上を小船とする。」と規定されている。

（16）退任や更迭された後、次の配属先が決まっていない官員を一時的に任命して禄俸を支給するために設けた名目的官職。

一四　駅院

（1）現盧原区上渓洞。

（2）現竜山区青坡洞。

（3）この両駅以外は、察訪（武官。従六品）を長官とする駅道に所属していた。駅と駅道の数は時期によって変動し、本書の時代では、全国に四十の駅道と約五百の駅があった。

（4）現城北区普門洞。

（5）一三七〇―一四四七年。本貫は楊州。朝鮮時代初期、太宗・世宗代の文臣。芸文館大提学などを歴任した。耆老所に入り、世宗はとくに几杖を下賜してその功に報いた。

（6）弘済院の別字表現（『新増東国輿地勝覧』巻三・漢城府・駅院条も同じ）。一般的には弘済院と表記した。

（7）現西大門区弘済洞。

（8）現竜山区梨泰院洞。

（9）現城東区沙斤洞。

一五　橋梁

（1）現鍾路区清雲洞の一部。
（2）長さ約二七メートル幅約七メートルの石橋。一四四一年（世宗二十三年）、西側に水深測定用の石柱（水標石）を立てたので、これにちなんで旧称馬《ば》塵橋《てんきょう》から改称した。
（3）漢江の渡し場兼河港。漢城と広州を結ぶ要衝。現松坡区松坡洞。
（4）景福宮城東南隅の見張り台である東十字閣の傍らにあった橋。
（5）『東国輿地備攷』（巻二・橋梁・蓮池洞橋）は、「蓮池洞橋」の俗称を「二橋」とする。初橋につづいて、東大門を入って鍾路が渡る二番目の橋である。
（6）現鍾路区明倫洞一街・二街一帯。
（7）現鍾路区敦義洞・楽園洞にまたがる街区。
鍾路の北側で二橋がある。
（8）東大門を入って鍾路が渡る最初の橋である。
（9）南大門路南側、宣恵庁倉庫（現南大門市場）の東側で、現中区南倉洞一帯の街区。
（10）南大門から鍾路の鍾閣まで北上する大路。東大門と西大門を結ぶ鍾路と並ぶ漢城城内の幹線路。現南大門路。
（11）南大門から入ると最初に渡る橋であることから要衝と見なされた。
（12）現中区筆洞二街一帯で、墨寺洞西側の街区。
（13）筆洞と墨寺洞の間で、現中区忠武路四街一帯の街区。
（14）現中区墨寺洞一帯。
（15）韓景琛《かんけいしん》（生没年未詳）。成宗と後宮淑儀厳《しゅくぎげん》氏《し》の娘恭順翁主の夫。
（16）双里門洞とも言う。御営庁兵舎下で、現中区双林洞一帯の街区。
（17）現中区光熙洞一街・光熙洞二街・新堂洞・奨忠洞一街にまたがる街区。

(18) 二つのアーチ型水口が開かれた石橋。
(19) 南大門から南に竜山方面に向かう道路(現漢江路)西側で、現竜山区青坡洞一―三街一帯の街区。
(20) 一四三四―九四年。本貫は陽川。許琛の兄。号は尚友堂。朝鮮時代前期、世祖―成宗代の文臣。議政府右議政に昇り、陽川府院君に封じられた。文集に『尚友堂集』がある。
(21) 許琮と許琛が同居する家の前にあったので琮琛橋と呼ぶという説もある(『東国輿地備攷』巻二・漢城府・第宅)。
(22) 景福宮と昌徳宮の中間地帯を指す。十九世紀半ばには西人の老論派人士が多く居住し、他派人士は多く清渓川以南の南村に居住していたと言われる(黄玹『梅泉野録』巻一上)。
(23) 桂洞、済洞、灰洞と同じ。斎の漢字音は灰の固有語と同じ제《チエ》。
(24) 太陰太陽暦の一月十五日。一年最初の満月の日。蒸した糯米《もちごめ》に栗・棗・松の実を混ぜて、蜂蜜または砂糖・醬油とともに再度、蒸し上げた「薬飯《やくはん》」を食べる。また山に登って迎月(月見)を行う。
(25) 『東国歳時記』(正月・上元)は、朝鮮語で橋と脚が同音(다리《タリ》)だからという「俗説」を紹介し、「もしそれが真実なら、踏橋をしたら一年中脚疾に罹らないではないか。」と批判している。
(26) 上元の日に、中国各地で行われた橋を渡る行事。踏橋、過吉祥橋、走百病など、さまざまな名称で呼ばれた。
(27) 一五九七―一六三六年。明の学者。
(28) 于奕正と劉侗《りゅうとう》(一五九三―一六三六年)の共編。八巻。明代の北京地方の風物や歳時風俗を記述する。一六三五年刊。
(29) 『寒皐観外史』所収本では、「甚だ醜悪である。」とある部分は、「その後を追いかけ、引きずり込んで淫らなことをし放題である。」とあり、「婦女踏橋の風習はついに絶えてしまった。しかし、男子はもちろん今に至るも群れをなして踏橋している。」とある部分は、「翌年、また禁止したところ、その風習はついに途絶えてしまった。」となっている。

(30)　現東大門区往十里洞一帯の呼称。

(31)　李陸《りりく》（一四三八―九八年）の著書。二巻。朝鮮時代初期の人物逸話や風俗を記述する。李陸は、本貫は固城《こじょう》、世祖―燕山君代の文臣で、司憲府大司憲などを歴任した。

(32)　一三六〇―一四四六年。文順は諡号。公は尊称。本貫は安東。号は双塘、松雪軒。高麗末期朝鮮初期の文臣。領敦寧府事などを歴任した。娘が太宗の後宮となり、永嘉君に封じられた。文集に『双塘集』がある。

(33)　吏曹判書などに就任した洪汝方《こうじょほう》（?―一四三八年）。宰相は二品以上の官員のこと。

一六　古跡

(1)　ロシア沿海州方面に居住したツングース系人。六世紀以降、一部が高句麗の支配下に入り、六六八年の高句麗滅亡後は高句麗人とともに渤海（六九八―九二六年）を建国した。

(2)　高麗第六代国王景宗の妃。第七代国王穆宗《ぼくそう》の母。千秋太后は景宗没後の称号。在位中の称号は献哀王后《けんあいおうごう》。

(3)　必ずちかいうちに王位に即くとの意。

(4)　盧原駅近辺の地名。

(5)　編者未詳。三十七巻。朝鮮王朝創始期から純祖代までを、王代ごとに分けて叙述した編年体の歴史書。十九世紀前半に作成された。

(6)　一三四七―九二年。本貫は星州。号は陶隠。高麗末期の文臣。牧隠（李穡）、圃隠（鄭夢周）と合わせて高麗の三隠と称された名文家。芸文館提学などを歴任した。鄭夢周一派とみなされ、鄭道伝の命によって殺された。文集に『陶隠集』がある。

（7）漢城南の漢江沿岸。

（8）一四三六―九〇年。本貫は安東。号は琴軒、翠軒、双渓斉、観後庵、上洛居士。趙大臨の外孫。朝鮮時代前期、世祖―燕山君代の文臣。吏曹参判などを歴任した。

（9）?―一三九六年。本貫は谷山《こくざん》または信川《しんせん》。李成桂の継妃。李芳蕃《りほうばん》と世子李芳碩《りほうせき》の母。

（10）一四一〇―八一年。乖崖は号。号は他に拭《しき》疣《ゆう》。本貫は永同《えいどう》。朝鮮時代前期、世宗―成宗代の文臣。領中枢府事などを歴任し、永山府院君に封じられた。仏教や諸子百家に通じ、『金剛経』の翻訳や四書五経に朝鮮独特の読みを付す口訣《こうけつ》事業に従事した。文集に『拭疣集』がある。

（11）朝鮮仏教の宗派。高麗時代の中心的宗派であったが、仏教統制策の一環として、一四二四年（世宗六年）に全宗派を禅宗と教宗の二つに統合した際、禅宗に吸収された。成宗代には教宗も禅宗に統合されたが、その中でも曹渓宗の命脈は生き続けた。

（12）歴史逸話集。二巻。士大夫や政界の動きなどについて記録し、『朝鮮王朝実録』に採用されなかった史実を多く記述する。

（13）一四二一―八四年。文安は諡号。公は尊称。本貫は昌寧。号は安斎、逸斎。朝鮮時代前期、世宗―成宗代の文臣。議政府左参賛などを歴任した。松雪体と称される行書と草書をよくし、景福宮各宮殿の懸額や門額などの揮毫をした。文集に『安斎集』がある。

（14）徐居正の随筆。『太平閑話滑稽伝』とも言う。

（15）宗廟署、昭格署、社稷署の令。

（16）通礼院の首職（正三品）。

（17）実職ではなく名目だけ与えられた官職。名誉職。

（18）実際の高さは約一二メートル。

（19）正しくは十層で、一般に円覚寺十層石塔と言う。基壇三層も含めて十三層と数えることもあった（『東国輿地備攷』巻二・漢城府・仏宇）。
(20) 元王室の王女。高麗国王の妃だと思われるが、詳細不明。
(21) 五八五―六五八年。唐の軍人。尉遅は姓、敬徳は字。
(22) 六四四―六四五年に唐太宗が自ら軍を率いて高句麗を攻撃した。
(23) 正しくは『諸国紀』で、『海東諸国紀』の略。申叔舟が一四四三年（世宗二十五年）の通信使に書状官として随行して日本に派遣された際に得た日本と琉球に関する情報を、一四七一年（成宗二年）にまとめた書物。
(24) 原文には、翌丁亥年（世祖十三年、一四六七）に播磨州の吉家の遣使記事として記載されている。この年および翌年には、多くの西国勢力の朝鮮訪問記事があるが、丙戌年（世祖十二年、一四六六）は、筑前州の信歳、肥前州の藤原頼永しか見られず、観音現像に関する記述はない。『朝鮮王朝実録』には、足利義政の興福寺勧進船派遣など多くの遣使記事が見えるので、柳本芸がそれらと混同したものと思われる。
(25) 江原道の五台山中にある寺院。
(26) 世祖が上院寺に行幸した際に観音菩薩が姿を現したとされること（『世祖実録』巻二九・八年〔一四六二〕十一月乙未）。
(27) 天から花の雨と甘露が降ってきたとされること（『世祖実録』巻三五・十一年〔一四六五〕四月癸未・丁亥）。
(28) 『新増東国輿地勝覧』原文では「太祖が、神徳王后を貞陵に葬るように命じた。」となっている。
(29) 朝鮮時代の仏教宗派。朝鮮王朝の仏教統制策の一環として、一四二四年（世宗六年）に他の宗派を吸収し、禅宗と並ぶ二大宗派の一つとなったが、後に禅宗に統合された。
(30) 忠清南道連山地域。
(31) 六〇三―六六一年。新羅第二十九代国王。

在位六五四―六六一年。金春秋。百済を滅亡させて朝鮮半島支配の基礎を築いた。

(32) 一四〇九―九二年。枢府は知中枢府事に就任したことにちなむ尊称。本貫は牙山《がさん》。朝鮮時代前期、世宗―成宗代の文臣。世祖妃貞熹王后の弟。知中枢府事などを歴任した。

(33) 一四七九―一五〇四年。挹翠《ゆうすい》は号挹翠軒の略。本貫は高霊。朝鮮時代前期、燕山君・中宗代の文臣。時の権力者柳子光《りゅうしこう》を弾劾して罷免され、絶望感から酒におぼれて詩作に没頭し、妻に自殺される。燕山君に処刑された。親友李荇が『挹翠軒遺稿』を刊行した。

(34) 同内容が『新増東国輿地勝覧』(巻三・漢城府・山川・大隠巌万里瀬)に載っている。

(35) 一四六九―一五二六年。明の官僚。一五二一年、世宗嘉靖帝の即位を伝える使節として朝鮮に派遣された。

(36) 一四八五―一五五四年。明の官僚。兵部尚書となる。

(37) すべて過去のことだからである。

(38) 生没年未詳。朝鮮時代前期、成宗・燕山君代の文臣。義禁府経歴などを歴任した。

(39) 現中区墨洞・忠武路四・五街一帯にまたがる街区。

(40) 一五七一―一六三七年。東岳は号。本貫は徳水《とくすい》。李元禎の孫。朝鮮時代中期、宣祖―仁祖代の文臣。弘文館提学などを歴任した。青年期は詩作に没頭し、尹根寿らと東岳詩壇を形成した。文集に『東岳集』がある。

(41) 李安訥の家は南山麓にあった。

(42) 花弁が一重のもの。種類不明。

一七　山川

(1) 江原道北部山間部の邑。

(2) 神話上の高句麗建国者。朱蒙《しゅもう》とも呼ばれる。

(3) 神話上の百済建国者。一人か二人かあいまいに記述されている。『三国史記』(巻二三・百済本紀一・百済始祖温祚）は、百済の始祖を「温祚」とする一方で、「沸流王」とする異説の存在を記述し、両者が別人か同一人か判然としない。

（4）三峰の標高は、白雲台（普賢峰）八三六メートル、国望（万景台）七九九メートル、仁寿峰八一〇メートル。

（5）一五七六―一六三六年。錦南は封君号。本貫は河東《かとう》。号は晩雲。朝鮮時代中期、宣祖―仁祖代の武臣。地方官衙の通引（下級吏員）であったが、壬辰倭乱時、行在所で行われた科挙武科試験に合格した。李适の乱平定の功績で振武功臣号を授与され、錦南君に封じられた。著書に『晩雲集』、『白沙北遷日録』、文集に『錦南集』がある。

（6）風水的に見て外に出て行く地形。

（7）街区、集落。漢城においては、坊・契の下の地域区画。行政区画ではない。

（8）『四山禁標図』（一七六五年）には、母岳の南西に「餅廛峴」という地名が見える。位置はやや不分明であるが、阿峴あたりと推測される。一方、『首善全図』では、弘済院から平壌に向かって北上する道路と沙川が交わる東北側に「餅廛街」という地名が現れる。

（9）中国使節迎接用施設。一四〇七年（太宗七年）に建設した慕華楼《ぼかろう》を、一四二九年（世宗十一年）に慕華館と改称した。西大門外にあり、前方に中国使節を歓迎する迎恩門があった。中国使節は漢城入城前に当館で接待され、王世子や官僚の拝礼を受けた。日清戦争後、独立協会が独立館と改称して事務局とし、迎恩門も取り壊して独立門を建てた。

（10）本書巻一・形勝条に同文が掲出されている。ただし、本引用文は、原文を摘記した上で若干の脱字がある。

（11）芸예《イエ》と倭왜《ウエ》の発音が似ているため。

（12）薬水とも言う。岩石の間からわき出る泉のことで、薬効があると信じられている。

（13）すもう。『東国歳時記』（五月・端午）に、「元気な若者が南山の倭場北山の神武門の後ろに集まり、角力の遊びを行う。」とある。

（14）『新増東国輿地勝覧』巻三・漢城府・山川・仮山条にほぼ同じ記述がある。

（15）『大明一統志』とも言う。中国明代の全国地誌。九〇巻。一四六一年完成。

（16）一四四八年―？。明の官僚。

（17）佔畢斎《てんひつさい》は金宗直の号。

（18）挹翠軒は朴誾の号。

（19）南袞の号。

（20）「坪」を付さずに「箭串」とのみ呼ぶことも多い。

（21）李《り》済臣《さいしん》（一五三六―八三年）の著。『侯鯖《こうせい》瑣語《さご》』とも言う。一巻。李済臣は、朝鮮時代中期、明宗・宣祖代の文臣。本貫は全義《ぜんぎ》。晋州牧使などを歴任した。

（22）『清江瑣語』（『大東野乗』では『侯鯖瑣語』）の原文では「癸丑甲寅年間（明宗八・九年）」となっているが、明宗十年（一五五五）が正しい。柳本芸が原文の誤りを修正したものとみられる。

（23）五間水門、二間水門、水口門（光熙門）。ただし、水口門は河川の流出口ではない。城内の河川流出路は二か所の水門だけだが、名称にちなんで水口門も入れて三水口と呼ばれた。

（24）漢江の支流。忠州の北方で漢江に流れ込む。

（25）現銅雀区露梁津洞。

（26）漢城の南にあった邑。後に始興《しこう》と改称した。守令は県令。現ソウル市衿川区一帯。

（27）漢城の西にあった邑。守令は県令。現ソウル市陽川区一帯。

（28）漢城の西北にあった邑。守令は郡守。現京畿道坡州市交河邑。

（29）漢城と江華島の間にあった邑。守令は都護府使。現京畿道金浦市北部地域。

（30）通津半島北端にある漢江沿岸の地名。対岸にも同じ地名がある。臨津江との合流点のやや西側。通津邑に属する。

(31) 漢の四郡に関する歴史書。一巻。柳得恭が編纂し、徐有榘《じょゆうく》（一七六四―一八四五年）が校訂した。一七九五年（正祖十九年）前後に作成された。

(32) 忠清北道と慶尚北道の境界にある山。標高一〇五八メートル。

(33) 京畿道開城市南部地域の地名。もと独立した邑であったが、純祖二十三年（一八二三）に開城に併合された。

(34) 前漢の歴史書。班固《はんこ》ら編。百巻。『後漢書』に対して『前漢書』とも言う。

(35) 中国古代の歴史書。現行本は十八巻。

(36) 司馬遷《しばせん》の編纂した中国最初の通史。一三〇巻。正史の源流とされる。

(37) 唐の司馬貞《しばてい》による『史記』の註釈書。

(38) 「『漢書』の註は」からここまでは、『四郡志』の原文を大幅に手直しして記述している。

(39) 漕運船。税米を漢城まで輸送するための船舶。政府が西南部地域と南部地域の沿海部と洛東江や漢江などの沿岸部に設置した漕倉や水站に配備された。船腹量が不足する時には民間船も動員された。兵船の機能を兼ねた兵漕船も多い。積載量は五百―一千石《せき》程度。

(40) 一一六八―一二四一年。本貫は黄驪《こうれい》。号は白雲居士。高麗後期の文臣。「茅亭記」の文章が時の権力者崔忠献《さいちゅうけん》（一一四九―一二一九年）の目にとまって登用され、門下侍郎平章事などを歴任した。著書に『東明王篇』、文集に『東国李相国集』がある。

(41) 『東国李相国集』には記載されていない。『林下筆記』（巻一三・文献指掌編三・潮汐）にも同じ文を引用しているが、典拠は示していない。

(42) ある月の新月から満月までの半月間の満潮時刻を詠い、毎日、五十分ずつ遅れて定期的に干満が起きていることを表現する。『林下筆記』（巻一三・文献指掌編三・潮汐）は、「満潮時刻のことである。一日は卯初、二日は卯中、三日は卯末、四日は辰初、五日は辰中、六日は辰末、七日は巳初、八日は巳中、九日は巳末、十日は午中、十一日は未初、十二日は未中、十三日は未末、十四日は申上半、十五日は申下半である。」と、卯の刻が三日続くなど、内容を的確にまとめて説明している。初・中・末とは、一刻を三つに区分した時刻である。満潮間隔は一二時間二十五分なので、毎日五十分ずつ遅れていくことと詩の内容が対応している。

(43) ？—一五六五年。本貫は坡平。中宗妃文定王后の弟。朝鮮時代中期、中宗—明宗代の文臣。議政府領議政に昇り、瑞原府院君に封じられた。文定王后の子（後の明宗）を押し立てて、世子（後の仁宗）外祖父の尹任と対立し、明宗が即位すると権力を握った。文定王后が死亡すると失脚し、流配刑に処せられて自決した。

(44) ？—一五六五年。本貫は草渓《そうけい》。官婢の娘。正妻を毒殺して尹元衡《いんげんこう》の妻となったと言われる。尹元衡が流配刑に処されると配地に同行して服毒心中した。

(45) 生員・進士試験に合格して成均館で学んでいる学生。上斎生とも言う。

(46) 議政のことで、尹元衡を指している。

(47) 水原にある両親荘献世子夫妻の墓所顕隆園を参拝するために漢江を渡った。

(48) 舟橋司が担当し、漕運船や京江周辺の民間船を使用した。

(49) 正祖が水原に行幸する際に、漢江渡河用の舟橋架設を主宰するため臨時に設置された武官職。

(50) 『戸口総数』に漢城府南部竜山坊とあり、本書執筆時点で竜山江は漢城府に属していた。本文の記述は過去回想的であり、正しくは「元」と入れるべきである。『新増東国輿地勝覧』（巻三・漢城府・山川・竜山江）に同文が出てくるが、高陽県条には関連する記述がない。『世宗実録』（巻一四八・地理志・京畿・高陽県）によると、もと果州の竜山処という荘園が冨原県に昇格し、一三九四年（太祖三年）に高峰県の支配下に入った後に消滅し、高峰県は一四一三年（太宗十三年）に高陽県と改称している。

(51)　慶尚道内陸部の税米は、洛東江の水運により尚州の洛東津まで運ばれて陸揚げされ、鳥嶺《ちようれい》で太白山脈を越えて忠州の可興倉で船積みされて漢江を下った。江原道の税米は北漢江を、忠清道山間部の税米は南漢江を下った。南北両漢江は京畿道楊州の両水里で合流する。

(52)　当年第二回目の雨乞い祭り。『大典会通』（巻三・礼典・祭礼）は祈禱場所を「竜山江楮子島」としており、失敗した場合、十二次まで場所を変えて行うこととしている。

(53)　一二九四―一三三九年。高麗第二十七代国王。在位一三一三―三〇年、一三三二―三九年。忠宣王《ちゆうせんおう》第二子で母は元王室出身。退位した後、ふたたび王位に即いている。

(54)　一三〇八―二五年。金童は名。元王室の一員。忠粛王が元に滞在中の一三二四年（忠粛王十一年）に結婚し、翌年、忠粛王とともに漢陽の竜山を訪れた。

(55)　一五四二―一六二七年。明の人。

(56)　地理書。二十四巻、図一巻。

(57)　正しくは西である。

(58)　西海岸の沿岸航路による海運船。

(59)　川の水辺。河港や渡し場として使われた。ここでは河港の意味。

(60)　一六一八―一七〇四年。悔菴《かいあん》は号。明末清初の詩人で戯曲作家。

(61)　展成は号。

(62)　『遣閑雑録』とも書く。朝鮮時代中期、明宗・宣祖代の文臣沈守慶《しんしゆけい》（一五一六―九九年）の雑録集。沈守慶は、本貫は豊山《ほうざん》、号は聴天堂。議政府左議政に昇った。

(63)　生没年未詳。号は隠墩。本貫は西河《せいが》。朝鮮時代中期、十七世紀の文臣。栄州郡守などを歴任した。数学に明るく、著書に『九数略』、『数学啓蒙』などがある。
(64) 生没年未詳。本貫は池谷《ちこく》。号は玄洞子。朝鮮時代前期、世宗―世祖代に活動した図画署の画員。代表作に『夢遊桃源図』がある。室町時代の日本水墨画にも影響を与えた。
(65) 重要な渡し場に置かれた臨時の武官職（従九品）。粛宗代に新規配置されたものと推測される。
(66) 現仙遊島。漢江の中洲。
(67) 一二八七―一三五四年。本貫は清州。高麗後期の文臣。左政丞などを歴任し、漢陽府院君に封じられた。
(68) ？―一四七七年。世宗と昭憲王后（一三九五―一四四六年）との娘。
(69) 一四三一―七八年。本貫は竹山《ちくざん》。貞懿公主の長子。知中枢府事などを歴任した。
(70) この話は『新増東国輿地勝覧』（巻三・漢城府・山川・楮子島）に記載されている。
(71) 現汝矣島《じょいとう》。漢江の中洲。
(72) 現鍾路区蓮池洞。
(73) 現在はソウル駅周辺の鉄道用地となっている。

一八　附 井戸と薬泉

(1) 本条が山川条の附属であることを示している。
(2) 方言は朝鮮語のこと。尾は朝鮮固有語で꼬《コ》리《リ》、楚里は漢字音で초리《チョリ》。水があふれ出す様子を尾に喩えている。
(3) 生没年未詳。成宗―光海君代の文臣。本貫は宜寧《ぎねい》。成宗第四女慶順翁主と結婚し、宜城尉に封じられた。訓錬院僉正などを歴任した。
(4) 典医監が所在したことにちなむ洞名。典医監洞とも言う。南大門路から鍾路を越えて北上した西側で、現鍾路区堅志洞一帯の街区。
(5) 現鍾路区堅志洞の一部。

（6）一五七一—一六三九年。八松は号。本貫は坡平。朝鮮時代中期、宣祖—仁祖代の文臣。吏曹参議などを歴任した。丁卯胡乱と丙子胡乱で主戦論を唱え、流配されて配地で死亡した。著書に『八松封事』がある。

（7）会洞とも言う。南大門路沿いで南大門を入った右側で、現中区会賢洞一・二街、忠武路一街一帯にまたがる街区。

（8）瓢は朝鮮語固有語で바가지《バガジ》、朴の漢字音は박《バク》。

（9）鍾峴の南側の小丘。現中区忠武路二街・苧洞一帯。

（10）一五八九—一六七〇年。本貫は全州。号は東州、観海道人。李睟光の子。朝鮮時代後期、光海君—顕宗代の文臣。礼曹参判などを歴任した。著書に『諫言亀鑑』、文集に『東州集』がある。

（11）集落、街区。洞と通じる。

（12）現退渓路周辺の中区南山洞一—三街一帯。

（13）文官と武官の姿をした人物石像で、墓前の左右に置く。

（14）薬水と同じ。渓谷の岩石の間から湧出する清水で、薬効ありと信じられている。

（15）粛宗によって弘智門と改称された。

（16）塩辛いもの。

一九　名勝

（1）社稷壇の北側。現鍾路区弼雲洞内の高台。

（2）鰲城《ごうじょう》は、封君号鰲城府院君にちなむ呼称。

（3）一五三七—九九年。都元帥は官職名にちなむ呼称。本貫は安東。号は晩翠堂。李恒福の義父。朝鮮時代中期、宣祖代の文臣。都元帥、戸曹判書などを歴任した。壬辰倭乱時、幸州山城で日本軍を破った。死後、宣武功臣号を授与され永嘉府院君に追封された。

（4）弼雲台横の峠道。六角型の家があったことにちなむ地名。現鍾路区弼雲洞内。

（5）現鍾路区清雲洞の一部。

（6）現鍾路区清雲洞の一部。

（7）一四九三―一五六四年。聴松は号。本貫は昌寧。朝鮮時代中期、中宗―明宗代の文臣。趙光祖の門人。文集に『聴松集』がある。

（8）現鍾路区花洞・昭格洞一帯。

（9）銃砲を製作した臨時官庁。壬辰倭乱時に鳥銃（火縄銃）製造のために設置された鳥銃庁を、一六一四年（光海君六年）に北方の脅威に対抗するために再編して各種火器を製造した。

（10）火器화기《ファギ》と花開화개《ファゲ》の音が近似していたため。

（11）現鍾路区宮廷洞・清雲洞一帯の高台。

（12）花を愛で、釣船を浮かべて行う宴。

（13）荘献世子が誕生した慶賀すべき年。

（14）現鍾路区玉仁洞の一部。

（15）現鍾路区玉仁洞の一部。

（16）一六五一―一七〇八年。農岩は号で、農巌の誤り。本貫は安東。朝鮮時代後期、粛宗代の文臣。西人の老論派。司諫院大司諫などを歴任した。著書に『朱子大全箚疑問目』など、文集に『農巌集』がある。

（17）一七八五―一八四〇年。黄山は号。本貫は安東。金祖淳の息子。朝鮮時代後期、純祖・憲宗代の文臣。判敦寧府事などを歴任した。

（18）現鍾路区明倫洞一・二街・東崇洞・恵化洞にまたがる街区。

（19）一七二一―九五年。修井は号修井翁の略。本貫は東萊。鄭太和の玄孫。朝鮮時代後期、英祖・正祖代の文臣。工曹判書などを歴任した。

（20）現城北区城北洞一帯の街区。

（21）貞蕤《ていずい》は朴斉家の号。

（22）以下の角力に関する説明は本書の一七山川条にほぼ同内容がある。

（23）昌徳宮洪北門外の現鍾路区苑西洞にあった。

（24）一六九〇―一七五二年。豊陵は封君号で、正しくは豊原。本貫は豊壌。号は帰鹿など。朝鮮時代後期、英祖代の文臣。西人の老論派。議政府領議政に昇り、豊原府院君に封じられた。英祖の蕩平策を主導した。文集に『帰鹿集』がある。

(25) 一七二七年—?。本貫は韓山。朝鮮時代後期、英祖・正祖代の文臣。司諫院大司諫などを歴任した。

(26) 秋の三か月九十日間。太陰太陽暦の七・八・九月。

(27) 「二股の谷」の意味。

(28) 一七一九—九二年。双渓は号。相公は議政に就任したことにちなむ尊称。本貫は延安。李《り》喆輔《てつほ》の子。朝鮮時代後期、英祖・正祖代の文臣。議政府左議政に昇った。文集に『双渓遺稿』がある。

(29) 一三六三—一四一九年。本貫は安東。号は梅軒。権近の弟。高麗末期朝鮮初期の文臣。鄭夢周の門人。集賢殿直提学などを歴任した。文集に『梅軒集』がある。

(30) 佐翼功臣号を授与された。

二〇　各衕

〈1〉衕

(1) ここだけわざわざハングルで発音を入れたうえで、「街と同じ意味である」と註記して説明しているのは、「衕」が実際には使われておらず、読者になじみがなかったからであろう。

(2) 『農巌雑識』の誤り。金昌協の文集『農巌集』の第三一—三四巻に収められている。

(3) 柳本芸は原則論的観点から述べているのであり、現実生活では「洞」が使われていて、「衕」とする例は見られない。また本書の他の部分はすべて「洞」と表記している。写本では、原本表記通りに「衕」とするもの（韓電本、ソ歴本）と、現実と同じ「洞」と書き替えたもの（ソ大本、成大本）に二分される。

〈2〉中部

（1）鍾路北側、六矣廛の裏道（避馬コル）地域で、現鍾路区鍾路二街・公平洞・仁寺洞にまたがる街区。

（2）内魚物廛の里門。

（3）漢陽洞とも言う。円覚寺跡の北東、現タプコル公園周辺で、現鍾路区鍾路二・三街・慶雲洞・楽園洞にまたがる街区。

（4）寿洞とも言う。鍾路と南大門路との交差点東側で、鍾路の北側。現鍾路区清進洞・寿松洞にまたがる街区。

（5）影幀の安置所。鍾路区中学洞に現存する。

（6）春夏秋冬に行う先祖祭祀。

（7）詩洞とも言う。清渓川の南岸で、現鍾路区乙支路三街・水標洞・笠井洞にまたがる街区。

（8）一六五三―一七二二年。三淵は号。本貫は安東。金昌協の弟。朝鮮時代後期、粛宗代の文臣。李端相の門人。西人の老論派。司憲府大司憲などを歴任した。文集に『三淵集』がある。

（9）士大夫の友人。学問仲間。

（10）「寿進」が寿命が尽きる意味の「寿尽」と同じ発音수진《スジン》であること。

（11）この名称の使用例は、管見の限りでは、一八八八年の『承政院日記』（高宗二十五年十月二十八日）に一例があるだけで、その他の文献資料や地図類は、すべて寿進坊と表記している。

（12）四千頭の馬を繋ぐことのできる土地。

（13）現鍾路区勧農洞内。

（14）水田と畑で、農地のこと。

〈3〉東部

（1）一六二二―五八年。仁祖の第三子。孝宗の弟。孝宗配享功臣。人質として孝宗とともに瀋陽に幽閉された。浙派の影響を受けて多くの絵画を残す。著書に『燕行録』、文集に『松渓集』がある。

（2）先祖の位牌を守って祭祀を行う。

（3）一四四一―六八年。将軍は高級武官であったことにちなむ呼称。本貫は宜寧。朝鮮時代前期、世祖代の武臣。母は太宗の第四女貞善公主。妻は権擥の娘。二十代で兵曹判書などを歴任し、宜山君に封じられた。世祖死後、謀反を企てたとして処刑された。

（4）一六八九年―?。江陵は江陵府使に就任したことにちなむ呼称。本貫は漢陽。朝鮮時代後期、英祖代の文臣。司諫院司諫などを歴任した。

（5）国王が宮殿や廟を参拝すること。

（6）正祖の世子文孝世子の廟。一七八八年（正祖十二年）に創建された（『宮闕志』都城志・文禧廟）。現鍾路区敦義洞内所在。

（7）宋洞に南接する街区。現マロニエ公園（旧ソウル大学本部）周辺で、鍾路区東崇洞・恵化洞にまたがる街区。

（8）一三七〇―一四二二年。本貫は潘南。魚孝瞻の義父。高麗末期朝鮮初期の文臣。太宗政権樹立に対する功績で佐命功臣号を賜与された。議政府左議政に昇り、錦川府院君に封じられた。

（9）恵化門内の城壁の下で、現鍾路区恵化洞の一部の街区。

（10）近くにある成均館にちなんで名付けられた。景慕宮の丘（現ソウル大学付属病院）西北麓で、現鍾路区明倫洞四街の一部。

（11）これの人々は、延安李氏館洞派という門中を形成している。

（12）位牌を安置する建物。祀堂と同じ。

（13）上文の東岳詩壇条にも、李安訥が中国で種を入手した単弁紅梅の話があるので、「この一本のみ」とは言い難い。

（14）一五二〇―一六〇二年。本貫は宜寧。朝鮮時代中期、宣祖代の文臣。科挙に応試せず、性理学と経史の研究に専念していたが、宣祖に登用されて郡守などを歴任した。

（15）瀋陽城内にあった朝鮮人人質の幽閉施設。一六三七年（仁祖十五年）、清が朝鮮から撤兵する際、昭顕世子、鳳林大君（孝宗）の他、多くの現任大臣子弟などを人質として瀋陽に連行し、後に清に強く反抗した金尚憲らも幽閉する事件（瀋獄）が起きた。幽閉された人々は一六四五年（仁祖二十三年）に順治帝の即位記念大赦で釈放された。

(16)『道詵秘記』と同じ。

(17) 李の音が理、吏に通じ、法官を意味するので、圧えとしたと考えられる。李を姓とする王朝に交替することを暗示しており、朝鮮王朝成立後に造作された話である。

〈4〉南部

(1) 一四六二―一五三八年。文翼は諡号。公は尊称。号は守天。本貫は東萊。鄭蘭宗《ていらんそう》の息子。朝鮮時代前期、燕山君・中宗代の文臣。中宗配享功臣。議政府領議政に昇った。文集に『鄭文翼公遺稿』がある。

(2) 一品官が公服を着用する時に着ける帯。犀角製の飾りを付けてある。その他、金帯、鶴頂金帯、銀帯、烏角帯など、品階を示す品帯があった。

(3)「入閣」は議政府議政に任命されること。鄭光弼の子孫たち（東萊鄭氏会洞派）からは本書完成時点において九人の議政を輩出し、その後も二人が議政になった。このような事実からこの伝説が生じた。また、鄭光弼の外孫金尚集と金尚容も議政になっている。

(4) 陽坡は鄭太和の号、相公は議政に就任したことにちなむ尊称。

(5) 顕宗八年（一六六七）四月、兄の鄭太和が領議政の時、弟の鄭致和が右議政となった（『顕宗実録』巻一三・八年四月丁未）。

(6) 当時の風習に従い、金尚憲と金尚容の兄弟は、母の実家（外家）である鄭惟吉宅で生まれ育った。両人は鄭光弼の外曽孫になる。鄭惟吉は鄭光弼の孫で、議政府右議政に昇った。

(7) 一蠹《いちと》は鄭汝昌の号。

(8) 住宅の敷地および附属の菜園などの土地に賦課された不動産税。

(9)　一七二〇―八三年。参奉は官職にちなむ呼称。号は月巌、七灘。本貫は全州。朝鮮時代後期、英祖・正祖代の学者。名誉職として参奉を授与された。一七六三年(顕宗十四年)の通信使趙曮《ちょうげん》が日本から持ち帰った薩摩芋の栽培を試行した。文集に『李参奉集』がある。
(10)　硯石の水をためる窪んだ部分。
(11)　光海君妃文城郡夫人柳氏の娘の子。
(12)　生没年未詳。父は宣祖、母は恭嬪金氏。夫の達城尉は判中枢府事の子徐景霌。
(13)　一五〇九―七六年。本貫は文化。文化柳氏第二十九世。判書に就いたので一族で判書公と称される。孫娘が光海君妃となる。朝鮮時代中期、明宗・宣祖代の文臣。刑曹判書などを歴任した。
(14)　文化柳氏第三十二世柳希聃《りきたん》。一五六三―一六一四年。朝鮮時代中期、宣祖・光海君代の文臣。掌隷院判決事などを歴任した。
(15)　一五七九―一六四三年。宣祖の娘である貞慎翁主と婚姻したことから達城尉に封じられた。本貫は達城(大丘)。号は松岡。徐渻の息子。
(16)　この逸話が掲載されている野史は未詳。野史は、勅命で編纂される正史に対し、国家的正統性を付与されていない歴史書。野にある人の著と解されることが多いが、高位高官経験者の著述したものが多く、正史に採録されなかった史実などが記載されており、独特の史料的価値がある。
(17)　南大門路の南側、蘭荘洞の東側で、現中区南山洞の一部の街区。
(18)　一五四八―一六二二年。一松は号。本貫は青松。朝鮮時代中期、宣祖・光海君代の文臣。盧守慎の門人。議政府左議政に昇った。文集に『一松先生文集』がある。
(19)　一六八五年―?。本貫は安東。号は大観。朝鮮時代後期、英祖・正祖代の文臣。兵曹参判などを歴任した。
(20)　南大門路の北側、水閣橋(水橋)周辺の、現中区北倉洞・南大門路一街にまたがる街区。

(21) 本来は掖庭署所属の下級吏員のことだが、ここでは宮中でさまざまな職種に使役される下級職員一般を指称している。

(22) 羅洞に西接し、現中区芸館洞一帯にまたがる街区。

(23) 校書館の別称芸《うん》館、芸《うん》閣にちなむ。

(24) 一五九四―一六四六年。将軍は軍司令官だったことにちなむ呼称。本貫は平沢《へいたく》。朝鮮時代後期の武臣。平安道兵馬節度使などを歴任し、丁卯胡乱の後、椴島の明将毛文竜《もうぶんりゅう》と連携した。丙子胡乱時には清軍に抵抗したが、排清派として朝鮮で処刑された。名将として多くの伝説がある。

(25) 柳得恭の号の一つが古芸堂《こうんどう》である。

(26) 南大門路の南側で、現中区忠武路一街・明洞二街にまたがる街区。

(27) 文剛は諡号で、公は尊称。

(28) 一七二九―九七年。相国は議政に就任したことにちなむ尊称。本貫は海平。朝鮮時代後期、英祖・正祖代の文臣。西人の老論派。議政府右議政に昇った。

(29) 一五八五―一六五七年。白江は号。本貫は全州。朝鮮時代中期、光海君―孝宗代の文臣。議政府領議政に昇った。清に反抗して瀋陽に囚われた。文集に『白江集』がある。

(30) 南山洞に北接し、現中区忠武路一街・二街にまたがる街区。

(31) 宮中を護衛するために、一六二三年（仁祖元年）から一八九四年（高宗三十一年）まで設置された武職官庁。仁祖反正の主導者たちが私的に募集した軍隊に始まり、当初は国王を牽制する軍事力となったが、後に、宮中の宿衛や国王行幸時の護衛などを担当した。官員の定数は、大将一名、別将三名。他に品階をもたない軍官三五〇名、所任軍官三名、堂上別付料軍官一名。

(32) 永禧殿西側、泥峴南隣の丘。現在、天主教ソウル大聖堂が建っている。現中区明洞二街内。

（33）　六曹前（御路）にあった（『承政院日記』純祖二年〔一八〇二〕三月四日）とされるが、古地図・古写真では橋の存在が確認できない。六曹前との交差点から鍾路をわずかに西に行った地点で清渓川に架かる松杞橋を指していると考えられる。

（34）　一五八七―一六七一年。本貫は海南。号は孤山。朝鮮時代中期、宣祖―顕宗代の文臣。南人。西人に排斥され、流配・隠遁生活が四十年近くに及んだ。漢詩、時調に優れ、歌帖に『山中新曲』など、文集に『孤山先生遺稿』がある。

（35）　一五九五―一六八二年。眉叟は号。本貫は陽川。妻は李元翼の孫。朝鮮時代後期、仁祖―粛宗代の文臣。鄭逑の門人。南人。議政府右議政に昇った。

（36）　現中区乙支路二街一帯にまたがる街区。

（37）　現中区忠武路二街の一部の街区。扈衛庁洞に東接し、泥峴の南。

（38）　一六四九―一七〇九年。大将は官職にちなむ呼称。本貫は安定。朝鮮時代後期、顕宗・粛宗代の武臣。西人の老論派。宋浚吉の門人。御営大将などを歴任した。

（39）　重陽の節句に山巡りをする時の名所の一つ。

（40）　鹿一匹を入れる程度の小さな車の意味。

（41）　後漢の鮑宣（？―三年）の妻桓少君が、いつでも鹿車で郷里に帰れば良いと言って貧しい夫を励ましたという故事（『後漢書』巻八四・列女伝七四・桓少君）にならうこと。

（42）　朴趾源の漢文小説『許生伝』の主人公。

（43）　『許生伝』。朴趾源の文集『燕巌集』の別集『熱河日記』所載「玉匣《ぎょくこう》夜《や》話《わ》」所収。

（44）　筆は朝鮮固有語で旲《ブツ》、部の漢字音は早《ブ》。

（45）　一六一〇―六九年。美村は号。号は他に魯西。本貫は坡平。尹拯《いんじょう》の父、成渾の外孫。朝鮮時代後期、仁祖―顕宗代の学者。金集の門人。西人の少論派。礼学研究に専念し、学説で宋時烈と対立して西人が老論派と少論派に分裂する遠因となった。文集に『魯西遺稿』がある。

(46) 睿宗元年（一四六九）に閉鎖された。
(47) 一三五一―一四一九年。亀亭は号。本貫は宜寧。高麗時代末期から朝鮮時代初期の文臣。太祖配享功臣。宜城府院君に封ぜられ、領議政に昇った。
(48) 一四九九―一五七二年。東皐は号。本貫は広州。号は他に南堂、紅蓮居士、蓮坊老人。朝鮮時代中期、中宗―宣祖代の文臣。議政府領議政に昇った。宣祖の院相として国政を担った。著書に『朝鮮風俗』、文集に『東皐集《とうこうしゅう》』がある。
(49) 鋳字洞東側で、現中区南学洞一帯の街区。
(50) 一五六二―一六二三年。本貫は密陽《みつよう》。号は退憂。朝鮮時代中期、宣祖・光海君代の文臣。北人の大北派の中心。光海君政権の重鎮で、議政府領議政に昇り、密陽府院君に封じられた。仁祖反正の際に自決した。文集に『退憂集』がある。
(51) 李苻の号。
(52) 一四一七―五六年。翠琴は号で、酔琴の誤り。酔琴軒の略。本貫は順天。朝鮮時代前期、世宗―世祖代の文臣。刑曹参判などを歴任した。端宗の復位を謀った罪で処刑された。文集に『朴先生遺稿』がある。
(53) 朴彭年は成三問らとともに、忠臣の代表とされる死六臣の一人。
(54) 南大門路西側の街区。現中区小公洞一帯。
(55) 太宗の第二女慶貞公主。生没年未詳。結婚前の住居が小公主宅と呼ばれていた。趙浚の息子趙大臨と結婚した。
(56) 一五六〇―一六二三年。本貫は広州。号は観松。朝鮮時代中期、宣祖・光海君代の文臣。北人大北派の領袖。光海君政権の重鎮。弘文館大提学などを歴任し、広昌府院君に封じられた。永昌大君を殺害し、宣祖妃仁穆大妃を廃位させた。仁祖反正で失脚し、逃亡途上、政府軍に殺害された。
(57) 詳細不明。
(58) 詳細不明。

(59)　現中区明洞一・二街一帯にまたがる街区。
(60)　一六三四―一七〇四年。斗南は号。本貫は原州。朝鮮時代後期、顕宗・粛宗代の文臣。南人。議政府右議政に昇った。
(61)　扈衛庁洞西側で、現中区忠武路一街一帯の街区。
(62)　上党は韓明澮の府君号上党君の略。
(63)　中国東晋の政治家・書家王羲之（三〇三―三六一年）が名士を別荘に招き、蘭亭で曲水の宴を開いたという故事にちなんだ名称。
(64)　現中区草洞一帯にまたがる街区。
(65)　全周墨の朝鮮語漢字音は전주묵《チョンジュムク》、田椒井は漢字音（田）と固有語（椒井）で전초우물《チョンチョウ ムル》。
(66)　草墨の朝鮮語漢字音は초전《チョジョン》、椒井は固有語（椒）と漢字音（井）で초정《チョジョン》。
(67)　水標橋から永禧殿に至る道路沿いで、現中区乙支路二・三街、水標洞一帯にまたがる街区。本洞については、全写本とも見出しだけで本文記述がない。写本原本が誤記を切り取り、貼付した紙に記入し忘れたものと推定される（解説参照）。
(68)　乙支路と南大門路の交差点東南区域。現中区乙支路二街一帯にあったと推定される小丘。
(69)　朝鮮語で、銅は구리《クリ》、雲は구름《クルム》。銅峴は宛字で仇里介《구리개》《クリゲ》（銅丘）とも書いた。
(70)　筆洞に西接する街区。現中区筆洞一街の一部。
(71)　朝鮮語で、披蘭と避乱は同じ피난《ピナン》。

〈5〉西部

(1)　現英国聖公会貞洞教会周辺の街区。徳寿宮の裏側で現鍾路区貞洞の一部。
(2)　徳寿宮北側の丘。
(3)　現中区貞洞の一部。
(4)　小貞洞。現中区貞洞の一部。
(5)　一六五〇―一七三五年。相国は議政に就任したことにちなむ尊称。号は艮斎《かんさい》。本貫は海州。朝鮮時代後期、粛宗―英祖代の文臣。英祖配享功臣。西人の少論派。議政府領議政に昇った。文集に『艮斎集』がある。
（6）一七二八年（英祖四年）に起きた李麟佐の乱（戊申の乱）平定に功績のあった者を顕彰する功臣号、またその功臣号を授与された者。朝鮮王朝が授与した最後の功臣号である。
（7）漢城の邸宅。漢城に居住する士大夫たちの多くは地方にも邸宅をもっていた。
（8）西小門から入った北側区域。現鍾路区西小門洞の一部。
（9）李徳洞《りとくけい》（一五六六―一六四五年）の著した歴史逸話集。一巻。李徳洞は、朝鮮時代中期、宣祖―仁祖代の文臣。本貫は韓山。号は竹泉。議政府右参賛などを歴任した。
（10）一五三五―一六二三年。本貫は瑞山《ずいさん》。号は来庵。朝鮮時代中期、宣祖・光海君代の文臣。曺植《そうしょく》の門人。北人大北派の領袖。光海君政権の重鎮。議政府領議政に昇り、瑞寧府院君に封じられた。仁祖反正で政界から追放された。文集に『来庵集』がある。
（11）一五五四―一六一一年。本貫は三陟。号は感樹斎。朝鮮時代中期、宣祖・光海君代の文臣。世子侍講院文学などを歴任した。日本軍の侵入時に義兵として活動した。文集に『感樹斎文集』がある。
（12）慶運宮仁王門前の街区。現中区西小門洞の一部。
（13）一五四八―一六三一年。沙渓は号。本貫は光山。朝鮮時代中期、宣祖・光海君代の文臣。李珥の門人。西人の領袖。刑曹参判などを歴任した。宋時烈、宋浚吉などの弟子を育成し、仁祖代に西人が主導権を掌握する基礎を作った。著書に『家礼輯覧』、『典礼問答』、文集に『沙渓先生全書』がある。
（14）南大門路北側で、現中区南大門路四街・北倉洞一帯にまたがる街区。
（15）一五三九―一六〇九年。鷲渓は号。本貫は韓山。朝鮮時代中期、宣祖代の文臣。北人大北

派の領袖。議政府領議政に昇り、鵝城府院君に封じられた。文集に『鵞渓集』がある。

（16）一五二三―八九年。思庵は号。本貫は忠州。朝鮮時代中期、明宗・宣祖代の文臣。徐敬徳の門人。議政府領議政に昇った。尹元衡追放に主導的役割を果たした。文集に『思庵集』がある。

（17）報恩緞洞。美洞とも言う。南大門路西側の街区。現中区乙支路一街・南大門路一街一帯にまたがる街区。

（18）報恩緞洞は漢字音（報恩）と固有語読み（緞洞）で보은단골《ポウンダンゴル》、美墻洞は곤당골《コンダンゴル》（Map of Seoul, 1902）と呼ばれた。「緞」は美しいので変じて美洞となったという説もある（『林下筆記』巻三二・旬一編二・報恩緞洞）。

（19）司訳院の来歴、役割、制度、通交事実などをまとめた書籍。はじめ訳官たちが私的に編纂したものを、増補の上、一八八八年（高宗二十五年）に司訳院が刊行した。

（20）生没年未詳。朝鮮時代中期、宣祖代の官僚。通訳官であったが、宗系弁誣奏請使黄廷彧《こうていいく》に随行し、李成桂の系譜に関する『大明会典』の記述を修正することに成功した功績により、光国功臣号を授与され、唐陵府院君に封じられた。

（21）北京の南にある地名。現北京市通州区。

（22）尚書に次ぐ礼部第二位の官職。正三品。

（23）？―一五九九年。中国明朝の官僚。壬辰倭乱の際に講和論を提唱し、朝鮮軍が日本軍に敗北した責任を問われて獄死した。

（24）明の『太祖実録』と『大明会典』に、李成桂が高麗王朝末期の権臣李仁任《りじんにん》（？―一三八八年）の子であると記述されていることの誤りを主張し、修正を要請した。

（25）一五三二―一六〇七年。芝川は号。本貫は長水。朝鮮時代中期、明宗・宣祖代の文臣。西人。弘文館大提学などを歴任した。『大明会典』の李成桂系譜関係記述の訂正に成功し、光国功臣号を授与されて長渓府院君に封じられた。文集に『芝川集』がある。

(26) 北京内城九門の一つ。内城の正東にある。
(27) 元、明、清代に外国使節を所管した中国の官署。
(28) 『大明会典』。神宗の万暦四年（一五七六）に再編集し、万暦十五年（一五八七）に完成した『重修会典』（『万暦会典』）。
(29) 『大明会典』（『重修会典』、『万暦会典』）巻一〇五に、李成桂が李仁任の子ではなく、李翰の子孫で李子春の息子であると、系譜に関する誤りが修正されて記述されたこと。
(30) 兵部の長官。正二品。大司馬とも言い、全軍を統括した。
(31) 洪純彦が光国功臣号を授与され、唐陵府院君に封じられたこと。
(32) 生没年未詳。仁祖反正の際の功績によって靖社功臣号を授与された。
(33) 粛川は平安道中部の邑。守令は都護府使。

〈6〉北部

(1) 鍾路北側の街区。現鍾路区仁寺洞一帯。
(2) 一七〇三―六五年。相国は議政であったことにちなむ呼称。本貫は平山。朝鮮時代後期、英祖代の文臣。西人の老論派。議政府領議政に昇った。
(3) 南大門路から鍾路を越えて北上した東側、典医監洞の東側で、現鍾路区堅志洞一帯の街区。
(4) 漢字音で石は석《ソク》、城は성《ソン》。
(5) 相国は領議政に就任したことにちなむ尊称。
(6) 一六三三―九三年。本貫は驪興。朝鮮時代後期、顕宗・粛宗代の文臣。南人。兵曹判書などを歴任した。
(7) この年、西人から南人へ政権が交替し（甲戌換局）、閔宗道も流配刑に処された。
(8) 妾との間に生まれた者の子孫。庶孽と同じ。
(9) この部分は『稗林』所収の『竹泉日記』にはない。
(10) 三清を祭る道教寺院。

(11)　詳細不明。監司は観察使職に就任したことにちなむ呼称だが、観察使就任者の名簿中に李尚謙の名は見えない（『清選考』巻八・藩鎮）。定数二名のうち一名が観察使も兼任した全羅左道水軍節度使と慶尚右道兵馬節度使に就任した同名の人物（『純祖実録』巻一七・十三年五月辛巳、同巻二三・二十一年二月辛卯）にちなんで「監司」と呼ばれた可能性がある。

(12)　老峰は閔鼎重の号。

(13)　成三問が若き日に集賢殿学士であったことにちなんだ呼称。

(14)　景福宮東北隅に隣接する街区。現鍾路区八判洞一帯。

(15)　孟思誠は太宗十二年（一四一二）に豊海道監司（都観察使）に任命されており（『太宗実録』巻二三・五月丙戌）、地名はこれにちなんでいる。現鍾路区斎洞一帯。

(16)　奇遵《きじゅん》（一四九二―一五二一年）の著書。原本未確認。『海東名臣録』（巻三）にほぼ同文が載っている。奇遵は、本貫は幸州、号は服斎、徳陽。朝鮮時代中期の文臣。趙光祖の門人。弘文館直提学に抜擢された直後、趙光祖一派粛清事件に連座して処刑された。文集に『服斎先生文集』がある。

(17)　本貫が新昌の人。「○○（地名）人」とは○○を本貫とする人の意味。

(18)　現鍾路区通義洞の一部。

(19)　一六八七―一七五七年。仁元王后は謚号。本貫は慶州。粛宗の継妃。仁顕王后閔氏の死去を受けて王妃に封じられた。

(20)　各写本は四―五字分を空白にしている。ソ歴本は「また石刻があり、大明日月とある。宋尤菴の筆である。また百世清風と刻んである。明の使節朱之蕃の筆である。」としており、他の写本と文章が大きく異なる。この根拠は不明であるが、上文に「の八字」とあるところからみて、写本作成者の造作とみられる。朱子の書から字を集めたという説もある。現在は「百世清風」の四字だけが残っている。

(21)　一五三四―九九年。亀峰は号。本貫は礪山《れいさん》。朝鮮時代中期の学者。西人。祖母が婢妾だったため賤身分であったが、父が定難功臣に封じられて堂上官に昇ったため、良身分となり、士大夫と交際するようになった。金長生に影響を与え、金集らを育成した。後に、父の告発が誣告とされて賤身分に戻された。良身分を回復後、流配されて死去した。文集に『亀峰集』がある。

(22)　一五三六―九三年。松江は号。本貫は延日《えんじつ》。朝鮮時代中期、明宗・宣祖代の文臣。西人の領袖。議政府左議政に昇り、寅城府院君に封じられた。李珥らと交流した。三四調あるいは四四調の韻文形式文学である歌辞の名手として知られ、作品集に『松江歌辞』があり、文集に『松江集』がある。

(23)　任璟《にんけい》(生没年未詳)が詩話を集めた書物。孝宗年間(一六五〇―五九年)に編纂されたものと推定される。

(24)　一六四五―一七〇三年。西坡は号。本貫は海州。呉允謙の孫。朝鮮時代後期、顕宗・粛宗代の文臣。西人の少論派。兵曹判書などを歴任した。文集に『西坡集』がある。

(25)　一五五九―一六三六年。忠貞は諡号。公は尊称。本貫は海州。号は楸灘、土塘。朝鮮時代中期、宣祖―仁祖代の文臣。成渾の門人。西人。議政府領議政に昇った。一六一七年(光海君九年)、第二回の回答兼刷還使として日本に派遣された。著書に『東槎日録』、『海槎朝天日録』など、文集に『楸灘文集』がある。

(26)　一六一〇―七〇年。本貫は同福《どうふく》。号は亀沙。朝鮮時代後期、仁祖―顕宗代の文臣。戸曹判書などを歴任した。

(27)　一六〇九年―?。本貫は晋州。号は散庵。朝鮮時代後期、仁祖・孝宗代の文臣。承政院右承旨などを歴任した。

(28)　高貴な人物。徳の高い人物。ここでは呉挺一と柳道三を指す。

(29)　中国湖南省南部にある山。峨々とした九峰が聳えているので名付けられた。
(30)　湘江。中国湖南省南部を流れて洞庭湖に注ぐ川。
(31)　一六〇九―七一年。松谷は号。本貫は豊壌。朝鮮時代後期、仁祖―顕宗代の文臣。議政府右参賛などを歴任した。文集に『松谷集』がある。
(32)　婿とすること。東床の礼で、婚礼後に女性の家で行う供宴の意となる。呉道一は趙復陽の娘と結婚している。
(33)　翁主と婚姻して月城尉となったことにちなむ呼称。一七二〇―五八年。本貫は慶州。朝鮮時代後期、英祖代の文臣。一七三二年（英祖八年）に英祖の第二女和順翁主と結婚して月城尉に封じられた。済用監の提調などを歴任した。八分（隷書）の書に優れ、多数の哀冊文や諡冊文を揮毫した。
(34)　一七六六―一八三八年。斗室は号。相公は議政に就任したことにちなむ尊称。沈念祖の子。本貫は青松。朝鮮時代後期、正祖―憲宗代の文臣。議政府右議政に昇った。文集に『斗室存稿』がある。
(35)　衍入である。原文はここで切れずに継続している。
(36)　一四二五―七五年。本貫は懐仁《かいじん》。号は領海。朝鮮時代前期、世祖―成宗代の文臣。議政府領議政に昇り、仁山府院君に封じられた。
(37)　南怡の謀反事件解決に対する功績。功労者は翊戴功臣号を授与されたが、洪允成は授与に預からなかった。
(38)　南怡の謀反事件当時、洪允成はすでに右議政を経て仁山君に封じられていた。また、それ以前にも刑曹判書に就任したことはない。この逸話は事実関係が混乱している。
(39)　景福宮延秋門西側の街区。現鍾路区楼上洞・楼下洞一帯。

〈7〉城外

（1）夏亭は柳寛の号。

（2）一三三二—九六年。本貫は儒州（文化）。高麗時代後期の文臣。参知政事などを歴任した。

（3）『清選考』（巻七・清白）に世宗代の清白吏として記載されている。清白吏は、二品以上の高官の推薦で清廉潔白な官僚が選抜されることになっていた。

（4）風水地理学等によって居宅の場所を選ぶこと。

（5）『高麗史』編纂所。世宗五年（一四二三）に柳寛（柳観）は国王から、鄭道伝の編纂した『高麗史』改修の命令を受けた（『世宗実録』巻二二・五年十二月丙子）。『高麗史』最終版が完成したのは柳寛没後の一四五一年（文宗元年）であり、巻末の編修官名簿の中に彼の名は見えない。

（6）高官として外出の際に笠や冠を着用すべきところを、略式の礼帽である軟帽を被ることをもって非権威主義だったことを示した。

（7）冠を持たせる若い従者。

（8）高官にもかかわらず、馬や輿に乗らないで徒歩で通うという広い度量をもったこと。

（9）『筆苑雑記』の原文を大幅に改編している。「観、字は敬夫、文化の人である。」とある文は、原文では割註で文末に付されており、雨漏りがしたとする部分は、文末に置かれている。「高麗の名臣公権の六代孫である。世宗に仕え、清白をもって世に知られていた。」という一文は原文にない。一族の祖先を讃えるために柳本芸が書き加えた可能性が高い。

（10）『東国輿地備攷』（巻二・田野・往十里坪）は、東大門から片道五里のところにあると述べ、往復十里であることを含意している。

（11）東大門東北方、現城北区鍾岩洞。

（12）朴東亮（一五六九—一六三五年）の著書。七巻。寄斎は朴東亮の号。太祖代から明宗代までの歴史逸話を集め、一五九〇年代に豊臣秀吉と会見した通信使の報告に基づいた朝廷内の論議や宣祖の逃避行などを詳細に記述する。

(13)　韓継禧の封君号西平君の略。

(14)　一四二三―八二年。文靖は諡号。本貫は清州。韓尚敬の孫。朝鮮時代前期、世宗―成宗代の文臣。議政府左賛成などを歴任し、翼戴功臣号と佐理功臣号を授与され、西平君に封じられた。

(15)　一三六〇―一四二三年。政丞は議政であったことにちなむ呼称。高麗末期朝鮮初期の文臣。本貫は清州。韓継禧の祖父。朝鮮王朝開創への功績で開国功臣号を授与され、議政府領議政に昇って西原府院君に封じられた。

(16)　韓継禧は、韓尚敬の息子全羅道観察使韓恵（一四〇三―三一年）の長男である。

(17)　祖父母の兄弟姉妹の孫で自分より年長の男子。韓継禧の祖父韓尚敬が韓明澮の祖父韓尚質の兄。

(18)　政府の要職を歴任して議政府左賛成にまで昇り、二つの功臣号をもって西平君に封じられたうえ、死後、国王から文靖の諡号を授与された韓継禧の生活が窮迫していたとはにわかに信じがたい。韓継禧は若き日から学問の道に精進し、好んで質素な生活をしていたのであろう。

(19)　『寄斎雑記』原文では「十石《せき》を種《う》える」となっており、十石の籾を播種する広さの水田を指している。

(20)　漢陰は李徳馨の号。

(21)　現鍾路区蓬莱洞一街・義州路二街一帯。

(22)　宗親府など、多くの官庁や王陵などに置かれた従九品官。官位官職を持たない士族が名誉職として与えられる場合も多かった。

(23)　詳細不明。

(24)　旌表のこと。忠臣、孝子、烈女など、儒教の倫理道徳の体現者として国家が認定し、顕彰すること。

(25)　八人分の朱色に彩色された旌門のある家。

(26)　現西大門区内。正確な地域は不明。左議政李時秀の言によれば、「三門（南大門、西小門、西大門）外の砂地で樹木が鬱蒼としたところ。」（『承政院日記』純祖八年二月三十日。一八〇八年）である。

(27) 一五一五―八八年。相公は議政であったことにちなむ尊称。本貫は東萊。号は林塘。鄭光弼の孫。金尚容・尚憲兄弟の外祖父。朝鮮時代中期、中宗―宣祖代の文臣。東人。議政府左議政に昇った。著書に『林塘遺稿』がある。

(28) 西小門外北側で、現中区平洞一帯の街区。

(29) 一六六七―一七〇一年。第十九代国王粛宗の継妃。仁顕王后は諡号。本貫は驪興。父は驪陽府院君閔維重、母は宋浚吉の娘。後宮禧嬪張氏の子（後の景宗）の世子冊立を巡って妃を廃位されたが、後に復位した。

(30) 英祖は、あわせて車子洞から追慕洞に改称させた（『東国輿地備攷』巻二・漢城府・第宅）。

(31) 一五四九―一六一五年。慕堂は号。本貫は豊山。朝鮮時代中期、宣祖・光海君代の文臣。司諫院大司諫などを歴任した。著書に『慕堂遺稿』がある。

(32) 阿峴・万里峴から北側に連続する丘陵の名称。西小門外の南西部。

(33) 一五五八―一六三一年。薬峰は号。本貫は達城（大丘）。朝鮮時代中期、宣祖―仁祖代の文臣。李珥、宋翼弼の門人。西人。戸曹判書などを歴任した。文集に『薬峰集』がある。

(34) 地代。この「税」は、公租公課ではなく料金・手数料などの意味。

(35) 漢城城壁外西側の丘陵地帯の一部で、薬田峴の西、万里峴の北。西大門の外。

(36) 一六八〇―一七四六年。陶菴は号。本貫は牛峰。朝鮮時代後期、粛宗―英祖代の文臣。母は閔維重の娘。金昌協の門人。西人の老論派。弘文館大提学などを歴任したが、少論派に政界を追放され、漢城南の京畿道竜仁で後進の育成に専念した。英祖の蕩平策批判の急先鋒。文集に『陶菴集』がある。

(37)　曽祖父の弟の孫。
(38)　一六五九―一七二二年。本貫は牛峰。号は帰楽堂。朝鮮時代後期、粛宗・景宗代の文臣。宋時烈の門人。西人の老論派。吏曹判書などを歴任した。粛宗後継者をめぐり、少論派に罪せられて獄死した。文集に『帰楽堂集』がある。
(39)　現ソウル駅西方の丘陵。北は阿峴から薬田峴に、南は青坡の丘に続く。
(40)　?―一四四五年。朝鮮時代初期の文臣。本貫は海州。集賢殿副提学などを歴任した。『訓民正音』創製に反対して世宗から譴責され、官職を辞して郷里に隠棲した。
(41)　『京都雑志』の原文(巻二・歳時・上元)にある。この部分を脱落したため、下で「三門外が勝てば」とある文が唐突に出てきて意味不明になる。三門外は、阿峴のある西大門外以外の、東・南・北三大門の外側地域。阿峴は万里峴から北に続く丘陵。
(42)　該当記事があるのは『唐書』ではなく『隋書』。
(43)　高句麗を指す。
(44)　石合戦。多くの地域で行われていたが、地域によって実施時期が異なった。
(45)　西小門外、城壁沿い南側の街区。現中区義州路一街・忠正路一街にまたがる街区。
(46)　一六二〇―七三年。華谷は号。本貫は慶州。朝鮮時代後期、仁祖―顕宗代の文臣。西人。議政府左議政に昇った。文集に『華谷遺稿』がある。
(47)　李慶億は一六六六年(顕宗七年)三月前後に京畿道観察使であった。
(48)　迎曙道に属する碧蹄などの六駅。中国と往来する使臣に対応するため、負担が他駅より過重だとして、制度の改革が提起されていた。
(49)　公用旅客に提供するための馬を民間から金銭で雇用する法。この法が李慶億によってはじめて施行されたという記録は確認できない。
(50)　一四七一―一五三一年。本貫は豊山。号は逍遥亭。朝鮮時代前期、燕山君・中宗代の文臣。吏曹判書などを歴任し、花川君に封じられた。中宗を動かして趙光祖を粛清したが、言官に弾劾されて賜死に処された。反対派からは、南袞と共に「袞貞」と併称して小人《しょうじん》の代表とされた。

(51) 現中区南大門路五街の一部の街区。

(52) 青坡の西南側丘陵。円岳とも言う。万里峴から続く丘陵の南端部。

二一　市廛

〈1〉六矣廛

(1) 鍾閣。鍾路と南大門路の交差点東南角にある。現普信閣。

(2) 鍾楼と東大門の中間で東大門寄りのところ。『都城大地図』(十八世紀)などの近世漢城地図では、宗廟と二橋の中間で鍾路の北側、御営庁と東部の間に梨峴という地名が見える。現鍾路区鍾路五街の一部。

(3) 南大門外の蓮池側(『六典条例』巻八・捕盗庁・伏処)。現西大門区蓬萊洞一街。七牌は捕盗庁の巡羅範囲で、南大門から南方の青坡、西氷庫、麻浦、竜山。

(4) 西小門外(『六典条例』巻八・捕盗庁・伏処)。現西大門区渼沂《びぎ》洞。八牌の範囲は西小門から西方の大峴、西江、楊花渡。

(5) この他、西小門の外に市廛がいくつかあり、商業地区となっていた。『東国輿地備攷』(巻二・場市)は、大きな市場として、鍾楼街上、梨峴、七牌、昭義門(西小門)外の四か所をあげている。常設店舗と露店があった。

(6) 六矣《ろくい》廛《てん》のことを言おうとしているが、以下では八つの市廛があげられている。

(7) 「立」は朝鮮固有語「立つ」서다《ソダ》の過去連体形「立った」선《ソン》で、「線」선《ソン》と同音であり、立ち並んでいたからという語源解釈は誤りである。立ち線廛は行廊内に店舗を構える座業である。立ち並んでいたのは、市廛の行廊内を案内する居間《きょかん》

や、荷運び労働者である列立軍である。線廛は四十二の房が並んでおり、行廊内の暗さと相まって、一般人には店舗を探しにくいので案内業が成立した。

(8) 平市署から市廛に認定されることとの代償として負担する役務。十分から一分までの十段階があり、分数に応じて負担した。当初は市廛合計で百分だったものと推測される。

(9) 白絹。明紬とも言った。

(10) 綿のこと。略して「木」とも言った。

(11) 升は布の縦糸数を表す単位で、一升は布帛尺で幅七寸に縦糸八十本。一般的な綿布は五升で常五升布と言った。三升布はそれより粗いが中国産は堅牢だと評価されていた。

(12) 内魚物廛と外魚物廛が合同したもの。内廛は鍾路に、外廛は西小門外にあった。六矣廛になるために合同した。

(13) 干魚の他、ワカメなど乾燥した海産物一般も売っていた。

(14) 特別な権利と国役負担を義務化された市廛。正祖十五年（一七九一）の辛亥通共によって市廛の専売権が廃止された後も、六矣廛だけは専売権の行使を許された。六部廛、六分廛、六長廛、六注比廛、六調備廛、六主夫廛などとも呼ばれた。六矣廛制度の開始時期は不明だが、壬辰倭乱後の復興過程で、六つの市廛を指定して構成したと推定されている。新規加入、合同、分割、脱退などによって、構成市廛数が増減した。『万機要覧』（財用五・市廛）によると、甲寅年（正祖十八年、一七九四）に左議政金履素《きんりそ》の建白により、内魚物廛と青布廛が六矣廛から外し、代わりに布廛を入れたが、辛酉年（純祖元年、一八〇一）に、内魚物廛と外魚物廛および布廛と苧布廛をそれぞれ合わせて六矣廛とした。本書時点では、苧布廛と布廛が分かれており、『六典条例』巻四・漢城府市廛条には「八矣廛」とある。

(15) 株や権利を意味する朝鮮固有語주비《チュビ》の宛字。

分割併合や共同保有が可能であった。

〈2〉有分廛

（1）客の要請に応じて、煙草の葉を押し切りで細断して販売した。

（2）平安道産のタバコ。

（3）記載されているのは十一か所である。『万機要覧』（財用編四・各廛）と『六典条例』（巻四・戸典・平市署）は、床廛を「十二か所」とし、本書記載以外に紙床廛をあげている。

（4）反故紙。溶解して再生紙にしたり、壁・屏風などの下張りとした。

（5）十八世紀末の『市弊（三）』には専業として「針子女人廛」が出てくる。

（6）漢山居士の『漢陽歌』（一八四四年）は、販売品を「下米、中米、極上米、糯米、粟、稷、緑豆、青大豆、赤豆、小豆、飼料用大豆、中大豆、もやし豆」としている。

（7）上米廛は寿進洞入り口に、下米廛は梨峴にあり、鍾路平市署前の鉄物橋を専売地域の境界とした。

（8）西小門外にあった。

（9）詳細は不明。米廛の「物種」と抵触しない麦類、蕎麦、玉蜀黍《とうもろこし》、芋類と考えられる。

（10）古着（『東国輿地備攷』巻二・漢城府・場市）。

（11）紐のない短靴。

（12）皮革製の靴。分套鞋、皮草鞋、太史鞋、唐鞋、雲鞋、温鞋などがあった。

（13）油を塗った皮靴で、泥濘状態の時に履く。油鞋、泥鞋とも言った。

（14）綿繰りによって種子を除いた綿。原綿のこと。

（15）この説は誤りである。はじめ銀を売っていたが、営業不振に陥ったため、一七八一年（正祖五年）から麹を売るようになった（『増補文献備考』巻一六三・市廛考一）。

（16）絹糸で編み上げた飾り帯。

(17) 絹糸の組紐で作った腕飾り。
(18) 竜鬚草を織った蓆《むしろ》。
(19) 休息する時などに体を寄せる座布団状の家具。背もたれ。
(20) 朝鮮固有語で月は달《タル》、髢は달래《タルレ》・다래《タレ》で音が近似しており、また月乃달내《タルレ》とも書いた。
(21) 女性が装飾用に用いたカツラ。
(22) 鉄製品。主として釜や鍋。
(23) 国の定めた義務的役務。この他、政府や官庁から、中国へ派遣される使節の荷物運びなどの労役の他、各廛ごとに諸種物品の廉価納入や無償提供などを負担させられた。
(24) 内外魚物廛を二廛に分けても、合計は三十六廛である。『万機要覧』（財用編五・市廛）などもすべて三十七としているが、それらの資料では有分廛の数が三十七とは異なっている。六矣廛と同じように、数字だけが固定されて実態とずれが生じていた可能性が高い。
(25) 部屋の壁や天井に紙を張りつめること。一般に白紙を用いるが、模様を型押しした紙や油紙なども用いられた。
(26) 縫製工。

〈3〉 無分廛

(1) 宮廷の後ろに市場を設置すること。『周礼』（天官・考工記）に「面朝後市」とある。
(2) 長興洞と会賢洞が名産地と言われた（『林下筆記』巻三二・旬一編二・南酒北餅）。
(3) 楼閣洞のものが佳品だと言われた（『林下筆記』巻三二・旬一編二・南酒北餅）。
(4) 朝鮮語で角の意味。隅の朝鮮固有語모《モ》を漢字に宛字して毛廛《モジョン》とも呼ばれた。
(5) 女性だけを組合員とする女人廛であった（『市弊（三）』）。
(6) 黄海道中央部の邑。守令は牧使。海州と並ぶ黄海道の中心。
(7) 黄海道中央部の邑。守令は郡守。
(8) 江原道蔚珍《うっちん》邑に属した日本海上の島。朝鮮半島から約一三〇キロ東方にある。

（9）女性だけを組合員とする女人廛であった『市弊（三）』。

（10）賃貸料を支払って借りること。

（11）動物脂肪で作った灯火用燃料。

（12）縄、箒、ちりとりなどの荒物。

（13）篠竹で編んだ笠のツバ。

（14）慶尚忠清全羅三道の水軍司令部である三道水軍統制営がおかれていた地。慶尚南道南部海岸部にある。現慶尚南道統営市。

（15）黄色の草で編んだ笠。ツバがある。本来は冠礼を終えた青年が着用した。

（16）軍官や下隷が被る笠。戦笠とも言う。氈は、牛などの毛を厚く押し固めたもので、フェルトのこと。

（17）馬のたてがみを編んで作った髪押さえの頭巾。

（18）贈答用の特産物。

（19）装飾用の小刀。男性は平時に用い、女性は盛装時に用いた。柄と鞘は、竹、木、角、金、銀、玳瑁《たいまい》、琥珀《こはく》などで作り、彫刻を施したものが多い。染色した絹の縒糸《よりいと》を編んだ房を付ける。工芸品として日本や中国に輸出したり、外交使節の贈答品などにも用いた。

（20）草盒とも言う。煙草入れの箱。木・銀・玉などで製作し、刻み煙草を入れた。

（21）首に掛ける鈴。

（22）白粉《おしろい》や口紅など。化粧品。

（23）女性商人。構成員が女性だけに限られていた市廛を女人廛と呼び、『市弊（三）』によると、この粉廛（内粉廛）の他に、門内佐飯廛、針子廛、六隅廛、菜蔬廛や女性の礼装用冠を売る足豆里廛などがあった。すべて零細な市廛で分役がなかった。

（24）火箸、五徳などの鉄製道具や鉄の古地金。

（25）衣欌。衣類箪笥。

（26）牛の鼻輪。

（27）本書には出ていないが、別に陶器を販売する沙器廛があった。
(28)　豚肉。牛肉は懸房が販売した。
(29)　死後二年経過時に行う祭祀。三回忌。大朞《だいき》とも言う。
(30)　疫病を駆逐したという伝説上の人物。ここでは葬儀の際に、そのかたちに模して熊皮を被り、金色の四つの目を描いた面をかぶり、朱色の衣装を着けた人物。矛と盾を持って車に乗り、墓地まで葬列の先導を行う。
(31)　麦芽糖などを原料とする飴。固形化したものを割って販売する。
(32)　たすきで首に掛けて物品を載せる長方形の盆。
(33)　魚の塩汁漬け。原義は食をすすめるもの。
(34)　しおから。材料は、タラの内臓、イカ、アサリ、エビ、明太子など。
(35)　食料品を扱う生鮮廛、上米廛、内魚物廛、外魚物廛に隣接して四か所あった（『万機要覧』財用編五・各廛）。
(36)　日本名「スゲ」。カヤツリグサ科スゲ属の草一般。種類が多く、多くは多年生。笠などの材料として用いられる。
(37)　日本名「アブラガヤ」。カヤツリグサ科ホタルイ属の草。
(38)　日本名「イバラダケ」。バラ科のつる性低木。
(39)　くまでを売る。

〈4〉その他

(1)　藍染屋。靛は日本名「アイ」。タデ科の一年草。藍染めの原料や生薬として用いる。
(2)　日本名「センキュウ」。セリ科の多年草。根茎を生薬として用いる。
(3)　日本名「ヨロイグサ、カラビャクシ」。セリ科の多年草で根茎を生薬として用いる。
(4)　翼宗が純祖の代理聴政していた時期（一八二七—三〇年）に、報恩緞洞に書肆が開設されたが、無頼の輩が白昼堂々と万引きして行ったたので閉鎖したと言われる（『五洲衍文長箋散稿』巻五・書籍坊肆弁証説）。

（5）漢江周辺に居住する下層民。

（6）『万機要覧』（財用編五・各廛）には「竜山柴木廛」が出てくるが、後にこの市廛は閉鎖されて、柴薪については自由販売になった。

解説

吉田光男

一　『漢京識略』の史料的位置

本書の原題である『漢京識略』の「漢京」は、「漢陽」や「京城」などと並んで使われた朝鮮王朝の王都漢城の別称である。漢城は、一三九五年に朝鮮王朝（一三九二―一八九七年）の首都として建設されて以来、現在の大韓民国首都のソウルに至るまで、六百年以上にわたって朝鮮半島の政治・経済・文化の中心地でありつづけてきた。一九一〇年のいわゆる韓国併合によって、大韓帝国（旧韓国、一八九七―一九一〇年）が日本の植民地となり、一九四五年の日本敗戦による「解放」まで、ソウル（漢城）は「京城府」という行政名称で呼ばれていたが、東京府・大阪府・京都府などの他「府」とは異なり、国会から独立して天皇に直属する朝鮮総督の隷下にあり、実質的に朝鮮半島における首都的役割を果たしていた。このように、日本統治時代も含めて、漢城（漢京、ソウル）は朝鮮半島の中心であった。

朝鮮における最重要都市であるのにもかかわらず、近世末まで、漢城には人文・自然に関する総合的な記述である地誌が存在していなかった。(1) この状態を慨嘆したのが本書の著者柳本芸という一人の官僚であった。本書の著者を柳本芸と指摘したのは韓国文学者李秉岐《りへいき》（一八九一―一九八六）である。ソ大本の所有者である古書商宋申用（一八八四―一九六二）から本書を借覧した李秉岐は序文末に、著者を李祖黙と認めた宋申用の考証を批判し、柳得恭の息子である柳本芸を著者とすべきことを日記である『カラム日記』(2) 一九三七年六月八日条に記している。

本書序文に述べている本人の言によれば、朝鮮の各邑（府牧郡県）が邑誌を製作しているにもかかわらず、漢城だけは一五三一年に刊行された『東国輿地勝覧』以後、地誌が製作されていない。そこで一念発起して、文献記録および博学の士からの聞き取りをまとめて本書を製作したという。

時は、一八三〇年（純祖三十年）。東アジアが西洋列強の進出にゆれている時代であり、中国や日本に比べるとその圧力はまだ弱かったものの、朝鮮近海にも「異様船」と呼ばれる西洋船が出没し、徐々に不安感が高まり始めていた頃である。本書は、日本や西洋諸国によって否応なしに変化させられていく直前の漢城（近世ソウル）の姿を記録にとどめたものである。

本書が成立した一八三〇年という時期は、十六世紀末の豊臣秀吉侵略時に焼失した景福宮がまだ復興されておらず、朝鮮の政府王室は昌徳宮と慶熙宮の両宮体制で運営されていた。一八六七年に第二十六代国王高宗の生父である興宣大院君李昰応《りかおう》（一八二〇―九八）によって景福宮が復興される以前における、官庁や宮殿あるいは街の様相についての総合的な案内であり、記録である。

柳本芸の言うとおり、ソウルに関しては地誌が製作されていなかった。本書に類似のものとしては作者不明の『東国輿地備攷』（全二巻）があるが、その製作は少なくとも本書より三十年以上後になる一八六四年以降であり、独自の内容をかなり含んでいるものの、構成や内容の点で本書の影響を強く受けている。

漢城の風俗や年中行事については、洪錫謨著『東国歳時記』（一八四九年）、金邁淳《きんまいじゅん》著『洌陽歳時記』（一八一九年）、柳得恭著『京都雑志』（十九世紀初）という、ほぼ同時代の三書があり、本書と補完して漢城の都市空間の様相を現在に伝えている。ほぼ同時代にいずれも漢文で歳時記が作成されたことは、住民のうち、識字層である士大夫たちの漢城に対する愛着が強まってきたことを示している。

その背景には、農村に基盤を置いて、漢城で官僚生活を送った後、退任後はまた農村に帰っていくというパターンをとっていた士大夫両班たちの中から、十八世紀前後になると、漢城に定着して代々、官員生活を送っていく人々の出現とその増加という変化があった。本書は、そのような時代状況の産物なのである。

柳本芸は、将来、『新増東国輿地勝覧』の続編が製作される際の基礎作業という位置付けで本書を著した（序文）。近世の朝鮮では、地方の基礎的行政区画として、時期によって若干の増減はあるが、おおよそ朝鮮全土に三三五前後存在した「邑」はそれぞれ、製作時期の異なる何種類かの邑誌をもっていた。もし『新増東国輿地勝覧』の続編が製作されることがあれば、それらの邑誌と本書がその基盤資料となった可能性は高い。しかし、朝鮮王朝が継続している間、ついにその機会は訪れることがなかった。『東国輿地備攷』という後継者は得たものの、朝鮮政府も否応なしに「近代」化へとシフトしていき、伝統的な全国地誌の製作が構想されることはなかった。この点で彼はまさに近世的知識人であった。

ところで、邑誌の範型となった『東国輿地勝覧』は、各邑ごとに若干の違いがあるが、おおむね以下のような項目を記述しており、本書は「京都」と「漢城府」にならっている。

①建置沿革：古代から『東国輿地勝覧』作成時点までの邑の行政区域的変遷。
②郡名：記録上で確認できる邑の古称や別称。
③姓氏：邑を本貫とする姓氏の名称。
④風俗：古典的な記録による邑の風俗の特徴とその評価。
⑤形勝：名勝地の名称と説明。
⑥山川：山・川・海・島など邑内の重要自然地名とその位置や特徴。
⑦土産：動植物・海産物・鉱産物など邑の特産品。
⑧烽燧：ソウルと地方を結ぶ軍事連絡手段である烽燧（のろし台）の場所とネットワーク内における位置。

⑨楼亭、楼館、宮室：規模の大きな建築物の名称・位置・用途・由来。
⑩学校：政府が邑ごとに設置した学問所である郷校。
⑪駅院：公的輸送拠点である駅と公的旅行者の接待所である院の名称と位置。
⑫仏宇：仏教寺院の名称と位置。
⑬祠廟：社稷壇や文廟など儒教関係の施設。
⑭古跡：故事来歴をもつ歴史的遺跡。
⑮名宦、人物：邑に関係する著名な官僚・政治家・学者の名称と業績。
⑯題詠：邑を舞台にして製作された漢詩など。

その他、邑によっては、軍事施設である「関防」、王室の「陵墓」や著名人の「塚墓」、あるいは儒教道徳の体現者として政府から顕彰された「烈女」などを記載している。朝鮮政府はこれらの記録によって、全国の人文や自然に関する総合的な情報を一覧し、全国統治を円滑に進める資料とすることができた。

朝鮮王朝時代の前半期、政府の財政基盤を支えていたのは、居住者に賦課して人頭税的な性格をもつ賦役、農地に賦課して米を徴収する所得税的な性格をもつ田税、および邑の特産物を徴収し、住民税的な性格をもつ貢納、という三税であった。そのうち、貢納は政府官庁の必需品に充当され、中央集権的官僚制の根幹である中央官庁の財政的基盤となっていたが、その基礎資料となったのが、「土産」条に記述されている地域特産物である。

邑誌は『新増東国輿地勝覧』を範型として、邑の役所（邑衙）で製作されたが、中央政府から派遣されてくる地方長官である守令にとっては、邑の実状を把握するための最大の情報集積である。長くて二年程度、短ければ数か月で転勤していく守令にとって、邑誌こそ邑の状況を把握できる総合情報であり、邑誌あればこそ円滑な統治が可能となった。

このようにみると、中央官庁のお膝元である漢城に邑誌がなかった理由もある程度、推測されるが、ここでは重要な三点に絞って考えてみよう。

第一に、王朝政府のお膝元であり、官僚（両班）やその母集団である士大夫（士族）、王宮や官庁の下働き官僚や士大夫家の使用人、商人、手工業者、都市雑業民など非農業生産者が人口の多くを占める漢城では、「土産」を記述する必要はなかった。城壁外の経済的後背地には農漁業生産物があったが、それらの多くは漢城住民たちの食糧などとして消費されるものであった。果たして、『新増東国輿地勝覧』の漢城府条には「土産」の記述はなかった。

第二に、記録に対する住民の意識である。中央集権的官僚制の中心である漢城では、官僚やその母集団である士大夫として朝鮮社会に君臨する支配エリートたちが集住しており、彼らが相対的に少数者である地方社会とは社会構造が異なっていた。彼らがエリートたるの源泉は、学問を通じて形成された。科挙に合格して官僚になることが当時の朝鮮社会では政治的社会的支配者になる最大の要件であった。彼らの学問は、科挙の合格につながる儒教の古典を中心とした中国の古典籍の習得の上に成立していた。知識人たちは漢字漢文を通して自己を形成し、社会的な位置と地位を確保していた。十四世紀に創製された朝鮮独自の文字ハングル（訓民正音《くんみんせいおん》、正音、諺文《げんぶん》）は一定程度の普及はしていたものの、あくまでも基本は私的な世界にとどまり、公的な世界は漢字漢文によって支配されていた。識字層の大部分はこのような漢字漢文に習熟し、儒教的世界観をもって自己規定をしていた人々であった。士大夫両班の多くにとって日常の些事や周辺の俗世間は記述する価値が認められなかった。認める人は非常に稀れであった。一方、非士大夫の人々の大多数にとって漢字漢文は遠い世界の事柄であり、ハングルも一般庶民にはさして普及していなかった。彼らには自分の周辺を記録し記述する術がなかったし、おそらくそのような関心自体が著しく希薄であったようである。

第三に、漢城の住民には地域のつながりを重視する意識が弱かった。その背景には、住民移動の激しさがある。それをうかがわせるのが戸籍台帳の記録である。

朝鮮王朝では、一三九二年の王朝開創以来、三年ごと（子・卯・午・酉の年）に、邑を単位として住民調査である戸籍作成事業を行っていた。これは同じく戸籍とは言え、日本の現行戸籍のように本籍地に原簿を置いて加除修正していくという本籍主義ではなく、現住者だけを調べ上げる現住主義で作成され、住民登録に近い性格をもったものである。したがって、同一地域で異なる年次間の異同に着目すれば、その間の住民移動を捕捉することができる。戸籍台帳の大部分は亡失してしまったが、幸いなことに戸籍調査が三年ごとから毎年実施に変った時期（一八九六年以降）において、漢城城壁内中心部では、一八九六年、一九〇三年、一九〇六年の三年次分の戸籍台帳[3]が残っている[2]（京都大学所蔵）。

これらから戸籍の基礎単位である「戸」の異同をまとめてみると、次表のような数値が得られる。一部地域の戸籍台帳しか残存していないので、この数字をもってただちにソウル全体を判断するには慎重さが必要であるが、おおよその傾向をうかがうことはできる。およそ三年間で三分の二ほどの「戸」が転出と転入、つまり移動していたと考えられる。これを十年の間隔を置いて異同を比較できる陽徳坊で見てみると、九割近い「戸」が移動していることになる。このように、近代初頭のソウルでは、常に「戸」を単位とする頻繁な住民移動があった。これは近世後期から続くものである。

表　漢城における「戸」の移動

地域	年　次	変動率（転入＋転出）
堅平坊	1903-1906年	62.0%
安国坊		72.2%
嘉会坊		71.8%
広化坊		70.8%
順化坊		57.4%
陽徳坊	1896-1906年	86.5%

ところで、戸籍台帳上、「戸」は同一敷地に居住する人間集団と定義され、血縁関係の有無は関係がない。同居・間借りなど、子細な状況までは戸籍台帳に記録されないので、住民の個別移動はこの数字より大きくなることは間違いない。漢城住民たちは、平均すると、毎年、二割くらいの「戸」が入れ替っていたことになるのである。こうした状況下において、漢城住民と地域との関係は希薄であり、地域の諸々を記録し記述しようという意識が出てくることは難し

い。いつ移動していくか分からない人々にとって、現在の居住地は定住をする地ではなく、かりそめの地である。そのような地域に対して、調査と記録、そして記述に対する意欲が湧いてこなかった、というのが事実に近いであろう。

　このようにみた時、柳本芸という人物の存在とその作品である『漢京識略』の希少性と重要性について説明する必要はなくなるであろう(4)。まことに柳本芸は希有な人物である。

（1）　ソウル大学学術研究院奎章閣には、承政院都承旨などの高位官職を歴任した権僖が顕宗二年（一六二二）に編纂した『薫陶坊鋳字洞志』という、地方の邑誌にあたる洞誌が所蔵されている。現在までに確認されたところでは、これが唯一の漢城における洞誌である。他洞でも同様のものが作成されたかどうかは現在、不明であるが、少なくとも、各大学・研究機関やソウル市立歴史博物館などの精力的な調査でも発見されていないところをみると、同種のものが作成されたとしても残存している可能性は低いし、そもそも作成された可能性そのものが低い。

　この『薫陶坊鋳字洞誌』は他の邑誌と異なり、記述の大部分が鋳字洞に関係した著名な官僚・士大夫に関するものであり、地域に関する事柄はほとんど扱われていない。『新増東国輿地勝覧』で言えば、ほぼ人物条だけで構成されているのである。著名な学者や官僚が居所としたことを示して士大夫世界の中で、鋳字洞がいかに由緒正しい地域であるのかを宣言し、居住者の威信を高めるために作成されたものであり、いわゆる地誌としての邑誌の範疇には入らない。

　また最近、ソウル市中浪区忘憂洞で作成された『忘憂洞誌』の存在が明らかになっている。しかし、この地域はもともとは漢城府管轄外の農村であり、これをもって漢城の洞誌とは言い難い。

（2）『カラム日記』は遺族の了承を得て、その一部が活字化され、公開されている（新丘文化社、ソウル、一九七六年）。『カラム日記』は彼の号嘉藍《カラム》から名付けられているが、原本が公開されておらず、原題であるか不明である。

（3）漢城府の戸籍台帳は、この三年次のものだけでなく、顕宗四年（一六六三）に作成された『康熙弐年癸卯式年北部帳籍』と題された一冊がソウル大学に所蔵されている。現存する戸籍台帳のもっとも古い時期に属するものとして貴重ではあるが、一年次分しか残っておらず、住民移動については参考資料とすることができない。

（4）本書の韓国語訳には、鄭泰益訳『漢京識略』（探求堂、ソウル、一九八一年）がある。訳出にあたって参考にしたところも少なくない。ただし、本訳書にはかなりの誤りがあり、また註が極めて少なく、本文の円滑な理解に便なものとは言い難い。

二　著者柳本芸の生涯と人物像

一九七六年に文化柳氏世譜編修委員会が編纂した『文化柳氏世譜』（増補版）によると、柳本芸の号は樹軒、柳得恭（一七四八―一八〇七）の次男として丁酉年（正祖元年〈一七七七〉）十二月二十六日に生まれ、壬寅年（憲宗八年〈一八四二〉）二月十二日に死亡している。享年六十六である。本書『漢京識略』を完成した一八三〇年には数え年で五十三歳であった。(1)

柳本芸の生涯にとって、この父柳得恭の存在には非常に大きなものがある。柳得恭の家系は、庶孼《しょげつ》と言われた士族の妾の子である庶子の系列に属していた。そこに、柳得恭の不運と、それと裏腹の幸運があり、それが柳本芸にも共通した。

柳本芸の高祖父にあたる柳三益（一六七〇—一七四六）が庶子であったため、柳得恭も柳本芸も庶孼ということになる。朝鮮王朝全時代を通じて庶孼は、庶孼禁固と言われる差別措置を受け、正妻の子である嫡子系列の人々と違い、科挙受験や官界進出が厳しく制限されていた。朝鮮王朝創建の大功労者であり、『朝鮮経国典』などを編纂して王朝の制度的基礎を作り、儒学（朱子学）を国家思想として定立させた鄭道伝や、また漢城への遷都に大きな役割を果たした可崙でさえも、庶孼であるということから、士大夫たちから排撃された。庶孼に生まれたことは、俊才柳得恭にとって不運そのものであったが、それがかえって彼に幸運をもたらした。

もともと、柳本芸の属する文化柳氏は、王建の高麗王朝開設に対する功績で三韓翊賛壁上二等功臣大丞の称号を得た柳車達（十世紀、生没年未詳）を始祖とあおぐ男系の一族（氏族）であり、遠い先祖には、本書にも出てくる高麗時代の柳公権、朝鮮時代初期の柳寛など錚々たる大政治家がいる。近くは、柳本芸の十代祖で、工曹判書まで昇進したことから一族の間で判書公と呼ばれる柳潜（一五〇九—七六）や、その長男で、漢城府判尹などを経て正一品の領敦寧府事になり、文城府院君に封じられた柳自新（一五四一—一六一二）などの高位の官僚がいた。

しかし、その後、彼の所属する派（文化柳氏祇候公派）全体の中からは政界・官界・学界で活躍をした人物を何人か出したものの、柳本芸の直系の先祖たちの中からは、さほど名をなした人物は出ていない。

しかし、顕官の末裔として、また代々漢城に居住する士大夫として、それなりの名門性を認められた家系に属していた。また、庶孼ではあっても、柳三益の三人の息子夏相、周相、漢相のうち、長男の夏相は通徳郎の官位を入手し、柳本芸の曽祖父にあたる三男の漢相（一七〇七―七〇）は通徳郎の官位を保有したうえに、「遺稿」があるとされているので学問的評価を受けて名門の一員たるの地位はそれなりに認められていたようであるし、また祖父にあたる琸《ちゅん》（一七二六―五二）とその弟二人も「遺稿」があり、庶孼の中でも学識ある家門と目されていたものと思われる。そのような家庭的基盤の上に、柳得恭も息子柳本芸も幼い時から学問の道に入っていった。それが、正祖による抜擢という幸運につながったのである。

祖父英祖の後を継いで朝鮮王朝第二十二代国王となった正祖は、幼いころから秀才の誉れ高く、祖父英祖の命を受けた蔡済恭らの学者官僚などから厳しい帝王教育を授けられ、好学の王子として成長した。王位継承権者である父思悼世子（荘献世子、荘祖）が、その父である第二十一代国王英祖の不興を買って死に追いやられてしまったため、一七七六年に英祖が死亡した後を受けて一代飛ばした正祖が第二十二代国王となった。

正祖は即位するや、学問振興に腐心し、宋の竜図閣や天章閣にならって歴代国王の御筆や王室の系譜などを蔵する施設として世祖代に昌徳宮の最奥部に創立された奎章閣を大幅に拡充して学問の府とした。

奎章閣の職務は、諸種の編纂作業や蔵書整理などにあったが、その基礎となったのが、王宮内各所に所蔵されている伝来の文献や記録類と、毎年、清朝廷に派遣された外交使節燕行使《えんこうし》が正祖の命によって購入してきた中国古典籍であった。所属官員はこれらを自由に閲覧利用することで、正祖が目的とした学問振興の中心となったのである。

奎章閣は従二品官庁に位置づけられ、閣臣六名（提学二名、直提学二名、直閣一名、待教一名）と検書官四名を置いた。閣臣のうち提学（従二品）と直提学（正三品）は堂上官であり、奎章閣とその官員は、官庁・官僚体系の中で高い地位にあった。初期の閣臣には、徐命膺、洪国栄、兪彦鎬、鄭民始、鄭志倹ら、学問と政治的実力を兼ね備えた正祖政権の重鎮たちが配置された。正祖が奎章閣にかけた並々ならぬ意気込みを見てとることができよう。

特別選抜試験を経てそこに送り込まれたのが、庶孼の中の俊才、柳得恭、李徳懋、朴斉家、徐理修の四人であり、検書官というその職名から世に四検書と呼ばれて才能を高く評価され、またそれに見合った成果を挙げた。検書官になることのできたのは庶孼に限られていた。正祖は庶孼の俊才を抜擢するために、奎章閣に検書官の職を作ったのである。科挙を経ないで有能な庶孼に活躍の場を与えた正祖の思惑は当たり、奎章閣は朝鮮王朝の学問中心としての地位を確立していった。

検書官は品階が五品相当のいわゆる参外官である。採用の時、柳得恭らは三十歳前後の俊秀であった。柳得恭は一七七四年に司馬試に合格して生員進士の資格はもっていたが、科挙には合格していなかった。それが、科挙文科の主席合格者の初仕職が従六品官であったのに、一挙に五品官相当に抜擢されたのである。庶孼だったゆえの幸運であるとも言えよう。

正祖は即位当初から庶孼に対する差別を不当と考え、正祖元年（一七七七年）の経筵時には、庶孼を嫡系子孫と同様に登用するよう、世祖の時に定められた「庶類節目」の遵守を提起したが、その後も庶孼に対する差別は解消されなかった。柳本芸が検書官の職を勤めていた一八二三年（純祖二十三年）にも、京畿道をはじめ六道の儒生たち約一万人が集団で庶孼差別の撤廃を訴え出ているが、事態に大きな変化は起きなかった。

正祖の問題提起から八十年を経た一八五八年に大丘の達西書院で刊行された『葵史』は、庶孼たちが士族家門の一員であることを縷々と説明し、文章八大家の一人に数えられる宋翼弼など、庶孼の著名人の名を挙げて、王朝政府に対して大きな貢献をしてきたことを強調している。それだけ庶孼たちの不満は高まり、同じ士大夫の家系にありながら、嫡子系列とは区別され、差別されることに対する怨嗟が満ちていた。世道政治の中心人物金祖淳など、権力中枢にいた人々の中にも、庶孼に対する差別をなくすべきだとする意見はあったが、彼らの政治参与を、既得権を侵害するものとみなす嫡子系の士族たちから排撃されてきた。

そのような状況の中で、わずか四人という狭き門であったが、正祖は庶孼たちに検書官という一つの突破口を与えた。柳得恭はその期待によく応えて成果を挙げ、検書官としての職務を続けながら、楊根郡守などを経て最終的には嫡子系列の科挙合格者でもなかなか到達できない従三品の豊川府使にまで昇進した。正祖にとって彼らが期待通りの活躍をしたことが大きな喜びであったであろうことは想像に難くない。

柳本芸に戻ろう。自身の才能と努力もさることながら、柳得恭の息子に生まれたことが検書官への道を開いた。柳本芸は、たまたま検書官の一人が守令に就任して漢城を離れたため、緊急避難的措置として、一八〇四年に兼検書官という職名で奎章閣に仮採用された。そこで好評価を受けて、翌年、検書官として本採用されることになった。その際、柳得恭の息子ということが大きな要素として勘案されたようである。

柳本芸の不幸とは、庶孼の家系に生まれたため、科挙を通して官僚になる道が制限されており、父柳得恭と同じ悲哀を味わったことである。しかし、それ故に父が検書官という道を得たのと同じく、柳本芸自身も検書官として両班官僚になることができるという幸運を得たのであった。いくら士族の嫡子末裔に生まれても科挙に合格しなければ両班官僚に進出することは容易ではなかった。両班官僚となれたのは、士族のほんの一部の人々にすぎず、多くの士族たちにとって科挙合格と両班官僚就任は見果てぬ夢であった。柳本芸は、庶孼に生まれるという不運が転じて、検書官に就任して両班官僚になるという幸運に恵まれた。皮肉なものである。

柳本芸は、数え年二十七歳で仮検書官、二十八歳で検書官となった。検書官は勤務日数が三十か月に達すると他官庁に配置転換されることになっていた。柳本芸も、一八〇七年（純祖七年）には通礼院の引儀、一八一九年（純祖十九年）には漢城を離れて慶尚道の沙斤道察訪さらに丹城県監と地方官に就任し、一八二三年（純祖二十三年）には漢城に戻って副司果という、いずれも従六品職を歴任している。しかし、他官に在任している間も、検書官の職は兼任しており、奎章閣の事業に参与していた。いったん検書官になると、官僚生活を終えるまではその職務を続けたのである。これは父柳得恭と同じである。柳本芸は、父と同じく奎章閣で厖大な蔵書の整理を行いつつ学問の研鑽を積み、合わせていくつかの重要な編纂事業に参加した。またその間、個人としては『日省録凡例』を作成した。

柳得恭には長男柳本学（生没年不明）と次男柳本芸の二人の息子がいた。長男柳本学も、一七九六年には検書官になり、後に尚衣院主簿を経て陰竹と漣川の県監という従六品の守令職に就いている。

柳本芸のもう一つの幸運は、父を通して、洪大容、朴趾源、朴斉家、李徳懋など、後に北学派あるいは実学派と言われる、改革を目指す学者・政治家たちと親密に交わり、その教えを受けることができたことである。朴斉家は、その詩集「貞蕤詩集」（『貞蕤集』所収）に収められた「答柳生」と題する詩の中で、「柳家二郎真奇才」（柳家の次男は真の奇才である）と評価し、「次韻寄柳兒本芸」とする詩を贈り、彼の詩を受けて、父柳得恭と同じ検書官の職を勤めていることを讃えている。さらに「貞蕤詩集」には、彼に与えた詩四編が残されており、朴斉家は柳本芸に対して親友柳得恭の優秀な息子として大いなる期待をかけていたようである。

検書官は編纂事業を行うにあたって、王朝・王家の公式記録である『承政院日記』、『備辺司謄録』、『国朝宝鑑』、『文献備考』や、王宮・官庁が所蔵する朝鮮・中国の文献を自由に利用できた。さらに柳本芸は、父柳得恭やその友人たちの蔵書を利用できた。本書が引用する文献は、朝鮮六十九種、中国十九種の合計八十八種に及び、朝鮮のもののうち二十二種はいわゆる野史と称されるものである。この幅広さこそ、本書の、そして柳本芸の身上なのである。

（1）吉田は、二〇〇五年八月二十日に、忠清南道平沢市彭城邑客舎里に在住する柳本芸の四代孫にあたり、位牌を保管して祭祀を行っている柳丙学氏に聞き取りを行ったが、柳本芸に関する資料は伝存せず、その数年前に議政府市洛陽洞にある墓所の整備を行った際に墓誌が発見されたが、再度、墓の中に戻してしまい、誌面の記録も残されていないとのことであった。

三　『漢京識略』写本の書誌的考察

『漢京識略』は現在までのところ、印刷して出版刊行された形跡はうかがわれない。また、原本はいまだ発見されておらず、写本のみが伝わっている。現在、筆者の確認し得たところでは、『漢京識略』の写本は以下の五種が残っている。うち、ソ大本の写しであることが明らかな（判断理由は後述する）高大本を除く四種についてその作成年代と系譜関係を考えてみよう。なお、ソ大本以外は研究者の間でもその存在がほとんど知られていないようである。

まず、これらの写本について、原本調査の結果を簡単にまとめておこう。

①ソ大本

もとは宋申用が所有していたものだが、一九三〇年代後半に李秉岐の手に渡り、後に他の蔵書と一括して、彼の号カラム（嘉藍）をとってカラム文庫と名付けられてソウル大学附属図書館に寄贈された。現在では、他の古書とともに、ソウル大学奎章閣学術研究院の奎章閣と名付けられた図書施設に保管されている。半葉十行、各行二十一字で罫線のない白紙に墨書されている。

宋申用の小型の朱印が捺されていることから、いったんは彼のコレクションとなったことがうかがわれる。ブルーブラックインクのペン書きで、著者を李祖黙とする(1)など、宋申用による多くの考証が書き込まれている。

宋申用は、韓国人、日本人を問わず、多くの研究者たちと幅広く交流していた。李秉岐の『カラム日記』には彼から多くの古書籍を購入したり利用させてもらったことが記されており、その一つに『漢京識略』があったことは前に見た。ただ、李秉岐へ譲り渡した経緯については『カラム日記』公開部分（遺族の意向で部分公開にとどまっている）からは不明である。

本写本の存在は第二次世界大戦以前から知られており、研究資料として使われてきた。一九五六年にソウル特別市史編纂委員会から影印本が出版され、これが一般に流布している。影印の際に句読点を付し、さらに誤字を修正したうえで項目の冒頭に〇印を入れるなどの補訂を施している。これらについて、「解説」では、「できるだけ許される限度内で補筆校正」したと述べるにとどまり、それがどの字であるかなど、詳しい説明をしていない。

②成大本

半葉十行の罫紙に、一行十八字で墨書されている。来歴不明であり、成均館大学中央図書館からは入手経緯不明だとの回答を得た。

③韓電本

半葉十二行の罫紙に、一行二十字で墨書されている。入手経緯などは不明であり、資料館の担当者から、詳細については承知していないとの回答を得た。附属する「書名標」は、書写年代を「一九〇〇年代」としているが、その真偽は不明だとのことである。

④ソ歴本

二〇〇二年に購入したものであるが、それまでの経緯は不明である。他写本に比べてやや大型であり、罫線のない白紙に半葉当たり十二行で墨書され、一行の文字数は三十数字で不定である。本写本だけは表題を『漢京誌略』としている。この「誌」は「識」と朝鮮漢字音で同じ発音지《チ》であり、明らかな誤記である。

以上四種の写本はいずれも後世に書写したものであり、柳本芸作の原本ではない。その動かぬ証拠は、国王の廟号表記である。本書は純祖存命中の一八三〇年（純祖三十年）に完成したので、純祖についてふれる時には「今上」「当宁」と表記しなければならない。死亡前であれば廟号が存在しないからである。ところが、全写本ともすべて、巻一・廟殿宮・景祐宮条の割り註で「純祖」という表記を使っている。したがって、いずれも純祖存命時に完成したという原本そのものではあり得ない。また、純祖は死亡した直後の廟号は「純宗」であり、それが純祖に昇格したのは哲宗八年末のことで、現行太陽暦では一八五九年二月になる。柳本芸はその十七年前に死亡しているので、たとえ彼が原本完成後に修正を加えたとしても、純祖ではなく純宗でなければならない。したがって、全写本とも作成されたのは一八五九年以降ということになる。

この純宗・純祖と同じく、廟号表記が問題となるのは、同じく「宗」から「祖」へと追尊が行われた英祖（英宗）と正祖（正宗）である。英祖は死亡後、「英宗」の廟号が与えられたが、高宗二十七年（一八九〇）に「英祖」に追尊された。したがって英祖という表記があれば書写がこれ以降ということになる。また、同じく「正宗」が「正祖」に追尊されたのは高宗三十六年（一八八九）のことである。

各写本の英祖（英宗）と正祖（正宗）の廟号表記をみると、ソ大本、成大本、韓電本の三本はすべて英宗と正宗であるが、ソ歴本のみは、英祖（巻一・慶熙宮条と廟殿宮・永禧殿条）と英宗が交じっており、正祖はすべて正宗となっている。

以上をまとめると、各写本の作成年代を次のように定めることができる。

①ソ大本、成大本、韓電本の三本は、純宗が純祖に追尊された一八五九年以降、正宗が正祖に追尊された一八八九年以前。

②ソ歴本は英宗が英祖に追尊された一八九〇年以降。

一方で、これらの写本の間に系譜関係は認められない。書写に伴う細かな誤字・脱字・別字使用などは除くとしても、それぞれが、相互に異なるかなりの量の脱落や衍入をもっているからである。いま各写本ごとにその主なものだけをあげてみると以下のようになる。

①ソ大本。巻二の宮殿外の各官庁条の兵曹における十字分の連続脱落、橋梁条の箭串橋における十一字分の連続脱落、祠廟条の文廟における朝鮮名賢の並び順の誤り、各洞条の尚洞における長生殿の説明後半部四十字分および内侍府の説明八十八字分の衍入。

②成大本。巻二の山川条の五字連続脱落、同条の楮子島における十三字連続脱落、各衕（洞）条の太平洞に関する一節二十一字分の完全脱落。

③韓電本。巻一の序文における十六字連続脱落、壇壝条における岳・海・瀆壇の一節百十三字分の完全脱落、巻二の市廛条における京塩廛の一節二十三字分の完全脱落。

④ソ歴本。誤字・脱字が非常に多い。その主なものだけでも、巻一の形勝条と宮闕条における『朝鮮賦』引用部分の割註合計百八十八字分、廟殿宮条における慶寿宮の記述全体、廟殿宮条の明礼宮の後半部の十一字、昌徳宮内の各官庁条における司饔院部分の二十字、司畜署部分における十九字、巻二の山川条の臥牛山部分における六字、宋洞一節の完全脱落などがあり、

一方、臥牛山部分では七字が衍入している。また同本は当初の書写者と同一人か別人かが判別不能な修正・補入が多数あり、原写本部分なのか後世の補訂部分なのかが判然としない。

以上を合わせてみると、検討をした四種類の写本は、それぞれが独立したものであり、相互に書写したり、参考にした形跡はうかがい難い。

一方で注目すべきは、すべての写本に共通して、巻二の各洞条で、竹塵洞に関する記述が完全に脱落していることである。原著者である柳本芸がこのような脱落を起こすとは考え難い。原本を書写した人物が、誤写したところを修正するために、該当部分を切り取って裏から別紙を貼付し、後ほど修正した文言を書き付けようとして失念してしまったものと考えられる。また、巻一の廟殿宮条の明礼宮部分で、「英宗」であることが明白な箇所で、上の一字が空白となってただ「宗」とだけされているのも、同じく修正で切り取った後に補入を失念したものと考えられる（ただし、ソ歴本のみは「英」の欠字部分そのものが脱落している）。これは、四種の写本がいずれも共通の写本を書写したことを示している。この共通写本を仮に第一次写本とすれば、これら四種の写本はその第一次写本をさらに書写した第二次写本ということになる。第二次写本から再書写した第三次写本の存在も想定されるが、その可能性は低い。

最後に残しておいた高大本であるが、各洞条の貞洞について、ソ大本の旧所有者宋申用がペン書きで欄外に加えた三十二字の説明記述に加えて、さらに「昭和十二年四月二日、宋申用随聞記入」とある部分まで本文に組み込んでいる。ソ大本を写したこと、それが昭和十二年（一九三七）以降であることが明らかである。高麗大学図書館の図書受入原簿では、「普成専門学校（高麗大学の前身）より移管」、「一九五五年十二月十日入庫」としている。普成専門学校時代（一九四六年以前）に、教授の一人が李秉岐から借り受けて書写したものが、一九五五年に図書館充実事業の一環として入庫したものであろう。

現在、流布しているのは、ソウル特別市史編纂委員会が一九五六年に発行したソ大本の影印本、および二〇〇〇年にそれをそのまま再影印したものである。発行時点では一般にソ大本以外に存在が知られていなかったのでいたしかたないこととはいえ、ソ大本自体に以上で指摘したような問題点があり、しかも、残念なことに、影印を行うに際して、相当数の誤字脱字の修正を行っていながら、どの箇所であるかについて説明を欠いている。また、宋申用がペン書きした考証についてもかなり恣意的に、影印に入れたものと削除したものがある。

したがって、この影印本を利用するにあたっては、ソウル大学所蔵の原写本と対照することが必須であり、そのまま研究資料として使用することはできない。現在までの唯一の韓国語訳である鄭泰斉の訳註本もこの影印本によっており、その誤りを踏襲している。

（1）ソウル大学奎章閣が所蔵する写本には、宋申用の手で、序文の後ろに本書の著者として「樹軒居士、李祖黙、号六橋云々」という考証があり、「昭和十一年十月二十一日」という日付けが付されている。後に李秉岐の指摘を受けて、宋申用自身がその記述を一字ずつ点を付けて抹消し、「柳本芸、号樹園、文化人、冷斎得恭之子、純祖朝入仕、歴検書官、止県監」と修正している。

四　『漢京識略』の内容と史料的価値

漢城は、朝鮮王朝の創建者太祖李成桂が、風水学によって選び出した土地に建設された計画的な城郭都市である。一三九五年、高麗王朝の首都開京から遷都して以来、王宮を中心にして、数多くの中央官庁が布置された朝鮮王朝の王都であった。

これを、本書が完成した十九世紀前半期で見てみると、人口は一七八九年作成の『戸口総数』によると、城壁内外合わせた漢城府の管轄内（口絵参照）全体で約十九万人になる。しかし、政府の戸籍調査を元にしたこの数字にはかなりの脱落があることは確かで、実際は二十万人をかなり超えていたと考えられる。朝鮮半島の中では群を抜いて巨大な都市であった。

全体は中東西南北の五部、四十七坊に分かれ、各部に令（従五品）と都事（従九品）が一人ずつ配置されて住民行政を担当していた。漢城府の長官漢城府判尹は各省大臣にあたる六曹判書と同格の正二品堂上官であり、行政機構・官僚機構の中における地位の高さがうかがわれる。

漢城は、口絵に掲げた『大東輿地図』に見られるように、周囲を取り囲む山々の尾根筋の上に建設された城壁に囲まれた城内と、その周辺部の城外で構成されている。城壁には東西南北に大門と小門が開かれて城外と結ばれている。城内の道路網は、西大門と東大門を結ぶ鍾路、南大門から緩やかなカーブを描いて北上して鍾路と交わる南大門大路、および景福宮前の御路（六曹前）を基軸として構成されているが、その特徴は不規則なところにあり、住民たちの居住空間である洞は、迷路状に広がり、多く袋小路になっている。都城建設にあたって整備されたのは表通りだけで、住民たちはかなり自由に家を建て、入り組んだ路地（コルモッキル）を形成していった。それらの路地が洞の実態であった。

このような漢城を記録する本書は二巻に分かれ、第一巻で漢城の沿革や地理と王宮（昌徳宮、景福宮、慶徳宮）の宮殿や官庁を記述しており、第二巻で王宮外の状況について記述している。王宮の内部については、「外部の人間が詳しく知り難い」ので『新増東国輿地勝覧』などの例にならってただその位置だけを示したと言う（本書序文）。

確かに、多くの宮殿についてその位置が示されているが、筆者の筆は単なる淡々とした説明にとどまらず、野史などの文献を駆使して施設に関係するエピソードを記し、できるだけ生き生きとした叙述を行って、宮殿に入ることのできない読者に対して、秘められた場所の情報をよく伝えようとしている。これが『新増東国輿地勝覧』のような官選地誌とはひと味もふた味も違った本書の価値である。

前述したように、本書が成立した時期は、豊臣秀吉の侵略時に焼失した景福宮はまだ再建されておらず、荒れ果てた慶会楼のほかはほとんど建物らしい建物の見えない荒れ地状態であった。そのような状況に対する記録ともなっている。

正宮として使われていた昌徳宮については、「外部の人間」であると自認しながら、かなり詳しい描写を行っている。彼自身が官員として昌徳宮と昌慶宮の中間にある奎章閣に勤務し、業務遂行上の必要から、隆文楼や隆武楼をはじめとして、各官庁が所有する蔵書を利用するため、王宮内部を動き回っていたからであろう。

柳本芸の本領は、王宮の外を叙述する巻二で発揮される。ただ、強い官僚意識を持ち、士大夫の誇りを胸に秘めている彼にとって、記録し記述すべき第一の対象は、王宮外に配置された諸官庁や駅院などの政府関係諸施設であり、さらに祠廟や楼亭など士大夫と関係の深い施設であった。巻一・二を通じて、実に本書の六分の五ほどはそれらの記述に費やされ、市民生活に関係の深い橋梁、井戸、各洞、市廛などの項目は六分の一ほどに過ぎない。ストイックなほどの抑え方である。

しかし彼は、少なくとも判書公柳潜以来、十代にわたって漢城に居住してきた漢城トバギ（漢城っ子）であり、漢城の街は彼の体の一部であった。彼の説明は他にない情報に満ちている。井戸、各洞、市廛という住民生活に密着したところに関する詳しい記述は、それまでの諸記録には見られないものであり、自身で街を歩き回って調査し、「博学の諸君子」に行った聞き取りの成果である。ここにこそ柳本芸の真骨頂が現れる。士大夫でありながら、市井の生活にも興味をもっていた彼の姿が垣間見えてくるのである。できるなら彼から、話を聞かせもらいたいものである。

井戸条を立てたのは、生活するのに必須となる飲用水を城内の河川ではなく、地下水に頼っているという漢城の特徴をよく表している。漢城の城壁内の川流は、中央部を流れる清渓川《せいけいせん》を除けば、細流と称する他にないような溝程度のものしかない。上水道は設置されておらず、細流は排水溝として使用されていた。また清渓川そのものが、北山から流出する最上流部はさておき、市内中心部に至ると、周辺から流入する汚水で溢れ、そこを工夫して女性たちが洗濯場として活用していた。

また南方を流れる漢江はもとより、比較的に清浄な水流である城壁外の東西を流れる中浪川や沙川などまではかなりの距離があり、日常生活で利用するには不便であった。いきおい、上水としては井戸水に頼ることになる。漢城は全体が花崗岩の岩盤の上にあり、井戸掘りは容易なことではない。それなりの経済力をもった者が掘ることになる。そこに近隣の住民が来て、飲用水や洗濯水などとして利用することになる。それが漢城城壁内の水生活であった。井戸に命名するのも、井戸自体が稀少であり、かつ生活に不可欠であったからである。また、城壁内外の岩間から流出する地下水である薬泉のいくつかも紹介している。住民たちは、井戸と合わせて薬泉を利用して水生活を送っていたのである。

住民の居住空間である洞については、各洞条に約五十が記載されており、そのほかの多くの地名とともに、その地域の歴史や人物逸話、あるいは人文自然的な景観などが詳細に記されており、近世末期の漢城の様相を彷彿とさせてくれる。

本書完成前後の漢城の行政区画は、大きく五部四十七坊に区切られ、さらに契そして洞に分かれていた。契までは上から作られた行政区画であり、住民が居住し生活する場として認識していたのは洞であるが、政府側の記録に現れるのは契までであり、洞は稀にしか出現しない。一七八九年の戸籍調査をもとにして作成された人口統計書『戸口総数』は、漢城の行政区画を五部・四十七坊・三三七契と計上するが、洞にはまったくふれていない。近世の漢城地図にも、洞の記載は少なく、現在知られる限り最も詳細な漢城地図である『都城大地図』（ソウル市立歴史博物館所蔵、十八世紀後半）では、城壁内一二一、城壁外一一五が数えられるにすぎない。この数は『戸口総数』が所載する洞の上位区画である契の数より少ない。しかも地図上では契と混在して記載されており、洞の全体については判然としない。

洞について最も古く詳しい数字を集めているのは、一八九四—九五年に行われた甲午改革（韓国では甲午更張）と呼ばれた政治改革の際に、漢城府で作成した行政区画に関する記録であり、四五四という数が確認できたとされる。しかし、これは記録原本が失われてしまい、『京城府史』第二巻（京城府、一九三六年）に紹介された数字しか分からない。これを洞名まで記載したものに限ると、植民地化直後に朝鮮総督府が作成した『地方行政区域名称一覧』（朝鮮総督府、一九一二年）の三九八、および一九一四年四月一日付けで公示された「京畿道告示第七号」（『朝鮮総督府官報』第五二〇号）の城壁内四〇九、城壁外二四七の合計六五六が確かなものとされる。しかし、前にふれた京都大学所蔵の戸籍台帳によれば、一八九六・一九〇三・一九〇六年の三年次分の戸籍台帳から、城壁内中心部だけで約一千の洞が数え上げられる。残存する戸籍台帳は、三年次分延べで三十四坊、実数では二十八坊分と、全四十七坊の約六〇パーセントである。残存する地域は小さな洞が密集しており、これを単純に比例計算するわけにはいかないので、おおよそ千数百の洞が存在していたとしておこう。

近い時代でも記録ごとにこれだけの大きな違いが出るのは、洞が常に生成消滅、分割統合していたからである。また本書各洞条で、西部の追慕洞が「すなわち車洞」とされるように名称変更も頻繁にあったようである。したがって、上の数字は各調査時点における洞の数を計上したものである。

しかし、上記記録類では洞について、数字や場所を示しているだけであって、その内部の姿については記述されていない。数は少ないとはいえ、居住人物や自然環境あるいは逸話など、洞ごとにさまざまな情報が載せられている本書各洞条は、漢城における洞の実態についてうかがわせてくれる貴重な記録である。中でも、李滉（鶴橋）や李珥（大寺洞）など八十名ほどの著名人の住居地が記載されているのは、後世に近世ソウルの地域社会の一部を伝えてくれる記録となっている。

多くの洞は、表通りから一歩入った路地を範囲とし、新しい家が建つごとに、そこと表通りをつなぐ私道（路地）が作られる。私道は、奥に作られた家を表通りまでつなぐ通路だが、住民たちが生活を共にする場でもある。しかし、住民同士が簡単に連帯意識を生み出したわけではない。第一に、住民たちは前に見たように常に流動し、より良い住居を見付ければ未練なく短期間で引っ越ししてしまい、現在居住している洞に拘泥する必要を認めない。第二に、一般的に洞の中は身分混淆状態にあり、住民どうしの共同意識は弱かった。例えば、一九〇三年の『漢城府戸籍』で城内中心部の寛仁坊の冒頭の二十戸を見てみると、建坪一六〇間（約二五〇坪）の内部大臣李址鎔邸から二間（四坪強）の平民宅までが軒を連ねていた。瓦屋根を葺いた大規模な高級官僚の家の隣には、鍾路の市廛商人や士大夫家の奴婢、手工業者などさまざまな職業・身分を持った人々の草葺の小家屋が並んでいたのである。

両班や士大夫官僚とその他の職業をもつ貧しい住民が共通の利害関係で結ばれていたとは考え難い。洞は最末端の行政区画であり、路地を挟んで人々が住んでいる居住空間であるが、だからと言って、洞が人を縛り付けることはなかった。住民に一体性が感じられないだけでなく、身分格差が持ち込まれており、下層になればなるほど身分的緊張感でストレスの高まる空間でもあった。

もう一つ調査記録として価値をもつのが漢城市民や生活を支えていた商店を記述した市廛条である。『万機要覧』（一八〇八年）と『六典条例』（一八六七年）の二つのまとまった政府記録があり、主な市廛の状況はわかる。しかし、それらの記録では販売物品など子細な記述はごく一部にとどまり、各市廛の内容については不明なままである。

市廛の内容を明らかにする記録として、十八世紀後半に市廛商人たちが経営の苦しさを政府に訴えた『市弊』があるが、原本の相当部分が失われてしまった零本であり、伝わるのは一部の市廛の情報のみである。本書市廛条は、簡単ではあるが、市廛ごとに所在地と取り扱い商品を記載しており、市廛の全体像を提示してくれている。漢城における商業流通と、住民生活の実態を浮かび上がらせるものである。

おわりに

本訳註では、『漢京識略』を「近世末ソウルの街案内」と呼んでみた。しかし、内容から見れば、王宮・官庁の記述が多くの部分を占め、街そのものの記述は相対的にそれほど多いとは言えないので、街案内というのにはいささかおこがましさを感じてしまう。だが、類書のない中で、十九世紀の早い時期に、はじめて漢城について総合的な記述をしたという本書の価値をまずは評価すべきである。私たちは本書によってはじめて近世末期のソウルの姿をとらえる手がかりを得ることができるようになったのである。近年、文献資料の分析と考古学的発掘調査を融合させた漢城時代のソウル復元事業が積極的に進められている。その時に重要な導き手の一つになるのが本書『漢京識略』である。今後、本書の価値がますます高まっていくことは間違いないであろう。

その中で本訳註は、誤記・脱落・衍入の多いソ大本のみに頼ってきた状況に一つの風穴を開けることになるであろう。ソ大本に加えて、従来は研究者の間でもほとんど知られていなかった三種の写本を用いて全文を比較対照し、可能な限り筆者柳本芸の原本の復元をこころみた。残念ながら、煩雑にわたるのと、紙幅の関係から、テキスト原文（漢文）を掲載することはできなかったが、本訳註は、今後の研究のための定本となるのものと自負することはお許し願えるだろう。むろん、いまだ解決できない問題点もないわけではないが、いつの日か新たな写本が発見されることで解答を得られるかも知れない。楽しみは先にとっておくことにしよう。

本書を片手にしてソウルを歩き回り、かつての漢城の姿を思い浮かべていただきたい。そうしてこそ、柳本芸の払った努力は報われるであろう。

参考文献

吉田光男『近世ソウル都市社会研究』（草風館、二〇〇九年）
高東煥『朝鮮時代ソウル都市史』（韓国語、太白社、ソウル、二〇〇七年）
元永煥『朝鮮時代漢城府研究』（韓国語、江原大学出版部、チュンチョン、一九九〇年）
高東煥『朝鮮後期ソウル商業発達史研究』（韓国語、知識産業社、ソウル、一九八八年）
孫禎睦『朝鮮時代都市社会研究』（韓国語、一志社、ソウル、一九七七年）
ソウル市史編纂委員会編『ソウル六百年史』（韓国語、全十一冊、ソウル特別市、一九七七―二〇〇六年）

謝辞

本書刊行までに十年以上という思わぬ長時間を要してしまった。平凡社の竹下文雄氏との雑談の中で、瓢簞から駒のように本書の訳註本を東洋文庫の一冊として出版せよという話になった。すでに韓国には韓国語訳本があったが、日本語のものが必要であるし、何よりも詳細な註が必要であるということから、軽い気持ちでお引き受けしたのが始まりである。

しかし事は簡単には進まなかった。時間を要した責任の大部分は私の怠惰にあるが、作業に着手してみると、朝鮮史だけではなく、かなり幅広い知識と教養が必要であり、いずれも当時の私には不足しているところであった。その後、私の関心がソウル史の研究からやや遠ざかったこともあって、作業は停滞し遅れに遅れた。

また当時、影印本で流布しているソウル大学奎章閣カラム文庫所蔵本が唯一の写本と思われており、私の作業もそれを底本として進めていたが、韓国における資料調査を進める過程で、成均館大学図書館、韓国電力電気資料館、高麗大学図書館、ソウル市立歴史博物館と、数年おきに次々と新たな写本を発見していき、そのたびに作業は振り出しに戻る羽目になった。それらを対比してみると、ソウル大学所蔵本が最善というわけではなく、多くの問題点があることが判明する一方、他写本にもそれぞれ固有の問題点が見つかった。そこで、作業はまず各写本を対校して原本を復元し、定本を作成するところから再出発せざるを得なくなった。さらに註は、朝鮮近世史の基礎理解をも意図して作成することとしたため、遅れを倍加してしまった。

この間、竹下文雄氏は本書完成を見ることなく他界され、韓国朝鮮の文化に造詣が深く、私の良き理解者である関正則氏が後を引き継いでくれた。しかし、私の仕事が一向にはかどらないまま、関氏は平凡社を定年退職されてしまった。その後を引き受けて下さったのが、現東洋文庫編集長の直井祐二氏である。この三人の優秀な編集者の温かくも厳しい叱咤激励のおかげでようやく本書刊行にまでこぎ着けることができた。深く感謝申し上げる次第である。また、いちいちお名前を挙げることは差し控えるが、貴重な助言や意見をいただいた日本と韓国の多くの方々、写本や関連資料を快く利用させていただいた日本と韓国の各所蔵機関に厚くお礼を申し上げたい。

二〇一七年十二月二十七日

吉田光男

索　引

〔凡例〕
1. 事項索引（地名を含む）と人名索引に分けた。
2. 見出し項目は日本語の五十音順に配列した。
3. 朝鮮の人名と地名については、現代韓国語音をカタカナで付した。
4. 見出し語の後ろの〔　〕の中に入れた用語は、派生語や原文における誤字表記である。
5. 朝鮮人名の日本語読みは、朝鮮総督府中枢院編『朝鮮人名辞書』（同院、1937年）に従った。

事 項 索 引

あ行

か行

さ行

た行

な行

は行

ま行

や行

ら行

わ行

人 名 索 引

あ行

安珦（アン・ヒャン） 294, 356
安堅（アン・ギョン） 202
安止（アン・ジ） 84
安順王后（アンスン・ワンフ） 51, 279
安潤徳（アン・ユンドク） 121
安鼎福（アン・ジョンボク） 273
安貧世（アン・ビンセ） 202
安文成公（アン・ムンソンゴン） 141
→安裕
安平大君（アンピョン・デグン） 115, 187, 202, 208
安裕（アン・ユ） 68, 141, 356–357
懿淑公主（ウィスク・ゴンジュ） 61
懿昭世孫（ウィソ・セソン） 63
尹瓘（ユン・グァン） 26–27, 135, 187
尹希宏（ユン・フィグワン） 221
尹元衡（ユン・ウォニョン） 199, 295, 314, 351, 391, 406
尹煌（ユン・ファン） 205
尹子雲（ユン・ジャウン） 78, 84, 302
尹子栄〔尹子濚〕（ユン・ジャヨン） 148
尹蓍東（ユン・シドン） 219
尹拯（ユン・ジュン） 402
尹宣挙（ユン・ソンゴ） 220
尹善道（ユン・ソンド） 219
尹斗寿（ユン・ドゥス） 170
尹任（ユン・イム） 314, 391
尹八松（ユン・パルソン） 205
尹美村（ユン・ミチョン） 220
尹鳳九（ユン・ボング） 143
于奕正 184, 383
烏山君澍（ウサングン・ス） 75
英華五 152
永順君溥（ヨンスングン・ボ） 75
英祖（ヨンジョ） 8, 39, 42–43, 46, 49, 56–57, 59, 63, 69, 72, 74, 77, 85, 95–97, 100, 115–117, 122, 125, 127–129, 140, 142–143, 150, 156, 164, 171–173, 197, 208, 215, 223, 232, 248–249, 253, 259–261, 267–268, 273, 275–276, 282, 288–292, 300, 303–304, 313, 316–319, 323, 327, 332, 334–335, 343–344, 348–349, 358–359, 365, 372, 377, 395–396, 398, 400–401, 405, 407, 410, 413
英宗（ヨンジョン） 8, 30–32, 43, 46, 49, 56–57, 59, 62–65, 69, 72, 74, 77–78, 85, 90, 95, 99–100, 102, 104, 107, 112–113, 116–117, 120, 122, 127–128, 133, 140, 142–143, 150, 156, 164, 169, 171–173, 214, 218, 223, 232, 259, 292, 309
睿宗（イェジョン） 42, 51, 64, 78, 168, 259, 264, 269, 279, 291–292, 308–309, 403
暎嬪李氏（ヨンビン・イシ） 64
永楽帝 92, 98, 100, 258, 279, 331
燕山君（ヨンサングン） 55, 103, 124, 155–156, 248, 283, 295, 302, 306–308, 323–324, 326, 365, 367, 372, 384–385, 387, 399, 415
王禹偁（ワン・ウチン） 90
王弇州 146
王徽（ワン・フィ） 157
王敞 81
王世貞 146

か行

蓋鹵王（ケロワン） 25
河良尉（ハリャンウィ） 180
関羽 70–71, 298–299
韓確（ハン・ファク） 51, 259, 279
韓濩（ハン・ホ） 66, 136, 146, 361
韓久庵（ハン・グアム） 26
韓継禧（ハン・ゲヒ） 84, 231, 412
韓景琛（ハン・ギョンシム） 382
完原君（ワンウォングン） 110, 329
→柳肇生
韓構（ハン・グ） 115, 149, 332
韓尚敬（ハン・サンギョン） 231, 412
韓尚質（ハン・サンジル） 412
韓上党（ハン・サンダン） 222 →韓明澮
韓石峰（ハン・ソクポン） 293, 361
→韓濩
韓宗愈（ハン・ジョンユ） 202
韓忠献（ハン・チュンホン） 85
韓伯倫（ハン・ベギュン） 51, 279
韓百謙（ハン・ベッキョム） 26
韓文靖（ハン・ムンチョン） 231
完豊君（クワンプングン） 173, 377
→李曙
韓明澮（ハン・ミョンフェ） 85, 144, 222, 231, 259, 291–292, 309, 360, 404, 412
義安大君（ウィアン・デグン） 331
奇遵（キ・ジュン） 408
祁順 79, 81, 195, 201
宜城尉（ウィソンウィ） 204–205, 393
→南致元
丘従直（ク・ジョンジク） 38, 266
姜希顔（カン・フィアン） 84, 306
姜希孟（カン・フィメン） 83–84, 160, 188, 190, 195, 309
姜私淑（カン・サスク） 160
姜緒（カン・ソ） 78, 303
姜世晃（カン・セファン） 47, 215, 217
恭靖大王（コンチョン・デワン） 54, 293
姜太公 88
姜豹庵（カン・ピョアム） 47 →姜世晃
玉山大嬪張氏（オクサンデビン・ジャンシ） 64, 291, 413
魚孝瞻（オ・ヒョチョム） 84, 128, 164, 372, 398
許滋（ホ・ジャ） 134
魚叔権（オ・スックォン） 104, 184, 335
許琛（ホ・チム） 83, 183, 383
許生（ホ・セン） 220, 267, 402
魚世謙（オ・セギョム） 164, 324
許琮（ホ・ジョン） 183, 306, 383
許稠（ホ・ジョ） 36
許眉叟（ホ・ミス） 219–220 →許穆
許穆（ホ・モク） 219–220
金安老（キム・アンノ） 77, 203, 307, 324
金堉（キム・ユク） 127, 341
金謂磾（キム・ウィジェ） 25–26, 135
金乖崖（キム・グエ） 188 →金守温
金勘（キム・ガム） 83
金漢耉（キム・ハング） 334
金漢藎（キム・ハンジン） 229
金鉤（キム・グ） 84
金光国（キム・グァングク） 218
金黄山（キム・ファンサン） 208
金宏弼（キム・グァンピル） 68, 272, 295
金克成（キム・グクソン） 152
金載久（キム・ジェグ） 253
金沙渓（キム・サゲ） 224 →金長生
金佐明（キム・ジャミョン） 127, 376
金三淵（キム・サミョン） 214
金時讓（キム・シヤン） 339
金錫胄〔金錫周〕（キム・ソクチュ） 171, 217, 227
金守温（キム・スオン） 188, 190
金昌翕（キム・チャンフプ） 214, 372
金昌協（キム・チャンヒョプ） 208, 396, 397, 413
近肖古王（クンチョゴワン） 25, 250
金尚容（キム・サンヨン） 70, 217, 228, 399, 413
金湜（キム・シク） 79, 81
金清陰〔金尚憲〕（キム・チョンウム） 217
金節斎（キム・ジョルチェ） 234

→金宗瑞
金仙源（キム・ソヌォン） 70, 228
→金尚容
金宗瑞（キム・ジョンソ） 152, 234, 252, 365
金宗直（キム・ジョンジク） 44, 170, 190, 195, 258–259, 295, 306, 324, 389
金祖淳（キム・ジョスン） 57, 116, 274, 330, 395
金紐（キム・ニュ） 188
金柱臣（キム・ジュシン） 99
金銚（キム・ジョ） 84
金長生（キム・ジャンセン） 68, 224, 280, 296, 310, 320, 323, 330, 377, 409
金鎮圭（キム・ジンギュ） 102, 173
金墜（キム・チュ） 100
金佔僤斎（キム・ジョムピルチェ） 195
→金宗直
金童 200, 392
金徳遠（キム・ドグォン） 222
金徳承（キム・ドクスン） 158
金斗南（キム・ドゥナム） 222
金墩（キム・ドン） 35, 43, 84, 114, 161
金農巌〔金農岩〕（キム・ノンアム） 208
→金昌協
金末（キム・マル） 84
金万基（キム・マンギ） 99, 171, 378
金逌根（キム・ユグン） 209
金鎏（キム・ユ） 345
金鱗（キム・イン） 55, 281
金麟厚（キム・イヌ） 69, 294
金礼蒙（キム・イェモン） 84
具仁垕（ク・イヌ） 172
邢玠 73
倪謙 29, 79, 81–82, 201
景宗（キョンジョン） 64, 120, 249, 256, 291, 335, 356, 384, 413–414
慶貞公主（キョンジョン・ゴンジュ） 268, 304, 369, 403
景徳王（キョンドグワン） 25
月沙（ウォルサ） 70, 106, 215–216, 294, 297, 325
月山大君（ウォルサン・デグン） 64, 82, 292
月城尉（ウォルソンウィ） 229, 410
→金漢藎
献哀王后（ホンエ・ワンフ） 384
元海振（ウォン・ヘジン） 107
顕宗（ヒョンジョン） 86, 107, 127, 140–142, 160, 167, 171–173, 186, 223, 234, 249, 262, 282, 296, 304, 310, 326, 329–330, 332, 341, 356, 358, 370, 376–377, 394, 399–400, 402, 404, 407, 409–410, 414
元宗（ウォンジョン） 57, 62–63, 248, 282–283
元斗杓（ウォン・ドゥピョ） 111
呉允謙（オ・ユンギョム） 228–229, 409
洪允成（ホン・ユンソン） 230, 410
洪応（ホン・ウン） 84
光海君（クァンヘグン） 30, 44, 49, 51, 56–57, 61–62, 65, 114, 126, 131, 218, 221, 224, 254, 258, 262, 264, 280, 282–283, 288–289, 292, 296, 306, 314, 326, 329, 339–341, 347, 369, 377, 393–395, 400–401, 403, 405, 409, 413
黄喜（ファン・フィ） 152
洪継寛（ホン・ゲグァン） 230
洪啓禧（ホン・ゲヒ） 261, 379
高荊山（コ・ギョンサン） 121
黄玹（ファン・ヒョン） 383
康献大王（カンホン・デワン） 54–55
洪孝孫（ホン・ヒョソン） 226
孔子 67, 69, 142, 269, 293–294, 297, 357, 359
黄芝川（ファン・ジチョン） 225
洪錫謨（ホン・ソンモ） 311
洪重普（ホン・ジュンボ） 171
高潤〔高閏〕 79, 81, 201
洪純彦（ホン・スノン） 224–226, 407
洪汝方（ホン・ヨバン） 184, 384
孝宗（ヒョジョン） 46, 54, 64, 81, 86, 107, 110–111, 113, 127, 140, 156, 172, 176, 215–216, 246, 248, 280, 282, 289–291, 305, 323, 326, 329, 331, 341–342, 352, 357, 369, 377, 380, 397–398, 401, 409
黄廷彧（ファン・ジョンウク） 225

弘徳（ホンドク） 216
孝寧大君（ヒョニョン・デグン） 82, 377
光廟（クァンミョ） 79, 90
孔夫子 157 →孔子
洪武帝 100, 252, 273, 359
洪慕堂（ホン・モダン） 233 →洪履祥
孝明世子（ヒョミョン・セジャ） 112, 274, 280, 318
黄翼成（ファン・イクソン） 152
洪履祥（ホン・イサン） 233
古芸堂（コウンダン） 401 →柳得恭
呉孝誠（オ・ヒョソン） 113
呉陞（オ・スン） 138
呉西坡（オ・ソパ） 228 →呉道一
呉長元 5, 21
呉挺一（オ・ジョンイル） 229, 409
呉道一（オ・ドイル） 228, 410
権憘（クォン・ヒ） 297
権近（クォン・グン） 77, 125, 156, 160, 211, 265, 294, 307–308, 336, 396
権遇（クォン・ウ） 211, 307
権跬（クォン・ギュ） 125
権健（クォン・ゴン） 83
権弘（クォン・ホン） 184
権自厚（クォン・ジャフ） 69
権尚夏（クォン・サンハ） 142, 359
権聡（クォン・チョン） 125
権聃（クォン・ダム） 125
権都元帥（クォン・ドウォンス） 207 →権慄
権駙馬（クォン・ブマ） 125
権文順公（クォン・ムンスンゴン） 184 →権弘
権陽村〔権陽邨〕（クォン・ヤンチョン） 160 →権近
権擥（クォン・ラム） 84, 212, 220, 306, 398
権慄（クォン・ユル） 207

さ行

崔瑩（チェ・ヨン） 164, 372
崔海山（チェ・ヘサン） 150–151, 364
崔奎瑞（チェ・ギュソ） 223
崔思諏（チェ・サチュ） 27, 135
蔡寿（チェ・ス） 83
崔淑精（チェ・スクチョン） 147
斎召南 24
崔致遠（チェ・チウォン） 68
崔忠献（チェ・チュンホン） 390
崔万里（チェ・マルリ） 233
崔茂宣（チェ・ムソン） 150, 364
私淑斎（サスクチェ） 195, 306 →姜希孟
釈迦 142, 190, 211
車原頫（チャ・ウォンブ） 54
車軾（チャ・シク） 54, 256
車天輅（チャ・チョンノ） 256, 280
朱彝尊 21, 245
楸灘（チュタン） 229, 409 →呉允謙
朱熹 68, 139, 309, 356 →朱子
粛宗（スクチョン） 24–26, 32, 45–49, 62, 69, 83, 90, 95, 101, 103, 117, 120, 122, 124, 126–127, 135, 148, 153, 171–173, 187, 209, 227, 259–260, 273, 280, 289–291, 293, 296, 310, 313, 317, 320, 322–323, 332, 335, 338–339, 341–342, 352, 357–359, 363, 369, 376, 378, 393–395, 397, 402, 404, 405, 407–409, 413–414
淑嬪崔氏（スクピン・チェシ） 63, 289
朱子 116, 139, 142, 167, 209, 280, 294–295, 356, 395, 408 →朱熹
朱之蕃 80, 139, 408
朱竹坨 21
朱夫子 142 →朱子
順懐世子（スネ・セジャ） 63, 65
仁粋大妃（インチュイ・デビ） 85
純祖（スンジョ） 8, 22, 45–46, 54, 57, 64, 96, 114, 136, 175, 197, 274, 276, 280, 283, 290–291, 316, 318–319, 330, 333, 353, 384, 390, 395, 402, 408, 413, 416, 420
純宗（スンジョン） 8, 175, 274, 291, 326
昭顕世子（ソヒョン・セジャ） 63, 398
尚震（サン・ジン） 101, 196, 218
尚成安公（サン・ソンアンゴン） 196 →尚震
尚政丞（サン・ジョンスン） 101, 218

→尚震
上党（サンダン） 85, 231-232, 259, 309, 404 →韓明澮
上党府院君（サンダンブウォングン） 231, 309 →韓明澮
譲寧大君（ヤンニョン・デグン） 30, 74, 82, 138, 300
徐栄輔（ソ・ヨンボ） 45
徐競 21, 246
徐居正（ソ・ゴジョン） 37, 44, 51, 83, 84, 101, 112, 126, 136, 144, 188, 195, 202, 247, 301, 385
徐景霱（ソ・ギョンジュ） 218, 400
徐浩修（ソ・ホス） 115, 278
徐四佳（ソ・サガ） 37, 51, 53, 101, 112, 126, 136, 144, 188, 195 →徐居正
徐如五（ソ・ヨオ） 40
徐渻（ソ・ソン） 233, 400
徐竹石（ソ・ジュクソク） 45 →徐栄輔
徐文重（ソ・ムンジュン） 89, 264
徐命膺（ソ・ミョンウン） 115, 149, 156, 332
徐薬峰（ソ・ヤクポン） 233 →徐渻
沈一松（シム・イルソン） 218 →沈喜寿
辛貴元（シン・グィウォン） 76, 301
申企斎（シン・ギジェ） 215 →申光漢
沈喜寿（シム・ヒス） 218
仁顕王后（イニョン・ワンフ） 232, 291, 408, 413
仁元王后（イヌォン・ワンフ） 228, 408
真興王（チヌンワン） 25
申光漢（シン・グァンハン） 134, 215, 351
申高霊（シン・ゴリョ） 145
沈之源（シム・ジウォン） 111, 160
慎自健（シン・ジャゴン） 45, 121
沈象奎（シム・サンギュ） 229
仁粋王大妃（インスワン・デビ） 51, 279
仁宣大妃（インソン・デビ） 56, 282
真宗（チンジョン） 64, 277, 290-291
仁宗（インジョン） 91, 250, 269, 276, 290, 296, 309, 317, 325, 391
沈貞（シム・ジョン） 234, 324
神徳王后（シンドク・ワンフ） 188, 190, 386
沈徳符（シム・ドップ） 26, 30, 234, 254
沈斗室（シム・ドゥシル） 229 →沈象奎
沈念祖（シム・ヨムジョ） 97, 316, 318, 410
申晩（シン・マン） 227
仁嬪金氏（インビン・キムシ） 63, 289
申文簡（シン・ムンガン） 134 →申光漢
仁穆大妃（インモク・デビ） 64, 403
綏嬪朴氏（スビン・パクシ） 64
斉安大君（チェアン・デグン） 64, 83
成学士（ソン・ハクサ） 227 →成三問
成侃（ソン・ガン） 174
成俔（ソン・ヒョン） 155, 165, 273, 370
西原府院君（ソウォンブウォングン） 51, 279, 412 →韓確
成渾（ソン・ホン） 68, 330, 358, 376, 402, 409
成三問（ソン・サムムン） 163, 202, 227, 258, 403, 408
成重卿（ソン・ジュンギョン） 147
成守琛（ソン・スチム） 207, 228
青城君（チョンソングン） 234 →沈徳符
青城伯（チョンソンベク） 26, 254 →沈徳符
青城府院君（チョンソンブウォングン） 217 →金錫冑
清川府院君（チョンチョンブウォングン） 51, 279 →韓伯倫
世祖（セジョ） 49, 51, 61-62, 75-77, 79, 82-83, 85, 90-91, 96, 103, 113, 124, 129-130, 149-150, 155, 176-177, 188-190, 212, 259, 264-266, 269, 271-272, 274, 276, 279, 289, 291-292, 297, 301, 303, 306-310, 323, 332-333, 336, 338, 343-344, 362-363, 367, 371-373, 375, 379, 383-387, 393, 398, 403, 410
正祖（チョンジョ） 8, 45-47, 49-50, 52, 57, 63-64, 80, 84, 92-96, 98, 102-103, 112, 115, 144, 149, 152, 166, 175-176, 208, 250, 259, 261, 264, 267, 273-278, 280, 283, 290-291, 300, 313, 316-319, 323, 331-334, 344, 350, 353, 360, 363, 366, 378-380, 390-391, 395-396, 398,

400–401, 410, 416, 417
成宗（ソンジョン） 25, 30, 36, 38, 42, 44–46, 51–52, 55, 59, 67, 69, 76, 79, 82–85, 90, 102, 110, 135, 140, 142, 144, 147, 163, 170, 183–184, 205, 246–248, 252, 258, 264–266, 269, 271–274, 278–279, 281, 292, 295, 297, 301–302, 305–307, 309–310, 326, 336, 340, 362, 375, 379, 382–383, 385–387, 393, 410, 412
正宗（チョンジョン） 8, 45–50, 52, 57, 62–65, 80, 84, 92–93, 98, 102–103, 105, 112–116, 144, 148–149, 152, 166, 175, 196, 199–200, 206, 208, 215, 218, 275, 280
成択善（ソン・テクソン） 221
成聴松（ソン・チョンソン） 207, 228 →成守琛
成任（ソン・イム） 44, 51, 83, 84, 188, 367
清寧尉〔青寧尉〕（チョンニョンウィ） 183
成梅竹（ソン・メジュク） 163, 227 →成三問
靖嬪李氏（チョンビン・イシ） 64, 290
成文安公（ソン・ムナンゴン） 188 →成任
石星 225
世宗（セジョン） 30, 35–38, 42–43, 48, 61, 77, 79, 82–84, 91, 96, 114–115, 127–128, 138, 144–145, 147–148, 155–156, 158, 169, 202, 228, 231, 258, 263, 265–266, 270–271, 273, 277–279, 282, 289, 293, 301–305, 307–309, 315–316, 333, 338, 340, 343–344, 353–354, 364–365, 367, 371, 374–375, 381–382, 385–388, 391, 393, 403, 411–412, 414
偰慶寿（ソル・ギョンス） 156
薛虎臣 73
薛聡（ソル・チョン） 68, 294
薛廷寵 80
銭謙益 86
千秋太后（チョンチュ・テフ） 186, 384
宣祖（ソンジョ） 8, 33, 36, 40, 44, 48–49, 63–65, 67, 69–74, 80, 83, 90, 100, 106, 110, 115, 126–127, 136, 142, 153, 156, 170–171, 205, 225–226, 254, 256, 258, 261–262, 264, 268, 272, 274, 280, 283, 288–289, 292–298, 300–301, 303–304, 306, 314–315, 318, 323, 325–326, 329, 340–341, 345, 347, 358, 361, 376, 387–389, 392, 394, 398, 400, 402–403, 405–406, 409, 412–413
宣宗（ソンジョン） 8, 114, 264, 279
銭牧斎 86
曹偉（チョ・ウィ） 83
曺允亨〔曺允亮〕（チョ・ユンヒョン） 33, 45, 47
宋亀峰（ソン・グィボン） 228
荘献世子（チャンホン・セジャ） 63, 64, 208, 259, 290–291, 332, 378, 391, 395
曹国長公主 200
宋浚吉（ソン・ジュンギル） 69, 112, 167, 358, 402, 405, 413
宋時烈（ソン・シヨル） 54, 69, 140, 209, 215, 296, 320, 322, 357–358, 378, 402, 405, 414
曺伸（チョ・シン） 281
宋同春（ソン・ドンチュン） 112 →宋浚吉
宋敏求 21, 87
宋尤庵（ソン・ウアム） 54 →宋時烈
宋翼弼（ソン・イクピル） 228, 296, 413
荘烈王后（チャンヨル・ワンフ） 64, 275
孫承沢（ソン・スンテク） 21

た行

太公望呂尚 312
大成至聖文宣王 67 →孔子
太祖（テジョ） 7, 25–26, 29–30, 34, 36, 42, 61–62, 67, 77, 82, 90, 99–100, 105, 120, 123, 125, 130, 135, 140, 146–147, 151–152, 154, 158, 177–178, 187–188, 190, 246, 249, 252, 257, 261, 263, 265, 269, 273, 280–281, 288–289, 326, 331, 335–336, 338, 346, 357, 359, 365, 374, 386, 392, 403, 406, 411
太宗（テジョン） 7, 30, 42, 45, 67, 69,

74, 80–81, 90, 100, 106, 114, 123–125, 129, 138–139, 146–147, 151–153, 166–167, 174, 188, 190, 215, 221, 254, 257–258, 263, 268, 270, 273, 275, 277, 279, 283, 293, 304–305, 308, 322, 330–331, 339, 341, 348, 352, 365, 367, 369, 377, 381, 384, 386, 388, 392, 398, 403, 408
達城尉（タルソンウィ） 218, 400 →徐景霱
灘翁（タノン） 229, 330 →呉允謙
端敬王后（タンギョン・ワンフ） 61
端宗（タンジョン） 8, 85, 258, 266, 278–279, 310, 326, 333, 338, 343–344, 353, 365, 371, 379, 403
中宗（チュンジョン） 22, 30, 51, 61, 69, 74, 79–80, 82–83, 103, 105, 124, 134, 146, 148, 156, 158–159, 184, 189–190, 244, 247–248, 264, 269, 279–281, 283, 289, 292, 295–296, 300, 302, 306–307, 314, 322–324, 336, 345, 351, 361, 365, 370, 387, 391, 395, 399, 403, 413, 415
忠貞公（チュンジョンゴン） 228 →呉允謙
張維（チャン・ユ） 104, 282, 329
張瑾 195
趙憲（チョ・ホン） 142, 296, 358
趙元紀（チョ・ウォンギ） 121
趙顯命（チョ・ヒョンミョン） 210, 220
趙光祖（チョ・グァンジョ） 68, 136, 159, 214, 264, 295, 302, 324, 336, 351, 370, 395, 408, 415
趙江陵（チョ・ガンヌン） 215 →趙鎮世
長寿王（チャンスワン） 25, 250
趙浚（チョ・ジュン） 158, 304, 403
趙松谷（チョ・ソンゴク） 229 →趙復陽
趙瑞康（チョ・ソガン） 44
張珹 79, 81
趙静菴（チョ・ジョンアム） 136, 214 →趙光祖
趙大臨（チョ・デイム） 80, 268, 369, 385, 403
趙鎮世（チョ・ジンセ） 215
張寧 79, 81
趙復陽（チョ・ボギャン） 229, 410
趙文剛公〔趙文康公〕（チョ・ムンガンゴン） 219 →趙末生
趙文烈（チョ・ムンニョル） 142 →趙憲
趙豊原〔趙豊綾〕（チョ・プンウォン） 210, 220 →趙顯命
趙末生（チョ・マルセン） 179, 219
趙万永（チョ・マニョン） 57, 330
趙明鼎（チョ・ミョンジョン） 89
趙明翼（チョ・ミョンイク） 143
趙明履（チョ・ミョンイ） 31
陳嘉猷 79, 81
陳璘〔陳寅〕 70, 73, 298
鄭惟吉（チョン・ユギル） 232, 399
鄭以吾（チョン・イオ） 150, 211
貞懿公主（チョンウイ・ゴンジュ） 202, 393
鄭維城（チョン・ユソン） 111
鄭一蠹（チョン・イルトゥ） 217 →鄭汝昌
鄭夏彦（チョン・ハオン） 89
鄭錦南（チョン・グムナム） 193 →鄭忠信
鄭景淳（チョン・ギョンスン） 209
鄭湖陰（チョン・ホウム） 42 →鄭士竜
鄭光弼（チョン・グァンピル） 217, 310, 370, 399, 413
程子 142
鄭志倹（チョン・ジゴム） 92, 97, 318
鄭修井（チョン・スジョン） 209
丁寿崗〔丁寿岡〕（チョン・スガン） 121
定順王后（チョンスン・ワンフ） 85, 310
鄭松江（チョン・ソンガン） 228 →鄭徹
鄭昌孫（チョン・チャンソン） 37, 84
鄭汝昌（チョン・ヨチャン） 68, 217, 272, 295, 399
鄭士竜（チョン・サヨン） 42
鄭仁泓〔鄭仁弘〕（チョン・イノン） 224
貞慎翁主（チョンシン・オンジュ） 218
定宗（チョンジョン） 67, 123, 180, 263, 281, 289, 293, 305, 322
鄭太和（チョン・テファ） 86, 111, 217, 395, 399
鄭忠信（チョン・チュンシン） 193
鄭陟（チョン・チョク） 169

鄭澈（チョン・チョル） 228
鄭道伝（チョン・ドジョン） 26, 29, 36, 132, 168, 211, 214, 252, 258, 281, 307, 385, 411
鄭文翼公（チョン・ムニクコン） 217, 399 →鄭光弼
鄭保（チョン・ボ） 129
鄭民始（チョン・ミンシ） 92
鄭夢周（チョン・モンジュ） 68, 272, 307, 329, 344, 356, 384, 396
鄭陽坡（チョン・ヤンパ） 217 →鄭太和
鄭蘭宗（チョン・ナンジョン） 45, 399
鄭蘭貞（チョン・ナンジョン） 199
鄭麟趾〔鄭獜趾〕（チョン・インジ） 84, 156, 203, 252, 365
董越 21, 28, 31, 77, 79, 81–82, 140, 166, 193, 246–247, 305
唐皐 220, 228, 403
陶良性 73
徳興大院君（トックン・デウォングン） 74, 264
徳宗（トクチョン） 36, 42, 51, 259, 264, 269, 279

な行

南怡（ナム・イ） 215, 309, 410
南亀亭（ナム・グィジョン） 220 →南在
南誾（ナム・ウン） 26
南袞（ナム・ゴン） 104, 177, 190, 195, 228, 336, 389, 415
南在（ナム・ジェ） 220
南尚文（ナム・サンムン） 216
南致元（ナム・チウォン） 204
任璟（イム・ギョン） 409
任濬（イム・ジュン） 202
任由謙（イム・ユギョム） 121

は行

磻渓（パンゲ） 24, 174, 250 →柳馨遠
万暦帝 273, 299
閔宗道（ミン・ジョンド） 227, 407
閔鼎重（ミン・ジョンジュン） 141–142, 158, 227, 358, 408
閔老峰（ミン・ノボン） 227 →閔鼎重
楓皐院閣（プンゴウォンガク） 116 →金祖淳
普虚（ポホ） 25
武烈王（ムヨルワン） 190
文孝世子（ムンヒョ・セジャ） 63, 398
文宗（ムンジョン） 25, 135, 202, 251–252, 263, 277, 294, 315, 365, 368, 411
卞季良（ピョン・ゲリャン） 67, 69–70, 82
茅国哭 73
朴一源（パク・イルォン） 350
朴燕巌〔朴燕岩〕（パク・ヨナム） 39, 220 →朴趾源
朴起星（パク・キソン） 113
朴誾（パク・ウン） 215, 372
朴誾（パク・ウン） 190, 195, 218, 221, 389
穆克登 24
朴斉家（パク・チェガ） 96, 209, 215, 243, 267, 395
朴思庵（パク・サアム） 224 →朴淳
朴趾源（パク・チウォン） 39, 220, 267, 274, 402
朴淳（パク・スン） 224
朴承宗（パク・スンジョン） 220
朴汝樑（パク・ヨリャン） 224
朴酔琴〔朴翠琴〕（パク・チュイグム） 221 →朴彭年
朴世采（パク・セチェ） 69, 101
朴堧（パク・ヨン） 155
朴貞蕤（パク・チョンユ） 209, 215, 243 →朴斉家
朴東亮（パク・トンリャン） 126, 411
朴南渓（パク・ナムゲ） 101 →朴世采
朴文秀（パク・ムンス） 32, 208, 261
朴彭年（パク・ペンニョン） 221, 403
朴挹翠（パク・ウプチュイ） 190, 195, 218, 221 →朴誾
朴挹翠軒（パク・ウプチュイホン） 195, 218, 221 →朴誾

ま行

万世徳　70, 72, 205, 300
無学（ムハク）　29, 40, 66, 219–220, 231, 234, 256
明宗（ミョンジョン）　43, 63, 126, 137, 184, 196, 199, 256, 264, 269, 288, 290, 294–296, 300–301, 314, 322, 324, 351, 376, 389, 391–392, 395, 400, 406, 409, 411
孟元老（メン・ウォンノ）　21
孟子　67, 297, 333, 359
孟思誠（メン・サソン）　155, 228, 408
孟文貞公（メン・ムンジョンゴン）　155, 228　→孟思誠

や行

尤展成　201
尤侗　201
兪棨（ユ・ゲ）　86
兪彦鎬（ユ・オノ）　94
兪好仁（ユ・ホイン）　83
楊熙止（ヤン・ヒジ）　83
楊鎬　71, 73, 216, 298
楊慎　312
陽村（ヤンチョン）　125, 160, 302　→権近

ら行

羅以俊（ナ・イジュン）　143
駱尚志　170
羅弘佐（ナ・ホンジャ）　220
藍茁　157
蘭貞（ナンジョン）　199
李安社（イ・アンサ）　61
李安訥（イ・アンヌル）　191, 220, 387, 398
李海重（イ・ヘジュン）　210
李海竜（イ・ヘヨン）　45, 146, 361
李鵞渓（イ・アゲ）　224　→李山海
李華谷（イ・ファゴク）　234
李适（イ・グァル）　144, 193, 282, 317, 345, 388
李雅亭（イ・アジョン）　78, 163　→李徳懋
李浣（イ・ワン）　172, 227
李漢陰（イ・ハヌム）　232　→李徳馨
李貴（イ・グィ）　172, 176, 330, 376
李季甸（イ・ゲジョン）　84, 309
李匡呂（イ・ガンノ）　217
陸応陽　200
李慶億（イ・ギョンオク）　234, 414
李景奭（イ・ギョンソク）　111, 158
李奎報（イ・ギュボ）　199
李敬輿（イ・ギョンヨ）　219
李月沙（イ・ウォルサ）　70, 106, 215　→李廷亀
李源益（イ・ウォニク）　304
李彦経（イ・オンギョン）　127
李玄錫（イ・ヒョンソク）　89
李元禎（イ・ウォンジョン）　127, 387
李彦迪（イ・オンジョク）　68
李元翼（イ・ウォニク）　127, 158, 402
李賢老（イ・ヒョンノ）　128
李滉（イ・ファン）　68, 143, 223, 262, 264, 272, 294–296, 302, 359, 376
李荇（イ・ヘン）　104, 190, 221, 329, 387, 403
李鰲城（イ・オソン）　207　→李恒福
李厚生（イ・フセン）　330
李弘冑（イ・ホンジュ）　70
李光庭（イ・グァンジョン）　297
李恒福（イ・ハンボク）　90, 131, 207, 330, 394
李克基（イ・グッキ）　69
李克堪（イ・グッカム）　84, 123
李国弼（イ・グクピル）　48
李梧里（イ・オリ）　158　→李元翼
李縡（イ・ジェ）　233
李睟光（イ・スグァン）　91, 206, 270, 313, 315, 394
李済臣（イ・ジェシン）　389
李槎川（イ・チャチョン）　164　→李秉淵
李山海（イ・サネ）　224, 347
李参奉（イ・チャムボン）　217, 400

→李匡呂
李珥（イ・イ） 68, 227, 264, 295–297, 358, 376, 405, 409, 413
李自堅（イ・ジャギョン） 121
李趾光（イ・ジグァン） 74, 300
李時秀（イ・シス） 413
李子春（イ・ジャチュン） 42, 251, 287, 331, 407
李師準（イ・サジュン） 191
李之崇（イ・ジスン） 114
李爾瞻（イ・イチョム） 221
李思哲（イ・サチョル） 84
李至南（イ・ジナム） 232
李時白（イ・シベク） 111, 171, 376
李芝峰（イ・ジボン） 91 →李睟光
李澍（イ・ス） 75
李充（イ・チュン） 115
李淑瑊（イ・スッカム） 44, 145
李淑文（イ・スンムン） 38
李浚慶（イ・ジュンギョン） 220, 228
李曙（イ・ソ） 172–173, 378
李尚謙（イ・サンギョム） 227, 408
李承召〔李永紹〕（イ・スンソ） 44, 83–84
李植（イ・シク） 110, 324
李稷（イ・ジク） 26, 114
李穡（イ・セク） 214, 254, 293, 307, 356, 384
李如松 80
李紳（イ・シン） 56
李崇仁（イ・スンイン） 187
李芮（イ・イェ） 84
李成桂（イ・ソンゲ） 4, 61, 246, 251, 254, 256, 258, 269, 287, 289, 293–294, 302, 325, 331, 372, 385, 406–407
李青荘（イ・チョンジャン） 39
→李徳懋
李石亨（イ・ソッキョン） 84, 294
李善老（イ・ソンノ） 343
李退渓（イ・テゲ） 143, 223, 295
→李滉
李沢堂（イ・テクタン） 110 →李植
李旦（イ・ダン） 251
李廷亀（イ・ジョングィ） 67, 70, 106, 126, 215, 297, 299, 308, 324–325, 329
李廷馨（イ・ジョンヒョン） 301
李喆輔（イ・チョルボ） 99, 316, 396
李東岳（イ・ドンアク） 191, 220
→李安訥
李東皐（イ・ドンゴ） 220, 228
→李浚慶
李徳馨（イ・ドッキャン） 131, 158, 232, 412
李徳泂（イ・ドッキョン） 405
李徳懋（イ・ドンム） 39, 78, 163
李念義〔李念載〕（イ・ヨムウィ） 190, 229
李坡（イ・パ） 84
李陌〔李栢〕（イ・ベク） 121
李白軒（イ・ベッコン） 158 →李景奭
李白江（イ・ベッカン） 219 →李敬輿
李白沙（イ・ベクサ） 90 →李恒福
李晩秀（イ・マンス） 93, 99, 319
李晩成（イ・マンソン） 233
李敏求（イ・ミング） 205–206
李溥（イ・ブ） 75
李福源（イ・ボグォン） 210
李秉淵（イ・ビョンヨン） 164
李秉模（イ・ビョンモ） 98
李鼊（イ・ビョク） 85
李牧隠（イ・モグン） 214 →李穡
柳赫然（ユ・ヒョギョン） 135
柳夏亭（ユ・ハジョン） 231 →柳寛
柳寛（ユ・グァン） 231, 250, 253, 411
柳観（ユ・グァン） 26, 411
劉希慶（ユ・フィギョン） 95, 229
柳義孫（ユ・ウィソン） 44
柳希聃（ユ・フィダム） 400
柳馨遠（ユ・ヒョンウォン） 24, 174, 250, 253, 379
李裕元（イ・ユウォン） 261
柳公権（ユ・ゴングォン） 231
柳思訥（ユ・サヌル） 82
柳西厓（ユ・ソエ） 33, 42, 70, 73, 170, 375 →柳成竜
柳成竜（ユ・ソンニョン） 33, 170, 269, 304
柳潜（ユ・ジャム） 218

劉村隠（ユ・チョヌン） 95, 229
→劉希慶
柳肇生（ユ・ジョセン） 110, 329
劉綎 73
劉侗 383
柳道三（ユ・ドサム） 229, 409
柳得恭（ユ・ドゥッコン） 38, 55, 95, 154, 201, 207, 260, 267, 318, 332, 366, 390, 401
柳夢寅（ユ・モンイン） 54, 329
梁周翊（ヤン・ジュイク） 103 →梁誠之
梁誠之（ヤン・ソンジ） 49, 84, 103, 323, 375
梁訥斎（ヤン・ヌルチェ） 103
李麟佐（イ・インジャ） 288, 405
林慶業（イム・ギョンオプ） 218, 372
麟平大君（インピョン・デグン） 215
霊城君（ヨンソングン） 32, 208, 261, 351 →朴文秀
魯山君（ノサングン） 8, 277–278, 310, 326
盧思慎（ノ・サシン） 84, 247
盧叔仝（ノ・スクトン） 84

吉田光男《よしだみつお》

1946年生まれ。専攻、朝鮮近世史。東京大学名誉教授、放送大学名誉教授。著書に、『近世ソウル都市社会研究――漢城の街と住民』（草風館）、『韓国朝鮮の歴史』（放送大学教育振興会）、『新版 韓国 朝鮮を知る事典』（共監修、平凡社）ほか。

漢京識略――近世末ソウルの街案内　東洋文庫885

2018年2月21日　初版第1刷発行

訳註者　吉田光男
発行者　下中美都
印刷　創栄図書印刷株式会社
製本　大口製本印刷株式会社

発行所　電話編集 03-3230-6579　〒101-0051
営業 03-3230-6573　東京都千代田区神田神保町3-29
振替 00180-0-29639　株式会社 平凡社
平凡社ホームページ http://www.heibonsha.co.jp/

ISBN 978-4-582-80885-8
NDC 分類番号221.05　全書判（17.5 cm）　総ページ494

《東洋文庫の関連書》

252 海游録〈朝鮮通信使の日本紀行〉 申維翰著 姜在彦訳注

270 朝鮮小説史 金台俊著 安宇植訳注

325 328 熱河日記〈朝鮮知識人の中国紀行〉全二巻 朴趾源著 今村与志雄訳

357 懲毖録《ちょうひろく》 柳成竜著 朴鐘鳴訳注

372 425 454 492 三国史記 全四巻 金富軾著 井上秀雄訳注

409 パンソリ〈春香歌・沈睛歌他〉 申在孝著 姜漢永 田中明訳注

440 看羊録〈朝鮮儒者の日本抑留記〉 姜沆著 朴鐘鳴訳注

572 573 朝鮮奥地紀行 全二巻 イサベラ・バード著 朴尚得訳

662 日東壮遊歌《にっとうそうゆうか》〈ハングルでつづる朝鮮通信使の記録〉 金仁謙著 高島淑郎訳注

670 青邱野談《せいきゅうやだん》〈李朝世俗譚〉 野崎充彦編訳注

678 682 685 乱中日記〈壬辰倭乱の記録〉全三巻 李舜臣著 北島万次訳注

699 老乞大《ろうきつだい》〈朝鮮中世の中国語会話読本〉 金文京 玄幸子 佐藤晴彦訳注 鄭光解説

714 金笠《キムサツカ》詩選 崔碩義編訳注

751 択里志〈近世朝鮮の地理書〉 李重煥著 平木實訳

796 洪吉童《ホンギルトン》伝 許筠著 野崎充彦訳注

800 訓民正音 趙義成訳注

809 新羅殊異伝〈散逸した朝鮮説話集〉 小峯和明 増尾伸一郎編訳

848 朝鮮開化派選集〈金玉均・朴泳孝・兪吉濬・徐載弼〉 月脚達彦訳注

852 交隣提醒 雨森芳洲著 田代和生編注

864 自省録 李滉著 難波征男校注

875 海東高僧伝 覚訓著 小峯和明 金英順編訳

860 879 乾浄筆譚〈朝鮮燕行使の北京筆談録〉全二巻 洪大容著 夫馬進訳注